HISTOIRE D'ALGER

SOUS LA DOMINATION TURQUE

(1515-1830)

PAR

H.-D. DE GRAMMONT

PARIS
ERNEST LEROUX, ÉDITEUR
28, RUE BONAPARTE
1887

ANGERS, IMP. BURDIN ET Cie, RUE GARNIER, 4.

INTRODUCTION

Sur la côte Africaine du bassin occidental de la Méditerranée, vers le 37ᵉ degré de latitude Nord et le 1ᵉʳ de longitude Est, au fond d'une baie charmante, entourée de collines toujours vertes, s'élève la ville d'Alger, sortie des ruines de l'ancien Icosium et de Djezaïr des Beni Mezranna. La douceur de son climat et la beauté de ses environs en font aujourd'hui un des lieux les plus riants de l'univers. Mais, jadis, et pendant plus de trois siècles, elle a été la terreur et le fléau de la Chrétienté ; aucun des groupes européens n'a été épargné par ses hardis marins, et l'écho de ses vastes bagnes a répété le son de presque toutes les langues de la terre. Elle a donné au monde le singulier spectacle d'une nation vivant de la Course et ne vivant que par elle, résistant avec une incroyable vitalité aux attaques incessantes dirigées contre elle, soumettant à l'humiliation d'un tribut annuel les trois quarts de l'Europe et jusqu'aux États-Unis d'Amérique ; le tout, en dépit d'un désordre inimaginable et de révolutions quotidiennes, qui eussent donné la mort à toute autre association, et qui semblaient être indispensables à l'existence de ce peuple étrange. Et, quelle existence ! On ne peut la comparer qu'à celle de certains de nos ports de l'Ouest, alors que les

HISTOIRE D'ALGER

SOUS LA DOMINATION TURQUE

(1515-1830)

HISTOIRE D'ALGER

SOUS LA DOMINATION TURQUE

(1515-1830)

PAR

H.-D. DE GRAMMONT

PARIS
ERNEST LEROUX, ÉDITEUR
28, RUE BONAPARTE

1887

Jean-Bart et les Surcouf les enrichissaient de leurs captures, tandis que leurs équipages y dépensaient en quelques heures le prix de leurs efforts héroïques. Mais ce qui ne fut qu'un accident dans l'histoire de ces villes maritimes, devint la vie même d'Alger. Pendant plus de trois cents ans, elle vit ruisseler sur ses marchés l'or du Mexique, l'argent du Pérou, les diamants des Indes, les soies et les brocards du Levant, les marchandises du globe entier. Chaque jour, quelque galère pavoisée rentrait dans le port, traînant à sa remorque un navire lourdement chargé de vivres, d'esclaves, ou de richesses. C'est ainsi que s'emplissait le trésor de l'État, et que tous, depuis le plus audacieux des reïs jusqu'au plus humble des fellahs, vivaient sans peine dans l'oisiveté si chère à l'Oriental. Les coteaux voisins se couvraient de villas et de jardins, décorés des marbres ravis aux palais et aux églises d'Italie et de Sicile ; la ville elle-même, où l'or, si rapidement gagné, se dépensait plus vite encore, offrait aux aventuriers l'attrait d'une fête perpétuelle et l'appât des plaisirs faciles. Aussi cette mollesse, ce luxe, cette gaieté, tout ce charme enfin, laissait la population indifférente aux exactions des souverains, à la tyrannie des janissaires, aux pestes qui succédaient aux famines, aux massacres et aux pillages qui accompagnaient les sanglantes émeutes, et aux bombes vengeresses des chrétiens. En même temps, par la victorieuse résistance qu'elle avait opposée, grâce à des hasards extraordinaires, aux entreprises dirigées contre elle, Alger était devenue une des gloires de l'Islam, et les poètes musulmans célébraient ses exploits, que maudissaient à la même heure les historiens Espagnols : *Honneur à toi, vaillant Alger, qui a pétri ton sol avec le sang des infidèles !* Ainsi s'exclame l'auteur du *Zahrat-en-Naïra*. Et Haëdo lui répond : *O Alger, repaire de forbans, fléau du monde, combien de temps encore les princes chrétiens supporteront-ils ton insolence ?*

L'histoire de la Régence d'Alger se divise en trois périodes bien distinctes ; le gouvernement des Beglierbeys d'Afrique, celui des Pachas et celui des Deys. Nous négligeons à dessein de parler des Aghas, dont le règne ne dura que douze ans, et ne fut, à proprement dire, qu'une longue émeute de la milice. De ces époques, les deux premières ont été, jusqu'ici, toujours confondues entre elles, bien qu'elles offrent des caractères très différents, qu'il eût été facile de reconnaître, en éclairant les récits des auteurs espagnols par l'étude des actes de notre diplomatie dans le Levant. A la vérité, Haëdo, dans son *Épitome de los reyes de Argel*, le plus complet et le plus exact des documents qui nous soient parvenus sur les soixante-dix premières années de l'Odjeac, qualifie de pachas tous ceux qui ont exercé à Alger un commandement, même éphémère ; mais il est aisé de voir dans son œuvre elle-même que la plupart de ces personnages ne sont que les lieutenants des grands beglierbeys, et l'on ne peut plus conserver aucun doute à ce sujet après la lecture attentive des lettres des ambassadeurs français à Constantinople. Nous y apprenons avec certitude que Kheïr-ed-Din, son fils Hassan, Sala-Reïs et Euldj-Ali furent investis successivement et d'une manière continue du commandement suprême de l'Afrique du Nord ; que les petits pachas d'Alger, de Tunis et de Tripoli étaient placés sous leurs ordres, et, le plus souvent, choisis par eux, toute réserve faite de l'approbation souveraine du Sultan. Le Maroc lui-même devait être appelé à faire partie de ce vaste empire, et les grands capitaines que nous venons de nommer ne cessèrent pas de déployer tous leurs efforts pour abaisser le pouvoir des souverains de l'Ouest, et les contraindre à l'obéissance. Ils y parvinrent plus d'une fois, et seraient certainement arrivés à réduire sous leur unique domination tout le littoral Africain, s'ils n'eussent été entravés dans leur tâche par l'Espagne et par la France ; car ces deux nations ennemies se trouvèrent, pour des motifs différents, concourir dans cette occasion au même résultat.

L'Espagne, qui possédait Oran et Mers-el-Kébir, d'où elle exerça pendant cinquante ans environ une sorte de suzeraineté sur le royaume de Tlemcen, protégea, par cette situation même, le Maroc contre les entreprises algériennes. Il fut, en effet, toujours très périlleux pour les chefs de l'Odjeac, de pousser leurs armées jusqu'à Fez, en laissant derrière elles ou sur leurs flancs un ennemi tout prêt à profiter d'une défaite possible ; dans les nombreuses et presque toujours heureuses tentatives qu'ils firent pour assurer leur pouvoir au delà de la Moulouïa, ils furent le plus souvent ramenés en arrière par la peur de voir le Chrétien envahir en leur absence le territoire de la régence, et cette appréhension perpétuelle, en les empêchant de tirer parti de leurs victoires, favorisa l'établissement de la puissance indépendante des princes du Gharb. Ceux-ci comprirent très bien les avantages qu'ils pouvaient attendre du voisinage des Espagnols, et leur complicité, ouverte ou tacite, fut dès lors acquise à leurs voisins, et se traduisit souvent par des traités et par des faits. De leur côté, les gouverneurs d'Oran savaient combien ils eussent eu de peine à se maintenir, si les sultans de Fez et de Maroc fussent devenus les vassaux obéissants de la Porte, et ils ne s'abstinrent jamais de les encourager à la résistance.

La France avait vu avec plaisir les Barberousses fonder à Alger une puissance qui était devenue une plaie vive attachée au flanc de sa rivale ; mais toutefois elle ne crut pas prudent pour elle-même de la laisser s'agrandir démesurément, et ses rois recommandèrent à leurs envoyés d'exciter la méfiance habituelle du Grand Divan, et d'y représenter sans cesse qu'un empire trop étendu ne tarderait pas à manifester des velléités d'autonomie. La Porte, qui avait déjà eu sous les yeux l'exemple de l'Égypte et de la Perse, écouta les conseils de son alliée ; les Grands Vizirs s'attachèrent à ne pas laisser entre les mains des beglierbeys assez de forces pour attaquer en même temps le Maroc et l'Espagne, combinaison qui eût été indispensable au succès ; il leur fut interdit de créer des armées permanentes parmi les peuples vaincus, et leurs efforts furent dès lors fatalement condamnés à la stérilité. C'est ainsi qu'avorta la formation de l'empire de l'Afrique du Nord, qui fut devenu pour la Chrétienté un immense danger et une menace perpétuelle. La réunion de la Tripolitaine, de la Tunisie, de l'Algérie et du Maroc eût mis dans la même main des millions d'hommes ardents au combat, prêts à toutes les aventures, et toujours armés pour la guerre sainte. Maîtres de la mer, comme ils le furent pendant longtemps, il n'y avait pas alors en Europe une seule puissance capable de s'opposer à un débarquement qu'eût facilité la révolte toujours préparée des Mores d'Espagne : et qui peut dire ce que fût devenue la civilisation chrétienne, le jour où le drapeau de l'Islam eût flotté en même temps sur les Pyrénées et sous les remparts de Vienne ? Cette épreuve lui fut épargnée par la prudence des Valois, et il serait juste de leur en tenir compte, au lieu de leur reprocher l'alliance mahométane, que l'ambition des nations rivales leur avait rendue indispensable.

Lorsque François Ier, dans sa lutte contre les tendances de suprématie de Charles-Quint, se fut vu abandonné par des voisins qui méconnurent le péril ou qui s'inclinèrent devant la force, il ne lui resta, pour ne pas être écrasé lui-même, d'autre parti à prendre que de s'allier à Soliman. S'il eût hésité, le bassin occidental de la Méditerranée devenait un lac espagnol, et la France, attaquée à la fois sur toutes les frontières, succombait dans une lutte inégale. Il n'était même plus possible de compter sur le pouvoir moral des Papes, qui, malgré de courageuses résistances, avaient dû subir le joug du vainqueur, et qui se voyaient durement traités toutes les fois qu'ils semblaient vouloir s'y soustraire. En même temps, les souverains Ottomans, qui redoutaient toujours de nouvelles croisades, virent avec raison une garantie contre cette éventualité dans l'amitié d'une nation contre laquelle toute l'Europe était en armes. Les flottes turques assurèrent à la France la liberté de la mer, pendant que les armées de l'Islam occupaient à l'Orient les forces de l'Autriche.

A ce moment, naquit la puissance d'Alger, qui, dès les premiers jours, arborant contre l'Espagne la bannière du Djehad, ravagea ses côtes, détruisit sa marine et son commerce, fomenta l'insurrection dans ses plus belles provinces, et la tint longtemps sous le coup d'une menace d'invasion, pendant qu'elle lui arrachait pied à pied presque tout le terrain conquis sur le rivage africain. C'est ainsi qu'au début même de son existence, l'Odjeac fut un appui précieux pour nos rois dans les guerres qu'ils eurent à soutenir contre leur puissant ennemi. Les relations entre les deux États devinrent très cordiales ; Kheïr-ed-Din fut reçu et choyé à Marseille, où on le combla de présents ; plus tard, Sala-Reïs et Euldj-Ali vécurent à Constantinople dans l'intimité des ambassadeurs de Henri II et de Charles IX ; les flottes françaises naviguèrent de conserve avec celles des Dragut et des Sinan, pendant que les reïs d'Alger trouvaient à s'abriter et à se ravitailler dans les ports de Provence ou du Languedoc, dont les gouverneurs leur transmettaient les avis nécessaires à leur sécurité. Cet état de choses dura jusqu'en 1587, date de la mort d'Euldj-Ali, qui représentait au divan le parti français. Mais, à dater de cette époque, tout changea graduellement, et lorsque l'évêque de Dax, François de Noailles, eut quitté Constantinople, ses successeurs, modifiant peu à peu l'ancienne politique, laissèrent soupçonner au Divan qu'ils étaient en partie acquis aux idées catholiques de la Ligue. La diplomatie des Germigny et des Lancosme indisposa la Porte contre la France, et le dernier de ces ambassadeurs alla même si loin, que son cousin Savary de Brèves, envoyé par Henri IV pour réparer le mal, se crut forcé de le faire emprisonner comme ayant trahi les intérêts de son pays au profit de l'Espagne.

Le contre-coup de cette nouvelle politique s'était fait sentir à Alger, qui se plaignait de ne plus trouver en France l'ancienne amitié, et dont les corsaires s'étaient vus autorisés par le sultan Amurat III à courir sus aux navires de Marseille, pour punir cette ville d'avoir embrassé le parti de la Ligue contre le roi. En même temps, le pouvoir des beglierbeys avait pris fin, et les provinces d'Afrique étaient confiées à des pachas triennaux, qui ne devaient leur nomination qu'aux intrigues de sérail, et aux riches présents offerts par eux aux favoris du souverain. De tous ces pachaliks, celui d'Alger, passant pour être le plus riche, se trouvait par cela même le plus convoité : le Turc qui l'obtenait n'y arrivait donc qu'avec une seule préoccupation, celle de rentrer dans ses déboursés et d'amasser une fortune dans le court espace des trois ans de pouvoir qu'il avait à exercer. Or, le tribut prélevé sur les Indigènes et sur les pêcheries de corail ne suffisait même pas à faire face aux dépenses obligatoires et à la paye de la milice ; il fallut donc recourir à la Course, qui s'accrut, pendant la période des pachas triennaux, dans d'énormes proportions. C'est à ce moment qu'elle cessa d'être une des formes du Djehad pour devenir une véritable piraterie, et elle ne tarda pas à être le seul moyen d'existence de toute la population. Les côtes de l'Italie, de la Sicile, de la Corse, de la Sardaigne et de l'Espagne, furent ravagées annuellement et souvent deux fois par an ; les villes du littoral furent sans cesse menacées de l'incendie et du pillage, et la navigation de la Méditerranée devint presque impossible aux navires marchands.

La France, protégée par l'ancienne amitié, eut moins à

souffrir de cet état de choses que toutes les autres nations, et elle put obtenir à diverses reprises le châtiment des reïs indisciplinés qui s'attaquèrent à son commerce ou à ses côtes. Elle y trouva même un certain avantage : car le privilège de la sécurité relative dont jouissaient ses navires assura aux ports du Midi une grande partie du négoce du Levant. Les griefs ne manquaient cependant pas, et le châtiment de l'affront fait à M. de Brèves, qui faillit être massacré en 1604 par la milice et la population d'Alger, où il portait les réclamations du roi, ne se fût pas fait attendre, si Henri IV n'eût jugé mauvais de s'aliéner les Barbaresques, auxquels il réservait un rôle prochain dans l'embrasement de la péninsule, qu'il préparait, de concert avec les Morisques.

Au reste, l'étude de l'histoire de la régence donne la certitude que cet État dut sa longue impunité et son existence même aux dissensions des puissances chrétiennes. Il n'y avait certainement pas besoin d'un effort commun pour détruire une nation qui n'avait, à vrai dire, pas de forces réelles : il eût suffi, pour l'anéantir, qu'elle ne fût pas garantie par l'intérêt que les uns ou les autres eurent toujours à sa conservation. Lorsque la France eut mis fin à la longue lutte qu'elle avait soutenue contre l'Espagne, et que, n'étant plus forcée de ménager les corsaires d'Afrique, elle se décida à punir leurs déprédations par les croisières permanentes et par les expéditions du duc de Beaufort, de Duquesne et du maréchal d'Estrées, l'Angleterre et la Hollande cherchèrent à se substituer à elle, et briguèrent l'alliance algérienne, espérant ainsi s'assurer par la ruine de notre marine marchande le monopole du commerce de l'Orient. Tout d'abord, ils avaient essayé de la force, et s'étaient rapidement aperçus que, malgré la valeur de marins tels que les Blake, les Spragg, les Sandwich, les Tromp et les Ruyter, ils n'avaient pu obtenir, au prix d'énormes dépenses, que des traités violés le lendemain du jour où ils avaient été signés. Ils changèrent alors brusquement de politique, et s'efforcèrent d'acheter à prix d'or la race essentiellement vénale à laquelle ils avaient affaire. Là encore, ils échouèrent; leurs présents furent acceptés, et il ne leur en fut tenu réellement aucun compte. Il était, du reste, impossible qu'il en fût autrement, et la seule solution pratique eût été la destruction complète des flottes et du port d'Alger ; pour bien comprendre cette vérité, il est nécessaire de jeter un coup d'œil sur l'état intérieur de cette ville, et sur les diverses formes de gouvernement qui s'y succédèrent.

A l'origine, les Beglierbeys gouvernèrent, soit en personne, soit par l'intermédiaire de leurs khalifats, au nom de la Porte, de laquelle ils tenaient directement le pouvoir. Ils commandèrent en maîtres absolus, sans prendre conseil de personne, et réprimèrent durement les révoltes de la milice, qu'ils parvinrent à maintenir sous le joug, malgré l'esprit d'indiscipline dont elle faisait preuve en toutes circonstances. C'est bien à tort qu'on a cru jusqu'ici que le divan des janissaires avait toujours été à Alger le véritable souverain : cela n'est vrai, ni pour la période des Beglierbeys, ni pour celle des Deys. Haëdo, qui se trouvait à Alger en 1578, et qui nous a décrit minutieusement, dans sa *Topografia*, tous les ressorts de l'Odjeac, résume formellement les droits de la milice en ces termes : *Les ioldachs sont exclusivement soumis à la juridiction de leur agha, et leur divan ne s'occupe, en dehors de leurs propres affaires, que de la paix et de la guerre.*

Mais, lorsque furent arrivés les pachas triennaux, que leur inertie et leur cupidité rendit bientôt l'objet du mépris de tous, les janissaires s'emparèrent ouvertement de la puissance suprême ; leur divan édicta des lois et décida de tout, sans que les pachas, toujours tremblants devant eux, essayassent un seul instant de s'y opposer. Ils se contentèrent de conserver ce qu'on voulut bien leur laisser, l'apparence de la souveraineté et quelques droits régaliens, jusqu'au jour où les Algériens, brisant les derniers liens d'obéissance qui les rattachaient à la Porte, se débarrassèrent de ces gouverneurs inutiles et coûteux, refusèrent de recevoir ceux qui leur furent envoyés de Constantinople, et les remplacèrent par des Aghas élus par eux. Ce fut le commencement de la troisième période.

La révolution qui amena les Aghas au pouvoir fut l'œuvre de la milice ; en fait, toute l'histoire intérieure d'Alger se résume dans la lutte entre les janissaires et les marins.

Les premiers souverains et leurs khalifats furent des reïs, qui avaient été les compagnons des Barberousses, ou qui avaient servi sous leurs ordres ; pendant tout le temps de leur gouvernement, la marine tint l'armée à l'écart, et Mohammed-ben-Sala-Reïs eut beaucoup de peine à lui persuader de laisser monter les ioldachs sur ses galères en qualité de soldats de marine. Lorsque ceux-ci furent devenus les maîtres, les reïs se groupèrent dans un des quartiers de la ville, occupant avec leurs équipages le port et ses avenues ; leur courage, leurs richesses, et le grand nombre de gens qui leur étaient inféodés les garantissaient contre un coup de main de leurs rivaux. Cette puissante corporation, qui prit le nom de Taïffe, devint bientôt un troisième pouvoir dans l'État ; lorsqu'elle croyait avoir des raisons de mécontentement, elle excitait une révolte plus terrible encore que celles des janissaires, et le pacha restait entièrement désarmé devant elle. Car la Taïffe, presque entièrement composée de renégats, se souciait fort peu de l'obéissance due au Sultan, auquel elle marchandait ses services, qu'elle finit même par refuser complètement. Comme la population tout entière vivait de la Course et ne vivait que par elle, n'ayant ni industrie ni commerce, comme la milice elle-même n'eût pas pu être payée sans la dîme prélevée sur les prises, les reïs étaient virtuellement les maîtres de la situation et ne tardèrent pas à le devenir en effet. Il résulta de cet état de choses que, lorsqu'une nation européenne se plaignait des actes de piraterie commis contre elle, le Pacha, ne pouvant pas faire justice, et n'osant pas avouer son impuissance, prodiguait de menteuses promesses, ou faisait valoir lui-même des griefs plus ou moins fondés, pour gagner du temps, espérant arriver par ce moyen au bout de ses trois ans de pouvoir, et partir pour Constantinople avec ses trésors avant l'explosion prévue; car il lui était impossible d'interdire la course et de châtier les délinquants ; il savait qu'il lui en eût coûté la tête. Si, d'un autre côté, il laissait arriver les choses à l'extrême, et que les navires européens vinssent canonner ou bombarder Alger, la population, irritée par les pertes subies, s'insurgeait au bout de deux ou trois jours de feu, et se précipitait tumultueusement sur le palais du pacha. Il acceptait alors immédiatement toutes les conditions du vainqueur, dont les flottes repartaient bientôt, emmenant comme trophée quelques malheureux captifs arrachés à leurs fers, et les traces des boulets chrétiens n'étaient pas encore effacées, que les galères barbaresques couvraient de nouveau la mer, d'autant plus ardentes au pillage, que le sentiment de la vengeance venait se joindre à l'amour du gain. Tel fut le seul fruit que rapportèrent pendant plus de deux cents ans les démonstrations belliqueuses faites à tant de reprises contre la régence. Car le châtiment portait à faux, ne frappant que les bourgeois, desquels les Turcs se souciaient fort peu.

Ce fut donc une révolution légitime que celle qui renversa ces souverains, dont la cupidité attirait à tout instant sur Alger les représailles de l'Europe ; mais les Aghas qui les remplacèrent ne valurent pas mieux qu'eux; dès le début, ils cherchèrent à violer à leur profit la nouvelle constitution et à s'éterniser dans un pouvoir qui n'avait d'autre sanction que le caprice des ioldachs, et qui n'était reconnu ni par la population ni par les reïs ; il y eut douze ans d'un affreux désordre ; les quatre Aghas élus tombèrent successivement sous les coups de ceux qui les avaient nommés. Le mécontentement arriva à son comble, et la Taïffe, reprenant possession du gouvernement, le confia à un de ses membres, élu sous le nom de Dey. L'avènement des Deys fut donc une revanche de la marine, et le divan des janissaires cessa d'être le conseil suprême. Il fut remplacé par les *Puissances,* sorte de conseil d'État, composé des grands dignitaires, tantôt élus, tantôt choisis par les Deys, qui ne tardèrent pas à s'emparer du pouvoir absolu. Les janissaires continuèrent à jouir de leurs privilèges séculaires et de leur juridiction spéciale : mais ils durent ne plus se mêler de légiférer, et se contenter de toucher leur paye. En revanche, ils exigeaient qu'elle leur fût soldée avec une rigoureuse exactitude, et le moindre retard donnait lieu à une prise d'armes, qui se terminait presque toujours par le meurtre du souverain et de ses ministres.

L'équilibre du budget fut donc pour les Deys une question de vie ou de mort, et il fallut à tout prix remplir le trésor public.

Cependant la Course devenait de jour en jour plus difficile et de moins en moins fructueuse. Il n'était plus possible aux pirates de s'attaquer utilement aux navires de guerre de la France, de l'Angleterre et de l'Espagne ; les vaisseaux marchands du haut commerce avaient pris l'habitude de naviguer par caravanes, et de se faire escorter ; il restait donc pour tout butin quelques misérables barques, dont la cargaison ne payait pas les frais de l'armement, et l'on risquait de tomber à chaque instant sous le canon des croisières. Le nombre des corsaires diminua dès lors de jour en jour ; personne ne se présenta plus pour équiper de nouveaux navires ; les meilleurs des capitaines et des marins passèrent au service public, et le port d'Alger, jadis si animé, devint presque désert. Les bagnes des grands reïs, qui avaient contenu des milliers d'esclaves, se vidèrent et tombèrent en ruines ; ceux de l'État se dépeuplèrent peu à peu, et la ville qui avait vu, en une seule année, exposer au Badestan près de vingt-cinq mille captifs, n'en contenait plus que trois ou quatre cents au moment de la conquête française.

Le beylik dut songer à se créer de nouvelles ressources ; il s'en procura quelques-unes en augmentant les impôts prélevés sur les Indigènes, et en exigeant des Beys de Constantine, de Mascara et de Titteri une grande régularité dans le recouvrement des revenus de leurs provinces, ce que les Pachas n'avaient jamais pu obtenir. Les puissances européennes de second ordre consentirent, pour avoir la paix, à payer un tribut annuel, moyennant lequel leurs navires reçurent des passeports destinés à mettre le pavillon à l'abri de toute insulte. Mais tout cela n'était pas suffisant, et, pour alimenter le trésor public, il fallut nécessairement entretenir la guerre, tantôt avec l'un, tantôt avec l'autre de ces petits États ; on la déclarait sous les prétextes les plus futiles, et on ne la cessait que moyennant un riche présent. Les luttes perpétuelles auxquelles le continent fut en proie favorisèrent l'établissement et la durée de ce système.

Mais, lorsque les traités de 1815 eurent ramené la paix, toutes les nations s'entendirent pour secouer un joug qui n'avait été porté que trop longtemps, et, dès ce jour, la chute de la Régence fut décidée et devint inévitable. Au reste, elle s'effondrait d'elle-même. Les tribus de l'intérieur du pays étaient en révolte permanente, et refusaient l'impôt, toutes les fois que les Beys ne pouvaient pas le leur arracher par la force ; la milice, plus indocile et plus turbulente que jamais, s'insurgeait à chaque instant, et mettait au pillage les habitations privées, et, de préférence, celles des juifs, qui émigraient en masse ; avec eux, disparaissait le seul commerce de la ville, et, par suite, le revenu des douanes. Les derniers reïs étaient morts dans l'Archipel et à Navarin ; il ne restait dans le port d'Alger que quelques vieux vaisseaux à demi pourris ; on ne réparait plus le môle ni les fortifications ; car l'argent manquait de plus en plus, et chaque année creusait un nouveau vide dans les coffres de la Casbah. La Régence agonisait, et l'arrivée victorieuse des Français ne fit que devancer de quelques années une dissolution inévitable.

Tel est le résumé succinct de l'histoire que je viens d'achever. Elle n'avait jamais été faite en entier, et, jusqu'ici, il eût été impossible de la faire. Les documents nécessaires sont si rares, tellement disséminés, et parfois si contradictoires, que leur recherche a exigé de longs et patients efforts. Pour la première période (1510-1587), il a fallu consulter, chez les Espagnols, Gomara, Sandoval, Mariana, la Fuente, et surtout Marmol et Haëdo ; chez les Italiens, Léon l'Africain et Paul Jove ; en France, de Thou et les *Négociations diplomatiques dans le Levant.* Pour la seconde (1587-1659), qui est la plus obscure de toutes, les renseignements sont épars dans l'*Histoire de Barbarie* du Père Dan, et parmi les récits de quelques captifs, les relations et les lettres des Pères Rédemptoristes, les collections du *Mercure François* et de la *Gazette de France*, et dans le peu qui subsiste de la correspondance de nos consuls d'Alger. La période des Aghas et des Deys (1659-1830), étant la plus voisine de nous, est naturellement en même temps la plus facile à étudier. A cette époque, les relations avec l'Europe se sont multipliées ; à l'*Histoire d'Alger* de Laugier de Tassy, aux *Lettres* de Peyssonel et de Desfontaines et aux sources citées précédemment, viennent s'ajouter en grand nombre les documents officiels. Mais à aucun moment, on ne peut faire fonds sur les chroniques indigènes. Elles sont d'une extrême rareté, et l'on n'a guère à le regretter, quand on voit combien celles qui ont été conservées sont diffuses et remplies d'erreurs, d'exagérations, et de mensonges souvent voulus. La seule d'entre elles qu'on puisse consulter avec un peu de fruit sur la fondation de la régence est le *Razaouat Aroudj we Kheïr-ed-Din*, et encore, il est prudent de ne pas trop se fier aux allégations qui y sont contenues. Je ne terminerai pas cette introduction sans dire un mot de ceux qui ont tenté à diverses reprises d'apporter un peu de lumière au milieu de ce chaos, et c'est un devoir pour moi de citer l'*Histoire d'Alger et de la piraterie des Turcs* de M. de Rotalier, les *Mémoires historiques et géographiques* de M. Pelissier de Reynaud ; l'*Histoire de la domination turque en Algérie* de M. Walsin-Esterhazy ; l'*Histoire du commerce et de la navigation de l'Algérie* de M. de la Primaudaye, les œuvres de MM. Berbrugger, Devoulx, et Féraud, et surtout le *Précis analytique de l'histoire d'Alger* de M. Sander-Rang, qui eût laissé peu de choses à faire à ses successeurs, s'il n'eût été enlevé par une mort subite, au moment où son travail n'était encore qu'à l'état d'ébauche. Tous ceux dont je viens de parler ont apporté leur pierre à l'édifice ; mais il convient de signaler au-dessus de tout le riche recueil de documents africains, réunis, par la Société Historique Algérienne, dans les vingt-neuf volumes de la revue qu'elle publie annuellement ; immense travail, auquel ont concouru depuis 1856 toutes les illustrations de l'administration et de l'armée d'Afrique ; sans les précieuses indications que j'y ai trouvées, il m'eût été impossible d'entreprendre ma tâche.

Je n'ajouterai plus qu'une phrase ; si j'ai donné pour titre à cet ouvrage ; *Histoire d'Alger sous la domination Turque*, c'est que j'ai voulu écrire l'histoire d'Alger, et non celle de la Régence ; c'est-à-dire que le récit des petites guerres que les tribus indigènes se livraient entre elles a été volontairement négligé, toutes les fois que ces luttes n'intéressaient pas directement le gouvernement des Turcs. Elles n'ont, du reste, aucune importance réelle, et la désespérante monotonie de leurs motifs et de leurs phases se résume en ce peu de mots : *Anarchie perpétuelle dans l'intérieur du pays.*

H.-D. DE GRAMMONT.

Mustapha-Supérieur, le 5 juin 1886.

CHAPITRE PREMIER

LES ESPAGNOLS EN AFRIQUE

SOMMAIRE : La persécution des Mores. — Leur établissement sur le littoral africain. — Leurs pirateries. — Prise de Mers-el-Kébir. — Déroute de Misserghin. — Prise d'Oran, de Bougie et de Tripoli. — Soumission de Tlemcen, d'Alger, Mostaganem, Tenès, Cherchell et Dellys. — Organisation et administration. — Tentatives infructueuses d'Aroudj contre Bougie.

La prise de Grenade (2 janvier 1492), qui venait de donner la victoire aux Espagnols après une longue alternative de revers et de succès, n'avait cependant pas écarté tous les dangers qui menaçaient la fondation de leur nationalité. Les provinces les plus riches et les mieux cultivées de la Péninsule étaient peuplées par les Mores, et le nombre en était si grand, qu'un siècle plus tard, et malgré trois guerres d'extermination, l'édit de proscription de 1609 devait en faire sortir du royaume près de quinze cent mille. Braves, riches, industrieux, fermement attachés à leurs croyances, ils étaient loin de considérer leur défaite comme définitive : ils avaient secrètement conservé leurs armes et leurs chefs, dont la plupart n'avaient feint de se soumettre aux vainqueurs que pour conserver des positions qui devaient les rendre redoutables au moment désiré de la révolte. Confiants dans la parole du Prophète : *La force vient de Dieu et il la donne quand il lui plaît*, ils se tenaient prêts, en attendant le jour d'une revendication que tous croyaient prochaine. Ce que cette situation avait de dangereux n'échappait pas aux regards des hommes d'État qui gouvernaient alors l'Espagne, et il n'était pas un seul d'eux qui ne fût convaincu de l'inanité des compromis par lesquels on avait espéré mettre fin à cette lutte plusieurs fois séculaire.

D'ailleurs, il leur eût été impossible, quand même ils l'eussent sincèrement voulu, de respecter les traités qui assuraient aux vaincus la jouissance de leurs droits et le libre exercice de leur culte. Les passions religieuses avaient été trop surexcitées pendant cette longue croisade pour que des idées de tolérance pussent pénétrer dans l'esprit des vainqueurs, et chacun des nouveaux seigneurs des terres conquises eût sincèrement cru commettre un sacrilège en ne contraignant pas ses vassaux à se prosterner devant la croix. Telle était l'opinion de la noblesse, du peuple espagnol, et de la reine Isabelle, qu'encourageait dans cette voie le cardinal Ximenez.

Les traités furent donc violés, et, tout d'abord, dès le lendemain de la victoire, les manifestations extérieures du culte musulman furent interdites. Les Mores se plaignirent au Roi et invoquèrent les articles de la capitulation de Grenade; cette réclamation n'aboutit qu'à faire expulser du royaume ceux qui s'étaient mis à la tête du mouvement. Le mécontentement augmenta, et il ne fut répondu à de nouvelles plaintes que par un édit qui ordonnait aux musulmans de se faire baptiser dans un délai de trois mois, ou de sortir du royaume, après avoir vu confisquer leurs biens. Des missions catholiques furent organisées de tous côtés, et la persécution commença; ce fut une époque terrible. On peut lire dans les vieux historiens espagnols les détails qu'ils donnent sur l'*entêtement* de ces Mores, qui jetaient leurs enfants dans les précipices et dans les citernes plutôt que de les laisser baptiser, et qui poussaient l'horreur de la croix jusqu'à se donner la mort à eux-mêmes.

La grande émigration commença. Aucun de ceux qui purent se procurer les moyens de traverser la mer ne se soumit à supporter plus longtemps le contact et la domination des chrétiens. Les côtes Méditerranéennes de l'Afrique se peuplèrent de bannis; d'anciennes cités, détruites depuis longtemps par les guerres intestines, se relevèrent de leurs ruines; d'autres virent leur population se doubler en moins d'une année. C'est ainsi que ressuscitèrent Hône, Mazagran, Mostaganem, Bresk, Cherchell et Kollo ; que s'agrandirent Oran, Alger, Dellys, Bougie et Bône. En enrichissant ces villes de leur industrie et des épaves de leur fortune, les nouveaux venus y apportèrent en même temps l'horreur du nom chrétien ; ils racontaient les guerres, les oppressions, les perfidies, les pillages et les profanations des mosquées et des sépultures.

L'effet de ces excitations ne se fit pas attendre ; et, dans toutes ces villes, où, depuis plus de trois cents ans, les commerçants Italiens et Français dressaient librement leurs comptoirs et leurs chapelles, les scènes de violence se multiplièrent, et la sécurité fut à jamais perdue. Les réfugiés implorèrent le secours de leurs coreligionnaires en faveur de ceux de leurs frères que la pauvreté avait empêché de trouver des moyens de passage : leur appel fut bientôt entendu, et des milliers de malheureux furent arrachés à la barbarie de leurs convertisseurs.

Parmi ceux qui se dévouèrent le plus à cette entreprise, on remarqua deux frères, qu'un avenir prochain devait rendre célèbres ; Aroudj et Kheïr-ed-din, si connus plus tard tous les deux sous le nom de Barberousses ; ils firent traverser la mer, disent les auteurs Orientaux, à plus de dix mille Mores, et il est probable que la popularité qu'ils acquirent en cette occasion ne nuisit pas plus tard à la fondation de leur empire. Dans le même temps, les princes musulmans d'Espagne, qui avaient demandé l'hospitalité aux souverains du Maroc, de Tlemcen et de Tunis, les suppliaient chaque jour de prêter leur appui à ceux qui souffraient pour la foi. Tout leur en faisait un devoir ; la communauté d'origine, la religion, d'anciennes alliances de famille, l'intérêt politique lui-même, et l'on pouvait facilement prévoir que le moment était proche où les Princes Africains demanderaient à l'Espagne la revanche de l'Islam.

En attendant le moment des grandes luttes, la population des villes maritimes faisait à l'oppresseur une guerre de détail qui détruisait sa marine, ruinait son commerce et ravageait ses côtes. La Méditerranée n'avait certainement jamais manqué de pirates, et nous savons, par l'historien arabe Ibn-Khaldoun, que, dès 1364, les habitants de Bougie avaient acquis en ce genre une réputation méritée. On peut encore voir dans les récits du vieux chroniqueur espagnol Suarez Montanez que, depuis de longues années, les riverains des deux continents avaient pratiqué ce mode de guerre, qui y était devenu, en quelque sorte, endémique. Toutefois, l'expulsion des Mores vint donner à la Course un accroissement formidable. Dans tous les petits ports que l'émigration venait de peupler, s'armèrent des barques légères, qui, tantôt isolées, tantôt réunies en flottilles, enlevaient les bâtiments marchands, pénétraient dans les ports en y portant le fer et le feu, faisaient des descentes de nuit sur les côtes, devenues inhabitables. Ce fut en vain que les rivages se hérissèrent de tours de guet (*atalayas*) destinées à signaler l'approche de l'ennemi : ceux des Mores que la force venait de convertir, avaient gardé des intelligences avec leurs frères d'Afrique, et tout un ensemble de signaux, habilement conçus, avertissait les assaillants, et leur désignait à coup sûr les points que l'on pouvait attaquer avec profit et sans danger. Un tel état de choses devenait intolérable, et déjà les populations des provinces maritimes déclaraient au Roi, par la voix des États, qu'elles se trouvaient dans l'impossibilité de payer l'impôt, n'ayant plus de commerce avec l'étranger et n'osant plus même cultiver leurs terres.

Fervente catholique, la reine Isabelle n'avait pas hésité un instant. S'appuyant sur les conseils et sur l'autorité morale du cardinal Ximenez, elle luttait avec avantage contre l'indécision et la parcimonie du roi Ferdinand. Dès le lendemain de la prise de Grenade, elle avait donné à Lorenzo de Padilla, gouverneur d'Alcala et jurat d'Antequera, une mission secrète, que celui-ci remplit avec autant d'habileté que de bonheur. Déguisé en marchand indigène, il passa plus d'un an dans le royaume de Tlemcen, et en rapporta tous les renseignements nécessaires aux entreprises qui se préparaient. En même temps, le cardinal mandait auprès de lui le Vénitien Géronimo Vianelli ; cet homme, aux aptitudes diverses, avait été successivement marin, ingénieur, et avait servi avec distinction en Italie sous les ordres de Gonzalve de Cordoue : il avait une parfaite connaissance de la côte barbaresque, sur laquelle il avait longtemps navigué et commercé. D'après les renseignements obtenus et les indications données, la Reine avait décidé que les opérations commenceraient par l'envahissement du royaume de Tlemcen : elle faisait rassembler une armée de 12,000 hommes, dont le commandement était réservé au Comte de Tendilla, ancien gouverneur de Grenade, et dont la solde devait être prélevée sur sa fortune personnelle. La mort d'Isabelle, qui survint en 1504, vint arrêter ces préparatifs et retarder une entreprise qui avait été le rêve de sa vie. Quand son testament fut ouvert, on y trouva cette clause formelle : *qu'il ne faudrait ni interrompre la conquête de l'Afrique, ni cesser de combattre pour la foi contre les infidèles*; l'audace croissante des corsaires allait hâter la réalisation de ce vœu : « Au printemps de l'année 1505, dit Suarez Montanez, les corsaires mores de Mers-el-Kébir avaient douze brigantins et frégates, bâtiments légers et bien armés, faits à neuf par leurs captifs portugais. » Cette petite flottille, guidée par des Mores Tagarins, partit en Course au mois de mai et vint ravager la côte de Valence : profitant d'une nuit noire, elle saccagea les faubourgs d'Elche et d'Alicante, et s'en retourna chargée de butin et de captifs. Quelques jours après, ayant appris que la petite ville de Zezil avait été pillée par des vaisseaux de Malaga, les corsaires eurent l'audace de pénétrer pendant la nuit dans le port de cette ville, et y incendièrent les bâtiments de commerce qui s'y trouvaient ; les pertes furent énormes, l'émotion générale, et le roi Ferdinand fut contraint de se décider à détruire ce nid de pirates.

Il choisit pour Capitaine Général don Diego Fernandez de Cordova, alcade des pages, et mit sous son commandement une armée de plus de dix mille hommes. La flotte, placée sous les ordres de Don Ramon de Cardona, se composait de sept galères et de cent quarante bâtiments de toute espèce, caravelles ou transports.

L'*armada* se réunit près de Malaga, au lieu dit Cantal de Vezméliana, dans les derniers jours du mois d'août 1505. Les vents contraires retardèrent son départ : la flotte se rallia dans le port d'Alméria du 3 au 7 septembre, et ce fut seulement le 9 au soir que le temps permit d'appareiller. Toutefois, ce retard paraît avoir été utile plutôt que nuisible ; car les Mores de l'intérieur, qui avaient été prévenus et s'étaient massés sur le rivage pour s'opposer au débarquement, se lassèrent d'attendre, crurent ou firent semblant de croire qu'on avait renoncé à l'expédition, et reprirent le chemin de leurs *douars*, en ne laissant sur la côte que des forces insuffisantes. Le Général Espagnol profita, au contraire, de ce délai pour compléter ses préparatifs : les vaisseaux destinés à canonner la plage furent blindés avec de gros sacs de laine et de varech : les officiers reçurent des instructions précises, et chacun d'eux connut d'avance le rôle qu'il aurait à jouer et la place qu'il devait occuper lors de l'attaque. La flotte vint mouiller le 10 au matin, à l'abri du cap Falcon, à une lieue de Mersel-Kébir : un fort vent d'ouest, qui régnait en ce moment, l'empêchait de tenter l'entrée du port. Quelques heures plus tard, le vent s'étant calmé, l'ordre d'attaque fut donné et la canonnade commença.

Pendant que les vaisseaux qui avaient été désignés à cet effet échangeaient avec la place un feu plus bruyant que meurtrier, les navires de transport débarquaient les troupes dans l'ordre prescrit : les Mores, qui étaient accourus sur le rivage, opposèrent une résistance aussi courageuse qu'inutile : le feu des galères les força d'abandonner la plage et de gagner la montagne, où les assaillants les poursuivirent l'épée dans les reins. Pendant ce temps, un corps espagnol avait tourné la forteresse, qui se trouva alors investie, et don Diégo, ayant débarqué, commandait une réserve qui pouvait porter secours du côté de la place ou de celui de la montagne, selon que les besoins l'exigeraient. En ce moment éclatait un orage terrible, accompagné d'une pluie torrentielle ; le combat n'en continuait pas moins, et il était près de minuit lorsque l'on fut assez solidement assis sur les hauteurs pour prendre position.

Le général y envoya trois ribaudequins et quelques fauconneaux ; la lutte se prolongea toute la nuit et toute la journée du lendemain : le surlendemain, vendredi, elle acquit une nouvelle intensité ; car, les contingents de l'intérieur, qui avaient enfin été prévenus, arrivaient en grand nombre, et se précipitaient avec furie sur les Espagnols. Ceux-ci firent bonne contenance et se maintinrent dans leurs positions. Cependant, les navires s'étaient rapprochés de la forteresse, *malgré les canonnades des Mores, qui ont, entre autres pièces, dit Don Pedro de Madrid, une bombarde qui tire des boulets de pierre de quarante livres.* Dès le premier jour de l'attaque, le Caïd qui commandait dans Mers-el-Kébir avait été tué d'un coup de canon. Le détachement qui avait investi la place installa deux pièces en face de chacune des deux portes, celle de la mer et celle de la montagne, et, dès le jeudi soir, commença à les battre vigoureusement.

L'assaut fut commandé pour l'après-midi du vendredi ; mais il y eut un peu de retard, et le soleil était déjà presque couché quand les colonnes s'ébranlèrent. L'obscurité vint mettre un terme au combat, tant devant le fort que sur la montagne, et on se prépara à continuer la lutte le lendemain ; mais, pendant la nuit, la garnison de Mers-el-Kébir tint conseil. Elle était fort découragée, ayant beaucoup souffert du feu de l'ennemi, perdu son chef tout au commencement de l'attaque, et ne conservant plus d'espoir que les Espagnols se laisseraient débusquer de leurs lignes par les assaillants du dehors ; en outre, les assiégés manquaient d'eau. Ils résolurent donc de se rendre, et, le samedi matin, arborèrent le drapeau blanc. Don Diego leur accorda la vie sauve et le droit d'emporter leurs biens meubles et leurs armes, sauf l'artillerie et la poudre. L'évacuation commença à neuf heures du matin et fut terminée à midi. La garnison n'était que de quatre cents hommes en état de combattre. Toutes les conditions de la capitulation furent remplies avec la plus grande loyauté ; une ancienne tradition, conservée par Suarez Montanez, rapporte, qu'au moment de leur entrée dans le fort, les vainqueurs y trouvèrent une vieille femme qui ne pouvait se tenir debout, et qui, probablement sans famille, avait été abandonnée. *Pour montrer aux musulmans,* dit le chroniqueur, *combien sa parole était sacrée, le Marquis la fit conduire en barque auprès d'Oran, à l'endroit qu'on appelle la Pointe du Singe (Punta de la Mona), d'où les Mores la portèrent dans leur ville, en faisant des éloges de la loyauté du général espagnol.*

Aussitôt que Don Diego fut maître de la forteresse, il fit consacrer la mosquée au culte catholique sous l'invocation de Notre-Dame-de-la-Conception : il donna ordre de commencer à exécuter les réparations nécessaires aux fortifications, et envoya au dehors des détachements chargés de s'approvisionner de viande fraîche et d'eau potable. Les rapports officiels nous apprennent qu'on n'en avait pas trouvé dans l'enceinte et qu'il fallut combattre pour s'en procurer : car, le lendemain même de la victoire, l'armée du roi de Tlemcen était arrivée, forte de vingt-deux mille fantassins et de deux mille cavaliers, et occupait toutes les avenues de la place. Un combat sanglant eut lieu devant l'aiguade dans la journée du 17, entre la compagnie de Borja et l'élite de la cavalerie arabe. *Les trois cents cavaliers qui venaient avec le caïd Bendali* (dit Gonzales de Ajora, témoin de l'affaire) *sont la chose la plus merveilleuse que j'aie jamais vu, en fait d'armes, de riches harnachements, de cordons, de panaches à la française, de beaux chevaux.*

La nouvelle de la prise de Mers-el-Kébir excita en Espagne une allégresse générale : on y ordonna huit jours de prières d'actions de grâces, de fêtes et de réjouissances publiques. Le Roi manda Don Diego en Espagne pour le féliciter publiquement et l'investir du gouvernement des terres conquises ; le commandement des troupes fut laissé par intérim à Don Ruy de Roxas, capitaine habile et expérimenté. Les musulmans supportèrent difficilement cette défaite, à laquelle ils étaient loin de s'attendre ; et, le jour même de la capitulation, la population massacra les marchands étrangers et pilla leurs magasins : la fureur du peuple s'exerça particulièrement sur les juifs, qu'on accusait de complicité.

L'Armada rentra en Espagne, laissant à Mers-el-Kébir une garnison de sept à huit cents hommes, qui s'empressa de fortifier la place et s'efforça d'élargir ses communications au dehors. Don Ruy Diaz s'empara des sources situées sur le chemin d'Oran ; il fit bâtir un poste fortifié qui dut être occupé d'une façon permanente et qui conserva depuis son nom ; il s'occupa de nouer des intelligences avec les Mores de la montagne ; et, comprenant combien la question des approvisionnements était importante, il leur ouvrit un marché libre à une petite distance du fort. Ceux des indigènes qui se trouvaient dans le voisinage immédiat, et, pour ainsi dire, sous le feu des Espagnols, ne purent guère se refuser à entrer en relations avec eux : cette conduite parut être une sorte de trahison aux tribus plus éloignées, qui les châtièrent par de fréquentes razzias. Don Diégo, qui vint en 1506 reprendre le commandement, essaya plusieurs fois de mettre un terme à ces agressions ; mais la garnison réduite à cinq cents hommes, était faible, et il eut été imprudent de s'aventurer trop loin ; en sorte que l'on peut résumer l'histoire des Espagnols de Mers-el-Kébir jusqu'à la prise d'Oran, en disant, qu'à peu d'exceptions près, ils furent forcés de se renfermer dans les limites de la portée de leur canon.

Une semblable situation, qui n'était ni glorieuse, ni agréable, ne pouvait se prolonger plus longtemps ; le gouverneur ne cessait de demander qu'on lui donnât des forces suffisantes pour attaquer Oran : en 1507, il retourna en Espagne et parvint à convaincre la reine Juana, qui lui envoya une petite armée de cinq mille hommes, bien munie de tout le nécessaire.

Après que ces nouvelles troupes eurent été installées tant bien que mal dans l'étroite enceinte de la place, Don Diego, qui avait l'intention de s'emparer d'Oran par surprise et par escalade, résolut de commencer à aguerrir ses hommes par des expéditions de moindre importance. Sur ces entrefaites, au commencement du mois de juin 1507, il fut informé par ses espions de la présence d'un grand douar ennemi près de Misserghin, à environ trois lieues de lui, de l'autre côté de la montagne. Désireux d'habituer ses jeunes recrues aux cris et à la manière de combattre des Mores, voyant de plus dans cette razzia une bonne occasion de s'approvisionner de bétail qui manquait à la garnison, il se résolut à tenter l'entreprise. Il peut paraître extraordinaire qu'un Capitaine aussi expérimenté, et qui avait pendant si longtemps fait la guerre aux Mores d'Espagne, se soit conduit avec autant d'imprudence, en hasardant d'un seul coup la totalité de ses forces, dans un terrain inconnu, excessivement difficile, au milieu d'une population entièrement hostile ; exposant à tous ces dangers une troupe composée d'hommes qui, pour la plupart, n'avaient jamais vu le feu, sans même laisser une forte réserve à mi-distance du lieu de l'action, ce qui était la coutume invariable dans les expéditions de ce genre. Il ne devait pas tarder à se repentir de ce mépris des règles habituelles de la guerre.

Le 6 juin 1507, à neuf heures du soir, il se mit en marche avec presque tout son monde, ne laissant dans le fort que quelques hommes, sous le commandement de Ruy Diaz de Roxas, alors malade de la fièvre ; Martin de Argote, son parent, lui servait de Chef d'état-major. Pour aller de Mers-el-Kébir à Misserghin, il n'existe que deux chemins : l'un, qui suit le bord de la mer et va passer sous le canon d'Oran ; l'autre est un sentier qui traverse la montagne : c'est par celui-ci qu'il fallait nécessairement passer, sous peine d'être découvert et arrêté au commencement de l'opération.

Les Espagnols se mirent donc en route par ce chemin de chèvres, marchant un à un et dans le plus profond silence : une heure avant l'aube, le douar des Gharabas était cerné et, à la première lueur du jour, l'attaque commença. Les indigènes, une fois revenus de leur première surprise, se battirent bravement ; mais le nombre ne tarda pas à l'emporter : tout ce qui se défendait fut tué : tout le reste fut fait prisonnier, et on s'occupa aussitôt de réunir les troupeaux. Don Diego avait défendu, sous peine de mort, de s'embarrasser d'aucune autre espèce de butin. La première partie de l'expédition avait réussi ; mais le général espagnol allait apprendre à ses dépens, que, dans des sorties semblables, la retraite est bien plus difficile à effectuer que l'attaque.

Après avoir pris un court repos, l'avant-garde, commandée par Don Martin de Argote, reprit le chemin de Mers-el-Kébir, poussant devant elle le bétail conquis et emmenant les captifs liés par couples. Le goum des Arabes soumis de la montagne de Guiza guidait la petite armée et s'employait à la conduite du troupeau ; le général s'était réservé le commandement de l'arrière-garde. Le mouvement était à peine commencé, que les Arabes de tous les douars du voisinage, prévenus par les fuyards, accoururent en foule, et se mirent à harceler la colonne en marche ; se glissant à travers les rochers et les broussailles, ils attaquaient cette longue file sur mille points à la fois : un épais brouillard empêchait les Espagnols de se servir utilement de leurs arquebuses, et les jeunes soldats, peu accoutumés à ce genre de guerre, ne connaissant pas le pays, n'étant plus soutenus par la vue ni par la voix de leurs chefs, se laissaient effrayer par les cris et l'aspect sauvage des assaillants. On dut appuyer à droite pour gagner un terrain un peu plus découvert, sur lequel on espérait pouvoir se rallier : mais la garnison d'Oran, avertie par le bruit du combat, venait de sortir de la ville, et de se jeter sur l'avant-garde, à laquelle les captifs et le convoi furent repris en quelques instants. Les cris de triomphe qui célébrèrent ce succès achevèrent de semer l'épouvante parmi les soldats, qui se débandèrent et n'offrirent plus dès lors aux vainqueurs qu'une proie facile. Il en fut fait un grand massacre ; *pas un d'eux n'eût échappé*, dit le chroniqueur, *si les Mores Mudéjares ne s'étaient écriés au plus fort de la bataille :* « *Prenez donc les chrétiens, mais ne les tuez pas : vous gagnerez plus à les rançonner qu'à rougir le fer de vos lances dans des corps qui sont déjà rendus. Les Mores de Grenade faisaient des prisonniers dans leurs guerres contre les chrétiens, et ils trouvaient plus de bénéfices dans les rachats qu'à répandre le sang des infidèles.* » Pendant ce temps, le Général maintenait l'arrière-garde, et faisait une résistance désespérée. Il y avait été rejoint par Martin de Argote, qui lui avait appris le désastre de la colonne ; il ne restait plus qu'à tâcher de s'ouvrir par la force le chemin de Mers-el-Kébir, et les quelques braves gens qui se tenaient autour de lui y faisaient tous leurs efforts. Lui-même, oubliant son âge, combattait avec l'ardeur et l'impétuosité d'un jeune homme : son cheval ne tarda pas à être tué sous lui, et il eût été infailliblement massacré ou fait prisonnier, si son page de lance, Luys de Cardenas, n'eût pas mis pied à terre en le suppliant d'accepter sa monture. Le chevaleresque Don Diego hésitait à profiter de ce dévouement ; Martin de Argote et Nuñez lui dirent : *Seigneur, il est temps ; donnez des éperons pendant que nous maintiendrons les Mores ; il vaut mieux que nous périssions ici que Votre Seigneurie ;* et ils firent une charge furieuse dans laquelle Nuñez fut tué et Martin de Argote blessé et pris, ainsi que Luys de Cardenas, qui faillit mourir de sa blessure.

S'étant échappé, avec cinq hommes seulement, à la faveur du brouillard, le Général dut passer le reste de la journée dans un ravin fourré de buissons très épais ; *car*, dit le récit, *chacun se cacha pour son compte.* La montagne était couverte de Mores qui cherchaient du butin et des prisonniers, en sorte qu'il fallut passer tout le jour dans les abris qu'on avait pu trouver. La nuit venue, les vaincus cherchèrent leur chemin, et arrivèrent au fort, deux heures avant l'aube. Leurs souffrances n'étaient pas encore terminées ; car Ruy Diaz de Roxas et Fernando Holguin, alcade de la place, firent inflexiblement observer la consigne, qui défendait, sous aucun prétexte, d'ouvrir les portes du fort avant le lever du soleil. Ils connaissaient pourtant le désastre, que les indigènes leur avaient appris dès la veille, en les invitant inutilement à se rendre.

Quelques jours après, les Oranais firent une sortie et se présentèrent devant la place, bannières déployées et en poussant de grands cris. Ils comptaient sans doute sur le découragement de la petite garnison pour enlever la position sans coup férir ; une vigoureuse canonnade, qui leur fit perdre beaucoup de monde, les détrompa et les obligea à regagner leurs murailles. A la suite de ces événements, Don Diego rentra en Espagne pour y rendre compte de ce qui s'était passé ; Ruy Diaz le remplaça provisoirement.

Depuis ce moment jusqu'en 1509, il ne se passa rien de remarquable à Mers-el-Kébir. Le cardinal Ximenes y avait envoyé, après la déroute de Misserghin, cinq cents hommes de vieilles troupes, ce qui était suffisant pour assurer la défense.

Pendant ce temps, il complétait les préparatifs de l'entreprise contre Oran, qu'il se réservait de conduire lui-même, ayant été nommé Capitaine Général de l'Armada le 20 août 1508, par le roi Ferdinand, qui avait enfin consenti à lui accorder l'autorisation qu'il demandait depuis si longtemps.

Il partit de Carthagène le 16 mai 1509, avec trente-trois vaisseaux et cinquante et un petits bâtiments portant vingt-quatre mille hommes ; la flotte arriva à Mers-el-Kébir le 18. Le débarquement eut lieu dans la journée du 19 ; les Mores étaient sortis de la place pour s'y opposer. Le combat dura quatre heures et se termina par la victoire des Espagnols, qui poursuivirent l'ennemi avec une telle vigueur, que plusieurs d'entre eux entrèrent dans la ville, pêle-mêle avec les fuyards ; sur d'autres points, on se servit des piques en guise d'échelles. Le pillage et le carnage commencèrent avant que le Cardinal n'eût eu le temps de donner des ordres. On raconte qu'il ne put retenir ses larmes en voyant les rues jonchées de cadavres ; quatre mille hommes avaient été massacrés en quelques heures ; les assaillants n'avaient perdu que trente soldats. Le butin fut énorme : on l'évalua à plus de vingt-quatre millions, qui furent partagés entre les vainqueurs. Lorsque Ximenez partit, le 23 mai, après avoir fait chanter un *Te Deum* solennel, et converti les mosquées en églises, il n'emporta, comme souvenir de sa victoire, que les drapeaux des vaincus, des armes de prix, des manuscrits rares, et la lampe de la grande mosquée. Ces glorieux trophées, qu'on a pu voir longtemps à Alcala de Henarès, se trouvent maintenant à la bibliothèque de l'Université de Madrid. Le commandement de l'armée et de la place fut laissé à Don Pedro Navarro de Oliveto, qui fut remplacé dans ce poste à la fin de novembre par Ruy Diaz, en attendant le retour de Don Diego, nommé *capitaine général de la ville d'Oran, de la place de Mers-el-Kébir et du royaume de Tlemcen*. On voit, par ce dernier titre, que la conquête de la province était décidée en principe. Le système de l'*occupation étendue* prévalait donc en ce moment ; c'était le seul qui fût logique, qui eût permis à l'Espagne de s'asseoir fortement dans le pays, et d'y vivre commodément ; malheureusement pour elle, les conseillers du Roi hésitèrent devant les premiers frais indispensables, et parvinrent sans peine à persuader à Ferdinand, trop enclin par nature à l'économie, de se contenter de l'*occupation restreinte*. Ce mode d'action, qui consiste à s'installer dans les ports les plus importants, sans occuper le reste du pays, devait fatalement amener les vainqueurs à jouer le rôle d'assiégés perpétuels, et leur coûter beaucoup plus de sang et d'argent qu'il n'eût été nécessaire d'en dépenser pour conquérir à jamais l'Algérie tout entière. La France en renouvela, trois siècles plus tard, la triste expérience, au début de sa conquête.

Les premiers plans de Ximenez avaient été grandioses ; on devait laisser à Oran une garnison de deux mille fantassins et de trois cents lances, y installer une colonie de six cents familles, astreintes au service militaire, et fournissant deux cents lances pour le dehors ; en échange, elles recevaient des biens exempts de redevance. Trois Ordres militaires, organisés comme celui des Chevaliers de Saint-Jean de Jérusalem, devaient être installés sur les côtes barbaresques : *Saint-Jacques*, à Oran ; *Alcantara*, à Bougie ; et *Calatrava*, à Tripoli. Presque tout cela allait rester à l'état de projet.

Cependant, Don Pedro Navarro[1], obéissant aux ordres

---

1. Dans son *Histoire de Bougie*, publiée en 1869 (t. XIII du *Recueil de la Société Archéologique de Constantine*), M. Féraud oppose aux allégations des historiens espagnols celles d'un manuscrit indigène, auquel il semble donner la préférence ; nous ne pouvons partager cette opinion. D'après ce dernier document, le roi de Bougie se serait appelé Abd-el-Azis, et aurait opposé aux envahisseurs une sérieuse résistance, qui aurait duré jusqu'au 25 mai 1510. Toutes ces assertions sont fausses ; nous savons d'une façon certaine, par les lettres de Ferdinand le Catholique adressées à don Pedro Navarro (mai 1510) et à don Antonio de Ravaneda (23 octobre 1511) que les deux rois compétiteurs s'appelaient Abdallah et Abd-er-Rahman ; il est également prouvé que la ville a été emportée d'emblée, et presque sans coup férir ; s'il en eût été autrement, les vainqueurs eussent préféré se vanter d'une lutte dont l'issue avait été glorieuse pour eux, que de la dissimuler. Et, d'ailleurs, il suffit de comparer les dates pour être assuré de la vérité. Don Pedro Navarro part d'Oran le 1er janvier 1509 (il ne faut pas oublier que l'année commençait à Pâques), et deux inscriptions, encore existantes, nous apprennent, l'une que la conquête date de 1509, et l'autre, qu'elle eut lieu le jour de l'Epiphanie (6 janvier). Or, Ferreras et Mariana nous disent que l'Armada avait dû subir des vents défavorables et une tempête ; les quatre jours d'intervalle entre le départ et la prise de la ville suffisent donc à peine à la traversée, et il ne reste pas de place pour un siège, si court qu'il soit. En présence de semblables preuves, appuyées par le témoignage de contemporains, tels que Léon l'Africain et d'autres, nous estimons que le

reçus, était parti d'Oran pour attaquer Bougie, avec quatorze mille hommes embarqués sur quinze vaisseaux, et s'était emparé de cette ville le 6 janvier 1509, presque sans coup férir, s'il faut en croire les historiens espagnols; selon une chronique indigène, la résistance aurait, au contraire, été longue et sanglante; il est difficile d'y ajouter foi. Les habitants s'enfuirent dans la montagne, et la ville se trouva déserte; il fallut avoir recours à la diplomatie pour la repeupler. Le roi que les Espagnols venaient de déposséder se nommait Abd-er-Rahman; il avait usurpé le pouvoir sur Muley-Abdallah. Ces deux compétiteurs offrirent leur alliance à Pedro Navarro, qui, après quelques hésitations, donna la préférence à Abdallah, dont les partisans rentrèrent à Bougie. Au mois de juin, la flotte royale se dirigea vers Tripoli, dont elle s'empara après un combat sanglant.

Ces victoires avaient produit un très grand effet sur les populations africaines. Toutes les petites villes de la côte, qui craignaient le châtiment dû à leurs pirateries, demandèrent à traiter. Alger, Mostaganem, Cherchel, Dellys envoyèrent en Espagne des présents et des députés chargés d'offrir leur soumission; Tenès avait déjà imploré son pardon avant la prise d'Oran. Les conditions auxquelles ces places furent reçues à merci leur imposèrent un tribut annuel, la reddition des captifs chrétiens, l'abandon des forteresses, l'obligation d'approvisionner les garnisons selon un tarif convenu, et celle de fermer leurs ports aux navires hostiles à l'Espagne. Pour assurer l'exécution de cette dernière convention, Alger dut livrer à Don Pedro l'îlot rocheux qui se trouvait situé à une centaine de mètres en face de la ville; celui-ci y fit construire une forteresse, le *Peñon d'Argel*, et y mit une garnison de deux cents hommes.

Pendant ce temps, Don Diego était revenu à Oran pour y exercer sa charge; il n'y resta que quelques mois, et laissa

---

document précité ne mérite aucune créance, et qu'il a été probablement forgé de toutes pièces pour flatter l'orgueil des *sultans de Labez* et leur établir des droits fictifs, à l'époque (1555-1559), où l'un d'eux, du nom d'Abd-el-Azis, voulut constituer en Kabylie un royaume indépendant, avec Bougie pour capitale.

le commandement à Ruy Diaz ; celui-ci eut pour successeur Martin de Argote, qui resta en fonctions jusqu'en 1516, époque du retour de Don Diego, que le roi avait fait marquis de Comares en 1512. Ces premières années se passèrent en tentatives d'organisation et d'extension dans la banlieue d'Oran ; il n'y eut rien de très remarquable ; à peine peut-on signaler quelques razzias faites dans l'intérieur pour se procurer des vivres, ou pour soutenir des tribus amies. Car, dès l'origine, les Beni-Amer et quelques autres groupes de tribus s'étaient déclarés en faveur des Espagnols, mécontents qu'ils étaient du joug des Sultans Zianites. Ceux-ci avaient, à la vérité, envoyé des présents en 1512, et avaient promis d'approvisionner les troupes d'Oran et de Mers-el-Kébir ; mais ils se dérobaient le plus possible à leurs engagements, étant revenus de leur première frayeur, en voyant que les chrétiens ne profitaient pas de leurs succès. Cette inaction fut d'autant plus regrettable que, nulle part, les Espagnols ne montrèrent plus d'ardeur et plus de bravoure ; les récits de Marmol, de Balthazar de Moralès et de Suarez, témoins oculaires des faits qu'ils racontent, nous reportent au temps des romans de chevalerie, et nulle lecture n'est plus séduisante. Tantôt c'est Martinez de Angulo, qui, trahi par les auxiliaires arabes, pouvant encore battre en retraite, répond : *Les gens de ma maison ne tournent pas le dos*, et combat un contre cent ; tantôt c'est Don Martin Alonzo de Cordova, qui se bat seul contre vingt ennemis, s'en débarrasse, *et cependant,* dit l'historien, *il fut blâmé de quelques-uns, parce que, dans la première surprise, il avait tourné la tête en arrière, pour voir si l'on ne venait pas à son aide.* Une autre fois, c'est le capitaine Nuñez de Balboa qui se conduit au Chabet-el-Lhâm comme Léonidas aux Thermopyles ; enfin, toujours et partout, c'est le courage porté au delà de toute expression. Et la fidélité de ces narrations s'affirme par l'exacte description de scènes semblables à celles dont nous avons pu être spectateurs pendant nos longues guerres dans les mêmes contrées. Avec quelle vérité ces vieux chroniqueurs nous décrivent-ils les brillantes réunions des goums, les promesses emphatiques et souvent trompeuses de fidélité, les ovations faites au vainqueur !

La parcimonie du conseil royal, et les difficultés qui résultèrent de la mauvaise organisation du début rendirent inutiles ces brillants efforts. Le Capitaine Général, qui avait le commandement suprême de l'armée et des fortifications, était doublé d'un Corrégidor Royal, sorte d'intendant général et de gouverneur civil, qui était chargé d'assurer la solde, les approvisionnements, et de rendre la justice aux colons installés à Oran. Cela constitua deux pouvoirs rivaux, qui ne cessèrent d'être en guerre jusqu'en 1535, moment où le Roi se résolut à supprimer les corrégidors [1]. Ceux-ci se plaignaient des violences commises par les soldats sur les habitants, de l'inexactitude des états de situation de l'armée ; ils affirmaient que les dépenses étaient exagérées, accusaient de concussion les gouverneurs et les commandants de place. Ces derniers remontraient qu'on les laissait sans vivres, sans artillerie, sans munitions, sans argent ; les plaintes sont journalières et viennent à la fois de tous côtés. Il est certain que l'administration montrait une incurie incompréhensible ; toutes les lettres, officielles ou privées, l'attestent hautement. A Oran, *on meurt de faim, et le marquis de Comares ne veut plus se mêler de rien* [2] ; à Bône, *les soldats n'ont plus de quoi acheter seulement une sardine, et, cependant, elles abondent* [3] ; à Bougie, *on n'a pas à manger, pas de poudre ; les canons sont plus dangereux pour les artilleurs que pour l'ennemi ; on doit dix-huit mois de solde aux troupes, qui désertent pour aller aux Indes* [4] ; à Bône, *les vivres délivrés étaient si mauvais que toute l'armée est malade* [5] ; au Peñon, *on était en train de mourir de faim, quand un vaisseau chargé de blé est venu*

---

1. Voir les *Documents inédits sur l'occupation espagnole*, traduits par Elie de la Primaudaye dans la *Revue africaine*. Mémoire du corrégidor d'Oran (an. 1875, p. 153) ; lettre de l'empereur (an. 1875, p. 284).
2. *Loc. cit.* Lettre d'Isabelle de Fonseca (an. 1875, p. 161 ; lettre du docteur Lebrija à l'impératrice (an. 1875, p. 174).
3. *Loc. cit.* Lettre de Don Alvar de Bazan (an. 1875, p. 187) ; lettre de Pacheco à l'empereur (an. 1875, p. 275).
4. *Loc. cit.* Lettre de Ribera à l'empereur (an. 1875, p. 353) (an. 1877, p. 86) ; lettre de Juan Molina (an. 1877, p. 224).
5. *Loc. cit.* Lettre du marquis de Mondejar (an. 1876, p. 235) ; lettres d'Alvar Gomez de Horrosco (El Zagal) (an. 1876, p. 243, et an. 1877, p. 220, 223).

s'échouer devant le fort. Tout va bien maintenant, écrit le commandant, *mais il ne faudrait pas continuer à tenter Dieu*[1]. Et les mêmes lettres ajoutent que les fortifications tombent en ruines, demandent pour les réparer de l'argent et des hommes, qui n'arrivent jamais ; s'il en vient, *ce sont des gens de rebut, qui dégoûtent les bons du service ; il n'est pas jusqu'aux prêtres qu'on envoie qui ne soient ignorants et de mauvaise conduite*[2], dit le Capitaine Général, en en demandant d'autres. Telle fut l'administration, depuis le commencement jusqu'à la fin : ce fut elle qui rendit inévitable la perte de possessions si glorieusement acquises. La plus éprouvée d'entre elles, et celle qui devait tomber la première, fut Bougie ; nulle part, la garnison espagnole ne fut plus abandonnée, plus dénuée du nécessaire, soumise à de plus fréquentes attaques. Dès les premiers jours de l'occupation, les Kabyles avaient entouré la ville, qui subit un investissement permanent, à peine interrompu par quelques sorties, auxquelles il fallut renoncer ; car elles coûtaient trop cher, et l'on avait très peu de monde. Abd-er-Rahman[3], qui avait cherché un asile dans la Kabylie, y avait noué des intelligences avec les principaux chefs ; en même temps, il implorait l'aide d'un corsaire déjà célèbre par ses exploits, et qui devait être le fondateur de la Régence. C'était Aroudj, qui s'était installé depuis quelques années aux îles Gelves, avec une flottille de douze galiotes, et une troupe d'un millier de Turcs, qui étaient venus volontairement se mettre sous les ordres de cet heureux aventurier. Il attendait avec impatience l'occasion d'intervenir dans les affaires des petits souverains de la côte, desquels il espérait obtenir, de gré ou de force, un bon port de refuge et un lambeau de territoire ; aussi ne se fit-il pas prier longtemps. Il arriva devant Bougie au mois d'août 1512 avec tout son monde, débarqua son canon, et se mit à battre les fortifications espagnoles ;

---

1. Voir l'*Appendice de la Cronica de los Barbarojas*, de Gomara. (pièces I, X, XI, XIII, XIV).
2. *Loc. cit.* Lettre de D. Pedro de Godoy (an. 1875, p. 183) ; lettres du comte d'Alcaudete (an. 1877, p 27, 89, 93, 205).
3 Voir page 14, au sujet de la valeur du manuscrit arabe suivi par M. Féraud dans son *Histoire de Bougie*.

Abd-er-Rahman l'avait rejoint avec trois ou quatre mille montagnards. Au bout de huit jours, la brèche était ouverte, et l'assaut allait avoir lieu, lorsqu'Aroudj eut le bras gauche emporté par un boulet. Le découragement se mit parmi les troupes, et le siège fut levé. Il recommença au mois d'août 1514 ; les Turcs, bien approvisionnés de munitions, ouvrirent un feu terrible et démantelèrent rapidement la place ; mais la valeur de la garnison suppléait à l'insuffisance des murailles, et les assauts furent repoussés avec des pertes sanglantes. Sur ces entrefaites, Martin de Renteria arriva au secours de Bougie avec cinq navires ; en outre, la fin de septembre avait amené les premières pluies, et les Kabyles quittaient l'armée assiégeante pour aller faire leurs semailles. Il fallut qu'Aroudj se retirât une seconde fois ; il se réfugia dans le petit port de Djigelli, où il se fortifia, pour y attendre une meilleure occasion de fortune.

En 1515, l'Espagne se trouvait donc maîtresse du rivage africain, depuis Melilla jusqu'à Bougie ; elle occupait Tripoli, qui allait bientôt être confié à la garde des Chevaliers de Saint-Jean de Jérusalem, et Tunis se trouvait ainsi réduite à l'obéissance ; dans l'intérieur du pays, elle poussait ses colonnes victorieuses jusqu'au Djebel A'mour, et recevait la soumission des Beni-Amer, des Hamyan, des Ouled-Hali, Ouled-Khâlifa, et d'autres groupes importants. Il ne s'agissait que de continuer, et, si une sage politique eût su recueillir et conserver les fruits de la valeur castillane, il est hors de doute qu'elle eût pu accomplir sans peine la conquête que réalisèrent les Barberousses et leurs successeurs avec une poignée de soldats. Mais, absorbé par d'autres préoccupations, le gouvernement de la Péninsule ne poursuivit pas le cours de ses succès, dont le résultat imprévu fut l'établissement de la puissance turque sur le littoral africain de la Méditerranée.

CHAPITRE DEUXIÈME

LES BARBEROUSSES ET LA FONDATION DE L'ODJEAC

SOMMAIRE : Origine des Barberousses. — Leurs débuts. — Etablissement en Kabylie. — Les Algériens appellent Aroudj à leur aide. — Meutre de Selim et Tenmi. — Mécontentement des Algériens. — Attaque de Don Diego de Vera. — Lutte contre les Reïs indépendants et les petits souverains indigènes. — Aroudj est appelé à Tlemcen. — Bataille d'Arbal et conquête du royaume de Tlemcen. — Les Espagnols prennent parti pour Bou-Hammou. — Prise de Kalaa et mort d'Isaac. — Siège de Tlemcen. — Mort d'Aroudj.

Dans les premières années du xvi° siècle, les populations des côtes de la Méditerranée parlaient avec terreur de quatre corsaires, que leurs exploits avaient rendus célèbres, et autour du nom desquels s'était déjà formée une légende. On les appelait les Barberousses ; leur origine était discutée, et, tandis que les uns en faisaient les fils d'un capitaine turc, les autres des gentilshommes renégats de Saintonge, les mieux informés assuraient qu'ils étaient natifs de Mételin, où leur père exerçait l'humble profession de potier. Ils se nommaient Aroudj, Kheïr-ed-Din, Elias et Isaac. Le premier, quoiqu'il ne fût pas l'aîné, commandait aux trois autres ; il avait été, disait-on, fait captif par les Chevaliers de Saint-Jean de Jérusalem, dans un combat qui avait coûté la vie à Elias, et s'était délivré par un coup de merveilleuse audace [1].

---

[1]. Nous n'avons pas cru devoir rapporter ici les légendes fabuleuses dont l'imagination orientale s'est plu à embellir les premières années d'Aroudj ; ces évasions miraculeuses, ces captures de vaisseaux qu'il aborde seul et à la nage, ce don d'ubiquité, qui lui permet de vaincre sur plusieurs points à la fois, tous ces contes enfin, ont été inventés bien après lui. Il en est de

Depuis ce temps, les trois frères survivants faisaient aux Chrétiens une guerre cruelle. Leur renommée, et le bonheur qui accompagnait leurs entreprises, n'avaient pas tardé à attirer auprès d'eux d'autres corsaires, qui étaient venus se mettre sous leur commandement.

En 1512, Aroudj disposait déjà d'une petite flotte de douze galères ou galiotes, et avait obtenu du Sultan de Tunis, d'abord l'entrée de ses ports, et plus tard le gouvernement des îles Gelves. C'est là qu'étaient venus le trouver les envoyés d'Abd-er-Rahman, pour le prier d'aider ce prince à reconquérir Bougie. Nous avons vu qu'après le double insuccès de ses attaques, il s'était retiré à Djigelli, dont les habitants, presque tous corsaires, l'avaient accueilli avec joie.

A peine installé, il s'efforça d'agrandir son pouvoir, en s'immisçant dans les affaires du pays.

La Kabylie, qui n'avait jamais été que nominativement soumise aux souverains de Tunis, se trouvait, comme elle l'a toujours été, partagée entre deux influences rivales, représentées par les groupes de tribus que sépare l'Oued-Sahel. Les deux chefs indigènes que les Espagnols nommaient les sultans de Labez (Beni-Abbès) et de Kouko, étaient presque perpétuellement en guerre entre eux. Les dominateurs qui se succédèrent en Algérie profitèrent tous de cette rivalité, en s'alliant tantôt avec l'un, tantôt avec l'autre ; ils empêchèrent ainsi la création d'une confédération qui fût rapidement devenue plus forte qu'eux. Aroudj prit d'abord parti pour le sultan de Labez, et, en 1515, envahit le territoire de Kouko. Le combat eut lieu chez les Beni-Khiar ; il fut long et sanglant ; les armes à feu des Turcs décidèrent la victoire de leur côté ; le sultan de Kouko périt, dit Haëdo, dans la bataille.

Cependant, les Algériens supportaient avec peine le joug des Espagnols. La forteresse que Pedro Navarro avait bâtie

---

même des décrets qui furent plus tard promulgués sous l'autorité de son nom, à une époque où la population ne savait plus que le fondateur de l'Odjeac n'avait jamais eu le temps de légiférer à Alger, où il n'avait séjourné que quelques jours, au milieu des rébellions et des attaques du dehors; en fait, la seule loi qu'appliqua jamais Aroudj, fut l'autorité absolue d'un chef de guerre.

devant la ville les empêchait de faire la Course et de recevoir les navires musulmans ; c'était la ruine pour eux. Le chef qui les commandait alors, Selim-et-Teumi, était d'un caractère faible et incertain ; quand il avait vu l'effroi de ses sujets, il n'avait pas hésité à se soumettre à l'Espagne ; quand il les vit mécontents, il s'empressa de demander du secours à Aroudj, et de le prier de venir délivrer Alger de l'oppression des Chrétiens. Celui-ci, qui attendait depuis longtemps une semblable occasion, fit aux envoyés de Selim un accueil favorable, et réunit toutes les forces dont il pouvait disposer. Il envoya par mer seize bâtiments, sur lesquels il embarqua environ la moitié de ses Turcs, avec son artillerie et son matériel, et se mit en route en suivant la côte, à la tête du reste de ses Ioldachs, au nombre de huit cents, et d'un contingent d'environ cinq mille auxiliaires Kabyles. Au lieu de s'arrêter à Alger, il prit directement la route de Cherchel, où un de ses Reïs venait de fonder une sorte de petite souveraineté. Il s'empara de la ville sans aucune résistance et fit immédiatement mettre à mort son ancien compagnon, devenu pour lui un compétiteur dangereux. De là, il marcha sur Alger, où il fut reçu par le prince et par les habitants comme un libérateur. Après avoir placé quelques pièces en batterie devant le Peñon, il fit sommer le commandant de se rendre, en lui offrant une capitulation honorable. Ces propositions ayant été hautainement repoussées par le brave officier qui commandait la garnison, Aroudj ouvrit le feu devant le fort ; mais la faiblesse de son artillerie ne lui permit pas d'obtenir de résultats sérieux. Cet échec indisposa les Algériens, qui commencèrent à revenir de la haute idée qu'ils s'étaient faite de la valeur des janissaires ; leur mécontentement fut encore augmenté par la conduite des Turcs, qui se considéraient comme en pays conquis, et traitaient les citadins avec leur arrogance et leur brutalité accoutumée. Un commencement de rébellion ne tarda pas à apparaître, et, pour y couper court, Aroudj se décida à supprimer celui qui devait en être le chef naturel. Il fit étrangler ou égorger Selim-et-Teumi dans son bain, et s'empara du pouvoir de vive force. Les Turcs se répandirent dans la ville, proclamèrent leur chef Sultan, et terrifièrent les habitants par de sanglantes exécutions. En même temps, ils envahissaient les campagnes voisines, qu'ils soumettaient par la violence. Le mécontentement était à son comble ; le souverain de Tenès avait insurgé tout le pays, et le fils du prince assassiné était parti pour l'Espagne, afin d'implorer le secours des chrétiens contre l'usurpateur ; celui-ci continuait à canonner le Peñon, qui, privé d'eau et de vivres, était forcé de s'approvisionner de tout aux Baléares [1].

A l'automne de 1516, le cardinal Ximenès fit décider l'envoi d'une armada de trente-cinq bâtiments, montés par plus de trois mille hommes, sous le commandement de Diego de Vera ; la flotte vint jeter l'ancre dans la baie d'Alger, le 30 septembre 1516, un peu à l'est de l'endroit où s'éleva plus tard le fort Bab-Azoun. Le débarquement s'effectua le lendemain, sur la plage voisine de l'Oued-M'racel [2].

Malgré les conseils du gouverneur du Peñon, Nicolas de Quint, le général engagea imprudemment tout son monde, sans assurer sa retraite, et occupa une ligne beaucoup trop étendue, depuis le rivage, jusqu'à l'endroit où s'éleva plus tard la Casbah. Ses troupes, composées de recrues levées à la hâte et mal exercées, offraient peu de solidité.

Après quelques escarmouches inutiles, le temps étant devenu très mauvais, et les navires se trouvant en danger, Diego de Vera ordonna le rembarquement. Mais, à peine avait-il donné le signal de la retraite, qu'Aroudj sortit de la ville avec tout son monde, chargea vigoureusement les Espagnols en désordre, les accula au rivage et massacra tout ce qui ne fut pas fait prisonnier ; sans le secours que fournit le gouverneur du Peñon, pas un homme ne se fût échappé. Le désastre fut, dit-on, augmenté par la tempête, qui fit périr la plus grande partie des bâtiments. En somme, cette expédition semble avoir été mal préparée et mal conduite ; toutefois, l'insuccès de Don Diego n'avait pas été dû uniquement à son imprudence [3]. Il

---

1. Voir dans l'*Appendice de Gomara* (d. c.), les lettres de Nicolas de Quint, gouverneur du Peñon (pièces I, X, XI.1, XIV.)
2. Voir dans l'*Appendice de Gomara* (d. c.); les instructions de Diego de Vera, et la lettre de Nicolas de Quint (pièces XIX et XXI)
3. Diego de Vera fut cruellement raillé de sa défaite à son retour en

comptait sur le concours du souverain de Tenès, Muley-bou-Abdallah, qui était entré en relations depuis quelque temps déjà avec le marquis de Comares, gouverneur d'Oran, et lui avait promis une aide efficace. Bien que ce prince eut manqué de parole aux Chrétiens, Aroudj résolut de faire un exemple sur celui qui, étant le plus puissant des petits chefs indigènes, pouvait fomenter la révolte des Mehals contre les nouveaux venus.

Laissant son frère Kheïr-ed-Din gouverner Alger pendant son absence, il se porta à la rencontre de l'ennemi avec quinze cents janissaires ou Mores d'Espagne, armés de mousquets, et un nombreux contingent kabyle, et s'empara tout d'abord de Médéa et de Miliana. La grande bataille eut lieu sur l'Oued Djer, à cinq lieues environ de Blida ; la supériorité de l'armement des Ioldachs décida la victoire en leur faveur, et l'ennemi fut poursuivi l'épée dans les reins jusqu'à Tenès, où les vainqueurs entrèrent sans résistance. Aroudj ne s'y trouvait que depuis peu de jours, lorsqu'il reçut la visite de quelques habitants notables de Tlemcen, qui venaient le prier de les aider à chasser l'usurpateur Bou-Hammou, contre lequel un parti nombreux s'était formé, depuis qu'il avait fait sa soumission à l'Espagne. Son neveu, Bou-Zian, s'étant mis à la tête des mécontents, avait été battu et emprisonné dans le Mechouar, d'où il appelait les Turcs à son aide. Barberousse, comprenant bien vite les avantages qu'il pourrait tirer de cette intrigue, et toujours désireux d'accroître sa puissance, se mit immédiatement en marche, et, tout le long de la route, accrut son armée de nombreux volontaires, que lui valurent la haine qu'inspirait Bou-Hammou, et peut-être aussi l'espoir du pillage de la riche ville de Tlemcen. Sur son passage, il s'empara de la Kalaa des Beni-Rachid, et, pour assurer, au besoin, sa retraite vers Alger, il y laissa son frère Isaac avec une garnison d'environ trois cents mousquetaires. Arrivé dans la plaine d'Arbal, il y rencontra l'armée ennemie, forte de six mille cavaliers et de trois mille fantassins, la mit en

---

Espagne, et une chanson satirique lui reproche de *s'être laissé battre par un manchot.*

complète déroute et la poursuivit jusqu'à Tlemcen, dont les habitants lui ouvrirent les portes ; le vaincu se sauva à Fez, et se rendit ensuite à Oran, où il demanda du secours à l'Espagne.

Aroudj s'installa dans le Mechouar, occupa fortement la ville, et fit peser sur les Tlemcéniens un joug qui ne tarda pas à leur faire regretter leurs anciens maîtres ; la tradition veut que, dans le même jour, soixante-dix princes zianites aient été noyés par ses ordres dans un vaste réservoir qui existe encore aujourd'hui. En même temps qu'il consolidait son pouvoir par ces sanglantes exécutions, il envoyait des détachements occuper les points principaux du voisinage. C'est ainsi qu'il mit garnison dans les villes d'Ouchda, Tibda, et qu'il réduisit à l'obéissance les Beni-Amer et les Beni-Snassen, auxquels il imposa des tributs en nature, qui lui servirent à approvisionner sa nouvelle conquête, dans laquelle il s'attendait déjà à être assiégé ; car il avait tout de suite appris que Bou-Hammou s'était rendu auprès du marquis de Comares et qu'il avait imploré son secours, en faisant acte de vassalité envers le roi d'Espagne. Pour s'assurer un appui contre l'attaque qu'il craignait, il contracta alliance avec le sultan de Fez[1] ; en même temps il faisait réparer toutes les fortifications de la ville.

Cependant le gouverneur d'Oran venait de recevoir d'Espagne une armée de dix mille hommes, destinés à reconquérir la province. Ce n'était pas sans peine qu'il avait obtenu ces forces du Conseil Royal ; il avait fallu qu'il représentât énergiquement le danger que faisait courir aux nouvelles possessions l'établissement de la domination turque, et la nécessité dans laquelle

---

1. A en croire les historiens espagnols, ce traité aurait existé ; et quelques-uns ajoutent même, qu'au moment où Aroudj fut tué, le sultan de Fez arrivait avec son armée par la route de Melilla ; ces assertions me laissent fort douteux, et je ne me rends pas compte de la conduite de ce prétendu allié, qui laisse assaillir les Turcs dans Tlemcen pendant six mois, à quelques pas de lui, sans leur porter le moindre secours, alors qu'une simple démonstration eût suffi pour faire abandonner la partie aux Espagnols, dont les forces n'étaient pas assez considérables pour affronter une attaque semblable à celle que les Marocains eussent pu diriger contre eux. Jusqu'à preuve contraire, il est permis de croire qu'il n'y eut qu'un projet d'alliance auquel le prince de Fez ne donna aucune suite ; on ne voit pas, du reste, quel intérêt il aurait eu à favoriser l'établissement de ces nouveaux voisins, qui étaient aussi redoutables pour lui que pour les Chrétiens.

on se trouvait d'être les maîtres dans l'intérieur, si on voulait assurer l'autorité sur les côtes. Il fit d'abord partir son lieutenant, Don Martin d'Argote, avec une troupe de trois cents hommes choisis ; ce vaillant capitaine était accompagné par Bou-Hammou, auquel vinrent se joindre dès les premiers jours une partie des tribus de l'intérieur, que la tyrannie et l'insolence des Turcs avait exaspérées. Argote se dirigea sur la Kalaa des Beni-Rachid, qu'il investit et dont il poussa activement le siège : Isaac se défendit avec vigueur et obtint d'abord quelques succès ; enfin, ayant perdu plus des deux tiers de son monde, il demanda à capituler, et obtint la permission de se rendre à Tlemcen avec armes et bagages ; mais, à peine était-il sorti du fort, que les Arabes de Bou-Hammou se précipitèrent sur les Turcs, et les égorgèrent, au mépris du traité conclu. Ces faits se passaient à la fin du mois de janvier 1518. Très peu de temps après, le marquis de Comares débarquait ses troupes à Rachegoun et marchait de là sur Tlemcen, dont il entreprenait immédiatement le siège.

Ce fut une longue et sanglante expédition : Aroudj se défendit pied à pied pendant plus de six mois ; lorsque les remparts furent tombés aux mains des Espagnols, il se barricada dans les rues ; forcé dans cette nouvelle défense, il s'enferma dans le Mechouar, et continua à y braver l'ennemi, espérant toujours voir arriver le sultan de Fez et son armée. Les Tlemcéniens, déjà mécontents des exactions de ceux qu'ils avaient imprudemment appelés chez eux, voyant leurs maisons s'écrouler chaque jour sous le feu des canons du marquis, privés de vivres, attendaient avec impatience la défaite des Turcs, et ne cherchaient qu'une occasion de les trahir. Ceux-ci étaient restés abandonnés au nombre d'environ cinq cents ; car, dès que les événements avaient pris mauvaise tournure, les goums arabes et les Kabyles avaient déserté chacun de leur côté. On était arrivé au jour de la fête d'Es-S'rir ; à l'occasion de cette solennité, les habitants demandèrent qu'il leur fût permis de venir faire leurs dévotions dans la mosquée du Mechouar, dont l'entrée leur fut accordée. Aussitôt qu'ils eurent franchi l'enceinte, tirant des armes cachées sous leurs burnous, ils se précipitèrent sur les Turcs sans défiance, et en firent un terrible massacre. Ceux-ci, revenus de la première surprise, ripostèrent énergiquement, et les chassèrent de la citadelle, en les châtiant durement de leur rébellion ; mais leurs pertes avaient été très grandes. Le soir, Aroudj, voyant qu'il ne lui restait que quelques hommes valides, et que la position était insoutenable, se décida à la retraite. Son objectif était de traverser par surprise l'armée ennemie et de gagner à marches forcées le bord de la mer, où il eût pu attendre les vaisseaux que son frère Kheïr-ed-Din n'eût pas manqué d'envoyer à son secours. Il sortit donc au milieu de la nuit par une poterne, emportant avec lui les riches trésors des rois zianites, traversa sans encombre les lignes espagnoles, et prit résolument la route d'Aïn-Temouchent. Le marquis, informé de sa fuite quelques heures après, lança à sa poursuite un détachement de cavaliers ; quelque hâte que fît cette petite troupe, elle n'atteignit les Ioldachs que le lendemain au soir, entre le marabout de Sidi-Moussa et le gué du Rio-Salado [1]. Les Beni-Amer, réunis dans le voisinage, attendaient l'issue du combat, prêts à fondre sur celui qui serait vaincu. Aroudj, se voyant serré d'aussi près, n'ayant plus avec lui qu'une poignée de Ioldachs, essaya de ralentir la poursuite de l'ennemi en faisant semer sur le chemin les trésors qu'il avait emportés ; cet expédient ne lui servit à rien ; l'alferez Garcia de Tineo, à la tête de quarante-cinq hommes, le chargea bravement, et le contraignit de s'enfermer dans les ruines d'une vieille forteresse, où il se retrancha, et tint ferme. Après un combat meurtrier, tous les Turcs furent successivement tués et décapités. Aroudj, quoique manchot, combattit comme un lion, et fut tué par l'alferez lui-même, qui lui coupa la tête, et la rapporta triomphalement à Oran ; le vêtement de brocart d'or que portait le célèbre corsaire fut converti en une chape d'église, et fit longtemps partie du trésor du monastère Saint-Jérôme de Cordoue. C'est ainsi que périt

---

1. Le lieu exact de la mort d'Aroudj est encore contesté ; pendant longtemps, sur la foi d'Haëdo et du Dr Schaw, on l'a placé au Rio-Salado ; une théorie moderne a transporté le théâtre de ce tragique évènement au pied des montagnes des Beni-Snassen, sur la route de Fez ; les deux thèses ont été soutenues dans la *Revue africaine* (an. 1860, p. 18 et an. 1878, p. 388.)

le fondateur de la Régence ; il était âgé de quarante-quatre ans environ, et ne laissait pas de postérité. Presque tous les historiens, se copiant les uns les autres, n'ont considéré en lui qu'un chef de bandits ; il existe peu de jugements aussi faux que celui-là. Le premier des Barberousses fut un hardi soldat de l'Islam, qui fit sur mer une guerre impitoyable aux ennemis de son souverain et de sa foi ; il la fit sans s'écarter des procédés alors en usage, et ne se montra ni plus, ni moins cruel que ceux qu'il eut à combattre. Lorsque ses premiers exploits lui eurent permis de réunir sous son commandement des forces suffisantes pour tenter quelque chose de grand, il profita habilement de l'anarchie qui régnait dans le nord de l'Afrique pour y fonder un empire. Le seul moyen d'en assurer la durée étant l'expulsion des Chrétiens, il les attaqua dans la personne de leurs alliés et de leurs vassaux, afin de les réduire à ne plus tirer de vivres et de secours que de l'Espagne. Ses débuts avaient été heureux, et la conquête des provinces de l'Ouest allait lui permettre d'acculer à la mer l'envahisseur étranger, lorsqu'il succomba sous la défection de ses alliés, *amèrement regretté*, nous dit Haëdo, *de tous ceux qui avaient servi sous ses ordres.*

CHAPITRE TROISIÈME

LES BARBEROUSSES ET LA FONDATION DE L'ODJEAO (Suite.)

SOMMAIRE : Kheïr-ed-din succède à son frère.—Les dangers de sa situation.. — Révolte des Algériens, de Cherchel, de Tenès et de la Kabylie.— Alger se déclare vassale de la Porte. —Attaque de Hugo de Moncade. — Guerre avec Tunis et trahison d'Ahmed-ben-el-Kadi. — Kheïr-ed-din se réfugie à Djigelli. —Les Kabyles se rendent maîtres d'Alger.—Barberousse ravage la Méditerranée, s'empare de Collo, Bône et Constantine. — Il bat les Kabyles et rentre dans Alger. — Il châtie les rebelles et traite avec Kouko et Kalaa. — Attaque et prise du Penon. — Tlemcen se révolte contre les Espagnols. — Doria cherche en vain à s'emparer de Cherchel. — Kheïr-ed-Din fait la conquête de Tunis. — Il en est chassé par Charles-Quint. — Il ravage les Baléares. — Son départ pour Constantinople où il est nommé Capitan-Pacha — Sa mort.

Kheïr-ed-Din succéda à son frère du consentement unanime de ses anciens compagnons. Jamais homme ne se trouva dans une position plus difficile que celle dans laquelle venait de le mettre la défaite et la mort d'Aroudj. Celui-ci avait, en effet, emmené avec lui la plus grande partie des meilleurs combattants, et son insuccès avait détourné de sa cause les alliés douteux, qui ne respectaient en lui qu'un vainqueur. Son frère avait donc à craindre à la fois la révolte de ses voisins, l'insoumission des populations conquises et les efforts de l'Espagne, qui eût dû profiter de la victoire pour chasser immédiatement d'Alger les quelques Turcs qui s'y trouvaient encore. Malheureusement pour elle, les troupes qui venaient de faire le siège de Tlemcen furent rapatriées, et Barberousse [1], qui avait été

---

1. Le surnom de Barberousse fut donné à Kheïr-ed-Din lui-même, et non à

un instant assez découragé pour songer à s'embarquer pour Constantinople, reprit rapidement son sang-froid habituel. Les petites villes de Cherchel et Tenès s'étaient révoltées, sous le commandement de leurs anciens cheiks ; il y envoya tout de suite quelques détachements, qui rétablirent l'ordre avec la dureté familière aux Turcs. Il ne pouvait pas songer en ce moment à apaiser l'insurrection kabyle, dirigée par Ahmed-ben-el-Kadi, qui craignait de se voir châtié de sa récente défection ; car il n'avait pas assez de forces pour entreprendre cette campagne ; il dut donc remettre à plus tard le soin de sa vengeance, et chercher à se procurer les hommes et les munitions qui lui manquaient, et qui lui étaient d'autant plus indispensables que Bou-Hammou marchait sur Alger, et avait déjà soumis tout l'Ouest jusqu'à Miliana.

Aussitôt après avoir reçu la nouvelle de la mort de son frère, Kheïr-ed-Din avait fait partir pour Constantinople des envoyés, chargés d'offrir au sultan Sélim la souveraineté du royaume d'Alger. Dans la lettre qu'il lui faisait parvenir, il se déclarait son vassal et lui demandait de le couvrir de sa protection, lui assurant en échange son obéissance, et lui jurant fidélité.

Le Sultan accepta cet hommage, lui envoya de l'artillerie, deux mille soldats armés de mousquets, et autorisa l'embarquement de volontaires, auxquels il assura les droits et privilèges dont jouissaient les janissaires de la Porte. Cette faveur, jointe à la renommée guerrière des Barberousses, et à l'espoir du butin qu'on pouvait faire sous leurs ordres, attira dans la Régence quatre mille Turcs armés de mousquets, force plus

---

son frère Aroudj, ainsi que cela est démontré par les textes, et notamment par plusieurs passages du *R'azaouat*, ouvrage écrit par Sinan-Chaouch sous les yeux du Capitan-Pacha, et d'après ses indications. Cette remarque est devenue nécessaire, depuis que quelques *abstracteurs de quintessence*, trouvant trop simple d'attribuer le surnom donné au fils de Iakoub à la couleur de sa barbe, ont proposé et imposé à des gens trop crédules l'étymologie de Baba-Aroudj. Ils eussent évité cette erreur, en étudiant la correspondance diplomatique dans les *Négociations de la France dans le Levant* (Charrière, *Documents inédits*) car ils y eussent vu que Kheïr-ed-Din y est désigné par les vocables de Barberousse, Barbarossa, Œnobarbus, et que le Sultan lui-même le nomme : *Notre amiral à la barbe rousse*, ce qui ne laisse aucun doute sur l'origine du mot.

que suffisante pour parer aux premières éventualités. Il était temps pour Kheïr-ed-Din que ces auxiliaires lui arrivassent : car les Algériens semblaient vouloir profiter de l'occasion pour reconquérir leur indépendance [1]. A cette époque, le petit port d'Alger, étant très peu sûr, et se trouvant d'ailleurs commandé par le canon du Peñon, les Reïs avaient pris l'habitude de tirer leurs galères sur le sable de la plage, entre la porte Bab-el-Oued et l'embouchure de l'Oued-M'racel. Les Algériens s'entendirent avec les tribus voisines, et convinrent avec elles de profiter d'un jour de marché pour incendier la flotte et exterminer leurs nouveaux maîtres. Les Arabes de la plaine devaient entrer dans la ville avec des armes cachées, et, au moment où les Turcs seraient sortis pour éteindre le feu mis à leurs navires, fermer les portes du rempart, et se précipiter sur les Reïs désarmés.

Le complot, sans doute éventé par quelques espions, vint à la connaissance de Kheïr-ed-Din, qui fit saisir les principaux meneurs, dont les têtes, exposées aux portes de son palais, calmèrent l'effervescence de la population, qui, depuis ce temps, n'essaya plus de se soustraire à la domination du vainqueur.

Cependant Charles-Quint, cédant aux sollicitations du gouverneur d'Oran, venait de donner l'ordre à don Hugo de Moncade, vice-roi de Sicile, d'assembler une armada de quarante navires montés par environ cinq mille hommes de vieilles troupes. Ces forces étaient destinées à s'emparer d'Alger, que le roi de Tlemcen avait promis d'attaquer par terre, à la tête de ses sujets. Moncade était un capitaine résolu et expérimenté, qui avait rendu les plus grands services en Italie sous les ordres de Gonzalve de Cordoue; il réunit rapidement ses troupes, et partit de Sicile en juillet 1519 ; on lui avait malheureusement adjoint Gonzalvo Marino de Ribera, avec lequel il eut de fréquents désaccords, qui entraînèrent la ruine de l'expédition. Il débarqua vers le milieu d'août sur la rive

---

[1]. Haëdo parle de cette révolte des Algériens, et dit qu'elle a eu lieu du temps d'Aroudj ; mais l'auteur du *R'azaouat* est plus croyable, ayant été plus à même de contrôler les renseignements recueillis sur des événements qui lui étaient contemporains.

gauche de l'Harrach ; en même temps, il envoyait un petit corps prendre position à l'ouest de la ville. Cinq ou six jours se passèrent en escarmouches ; le 18, l'armée espagnole avait gravi le Koudiat-es-Saboun (fort l'Empereur), sur la crête duquel elle s'était retranchée, avait construit des batteries, et commençait à canonner les remparts, en attendant le roi de Tlemcen, qui paraît avoir manqué à la parole donnée, ou, tout au moins, n'être pas arrivé à temps. Moncade voulait attaquer sans plus tarder ; Gonzalvo Marino s'y opposa. Sur ces entrefaites, Barberousse envoya un petit corps de cinq cents hommes faire la démonstration d'incendier les barques et les approvisionnements qui avaient été halés sur la plage ; lorsqu'il vit le corps principal sorti de ses retranchements, il fondit impétueusement sur lui, le mit en déroute, l'accula au rivage, lui tua un très grand nombre d'hommes, et força les autres à s'embarquer. Cette dernière opération s'exécuta le 23 ; mais, contrariée par le mauvais état de la mer, elle devint longue et difficile ; le désordre fut à son comble, et quelques bataillons de vieilles troupes furent tellement démoralisés, qu'ils se rendirent sans combattre ; les Turcs les massacrèrent impitoyablement, par représailles, dirent-ils, de la trahison qui avait coûté la vie à Isaac.

Vingt-six des plus beaux vaisseaux furent jetés à la côte, et les Turcs s'emparèrent des marins et des soldats qu'ils contenaient. Cette victoire sauva de la perte la plus complète le nouveau souverain, contre lequel toute l'Afrique se soulevait en ce moment. Le sultan de Tunis, auquel Alger appartenait de droit, sinon de fait, avait toujours considéré les Barberousses comme des vassaux révoltés, et voulait profiter de la mort d'Aroudj pour reconquérir ses États. En conséquence, il avait invité Ahmed-ben-el-Kadi à rassembler ses contingents, et celui-ci, qui se méfiait de la clémence de Kheïr-ed-Din, et qui désirait d'ailleurs augmenter sa puissance, s'était empressé d'obéir. En même temps, l'armée tunisienne marchait sur Alger, en traversant la Kabylie.

Barberousse se porta à la rencontre de l'ennemi, qu'il atteignit sur le territoire des Flissas-Oum-el-Lil. Son armée se composait de ses Turcs et des Kabyles d'Ahmed, qui attendait le moment de l'action pour se démasquer. En effet, le combat était à peine engagé contre les Tunisiens, que le chef de Kouko se précipita sur les Turcs. Ceux-ci se trouvèrent ainsi pris entre deux feux, et furent mis en complète déroute ; très peu d'entre eux échappèrent au massacre ; Barberousse lui-même se vit couper la route d'Alger, et fut forcé de se réfugier à Djigelli. Quand il y fut arrivé, il envoya précipitamment l'ordre à ses vaisseaux de l'y rejoindre, avec ses trésors, et les quelques janissaires qu'il avait laissés à Alger, où il n'osait plus rentrer, n'ayant plus d'armée, et connaissant les mauvaises dispositions des citadins et des populations voisines. Ahmed-ben-el-Kadi poursuivit sa marche victorieuse à travers la Mitidja, qu'il dévasta, et entra dans Alger, où il ne tarda pas à se rendre aussi insupportable aux habitants que les Turcs eux-mêmes. En même temps, Cherchel et Ténès se révoltaient de nouveau.

Kheïr-ed-Din, réfugié à Djigelli, s'y occupa à reconstituer ses forces ; il reprit son ancienne position des îles Gelves, où ses galères trouvaient un refuge plus vaste et plus sûr que celui que leur offrait le petit port kabyle, et, afin d'attirer à lui assez de volontaires pour remplacer ceux qu'il venait de perdre ; il reprit la Course, à laquelle il donna la plus grande impulsion.

De 1520 à 1525, il ravagea la Méditerranée, y fit un énorme butin, grâce à l'attrait duquel de nouveaux aventuriers ne tardèrent pas à venir se ranger en foule sous ses drapeaux.

Pendant ce temps, il s'était emparé de Collo, de Bône, qu'il avait fortifiées, et où il avait mis garnison ; il se vit bientôt assez fort pour marcher sur Constantine, dont il s'empara aisément. De là, réunissant à Djigelli toutes les forces dont il pouvait disposer, après avoir reçu la nouvelle que les Algériens, exaspérés par les exactions des Kabyles, le regrettaient, il marcha sur Ahmed-ben-el-Kadi, qui sortit à sa rencontre, et vint lui disputer le passage de l'Oued-Bougdoura. Le sultan de Kouko fut complètement battu ; il essaya de rallier son armée au col des Beni-Aïcha ; le combat recommença le lendemain, et, après quelques alternatives de revers et de succès, Ahmed fut massacré par ses propres troupes, qui apportèrent sa tête au vainqueur en signe de soumission. Son frère Hussein lui succéda, et continua la lutte pendant deux ans, mais sans succès.

Constantine s'était révoltée en 1527 contre la garnison turque, dont le caïd avait été assassiné; les survivants se défendaient avec peine contre les citadins insurgés, alliés aux Kabyles et aux tribus du Hodna.

Cependant Barberousse, qui était entré sans opposition à Alger à la suite de sa victoire, s'occupait à réprimer les rébellions. Il fit empaler les deux chefs de Ténès et de Cherchel, châtia vigoureusement la Kabylie et le Hodna, et punit la révolte de Constantine avec une telle rigueur, qu'en 1528, les jardins avoisinant cette ville étaient devenus une forêt peuplée de bandits et de bêtes fauves. L'année suivante, le nouveau sultan de Kouko, Hussein, qui se trouvait à bout de forces, et qui venait de perdre sa famille et ses trésors, ravis par un heureux coup de main, fit sa soumission et obtint son pardon moyennant un tribut annuel de trente charges d'argent. Les Beni-Abbès demandèrent de même l'*aman*, qui leur fut accordé.

Kheïr-ed-Din, redevenu le maître incontesté de la province, délivré des craintes que pouvaient lui inspirer ses voisins, songea à se débarrasser de la garnison espagnole du Peñon, dont l'existence était pour lui tout à la fois une humiliation et une gêne cruelle. Depuis qu'il avait fait de la Course un de ses principaux moyens d'action, et qu'il entretenait en mer une vingtaine de galères de guerre, il avait compris qu'il lui fallait un port où elles eussent la facilité de s'abriter et se ravitailler, et dans lequel on pût déposer sûrement le butin conquis. C'était ce qu'il avait jadis cherché aux Gelves et à Djigelli, et ce qu'il voulait fonder à Alger, maintenant qu'il y voyait son pouvoir assuré. Le commandant du Peñon était alors un vieux capitaine, nommé Don Martin de Vargas; le fort se trouvait assez mal armé et très pauvrement approvisionné; l'incurie de l'administration espagnole n'avait pas épargné ce poste important; on manquait de tout, même d'eau, qu'il fallait faire venir de Mayorque, et qui n'arrivait pas toujours. Le gouverneur, averti de l'orage qui allait fondre sur lui, avait depuis longtemps réclamé des secours et des munitions, qui ne lui parvinrent pas à temps.

Au commencement de mai 1529, Kheïr-ed-Din commença l'attaque, en installant deux batteries en face de l'îlot, qu'il canonna vigoureusement pendant vingt jours consécutifs.

Tout d'abord, il avait fait sommer Don Martin de se rendre, mais en vain; la petite garnison fut très éprouvée par un feu violent, auquel elle ne put bientôt plus répondre, faute de poudre et de projectiles; le jour de l'assaut, sur les cent cinquante hommes qui la composaient, il n'en restait pas un seul sans blessures. Le vendredi 27 mai [1], la brèche étant praticable, Kheïr-ed-Din attaqua le Peñon de tous les côtés à la fois avec quarante-cinq embarcations chargées de monde. La résistance fut héroïque; le vieux Vargas, tout ensanglanté, l'épée à la main, se tint au premier rang sur la brèche jusqu'à la fin, et, lorsque l'ennemi parvint à forcer l'entrée après une journée de lutte désespérée; il ne trouva dans l'enceinte que vingt-cinq hommes vivants, mais complètement hors de combat.

Barberousse abusa cruellement de sa victoire en faisant mourir sous le bâton le brave capitaine, qui avait survécu à la belle défense dans laquelle il s'était si peu épargné. Aussitôt qu'il se vit le maître du Peñon, il fit raser la chemise crénelée qui entourait l'îlot, ne conservant que les tours rondes, sur lesquelles il plaça un fanal et une batterie; il se servit des déblais pour relier entre eux les petits écueils qui formaient une ligne presque droite entre l'îlot du fort et la côte; il construisit ainsi un môle qui porte encore aujourd'hui son nom, et cet ouvrage, complété par une petite jetée perpendiculaire, servit à garantir le port d'Alger des vents du nord et du nord-ouest, si terribles dans ces parages.

A partir de ce moment, les vaisseaux corsaires purent hiverner dans cet abri, sous le canon de la place, et y défier les tempêtes. Dès ce jour, Alger devenait ce qu'elle n'a pas cessé d'être jusqu'à 1830, la terreur de la Méditerranée, et le refuge

---

1. Voir les *Documents sur l'occupation espagnole*, déjà cités (*Revue africaine*, an. 1875, p. 163); lettre de D. Pedro de Godoy à Alarcon, datée du 7 juin 1529. Elle rectifie la date du 21 mai, qu'on avait adoptée jusqu'ici comme celle de la prise du Peñon.

préféré des corsaires barbaresques ; la Régence était définitivement fondée.

La prise du Peñon eut, dans toute l'Afrique du Nord, un immense retentissement ; les Kabyles marchèrent sur Bougie, qu'ils investirent ; mais ils furent repoussés par Ribera, qui commandait alors la place. A Tlemcen, cet échec des Espagnols produisit le même effet. Après la mort d'Aroudj, Bou Hammou avait été replacé sur le trône par le gouverneur d'Oran, et avait promis de payer tribut et d'approvisionner les garnisons chrétiennes.

Il tint à peu près sa parole pendant toute la durée de son règne ; lorsqu'il mourut, sept ou huit ans après avoir repris possession de son royaume, son frère Abd-Allah lui succéda, et ne songea, dès les premiers jours, qu'à se soustraire à ses engagements. Il est juste de dire qu'il se trouvait dans une position fort embarrassante, en proie aux exigences excessives des Espagnols, et à la mauvaise volonté de ses sujets, qui lui reprochaient de se faire le serviteur des chrétiens. Aussi, en apprenant les derniers succès de Barberousse, qui l'avait plusieurs fois menacé de le renverser, il s'insurgea ouvertement, et refusa le tribut et les vivres, prenant pour prétexte les exactions et les razzias dont ses sujets étaient victimes [1].

Son fils Mohammed se révolta alors contre lui, implora à la fois l'appui de l'Espagne et celui du sultan de Fez, et soutint la lutte contre son père pendant près de deux ans ; à l'aide de quelques tribus insurgées, il le bloqua même un instant dans Tlemcen. Le marquis Luis de Comarès avait excité contre lui, par sa mauvaise administration, des plaintes nombreuses parmi la population d'Oran, que ses gens maltraitaient et pillaient impunément. A la suite des rapports qui furent envoyés contre lui par les délégués royaux, il se rendit à Valladolid, au moment où sa présence eût été le plus nécessaire pour éteindre l'incendie qui commençait à s'allumer dans toute la province.

---

1. *Loc. cit.* Voir la lettre de Muley Abd'-Allah au corrégidor d'Oran (an. 1875, p. 169).

En Espagne, l'émotion causée par les succès des Turcs avait été vive; les populations des côtes adressèrent à la Cour suppliques sur suppliques pour obtenir d'être débarrassées d'un ennemi toujours prêt à fondre sur elles, et, dès 1530, l'expédition d'Alger fut résolue en principe. Il fallait d'abord s'assurer un point de débarquement, et l'amiral André Doria le choisit à Cherchel, dont le petit port avait été naguère fortifié par Aroudj. Il partit de Gênes en juillet 1531, avec vingt galères, débarqua quinze cents hommes sur le rivage voisin de la ville, qu'il envahit par surprise, brisant les fers de sept ou huit cents captifs, qui y étaient employés à la construction d'un môle, et qui se réunirent à leurs libérateurs; les janissaires eurent à peine le temps de se jeter dans la citadelle. Le succès eût été complet, si les troupes ne se fussent pas débandées pour piller; ce que voyant les Turcs, ils se précipitèrent sur les assaillants à la faveur du désordre, et firent un grand carnage des chrétiens; en même temps, le fort ouvrit le feu sur les galères de Doria, qui, voyant la partie perdue, se rembarqua précipitamment, laissant six cents hommes aux mains de l'ennemi.

Kheïr-ed-Din, désireux d'assurer la paix dans l'est, avait noué depuis longtemps des intelligences avec les principaux habitants de Tunis, très mécontents de leur roi Muley-Hassan, qui s'était fait détester et mépriser de tous par sa tyrannie et ses débauches. En août 1533, il laissa le gouvernement d'Alger à son Khalifat Hassan-Aga, auquel il adjoignit comme auxiliaires Hadj Becher et Ali-Sardo; après s'être assuré du consentement de la Porte, qui lui envoya à Bône quarante galères, huit mille hommes, et une forte artillerie, il prit lui-même la route de terre avec dix-huit cents ioldachs, six mille cinq cents Grecs ou Albanais, et six cents rénégats, pour la plupart Espagnols; il en avait fait sa garde particulière. Il s'arrêta sur son passage pour calmer une nouvelle effervescence qui s'était déclarée dans la province de Constantine; et, se rembarquant ensuite à Bône, il arriva le 16 août 1534 à la Goulette, qu'il attaqua immédiatement. Il n'avait rencontré de résistance qu'à Béja, où les Tunisiens lui avaient tué quelques hommes.

Le roi Muley-Hassan, qui s'était enfui à la nouvelle de l'arrivée de l'ennemi, revint le 18 août avec un millier de cavaliers ; le combat eut lieu devant Bab-ed-Djezira ; les Tunisiens restés fidèles au roi, tinrent bon pendant toute cette journée et la moitié de la suivante ; les Turcs, demeurés vainqueurs après cette sanglante affaire, entrèrent dans la ville de vive force, et la pillèrent à fond[1]. Le royaume se soumit entièrement, presque sans coup férir. Kheïr-ed-Din s'occupa, aussitôt installé, de fortifier la ville et de récolter dans la province l'argent dont il avait besoin pour l'entretien de son armée ; il excita ainsi contre lui le mécontentement de la population. Il lui eût été cependant difficile d'agir autrement qu'il ne le fit ; car il venait de voir combien la milice indisciplinée qu'il commandait pouvait être dangereuse à de certains moments ; le 23 octobre, les janissaires s'étaient révoltés contre lui à cause du retard de la solde ; il faillit perdre la vie dans cette émeute et fut forcé d'apaiser les rebelles à prix d'or ; ils recommencèrent le 28 novembre ; mais cette fois le général avait pris ses précautions ; il les fit charger par ses renégats, qui en tuèrent cent quatre-vingts, et pendirent les prisonniers aux créneaux de la place.

Charles-Quint se décida à agir, et il était grand temps qu'il le fît ; car de tous côtés, les Arabes s'insurgeaient contre l'Espagne. Muley-Mohammed, qui, en 1534, avait succédé à son père, et qui régnait à Tlemcen, s'était d'abord allié secrètement aux Turcs, refusant le tribut et les vivres ; puis, à la nouvelle de la prise de Tunis, il avait entièrement jeté le masque, et tentait le 25 mai d'enlever Mers-el-Kébir par surprise[2]. Le marquis Luis de Comarès, qui sollicitait depuis longtemps son rappel, venait de l'obtenir, et avait été remplacé à Oran par le comte d'Alcaudete, excellent capitaine, qui s'opposait de tout son pouvoir aux progrès de l'insurrection, mais qui n'avait pas assez de monde pour occuper fortement la province ; en attendant que les forces nécessaires lui fussent envoyées, il favorisait la révolte d'Abd-Allah, frère de Mo-

---

1. *Loc. cit.* Voir la relation de Iribes (an. 1875, p. 344).
2. *Loc. cit.* Voir la lettre de Malgarejo à l'empereur (an. 1875, p. 280).

hammed, qu'il tenait ainsi momentanément en échec. La première campagne ne fut pas heureuse; les partisans d'Abd-Allah furent battus deux fois de suite, à Tibda et au Chabet el-Lham; dans ce dernier combat, un détachement de six cents Espagnols, placés sous les ordres de don Alonso Martinez, fut entièrement massacré [1].

Charles-Quint, après avoir assemblé une armada de quatre cents navires, vingt-six mille fantassins et deux mille chevaux, s'embarqua à Barcelone le 2 juin 1535, rallia sa flotte à Cagliari le 10 du même mois, en partit le 13, arriva le 14, et investit aussitôt la Goulette; elle avait été solidement fortifiée; mais Tunis même ne l'était pas. Après quelques escarmouches, Barberousse sortit en rase campagne avec ses Turcs; en même temps, les goums attaquaient l'armée impériale par derrière et sur les flancs; la Goulette fut prise d'assaut par les Espagnols, le 14 juillet; le 20, au moment où le combat devant Tunis s'engageait, douze mille captifs chrétiens, qui étaient détenus dans la ville, brisèrent leurs fers, et, sous le commandement du capitaine Paul Siméon, se jetèrent sur les janissaires, déjà fatigués et très éprouvés par la lutte, et s'emparèrent d'une partie des remparts et d'un château fortifié; cette attaque inopinée mit les Turcs en déroute. Barberousse, craignant d'être enveloppé, ne chercha pas à rentrer dans la place; il prit rapidement avec ses trésors le chemin de Bône, où il avait laissé ses galères, s'embarqua à la hâte, et, tandis qu'on le croyait en fuite vers Constantinople, il se dirigea sur Minorque, s'empara de Mahon, saccagea la ville et la côte, et y fit plus de six mille captifs, qu'il ramena triomphalement à Alger, où on le considérait déjà comme perdu. Pendant ce temps, Doria, arrivé trop tard à Bône, cherchait en vain où pouvait être son audacieux ennemi; il s'emparait toutefois de la ville, et y laissait huit cents hommes de garnison sous les ordres d'Alvar Gomez (el Zagal).

Kheïr-ed-Din avait été bien inspiré dans la conduite de sa retraite; car s'il eût pris la route de terre, il eût sans doute été

---

1. *Loc. cit.* Voir la lettre de Ben Redouan au comte d'Alcaudete (an. 1875, p. 358).

arrêté aux Portes de Fer par le sultan de Kouko, qui s'était laissé gagner par le gouverneur de Bougie, et avait promis de couper la route d'Alger aux Turcs en fuite [1].

Le 15 octobre de la même année, obéissant aux ordres du sultan Soliman, il quitta Alger, et se dirigea vers Constantinople, où il fut nommé Grand Amiral. Le reste de sa vie n'appartient pas à l'histoire de l'Algérie et fut consacré au service du sultan, dont il commanda les flottes jusqu'à sa mort ; il conserva cependant le titre et les prérogatives des Beglierbeys d'Afrique.

En 1546, il était âgé d'environ soixante-seize ans, lorsqu'il fut brusquement enlevé le 4 juillet à la suite d'une courte maladie. Il possédait des trésors immenses. Sans parler des grands biens qu'il légua à son fils Hassan, et de ses riches palais du Bosphore, il laissa à Roustan Pacha 210,000 sequins et 10,000 autres à son neveu Mustapha, affranchit tous ses esclaves âgés de plus de quinze ans, offrit les huit cents autres au sultan, avec trente galères tout armées. Il consacra en outre 30,000 sequins à l'embellissement de sa mosquée, située à Buyukdéré, où il fut enterré.

Kheïr-ed-Din peut être considéré comme le véritable fondateur de la régence d'Alger ; son frère Aroudj avait compris le premier que le conquérant de la côte ne peut y régner effectivement qu'à la condition absolue d'être le maître incontesté de l'intérieur. Cette tradition resta celle du second Barberousse, qui consacra sa vie toute entière à assurer l'unité du pouvoir. Il y employa ses grandes facultés, son courage, sa finesse, et surtout l'indomptable fermeté qui lui permit de résister à tant d'ennemis, dans des circonstances si difficiles. Le rêve de toute sa vie fut la fondation d'un vaste empire, composé de toutes les provinces de l'Afrique du nord [2]. Cet État fût devenu une puissance maritime de premier ordre, et eût assuré la suprématie de l'Islam sur la Méditerranée. Il était parvenu à convaincre le sultan Soliman, qui avait pour lui une af-

---

1. *Loc. cit.* Voir la lettre de l'empereur au commandant de Bougie (an. 1875, p. 495).
2. Voir les *Négociations de la France dans le Levant*, d. c. (T. I, p. 248-90.)

fection toute particulière; mais la méfiance jalouse du Divan et la diplomatie de nos ambassadeurs vinrent entraver à plusieurs reprises ses commencements d'exécution. Il légua ce grand projet à ses successeurs, qui furent, comme nous le verrons, arrêtés par les mêmes obstacles. Il leur légua également sa défiance des janissaires, dans l'orgueil et la turbulence desquels sa clairvoyance devinait l'abaissement et la ruine future de la Régence, et qu'il eut toujours soin de contenir, en les entourant de forces supérieures. C'est de lui que datent les premières relations de la Régence avec la France, dont il fut longtemps l'ami; il reçut en ambassade Jean de Monluc, Saint-Blancard, La Garde et La Forest, fut pendant près de dix ans le chef du parti français au Grand Divan, et ne cessa ses relations affectueuses avec nos ambassadeurs que le jour où il apprit que le roi leur avait donné l'ordre de s'opposer à ce qu'il fût investi du commandement suprême de l'Afrique septentrionale, objet de sa suprême ambition. Il ne laissait qu'un fils, Hassan, qu'il avait eu d'une Mauresque d'Alger.

CHAPITRE QUATRIÈME

ALGER SOUS LES BEGLIERBEYS

SOMMAIRE : Alger avant les Turcs. — Sa population. — Gouvernement des Barberousses. — Mœurs et coutumes des janissaires. — Les beglierbeys, leur politique et leurs revenus. — Les Arabes et les Kabyles. — La marine. — Premières relations avec les puissances européennes. — Les consulats et les pêcheries de corail.

Vers le milieu du xe siècle, Bolloguin, fils de Ziri, obtint de son père la permission de fonder trois villes dans la province dont le gouvernement lui avait été confié : il y éleva les cités qui s'appellent aujourd'hui Médéa, Miliana et Alger. Cette dernière fut construite au bord de la mer, sur l'emplacement autrefois occupé par Icosium, petite colonie romaine, qui avait reçu sous Vespasien les privilèges du Droit Latin, et faisait orgueilleusement remonter son origine à l'Hercule Lybien. Elle avait été ruinée par les Vandales, et tellement ravagée, que le terrain qu'elle couvrait jadis était inhabité depuis près de deux cent cinquante ans ; on y voyait seulement quelques pierres éparses, entre lesquels broutaient les chèvres de la tribu des Beni-Mezranna, dont les gourbis s'échelonnaient le long d'un des contreforts du Bou-Zaréa. La beauté du site, la douceur du climat, la commodité d'un petit port naturel ne tardèrent pas à y attirer un assez grand nombre de familles ; en 1068, le géographe El-Bekri décrivait El-Djezaïr comme une grande ville, possédant une belle mosquée, plusieurs bazars, et un port fréquenté ; en 1154, Edrisi parlait avec éloges de la densité de sa population et de l'activité de son commerce. Les guerres du xiie siècle abaissèrent cette prospérité naissante ; la province fut horriblement dévastée ; s'il faut en croire la légende, trente villes disparurent à jamais. Alger passa des mains des Almohades à celles des Almoravides, puis appartint aux sultans de Bougie, à ceux de Tlemcen et de Tunis, et finit enfin par vivre dans une sorte d'indépendance, sous la domination du chef de la tribu des Taaliba, qui y commandait au moment de l'arrivée des Turcs. Les habitants ne se compromirent pas dans ces bouleversements, et subirent sans résistance les changements de régime auxquels les assujettit le sort des armes. Le citadin d'Alger semble avoir toujours eu le même caractère ; curieux, bavard, peu belliqueux, il est facilement disposé à s'incliner devant la force et à accepter les faits accomplis ; adonné à de petits commerces et à des industries qui n'exigent aucun effort physique, il est mou, efféminé, et ses allures languissantes offrent un singulier contraste avec la vivacité nerveuse du Kabyle, et l'ampleur majestueuse du cavalier arabe. Très vicieux, et, sous des dehors aimables, cruel comme presque tous les êtres faibles, il a toujours été incapable d'organiser et de soutenir une résistance quelconque. Le Baldi ne joua donc, pour ainsi dire, aucun rôle dans l'histoire d'Alger.

Cette ville s'accrut considérablement sous les Beglierbeys, qui la fortifièrent avec soin, et l'embellirent de palais, de bains et de mosquées, qu'ils décorèrent des marbres enlevés en Italie et en Sicile. Les Morisques d'Espagne, fuyant la persécution, vinrent s'y établir en très grand nombre, et l'enrichirent des épaves de leurs fortunes et des produits de leur travail [1]. En même temps, les coteaux qui l'entourent en lui formant un si riant horizon se couvrirent de jardins et de somptueuses habitations, douces retraites de ceux qu'enrichissaient les guerres maritimes. Au moment de l'avènement des Pachas triennaux, vers la fin du xvi⁰ siècle, le bénédictin Haëdo comptait dans le Fhâs dix mille jardins, dont il admirait la beauté et la fertilité ; le Sahel et la Mitidja étaient remplis de fermes, cultivées par des esclaves chrétiens, au nombre de vingt-cinq mille. La ville même se composait de douze mille deux cents maisons,

---

1. Voir Haëdo. (*Topografia de Argel*, cap. xi.)

« presque toutes très jolies, » enfermées dans une enceinte bastionnée, que protégeaient trois grands bordjs extérieurs ; une population de cent mille habitants fréquentait cent mosquées, deux synagogues et deux chapelles catholiques. Huit fontaines monumentales étaient distribuées entre les quartiers principaux ; des bains de marbre, d'un usage public et gratuit, avaient été construits par Hassan-Pacha et par Mohammed-ben-Sala-reïs ; sept grandes casernes servaient de demeure aux janissaires non mariés. L'abondance de toutes choses rendait la vie très facile ; la pêche eût suffi à elle seule pour alimenter tous les habitants, si poissonneuse était cette baie, qui serait encore telle, si l'incurie du pouvoir ne laissait détruire chaque jour cette précieuse ressource [1].

Le commerce extérieur, qui était de peu d'importance, avait été accaparé par les Morisques d'Espagne et les Juifs. Ceux-ci étaient au nombre d'environ deux mille, et trafiquaient principalement sur celles des marchandises provenant de la Course, qui n'étaient pas d'une défaite facile dans le pays ; ils les achetaient bon marché et trouvaient moyen de les revendre en Europe. Quelques-uns d'entre eux réalisaient d'assez grands bénéfices ; les autres étaient orfèvres, changeurs, monnayeurs ; tous étaient fort maltraités, même par les esclaves, que les Turcs encourageaient à les insulter et à les frapper ; ils étaient soumis à de lourds impôts, ne pouvaient se vêtir que de couleurs sombres, et habitaient tous le même quartier [2]. Les Morisques exerçaient les professions de corroyeurs, selliers, ar-

---

1. « Ita ut ovem 50 assibus, perdicum aut turturum par 4, caput pinguem 3, centum ficus 1, melones duos aut mala granata duodecim 1, leporem 2, panis albi libram semisse, et sic de cæteris emere possis. » (Gramaye, *Africa illustrata*, lib. VII, cap. III.)

2. « Un enfant maure, rencontrant un Juif, si considérable qu'il soit, lui fera ôter son bonnet, déchausser ses sandales, et lui en donnera mille soufflets sur le visage, sans que le juif ose se défendre ou remuer, n'ayant d'autre ressource que de s'enfuir dès qu'il le peut. De même, si un Chrétien rencontre un Juif, il lui donne mille gourmades, et si le Juif veut se défendre, et qu'il soit vu par quelque Turc ou Maure, ceux-ci prennent parti pour le chrétien, même s'il est esclave, et lui crient : « Tue ce chien juif ! » — Haëdo approuve fort cette conduite, et conclut ainsi ; *Juste châtiment et pénitence de leur grand péché et obstination !* (*Topografia*, d. c., cap. XXVIII.)

muriers et brodeurs; leur industrie attirait à Alger des caravanes de l'intérieur du pays.

En résumé, l'existence était douce au menu peuple, qui voyait affluer les trésors des deux mondes, apportés par les corsaires ou par les armées victorieuses; cet or facilement gagné se dépensait plus facilement encore en débauches de toutes sortes, et les pauvres vivaient des miettes de ce festin perpétuel; quelquefois, la sécheresse et les invasions de sauterelles amenaient la famine; quelquefois encore, un navire apportait la peste de Tunis ou de Smyrne; ces deux fléaux étaient accueillis avec la résignation que donne le fatalisme, et personne ne songeait même à en accuser l'incurie des Gouverneurs, dont aucun ne pensa jamais à prendre les mesures de précaution et d'hygiène exigées par les circonstances. Cette négligence d'un des devoirs les plus essentiels du souverain est de nature à étonner ceux qui ne se rendent pas un compte exact des conditions dans lesquelles les Beglierbeys et leurs Khalifats exercèrent le pouvoir. Comme personne n'a cherché jusqu'aujourd'hui à distinguer leur action de celle des Pachas et des Deys, il règne à ce sujet une confusion regrettable, qu'il importe de faire cesser.

Lorsqu'Aroudj songea à se transformer de corsaire en conquérant et en fondateur d'empire, il n'avait d'autres soldats que les équipages de ses navires, commandés par les reïs, ses vieux compagnons, qui acceptèrent d'un commun accord à Alger la suprématie qu'ils avaient reconnue sur mer à leur heureux chef. Le premier Barberousse se vit donc investi d'un pouvoir librement accepté par une oligarchie militaire; mais ce pouvoir devint rapidement absolu, et son possesseur l'affirma bientôt tel, en traitant avec la dernière rigueur ceux qui essayaient de s'y soustraire. Quand il mourut, son frère Kheïred-Din lui succéda de plein droit sans que personne y mît opposition, et gouverna comme par le passé. On a vu que, pressé par la nécessité, il se déclara en 1518 vassal de la Porte, et qu'il en obtint une troupe de deux mille janissaires, auxquels vinrent s'adjoindre près de quatre mille volontaires turcs, qui furent admis à participer aux privilèges de ce corps redouté. Ce fut une grave atteinte au pouvoir absolu du souverain ; car les premiers ioldachs nommaient leurs chefs à l'élection, et, plus tard, ils réglèrent l'avancement dans leur corps par des lois immuables ; leurs coutumes les soustrayaient à la juridiction commune; les châtiments mêmes qui leur étaient infligés étaient secrets et spéciaux. Doués d'une bravoure à toute épreuve, mais grossiers, ignorants, arrogants et brutaux, ils apportaient tout l'entêtement de leur race à la conservation et à la défense de leurs droits, et se considéraient comme lésés et insultés, aussitôt qu'ils croyaient qu'on avait voulu attenter au moindre d'entre eux. Enfin, c'était une arme solide, mais peu maniable, et il fallait des mains habiles et robustes pour en tirer un bon parti.

A Alger, la situation se compliqua encore ; car la milice s'y considéra comme en pays conquis, et ne cessa de prélever sur les habitants, paysans ou citadins, des impôts en nature, auxquels ceux-ci n'osèrent pas se soustraire au début, et qui, en vertu du droit coutumier, ne tardèrent pas à devenir légalement exigibles [1] ; elle imposa à la population des marques extérieures de respect, et chacun de ses membres prit le titre d'*illustre et magnifique seigneur*. Les lois qui présidaient à l'avancement étaient bizarres, elles semblent avoir été basées ser un sentiment d'égalité absolue et de méfiance réciproque. Le simple janissaire s'appelait *ioldach*, et recevait un pain de vingt onces et une solde de 3,60 par lune ; cette faible rétribution s'accroissait chaque année de telle sorte, qu'au bout de cinq ans environ de services, il était alloué au soldat 15,55 par lune. C'était la haute paie, dite *saksan* ; elle n'était jamais dépassée, et le grade n'y changeait rien. Les huit plus anciens janissaires devenaient d'abord *solachis* (gardes du corps), les quatre premiers d'entre eux étaient appelés *peïs*, et commandaient les *chaouchs* ; ils passaient ensuite, toujours à l'ancienneté, *oukilhardjis* (officier de détail), puis *odabachis* (lieutenant), *boulouk-bachis* (capitaine), et *agabachis* (commandant) ; ces derniers étaient au nombre de vingt-quatre. Le plus ancien devenait *kiaya* (commandant supérieur) et, deux mois après, *agha* (capitaine général de la milice) ; il ne gardait cette

---

1. V. la *Topografia*, d. c., cap. xx.

charge que deux autres mois, et prenait dès lors le titre honorifique de *mansulagha*, qu'il portait jusqu'à sa mort. En cette qualité, il ne pouvait plus exercer aucun commandement, et il vivait où il le jugeait bon, de sa haute paie; mais il était de droit membre du Divan supérieur, et pouvait prétendre à toutes les charges civiles [1].

Il est aisé de comprendre quel bouleversement fut apporté par ces nouveaux venus aux habitudes politiques et militaires des Barberousses et de leurs anciens capitaines. Il existait entre tous ces vieux reïs une sorte de camaraderie fraternelle, qui pouvait s'accommoder de l'autocratie d'un d'entre eux, mais non de l'orgueil et de l'insolence de ceux qu'ils traitaient volontiers de *Bœuf d'Anatolie*. Tous ces hommes de guerre, qui devaient fournir plus tard des pachas aux provinces de l'empire et des amiraux aux flottes des Sultans, dissimulaient mal leur haine et leur dédain pour la horde sauvage qui se recrutait dans la lie du peuple de l'Asie Mineure. Kheïr-ed-Din, toujours habile, sut exploiter ce sentiment. Il se constitua une garde de six cents renégats, et leva une armée de sept à huit mille Grecs et Albanais, marins pour la plupart; il confia le commandement de ces deux troupes et de son artillerie à ses anciens compagnons. En même temps. il leur manifestait son affection de toutes manières. C'est ainsi qu'il déclara la guerre au prince de Piombino pour le forcer à rendre à Sinan le Juif son fils, qui avait été fait captif, et qu'on ne voulait laisser racheter à aucun prix; c'est encore ainsi qu'il paya pour Dragut une rançon royale. Il se constitua de cette façon une force sur laquelle il pouvait compter, et, lorsque les janissaires se révoltèrent à Tunis au sujet du retard de la solde, ils purent s'en apercevoir à leurs dépens; tant qu'il vécut, ils ne cherchèrent pas à s'immiscer dans les affaires du gouvernement. C'est en vain qu'on voudrait objecter que, plus

---

1. « Parmi les artisans, il y a des janissaires, qui, entre temps, vont à la guerre, ou en course; ces hommes, tantôt soldats, tantôt ouvriers, n'ont pas sur le point d'honneur les mêmes idées que les chrétiens, qui regardent avec raison le service militaire comme une noblesse, et auraient honte d'être en même temps soldats et artisans. » (*Topografia*, cap. xxv.)

tard, et notamment à l'époque de la révolution de 1659, la Milice voulut faire croire, et crut peut-être elle-même qu'elle rétablissait le gouvernement des premiers temps de l'Odjeac; c'était une légende, et rien de plus [1]; aucun acte, aucun écrit, même indigène, ne peut autoriser à croire que les Barberousses aient jamais tenu compte de l'avis des ioldachs pour guider leur ligne de conduite, et les faits prouvent le contraire. A cette époque, et pendant tout le temps du pouvoir des Beglierbeys, le Divan des janissaires n'eut à s'occuper que des affaires du corps, et particulièrement des élections aux divers grades; quelques-uns des principaux chefs étaient admis au Divan du pacha, qui se tenait tous les deux ou trois jours; c'est là que se rendait la justice et qu'on délibérait sur les affaires de l'État; mais le souverain ne faisait que demander avis, et décidait en dernier ressort [2]. Il est vrai que l'indocile cohorte chercha plus d'une fois à s'emparer de l'autorité; mais ces tentatives demeurèrent infructueuses jusqu'a la mort d'Euldj-Ali, et à l'avènement des pachas triennaux; car les grands capitaines qui succédèrent aux Barberousses conservèrent fidèlement leurs traditions, et s'opposèrent énergiquement à toute usurpation de pouvoir. Tous, sans exception, eurent un sentiment très exact des dangers que la Milice faisait courir à la Régence par son indiscipline et ses exigences; ils prévirent qu'elle serait une cause d'anarchie perpétuelle, que son esprit de rapine et de violence aliénerait à jamais les populations de l'intérieur du pays, et que celles-ci, écrasées d'impôts et de sévices, vivraient dans un état continuel de révolte et ne seraient plus gouvernables que par la terreur. Comme tel n'était pas le but des Beglierbeys, qui eussent voulu fonder un empire indigène, ils cherchèrent à se débarrasser de cet élément menaçant, et à le remplacer par une armée recrutée chez les tribus soumises, et principalement parmi les Kabyles, où ils

---

1. A force d'être copiée et recopiée, cette légende entièrement fausse a fini par devenir un article de foi.
2. La grande erreur provient de la confusion qui a été faite entre le *Divan des janissaires* et le *Divan du pacha*; il est vrai que le premier parvint à annuler le second, mais seulement vers 1618; ce fut une usurpation de pouvoir, et non la règle primordiale.

trouvaient une pépinière d'excellents soldats, qui, une fois pourvus d'armes à feu, leur eussent facilement permis de se passer du service des Turcs. Mais ceux-ci, voyant à quoi tendait cette nouvelle organisation, excitèrent les soupçons du Grand Divan, auquel ils firent craindre que les Gouverneurs, appuyés sur une armée nationale, ne se déclarassent indépendants. La méfiance de la Porte fit donc que la Régence porta, presque dès le jour de sa naissance, un germe de corruption et de décomposition : elle fut fatalement vouée au désordre, aux émeutes et aux changements de régime ; ses princes, bien loin de pouvoir constituer une bonne administration des provinces conquises, furent forcés de les pressurer à outrance, au milieu d'un état de guerre permanent, pour contenter les appétits toujours croissants de ceux qui ne tardèrent pas à devenir les véritables souverains.

Cependant, la plus grande partie du xvie siècle s'écoula sans que le mal devînt trop apparent ; les guerres maritimes entreprises avec des flottes de trente à quarante galères, contre lesquelles presque personne ne pouvait lutter avec avantage, les fructueuses expéditions de Tlemcen, de Tunis, du Maroc et du Sud, alimentèrent le Trésor public, et rapportèrent assez de butin pour contenter tout le monde. De plus, les Beglierbeys[1], qui joignirent presque tous à ce titre celui de grand-amiral, pouvaient aisément tirer de Constantinople les forces nécessaires pour châtier les mutins, qui furent réduits à s'incliner devant leur fermeté. Pendant toute cette période, le nombre des janissaires fut d'environ six mille, dont la moitié seulement habitait Alger ; le reste était distribué dans les villes des provinces, sous le commandement de caïds, qui administraient le territoire voisin ; le corps kabyle des Zouaoua formait, nous dit Haëdo, le tiers de la garnison de la ville. Le recouvrement des sommes exigées des Arabes se faisait au moyen des *mahallas*, colonnes expéditionnaires destinées à parcourir le pays pendant quatre ou cinq mois de l'année, pour contraindre les cheiks au paiement du tribut, qui s'acquittait en

---

[1]. Kheïr-ed-Din, Sala-Reïs, Euldj-Ali, Hassam-Veneziano devinrent tous grands-amiraux.

argent ou en nature; ces tournées étaient la source d'une quantité de vexations, et les ioldachs y pillaient sur le fellah de quoi vivre le reste de l'année[1]. La grande Kabylie seule ne s'était pas soumise à un impôt régulier; tous les deux ans, les chefs de Kouko et de Kalaa offraient un présent d'une valeur de quatre à cinq cents ducats, en échange duquel ils recevaient des armes de prix et de riches vêtements. Le reste des revenus du pachalik se composait : *des droits de douane*, fixés à onze pour cent sur toutes les marchandises, à l'entrée comme à la sortie, des *redevances sur les pêcheries de corail*, de l'*Octroi de la ville* ; les Turcs en étaient exempts; de la *ferme des cuirs et de la cire*, adjugée à des juifs ou à des marchands européens; des *revenus de la Course*, qui varièrent du huitième au cinquième des prises; enfin *des biens* de ceux qui mouraient sans enfants. Le total atteignait la somme de cinq cent mille ducats, et les dépenses étaient presque nulles, car les soldats des noubas et des mahallahs vivaient sur le pays, et la paie mensuelle de ceux qui résidaient à Alger n'exigeait pas plus de douze cents ducats; tout le reste allait grossir le trésor du Beglierbey, auquel une bonne partie de cet or servait à se concilier la faveur du Grand Divan.

De toutes ces sources de richesse, la plus abondante était la Course. Elle ne fut, au début, qu'une des formes du Djehad ; (guerre sainte) ; les galères barbaresques formaient la *Division navale de l'Ouest* des flottes ottomanes ; leur fonction spéciale consistait à nuire à l'ennemi héréditaire, l'Espagne, en ravageant ses côtes, en détruisant son commerce, et en apportant secours aux tentatives de rébellion des Morisques. Dans cette guerre de chicane, qui se renouvelait au moins deux fois par an, les reïs d'Alger ne connurent pas de rivaux ; ils y montrèrent une ardeur incessante, et une témérité presque toujours couronnée de succès. Sur un signe du Sultan, on les voyait accourir et combattre au premier rang, comme à Malte, à Tunis et à Lépante, où ils acquirent la réputation méritée d'être les meilleurs et les plus braves marins de la Méditerranée. « Naviguant, dit Haëdo, pendant l'hiver et le printemps,

---

1. *Topografia*, cap. XIX.

sans nulle crainte, ils parcourent la mer du levant au couchant, se moquant de nos galères, dont les équipages, pendant ce temps, s'amusent à banqueter dans les ports. Sachant bien que lorsque leurs galiotes, si bien espalmées, si légères, rencontrent les galères chrétiennes, si lourdes et si encombrées, celles-ci ne peuvent songer à leur donner la chasse, et à les empêcher de piller et voler à leur gré, elles ont coutume, pour les railler, de virer de bord, et de leur montrer l'arrière... Ils sont si soigneux de l'ordre, la propreté et l'aménagement de leurs navires, qu'ils ne pensent pas à autre chose, s'attachant surtout à un bon arrimage, pour pouvoir bien filer et louvoyer. C'est pour ce motif qu'ils n'ont pas de rombalières... Enfin, pour cette même raison, il n'est permis à personne, fût-ce le fils du pacha lui-même, de changer de place, ni de bouger du lieu où il est[1]. »

Ces soins intelligents, cette sévère discipline, firent de la galère d'Alger un instrument de guerre de premier ordre ; le dommage que causèrent les reïs aux ennemis de la Turquie est incalculable ; en 1580, leur flotte se composait de trente-cinq galères et de vingt-cinq brigantins ou frégates, sans compter une grande quantité de barques armées en course ; l'amiral était nommé par le sultan lui-même, et ne relevait que de son autorité et de celle du capitan-pacha.

Le tableau de cette organisation très régulière est à lui seul une critique suffisante de l'opinion fausse et trop répandue, qui tend à assimiler les fondateurs de l'Odjeac à des pirates et à des bandits. Cette erreur provient de ce que la plupart des historiens de la Régence se sont contentés de se copier les uns les autres, se transmettant ainsi les appréciations du premier d'entre eux, qui, en sa qualité d'Espagnol, qualifia durement la conduite des Barbaresques, sans s'apercevoir que ses compatriotes leur avaient donné l'exemple, sur le littoral africain, et sur bien d'autres. En fait, les reïs furent à l'Islam ce que les chevaliers de Saint Jean de Jérusalem furent à la chrétienté ; comme eux, ils firent tout le mal possible à l'Infidèle, combattant ses vaisseaux de guerre, enlevant ses bâtiments

---

1 *Topografia*, cap. XXI.

de commerce, brûlant et pillant ses villes maritimes, ravageant ses côtes et réduisant les peuples en captivité ; tout cela était fort barbare ; mais la guerre se faisait ainsi à cette époque, et les modernes inventions nous réservent peut-être de si terribles spectacles de destruction que les massacres des temps passés ne nous paraîtront plus que comme des jeux d'enfants !

Dans ces expéditions quotidiennes, les reïs faisaient un énorme butin et toute la ville en prenait sa part : « A leur retour, dit Haëdo, tout Alger est content, parce que les négociants achètent des esclaves et des marchandises apportées par eux, et que les commerçants vendent aux nouveaux débarqués tout ce qu'ils ont en magasin d'habits et de victuailles ; on ne fait rien que boire, manger et se réjouir ; les reïs logent dans leurs maisons les Levantins qu'ils aiment le mieux, et, pour se les affectionner, tiennent table ouverte pour eux. Ils habillent richement leurs pages de damas, satin et velours, chaînes d'or et d'argent, poignards damasquinés à la ceinture, et, en un mot, les parent plus coquettement que si c'était de très belles dames, tirant vanité de leur nombre et de leur beauté, et les envoyant promener par troupes à travers la ville, se procurant ainsi des jouissances d'amour propre [1]. »

Cette prodigalité, ce luxe bizarre, ces débauches elles-mêmes accrurent la popularité des corsaires, que la foule admirait déjà comme de victorieux défenseurs de la foi. De toute fête orientale, l'usage veut que le pauvre prenne sa part, souvent même sans y être invité ; les tables de ces joyeux marins fournirent donc la sportule à tout le quartier qu'ils habitaient, et leur clientèle devint d'abord fort nombreuse, puis finit par comprendre toute la population, qui les aima d'autant plus qu'ils se montrèrent plus hostiles aux janissaires. Aussitôt qu'ils eurent conscience de leur force, ils cessèrent de déférer aux ordres des grands-amiraux, et l'on vit peu à peu se relâcher les liens d'obéissance qui les rattachaient à la Porte. C'est de cette époque que datent les révoltes de Mami-Arnaute et les pillages de Morat-Reïs et de ses compagnons.

Jusqu'en 1580, le mal ne fut pas très grand ; la parole du

---

1. *Topografia*, cap. XXI.

Sultan était encore écoutée, et les plaintes des ambassadeurs français obtinrent facilement le châtiment des délinquants. D'ailleurs, la plupart des anciens capitaines se souvenaient d'avoir, sous les ordres des Dragut et des Sinan, navigué et combattu de conserve avec les Saint-Blancard, les La Garde et les Strozzi ; ils savaient combien l'asile qu'ils avaient souvent trouvé dans les ports de la Provence leur avait été utile, et ne désiraient pas se présenter en ennemis devant le pavillon fleurdelisé. Il résulta de là que, pendant presque toute la période des Beglierbeys, les relations de la Régence avec la France furent cordiales ; les galères barbaresques trouvaient à s'approvisionner et à se ravitailler à Marseille, où elles reçurent plus d'une fois des indications qui les sauvèrent des poursuites de Doria ; de leur côté, Henri II et Charles IX avisèrent à plusieurs reprises les Algériens des armements que l'Espagne préparait contre eux [1]. C'était, au reste, la haine commune contre cette puissance qui formait la base la plus solide de l'*ancienne amitié*, et l'on verra invariablement dans le cours de cette histoire la France amie ou ennemie de la Régence, selon qu'elle sera ennemie ou amie de l'Espagne.

Cependant, à la suite des plaintes de quelques marchands, dont les navires avaient été enlevés ou pillés par des corsaires, M. de Petremol, ambassadeur à Constantinople, représenta au roi qu'il était indispensable d'avoir un consul à Alger pour la protection du commerce, et le Marseillais Berthole fut nommé à ce poste le 15 septembre 1564. Son arrivée causa une grande indignation à Alger; on y tolérait difficilement toute nouveauté, et celle-là ne fut du goût de personne ; il y eut un commencement de sédition, et le nouveau venu ne reçut pas la permission de débarquer. Douze ans se passèrent ainsi ; en 1576, le capitaine Maurice Sauron se présenta de nouveau à Alger ; il éprouva un premier échec, et le pacha Ramdan, toujours tremblant devant la milice, n'osa pas le recevoir; mais, cette fois, la France parla haut, et nous savons, par des lettres du secrétaire d'ambassade Juyé et de l'abbé de Lisle,

---

[1]. *Négociations de la France dans le Levant*, d. c., t. II, p. 72, 242, 378, t. III, p. 388, 854, t. IV, p. 50, 61, 300.

que le consul avait pris possession effective de sa charge en 1577. Il mourut en 1585, et Loys de la Mothe-Dariés fut nommé à sa place ; il n'exerça pas ses fonctions, et les délégua au Père Bionneau, qui fut maltraité et emprisonné par Hassan Veneziano en 1586. Il fut remplacé par M. Jacques de Vias, qui se fit représenter d'abord par le capitaine Jean Ollivier ; en 1588, celui-ci se plaignait à M. de Maisse de l'hostilité du pacha. Nous savons peu de choses sur ces premiers consulats, qui n'étaient pas, jusqu'à M. de Vias, des charges royales ; elles appartenaient à la ville de Marseille, dont les échevins nommaient et payaient les titulaires.

La France eut seule des consuls pendant cette période ; elle était, en effet, l'unique nation qui eut ce privilège, reconnu par les *Capitulations*, et l'on ne peut en accorder le titre à quelques agents de commerce [1], parmi lesquels nous citerons l'Anglais John Tipton, délégué de la *Turkey Company*. Il vint s'établir à Alger en 1580, et ne s'occupa d'abord que des affaires de sa compagnie ; on verra plus tard que M. de Vias semble avoir eu à se plaindre de lui, et à combattre les efforts qu'il faisait pour obtenir une part des *Concessions*, dénomination sous laquelle on comprenait, non seulement les *Etablissements* créés par les Français sur la côte, mais encore le droit reconnu de trafiquer dans certaines villes.

Bien avant que la puissance turque ne s'établît dans la Régence, Pise, Gênes, Florence, Marseille et Barcelone y faisaient un commerce actif et fructueux, et quelques-uns de leurs navires se livraient à la pêche du corail. En 1543, les Lomellini de Gênes se firent donner l'île de Tabarque et les pêcheries qui en dépendent, comme complément de la rançon de Dragut, qui s'était laissé surprendre sur les côtes de la

---

[1] M. le consul général de la Grande-Bretagne à Alger, dans son récent ouvrage ; *The scourdje of Christendom*, s'est efforcé de prouver que le consulat anglais était le plus ancien de ceux d'Alger : M. Playfair eut pu s'assurer du contraire en lisant dans les *Négociations* les lettres que nous citons, et dans Gramaye, le passage suivant : « Ab annis duobus Hollandi suum proprium habeant *Consulem*, sub quo Teutonici idiomatis mercatores et negotia aguntur ; et jam inde Angli *mercatorem* suis negotiis intendentem fide publica habeant. » Il résulte de ces mots de Gramaye, qui était à Alger en 1619, qu'à cette époque, le résident anglais ne recevait pas le titre de consul.

Corse. En 1561, la France obtint de la Porte la permission de transformer en comptoirs permanents quelques petits magasins, où les marins provençaux et languedociens venaient, depuis longtemps déjà, trafiquer avec les tribus de la Mazoule. Une compagnie, dirigée par Carlos Didier et Tomaso Lincio, sieur de Moissac [1], construisit, à douze lieues environ à l'est de Bone, un fortin qui prit le nom de Bastion de France ; elle éleva des magasins à Mers-el-Kharaz (La Calle), au cap Nègre, à Bône, au cap Rose et à Collo. On y faisait la pêche du corail et l'échange des marchandises françaises contre le blé, la cire et les cuirs qu'apportaient les indigènes. Les bénéfices que rapportait ce commerce excitèrent un certain Nicolle à fonder en 1577 une compagnie, qui créa de sérieux embarras à sa rivale ; Lincio se plaignit à la Cour, et vit intervenir en sa faveur Euldj-Ali, qui l'avait pris sous sa protection. L'histoire de ce début des Concessions est assez obscure ; cependant, sauf les querelles intestines et le mauvais vouloir des Génois, elles ne semblent pas avoir été inquiétées comme elles le furent dans la période suivante [2].

1. Plusieurs auteurs ont fait deux personnes de Lincio et du sieur de Moissac ; on a été jusqu'à écrire que *Lincio céda le bastion à M. de Moissac*, ce qui revient à dire qu'il se le céda à lui-même.
2. Pour ne pas encourir le reproche d'avoir négligé l'étude du mouvement littéraire et artistique algérien, nous citerons, une fois pour toutes, quelques lignes de Mohammed-el-Abderi, qui florissait vers 688 (de l'hég.) : « Cette ville est privée de la science, comme un proscrit de sa famille. Il n'y existe personne qu'on puisse compter au nombre des savants, ni même qui possède la moindre instruction. En arrivant à Alger, je demandai si l'on pouvait y rencontrer des gens doctes, ou des hommes d'une érudition agréable ; mais j'avais l'air de celui qui, comme dit le proverbe, *cherche un cheval plein ou des œufs de chameau.* »

CHAPITRE CINQUIÈME

LES BEGLIERBEYS ET LEURS KHALIFATS

SOMMAIRE : Hassan Aga. — Son origine. — Expédition de Charles-Quint contre Alger. — Hassan châtie les Kabyles de Kouko. — Son entreprise contre Tlemcen. — Le Comte d'Alcaudete. — Succès et revers des Espagnols. — Mort d'Hassan Aga. — Hadj Becher ben Ateladja. — Révolte des Rir'as.

Hassan-Aga, auquel Kheïr-ed-Din avait laissé le commandement en quittant Alger, était né en Sardaigne, où il avait été capturé, encore enfant, dans une des nombreuses descentes que les corsaires algériens faisaient sur les côtes de cette île. Il était échu en partage à Barberousse, qui l'avait pris en affection, l'avait affranchi, et dont il était devenu le majordome. Plus tard, son maître l'avait investi d'un commandement militaire dans lequel, quoique eunuque, il se distingua par son courage. Comme khalifat, il répondit à la confiance de son souverain en gouvernant d'abord l'État qui lui était confié avec une sage fermeté; mais plus tard, nous lui verrons jouer un rôle assez louche.

Charles-Quint, pressé par les plaintes de ses sujets, et témoin des dangers que faisait courir à tous les riverains de la Méditerranée l'extension de la puissance barbaresque, songeait, depuis longtemps déjà, à s'emparer d'Alger. En 1535, après la prise de Tunis, il avait été sérieusement question de commencer cette grande entreprise; mais l'armée était fatiguée et insuffisamment approvisionnée; il fallut donc attendre. Ce retard fut des plus fâcheux; càr il est presque hors de doute, qu'à ce moment, l'effroi qu'éprouvaient les Algériens ne leur eût pas permis de se défendre. Mais, quand l'opération eut été décidée, les préparatifs de l'expédition furent poussés avec vigueur. Bône fut fortifiée ; après son échec de Cherchel, Doria fit trois croisières consécutives, détruisit la flottille de corsaires qui venait de saccager Gibraltar, et nettoya les côtes de la Tunisie. En même temps, l'Empereur cherchait à s'assurer le concours de Barberousse, auquel il faisait secrètement offrir le commandement suprême de l'Afrique du Nord, que le Grand-Amiral désirait tant obtenir, en échange d'un faible tribut et d'une déclaration apparente de vassalité. Cette diplomatie tendait à détacher de la Porte les États barbaresques, qui, livrés par là à leurs propres forces, n'eussent pas tardé à succomber. Les négociations furent conduites par l'amiral Doria, qui y employa Alonso de Alarcon, le capitaine Vergara et le docteur Romero [1].

Kheïr-ed-Din, pendant deux ans, feignit de se laisser séduire, recevant bien les envoyés du prince, discutant avec eux la question dans tous ses détails, acceptant des présents, et trompant Doria à un tel point, que celui-ci le croyait complètement gagné à la cause de l'Espagne.

Pendant ce temps, le Capitan-Pacha tenait soigneusement le Sultan au courant de tout ce qui se passait, et celui-ci mettait fin à cette intrigue en faisant enfermer le docteur Romero dans un cachot des Sept-Tours comme coupable d'avoir excité un de ses sujets à la trahison.

De son côté, le comte d'Alcaudete négociait depuis longtemps avec Hassan-Aga, auquel il offrait le pachalik d'Alger. Il semble résulter de la correspondance du gouverneur d'Oran, qu'Hassan prêta l'oreille à ses propositions, sans qu'il soit possible toutefois de dire jusqu'à quel point il était sincère ; mais il est probable, en considérant l'attitude que conserva, même après le désastre, d'Alcaudete, qui avait eu la conduite de toute l'affaire, et qui savait à quoi s'en tenir mieux

---

1. Voir, au sujet de ces négociations : l'*Histoire d'Espagne* de Ferreras, t. IX ; celle de La Fuente, t. XII ; la *Cronica de los Barbarojas*, de Gomara, et l'*Appendice* ; les Documents relatifs à l'occupation espagnole, (*Revue Africaine*, 1875, p. 141.)

que personne, qu'Hassan s'était mis d'accord avec lui. Sans doute, il avait promis de livrer la ville, alors fort dépourvue de défenseurs, à condition que l'Empereur l'attaquât avec des forces assez considérables pour masquer sa défection. Telle est la seule raison qui puisse justifier l'obstination avec laquelle Charles-Quint persévéra à entreprendre cette expédition dans la saison la plus dangereuse de l'année, en dépit des conseils de Doria et de tous ses vieux capitaines, des prières de son frère Ferdinand et des supplications réitérées du pape lui-même. C'est encore ainsi qu'on peut le mieux s'expliquer les fautes qui ont paru si étonnantes de la part du grand général qui commandait en chef, aidé d'auxiliaires tels que le duc d'Albe, Fernand Cortez et Fernand de Gonzague.

A l'été de 1541, Charles-Quint organisa son armada ; tandis que les vaisseaux de transport embarquaient une partie des troupes en Espagne, l'empereur lui-même rassemblait le reste de ses forces à Gênes, d'où il appareillait avec trente-six vaisseaux de guerre. Les préparatifs avaient pris plus de temps qu'on ne l'avait cru, et le 15 septembre était déjà arrivé avant qu'on ne pût se mettre en route. On perdit encore du temps aux Baléares, et, après avoir été contrariée par l'état de la mer, le 19 octobre seulement, la flotte arriva en vue d'Alger. Elle comptait 516 voiles, dont 65 grandes galères, montées par 12,330 marins, et 23,900 soldats. Ce fut un des plus grands armements du XVI° siècle ; toute la noblesse d'Espagne, d'Allemagne et d'Italie y avait envoyé des volontaires ; le pape avait voulu que son neveu Colonna en fît partie ; l'Ordre de Malte s'était fait un point d'honneur d'y paraître avec cent quarante de ses plus braves chevaliers, et quatre cents de ses meilleurs hommes d'armes.

Le 20 octobre [1], à sept heures du matin, la flotte entra dans

---

1. Les dates de l'arrivée de l'armada et du débarquement des troupes ont été souvent faussées, et l'erreur s'est naturellement prolongée sur les opérations postérieures ; on avait cependant un guide précieux, le *Journal* de Vandenesse, qui indique les événements jour par jour et souvent heure par heure, et qui nous donne absolument les mêmes dates que les Chroniques indigènes contemporaines. Quant aux faits de guerre, des témoins oculaires tels que Marmol, Magnolotti et Villegaignon nous apprennent avec autorité tout ce qu'on peut désirer savoir à ce sujet.

la rade, et défila devant la ville ; la mer était mauvaise ; elle grossit encore dans l'après-midi et on dut aller s'abriter sous le cap Matifou ; la division espagnole, qui se trouvait un peu en retard, se rangea derrière le cap Caxines. Le mauvais temps continua le vendredi 21 et le samedi 22 ; ce jour-là, dans l'après-midi, on reconnut la plage ; deux petits bâtiments algériens, qui étaient venus en éclaireurs, furent poursuivis par le vicomte Cigala, qui s'empara de l'un d'eux. Le débarquement commença le dimanche 23 au point du jour, et s'accomplit sans difficulté, sur la rive gauche de l'Harrach ; quelques cavaliers, qui vinrent escarmoucher sur la plage, furent dispersés presque aussitôt par le feu des galères.

L'Empereur descendit à terre à neuf heures du matin, forma son armée en trois corps, et assit son camp au Hamma (sur l'emplacement actuel du Jardin d'essai), à mille pas à l'ouest du lieu où les troupes avaient pris pied. Pendant la nuit, les Algériens firent une sortie sous les ordres d'Hadj-Becher et attaquèrent le camp à diverses reprises, mais par petits détachements, et sans arriver à d'autres résultats qu'à priver de sommeil les soldats débarqués, qui furent tenus en alerte jusqu'au matin.

Le lendemain, 24, l'armée marcha en avant ; les Espagnols formaient l'avant-garde sous le commandement de Fernand de Gonzague ; l'empereur, à la tête de sa noblesse et des volontaires, commandait le corps de bataille, qui se composait de troupes allemandes ; les Italiens et les chevaliers de Malte, sous les ordres de Camille Colonna, formaient l'arrière-garde. On s'avança ainsi à travers la plaine ; l'armée était entourée d'une nuée d'Arabes, qui la harcelaient de tous côtés, sans lui faire grand mal, mais qui se montraient excessivement incommodes ; il fallut prendre position sur les hauteurs pour se délivrer de leur importunité ; l'avant-garde fut chargée de ce soin, et les deux régiments de Bône et de Sicile, sous les ordres de don Alvaro de Sande et de Luis Perez de Vargas, gravirent au milieu des broussailles le Koudiat-Es-Saboun, dont ils s'emparèrent par une attaque très brillante, dans un terrain hérissé de difficultés ; l'empereur y porta immédiatement son quartier général. Le corps de bataille occupa devant la ville une ligne de petites collines qui descendaient du Koudiat au rivage; l'arrière-garde campa sur la plage, depuis ces collines jusqu'à la mer, en arrière du Kantarat-el-Effroun (Pont-des-Fours). La position était excellente; deux profonds ravins servaient à l'armée de fossés naturels, et chacun s'endormit avec confiance. Dans la ville, l'effroi avait été un moment très grand, à la vue de l'imposante armée qui se déployait devant ses murs; elle ne comptait comme défenseurs qu'environ huit cents Turcs, et la seule partie de la population capable de prendre part à la lutte se composait des Mores Andalous, qui ne pouvaient pas fournir plus de cinq mille combattants. Dès son arrivée au Koudiat, l'empereur avait envoyé en parlementaire à Hassan-Aga le chevalier don Lorenzo Manoël, pour le sommer de se rendre. Les chroniques indigènes prétendent qu'Hassan se refusa hautainement à entendre les propositions de cet envoyé; mais il est plus sage de s'en rapporter aux allégations des historiens espagnols, qui, pour la plupart, nous apprennent que le khalifat de Barberousse était fort ébranlé dans sa résolution, et que, sans l'opposition violente d'une partie des membres du conseil de guerre, parmi lesquels il faut citer Hadj-Becher, et le caïd Mohammed-el-Iudio, il eût accepté la capitulation qui lui était offerte [1].

En tout cas, il est avéré que dans la nuit du 24, un More se présenta aux avant-postes, et fut introduit dans la tente de l'empereur, qui fut prié par lui de laisser libre la route de la porte Bab-el-Oued, afin de faciliter la sortie de ceux qui voulaient quitter la ville.

Tout semblait donc jusque-là favoriser les assaillants, qui dominaient la ville, et pouvaient l'écraser de leur feu, lorsque, vers neuf ou dix heures du soir, la pluie commença à tomber, et ne cessa de croître en intensité. En même temps, un vent très violent de nord-ouest se levait, et mettait la flotte dans une situation excessivement périlleuse; car la baie d'Alger n'est pas tenable dans de semblables conditions.

L'armée, fatiguée de la traversée, déjà privée de sommeil la nuit précédente, fut fort éprouvée par la faim et le froid subit

---

[1]. Voir Marmol, lib. V, fol. 218.

qu'amena la pluie ; on n'avait pas débarqué de tentes, et les approvisionnements se bornaient à trois jours de vivres, dont deux étaient déjà consommés. Au point du jour, les Algériens, commandés par Hadj-Becher, profitèrent de l'état de torpeur auquel le froid avait réduit l'ennemi pour exécuter une sortie sur la droite des lignes, qui s'appuyait au Ras-Tafoural (pointe où s'éleva depuis le fort Bab-Azoun). Les grand'gardes italiennes, postées en arrière du Kantarat-el-Effroun, furent surprises, culbutées, et se rejetèrent en désordre sur le corps d'armée de leur nation, qui se débanda devant cette attaque inopinée. Il en fut fait un grand massacre [1] ; la panique fut pendant quelque temps à son comble, et le désastre eût pu devenir irréparable, sans le courage des Chevaliers de Malte. Au premier bruit, ceux-ci avaient sauté sur leurs armes, et étaient venus occuper le petit défilé qui se trouvait en arrière du pont, et que traversait la route qui conduisait au Koudiat. Là, ils arrêtèrent par une défense héroïque l'effort des assaillants, et permirent ainsi à Colonna et au prince de Salmone de rallier les fuyards. Bientôt, prenant l'offensive à leur tour, ils chargèrent si vigoureusement les contingents d'Hadj-Becher, qu'ils les refoulèrent jusque sous les remparts de la ville, dont Hassan-Aga effrayé fit fermer précipitamment les portes, abandonnant ceux qui n'étaient pas rentrés au fer des Chevaliers de Saint-Jean. C'est à ce moment que Savignac, porte-étendard de l'Ordre, vint planter sa dague dans la porte Bab-Azoun, qui se fermait devant lui et devant les siens. A la nouvelle du désordre, Charles-Quint était monté à cheval, à la tête de sa noblesse et de ses lansquenets, et avait donné de sa personne sur la droite de l'ennemi. Dans ce combat, les Chevaliers, dont la conduite fut admirée de tout le monde, avaient perdu près de la moitié des leurs, ne pouvant se servir que de leurs épées et de leurs dagues contre

---

1. Quelques historiens (Hammer est du nombre) ont indûment attribué aux Italiens le rôle glorieux que jouèrent les chevaliers de Malte; mais Villegaignon, Vandenesse et Marmol, qui assistaient à la bataille, en pensent tout autrement, et la Chronique de Wolfgang Dreschsler résume l'opinion publique par ces mots : « Germanus miles, Italo fugiente, fortiter contra Mauritanos pro Cæsare pugnavit. »

les armes de jet des Algériens ; car la pluie violente qui tombait rendait les mousquets inutiles, tandis que les Mores Andalous étaient armés d'arbalètes de fer avec lesquelles ils pouvaient facilement tirer à distance sur leurs adversaires, engagés dans une boue épaisse, et alourdis d'ailleurs par le poids de leurs armures. Pendant ce temps, la tempête redoublait, le vent avait augmenté de violence ; presque tous les navires venaient successivement à la côte, surtout les bâtiments de transport. Cent quarante d'entre eux furent anéantis en quelques heures ; les grandes galères de guerre subirent proportionnellement de bien moins fortes pertes, étant mieux commandées et plus solidement construites ; elles trouvèrent de plus dans leurs chiourmes un précieux élément de salut, qui manqua aux vaisseaux voiliers. Les capitaines firent border les avirons, et nagèrent contre le vent, évitant ainsi d'être jetés à terre. Il fallut continuer cette manœuvre pendant vingt-quatre heures sans interruption, et ceux auxquels manqua la force ou l'énergie s'échouèrent sur le rivage, où leurs équipages tombèrent sous les coups des indigènes du voisinage, accourus à la curée. Seize grandes galères firent ainsi naufrage ; pour la plupart, ce désastre fut dû aux rameurs eux-mêmes, dont une grande partie était composée d'esclaves musulmans, qui préférèrent courir en même temps la chance du naufrage et celle de reconquérir leur liberté ; en effet, quatorze cents d'entre eux furent sauvés, et recueillis par les Algériens. L'Empereur envoya quelques compagnies pour empêcher le massacre de ceux que la tempête avait poussés à la côte ; ce secours eut peu d'efficacité ; les dommages subis par la flotte furent énormes ; le matériel entier, vivres, artillerie, munitions, approvisionnements de toute nature, fut perdu. De Cherchel à Dellys, la côte fut couverte d'épaves et de cadavres, et le butin fait par les Algériens fut si grand que, longtemps après, on le prenait encore comme terme de comparaison, quand on voulait parler d'une riche prise. Doria, qui n'avait ménagé ni sa personne ni ses vaisseaux, et qui, monté sur sa galère capitane *la Tempérance*, n'avait pas cessé de soutenir de son feu les troupes qui combattaient sur le rivage, perdit à lui seul onze navires ; Fernand

Cortez vit engloutir sous ses yeux une galiote chargée des riches trésors qu'il avait rapportés du Mexique. Les galères de Malte se distinguèrent entre toutes par leur énergie et leur bonne tenue.

La rude leçon que les Algériens avaient reçue dans la sortie qu'ils avaient tentée les tenait renfermés dans les murs de la ville, et l'armée chrétienne se reforma paisiblement dans ses lignes. Mais, tandis que l'ordre se rétablissait peu à peu, Charles-Quint se trouvait en proie aux plus graves préoccupations. Les hommes n'avaient absolument plus de vivres ; le mauvais temps continuait, et semblait devoir durer ; la démoralisation gagnait presque tout le monde. Et, ici, il faut remarquer que les précautions de la prudence la plus élémentaire eussent suffi pour empêcher que cette tempête subite n'amenât la ruine de l'expédition. Si, avant de commencer les opérations, on eût débarqué les vivres et le matériel, et installé le tout au Hamma dans un camp retranché et bien gardé, l'armée eût pu, dans la sécurité et l'abondance, attendre patiemment que le retour du beau temps lui permît de procéder à une attaque régulière, qui ne pouvait pas manquer de réussir. De semblables considérations n'avaient pas pu échapper aux chefs expérimentés de l'armada, et, pour s'expliquer que ces mesures de précaution aient été négligées, il semble indispensable de croire que l'empereur comptait sur la connivence d'Hassan pour entrer dans Alger sans coup férir. Mais, aussitôt qu'il eut perdu toute illusion à ce sujet, il redevint un grand chef d'armée, dans toute l'étendue de ce terme. Au moment où tout le monde se décourageait autour de lui, et tandis que le camp retentissait des doléances et des lamentations de ceux qui se voyaient déjà perdus, il calma le désordre par son sang-froid et sa résignation, prit pour l'évacuation et la retraite les dispositions les plus sages, et donna à tous l'exemple de l'abnégation et du courage. Dès le soir du 25, Doria lui avait fait parvenir à grand'peine une lettre, qui lui fut portée par un habile nageur, dont l'adresse et l'intrépidité eurent raison du déchaînement de la tempête.

Dans cette lettre, l'amiral conseillait à son souverain de ne pas chercher à conserver plus longtemps les positions conquises ; il lui représentait l'impossibilité dans laquelle se trouvait le reste de la flotte de tenir la mer plus longtemps, et la perte de tous les vivres ; il terminait en demandant la permission d'aller se ranger à l'abri du cap Matifou ; c'était, disait-il, la seule chance de salut qui restât à l'armée.

Le mercredi matin 26, la tempête continuait ; la retraite fut décidée et commença immédiatement. Mais, avant de se mettre en marche, Charles-Quint ordonna que les chevaux fussent tués pour donner aux hommes quelque peu de nourriture ; pour calmer le mécontentement des volontaires, il fit, le premier, abattre devant lui les magnifiques montures qu'il avait amenées pour son usage personnel. L'armée suivit le bord de la mer, et fit peu de chemin ce jour-là ; il fallut bivouaquer le soir derrière l'Oued-Kniss, qui servit de fossé au camp. Le lendemain, jeudi 27, elle arriva sur les bords de l'Harrach, dont les pluies avaient fait un torrent impétueux, que l'on n'osa pas traverser dans l'obscurité. Le vendredi matin, les hommes valides construisirent un pont de bois avec les débris des navires rejetés sur la côte ; le peu de cavalerie qui avait été conservé trouva un gué un peu plus haut, tandis que l'empereur passait sur la barre de sable de l'embouchure. Ce jour-là, les troupes vinrent camper sur les bords fangeux de l'Hamise ; le lendemain, samedi 29, elles traversèrent ce ruisseau débordé et arrivèrent le soir au-dessus de Matifou, où se trouvait abrité le reste de la flotte. Cette retraite avait été opérée en aussi bon ordre que le permettaient les circonstances ; les Italiens formaient l'aile droite ; les blessés et les malades furent placés au centre ; et, derrière eux, les Espagnols et les Chevaliers de Malte composaient l'arrière-garde, que Charles-Quint commanda en personne pendant quatre jours, faisant de temps en temps des retours offensifs avec cette troupe d'élite, pour nettoyer le terrain et rallier les traînards. Car, dès le commencement de la retraite, la population d'Alger était sortie tout entière et harcelait la malheureuse armée sur ses derrières. En même temps, les tribus voisines étaient accourues pour avoir leur part du butin. L'épuisement des hommes était excessif ; privés de nourriture et de sommeil, glacés de froid, forcés de s'avancer à travers les terres glaiseuses et défoncées, passant la nuit couchés dans la boue liquide, ils n'avaient plus assez de vigueur pour marcher, jetaient leurs armes et devenaient une proie facile pour l'ennemi. Ceux qui se sauvèrent durent la vie à l'héroïque conduite de l'arrière-garde, qui, stimulée par la présence et par l'exemple de l'empereur, fit des prodiges pendant les quatre jours que dura cette malheureuse retraite. Pour bien apprécier le mérite de ces braves gens, parmi lesquels se distinguèrent tout particulièrement les Chevaliers de la *Langue de France*, il faut se souvenir qu'ils durent passer sept jours sous les armes, sans vivres, sans repos, sous une pluie glaciale, combattant sans cesse, chargés de lourdes armures, dans un terrain où ils enfonçaient jusqu'aux genoux. Les Algériens se souvinrent longtemps de ces hommes rouges, (ils portaient sur leurs armes la *sopraveste* cramoisie ornée de la croix blanche) qui leur avaient coûté tant de sang, et ce fut sans doute de là que vint la superstition populaire, qu'Alger ne serait jamais pris que par des guerriers habillés de rouge.

L'armée était à peine arrivée au cap Matifou, et campée dans les ruines de l'antique Rusgunia, où la flotte avait débarqué le peu de vivres sauvés du désastre, que Charles-Quint réunit en conseil de guerre les principaux de ses capitaines. Il s'agissait de décider si l'entreprise devait être momentanément abandonnée, ou s'il restait quelque chance de renouveler l'attaque avec un meilleur succès. La grande majorité opina pour l'ajournement, les uns par conviction, les autres par déférence pour l'Empereur. L'opinion contraire trouva cependant deux ardents défenseurs : le comte d'Alcaudete, gouverneur d'Oran, qui combattait en Afrique depuis sa jeunesse, et dont le courage indomptable et l'énergie hautaine ne pouvait supporter l'idée de sembler fuir devant des gens d'une race qu'il avait vaincue si souvent; il se prononça vigoureusement pour une nouvelle attaque, qu'il s'offrait à diriger, déployant ainsi cette audace et ce mépris du danger qui devaient lui coûter si cher dix-sept ans plus tard. On peut ajouter, qu'ayant conduit les négociations avec Hassan, il connaissait mieux que personne ses véritables intentions, et savait sans doute qu'il n'eût pas tardé à capituler, si des circonstances fortuites ne lui fussent venues en aide. Il fut chaudement appuyé par Fernand Cortez[1], qui se souvenait de la *Nuit Terrible* et savait ce qu'un chef hardi peut entreprendre avec quelques hommes de courage. Il supplia l'Empereur de lui laisser choisir dans l'armée quelques éléments solides, et de lui donner les vivres et munitions nécessaires, se faisant fort de prendre la ville. Sa demande fut repoussée; on trouva outrecuidant qu'il prétendît réussir avec une poignée d'hommes, là où son souverain avait échoué avec une si grande armée; les courtisans taxèrent son héroïsme de folie arrogante; on alla enfin jusqu'à dire qu'il ne cherchait qu'à recouvrer les trésors qu'il avait perdus. La seule opposition loyale fut celle de Doria[2], qui, en vieux marin pratique de la Méditerranée, prévoyait qu'on n'en avait pas encore fini avec le mauvais temps; le départ fut donc résolu, et l'embarquement commença aussitôt. Depuis son arrivée à Matifou, l'amiral faisait réparer les avaries avec une hâte fiévreuse; le conseil de guerre avait décidé d'abord que tout le monde partirait en même temps; mais, le 1er novembre au soir, la mer, qui s'était un peu calmée, grossit de nouveau; il fut alors arrêté que chaque bâtiment se mettrait en route dès qu'il serait chargé, sans attendre de nouveaux ordres. Les galères furent forcées de remorquer les vaisseaux pour leur permettre de doubler le cap; plusieurs d'entre eux se perdirent sur les rochers et leurs équipages tombèrent aux mains des Arabes. Charles-Quint était monté sur sa galère le 1er novembre: mais il ne partit que le 3, après avoir mis en mer toute son armée; il appareilla donc au plus fort de la bourrasque et courut des dangers sérieux; il faillit même ne pas pouvoir doubler les écueils de la pointe. La tempête continuait de jour en jour à s'accroître, et la flotte fut heureuse de trouver le lendemain un abri incertain dans le port de Bougie. Mais la mauvaise fortune qui s'acharnait sur cette malheureuse armada ne lui permit même pas d'y trouver le repos dont elle

---

1. Voir Marmol, lib. V, f. 220; *Sandoval*, t. II, p. 306; *Paul Jove*, t. II, p. 722.
2. Voir Gomara, d. c. (p. 105).

avait tant besoin[1]. Les navires y furent exposés à une série de mauvais temps qui les mirent en grand péril et empêchèrent le ravitaillement, en sorte que les vivres manquèrent complètement, et qu'à l'appréhension du naufrage vint se joindre celle de mourir de faim. Car la place, aussi mal approvisionnée que le reste des possessions espagnoles, se trouvait toujours en état de famine, quand les communications étaient coupées entre elle et les Baléares, et on ne tirait rien du pays, sauf dans des circonstances exceptionnelles. Ahmed-ben-el-Kadi, gagné par les promesses du gouverneur et par les démarches d'Abdallah, fils de l'ancien roi de Bougie, qui s'était fait chrétien, et recevait une pension de l'Espagne, avait promis de rejoindre l'armée devant Alger; mais à la nouvelle du désastre, le Kabyle, toujours prudent, s'était bien gardé de quitter ses montagnes; il paraît cependant à peu près prouvé qu'il envoya quelques vivres à Bougie, sans doute à prix d'or. Le mauvais état de la mer, qui fit sombrer plusieurs bâtiments dans le port, força la flotte à y rester jusqu'au 16 novembre, jour où appareillèrent les galères de Sicile, ainsi que celles de Gênes et de Malte. Le lendemain, l'Empereur partit avec le reste de ses troupes; mais il fut obligé de rentrer dans le port à deux reprises différentes et ne put s'en éloigner définitivement que le 23 au soir. Le 26, il arrivait à Mayorque, et le 1er décembre, à Carthagène. Il venait d'échapper à un grand péril, dont il n'eut connaissance que plusieurs mois après son retour. Kheïr-ed-Din, qui surveillait depuis longtemps tous les préparatifs de l'expédition, avait voulu, dès le mois de juin, faire sortir cent galères, et les diriger, moitié sur la côte d'Afrique, et moitié contre la flotte, qui se trouvait alors dispersée, et en train de s'armer dans les ports de la Sicile, de Naples, de Gênes et d'Espagne. La méfiance du Grand Divan l'empêcha d'accomplir son dessein, et faillit causer la perte d'Alger; cependant, au mois d'octobre, Barberousse était parvenu à vaincre les résistances qui lui avaient été opposées jusque-là, et il avait déjà pris la mer, lorsqu'il

---

1. Voir Villegaignon (*Caroli V Imperatoris expeditio in Africam ad Argieram*), et *le Rapport d'un agent secret à François Ier* (*Négociations de la France dans le Levant*, t. I, p. 522).

reçut la nouvelle du retour de la flotte impériale en Espagne; on ne peut pas douter que, s'il n'eût pas été contrarié dans ses projets, il n'eût profité des événements et exterminé le reste de l'armada; la personne même de l'Empereur eût couru les plus grands dangers.

La ruine de cette grande entreprise eût d'immenses résultats; dans toute la chrétienté. Alger passa dès lors pour invincible, et l'orgueil des Musulmans s'en accrut d'autant; de plus, les Algériens firent un énorme butin, qui leur servit à armer la place, et à donner une nouvelle extension à la Course [1]; ils renflouèrent un bon nombre de petits bâtiments et quelques grosses galères, repêchèrent environ cent cinquante pièces d'artillerie de bronze, une grande quantité d'armes, et du matériel de toute espèce; enfin, le nombre des prisonniers fut assez grand pour donner naissance à un dicton populaire, par lequel nous apprenons qu'à cette époque « on pouvait acheter un esclave pour un oignon. » La puissance de l'Odjeac s'augmenta ainsi presque subitement d'une manière formidable, et c'est à partir de ce jour qu'elle devint réellement le fléau de l'Europe méridionale.

Aussitôt débarrassé des Espagnols, Hassan-Aga se mit en devoir de châtier le sultan de Kouko, dont il connaissait les intrigues avec les vaincus. A la fin d'avril 1542, il marcha sur la Kabylie avec une armée d'environ six mille hommes; Ahmed-ben-el-Kadi, effrayé, demanda son pardon et l'obtint à prix d'or; il s'engagea à payer tribut, et donna en otage son fils aîné, âgé de quinze ans, qui portait le même nom que lui.

Cependant, la province d'Oran ressentait le contre-coup de la défaite des Espagnols sous Alger. Le roi de Tlemcen, Muley Mohammed, se trouvait depuis longtemps dans une très fausse position; forcé de pressurer ses sujets pour obéir aux exigences des chrétiens, il avait vu se former contre lui un parti nombreux, à la tête duquel s'étaient mis ses deux frères, Abdallah et Ahmed. Les Turcs, profitant de leurs succès, s'avancèrent dans l'Ouest, et vinrent camper sous les murs de la

---

[1]. Voir la lettre de D. Alonso de Cordova à son père (*Revue Africaine*, 1877, p. 225) et une lettre de l'évêque de Montpellier à François Ier. (*Négociations, d. c.*, t. I, p. 525.)

ville, dont le roi leur ouvrit les portes sans résistance, protestant de son bon vouloir, et promettant de refuser dorénavant aux étrangers les subsides et les vivres. En même temps, il envoyait de riches présents à Hassan, qui accepta sa soumission et installa une garnison de quatre cents janissaires dans le Mechouar. Abdallah, menacé de mort, s'enfuit à Oran, et supplia le comte d'Alcaudete de lui prêter son appui pour renverser Mohammed. Cette combinaison agréait fort au Capitaine Général, qui, voyant se détacher de lui les tribus soumises, et se sentant de plus en plus acculé à la côte, ne désirait rien tant que de reprendre l'ancienne influence dans l'intérieur; le rôle d'assiégé seyait mal à ce soldat énergique et entreprenant, dont la persévérante audace eût assuré la victoire à son roi, si les moyens nécessaires lui eussent été libéralement accordés. Après de longues démarches, il obtint la permission de lever une armée de douze mille hommes environ, à la tête desquels il sortit d'Oran, le 27 janvier 1543, emmenant avec lui ses trois fils, et le roi présomptif Abdallah, en faveur duquel les tribus du Tessala et les Beni-Moussa-ben-Abdallah venaient de se déclarer. Mohammed chercha d'abord à négocier, et fit en vain offrir au Comte quatre cent mille ducats. Celui-ci ne répondit qu'en s'avançant sur la route de Tlemcen; jusqu'au 2 février, on n'eut affaire qu'à de petits groupes de cavaliers; ce jour-là, on arriva sur les bords de l'Isser, très gonflé en ce moment par les pluies qui ne cessaient de tomber depuis plusieurs jours; les indigènes, au nombre de vingt mille, se tenaient prêts à en disputer le passage, sous les ordres du Caïd des Beni-Rachid, El Mansour-ben-Bogani[1]. Le combat commença à dix heures du matin, dura tout le jour et une partie du lendemain; après une lutte opiniâtre, les Espagnols traversèrent le fleuve, mirent l'ennemi en fuite, et vinrent camper à l'ancienne forteresse de Tibda. Le 5, ils rencontrèrent à une heure de Tlemcen l'armée de Muley Mohammed, qui avait rassemblé quatre-vingt mille Mores et qui chargea en personne, à la tête des quatre cents Turcs d'Alger; ce fut une rude mêlée, qui commença à

1. C'est ainsi que le nomment les Espagnols; la leçon probable est *Bou Rhanem*.

dix heures, dura jusqu'au soir, et se termina par la déroute des Mores; les Turcs et le roi se retirèrent à Kalaa; Don Martin de Cordova, fils du comte, avait été blessé dans l'action. On campa aux Oliviers, où Abdallah reçut pendant la nuit la soumission des principaux de la ville, qui ouvrit ses portes le 6 au matin, sans autre résistance. Vingt jours se passèrent en razzias sur les tribus insoumises; le 26 février, après avoir reçu le serment du nouveau roi, le comte d'Alcaudete donna l'ordre du départ, qui eut lieu le 1er mars, à huit heures du matin. Depuis quelques jours, les remparts étaient entourés d'ennemis; les espions ne rapportaient que de mauvaises nouvelles, et assuraient que Mohammed se disposait à barrer le chemin du retour avec une armée considérable. En vertu de ces renseignements, le général espagnol, qui avait eu d'abord l'intention de laisser douze cents hommes dans le Mechouar, ne crut pas pouvoir appauvrir son armée, et sortit avec tout son monde, ramenant un immense butin, une grande quantité de captifs, et les canons perdus en 1535, lors de la défaite de Martinez à Tibda. Le convoi était excessivement long, et mit trop de temps à défiler, si bien que l'avant-garde touchait au pont de l'Oued Saf-Saf, au moment où l'arrière-garde voyait se fermer derrière elle les portes de la ville. A ce moment, la colonne fut attaquée avec furie de tous les côtés à la fois, mais surtout à la tête du pont et aux bagages. Il y eut deux ou trois heures d'un désordre affreux; une grande partie des prisonniers et des conducteurs de chameaux s'enfuirent à droite et à gauche, et se joignirent aux assaillants; il fut un instant question de les massacrer et de brûler le convoi. Cependant, d'Alcaudete avait couru au galop à la rivière, y avait rétabli l'ordre, et rendu l'énergie à ses soldats, qui forcèrent le passage, passèrent sur le ventre de l'ennemi, et gravirent en combattant les pentes ardues qu'il leur restait à franchir. La nuit se passa en alertes, et la bataille recommença le lendemain; la journée du 3 fut consacrée au repos; mais, le 4, il fallut faire de nouveaux efforts pour traverser l'Isser, dont le passage fut vivement disputé. Le 8, l'armée rentrait à Oran; elle avait été harcelée par l'ennemi jusqu'au Rio-Salado.

Après avoir rallié ses troupes et leur avoir donné quelques jours de rafraîchissement, d'Alcaudete fit une nouvelle sortie le 21 mars, et marcha sur Mostaganem, espérant s'emparer de ce poste important avant l'arrivée des Turcs d'Alger. Mais ceux-ci l'avaient devancé; il ne put que prendre le fort de Mazagran, où il passa trois jours, et où il constata que Mostaganem, armé d'une trentaine de canons et muni d'une garnison de quinze cents hommes, ne pouvait plus être enlevé par un coup de surprise, il se trouva donc forcé d'ordonner la retraite, qui fut très dure à effectuer; les Espagnols se virent entourés par plus de cent mille indigènes, et furent forcés d'enlever les chevaux à leurs propres goums, qui menaçaient de faire défection; il fallut combattre sans relâche depuis Mazagran jusqu'à la vue des remparts d'Oran, où la colonne rentra le 1er avril, ayant subi des pertes très sérieuses, malgré des prodiges de vaillance. Muley-Mohammed se dirigea sur Tlemcen et livra deux combats successifs à son rival sous les murs de cette ville, dont les habitants se déclarèrent en sa faveur et fermèrent les portes à Abdallah, qui prit la fuite, et vint se réfugier auprès du Capitaine Général. Celui-ci, avant de renvoyer en Europe les troupes qui lui étaient redemandées avec instance, fit une dernière tentative en faveur de son protégé; il marcha sur Mascara, et obligea l'ennemi à évacuer et à brûler cette place; mais il ne put pas pousser outre, faute de monde, et courut les plus grands dangers dans la retraite, pendant laquelle il faillit perdre la vie, le jour d'une affaire qui resta longtemps célèbre sous le nom de combat de l'Aceitoun. Le 24 juin, il s'embarqua pour l'Espagne avec le reste de son armée, rempli de tristesse en pensant que tant d'efforts n'avaient abouti à rien, par la faute de ceux qui lui avaient marchandé les secours indispensables à la réussite des opérations.

Cependant, Hassan-Aga jouait à Alger un rôle très effacé; personne n'avait oublié l'attitude douteuse qu'il avait prise lors de l'attaque de Charles-Quint, et son coadjuteur, Hadj-Becher-ben-Ateladja, qui s'était héroïquement conduit pendant le siège, avait, par cela même, accaparé la confiance de la Milice et de la population. Sans doute, des ordres venus de la Porte régularisèrent la situation ; en tous cas, Hassan rentra dans la vie privée, et mourut obscurément à la fin de 1545, à l'âge de cinquante-huit ans environ [1].

Au printemps de 1544, Hadj-Becher eut à réprimer la révolte des tribus voisines de Miliana, qui s'étaient mutinées contre les Turcs, sous le commandement du Caïd des R'iras, nommé (ou surnommé) Bou-Trek. Ce Cheik avait réuni sous ses ordres près de vingt mille combattants, à la tête desquels il vint ravager la Mitidja, et bloquer Alger. Après avoir remporté quelques succès sur les troupes envoyées contre lui, il fut attaqué près de Soumata par Hadj-Becher, qui s'était porté à sa rencontre avec quatre mille mousquetaires et cinq cents spahis ; la discipline et les armes à feu des Turcs décidèrent la victoire de leur côté ; les insurgés perdirent beaucoup de monde et leur chef s'enfuit dans l'Ouest, avec une partie de sa tribu. A son retour, qui eut lieu au mois de juin, le vainqueur apprit l'arrivée d'Hassan-ben-Kheir-ed-Din, que le Sultan venait de nommer au gouvernement de l'Odjeac.

---

[1]. Cette disgrâce d'Hassan, et ce brusque remplacement, alors qu'il exerçait le pouvoir depuis douze ans, méritent d'appeler l'attention, et confirment en partie les soupçons dont il fut l'objet. Si l'on ajoute que Hadj-Becher et Mohammed le Juif, qui, d'après Marmol, lui avaient fait tous deux opposition au conseil de guerre, furent récompensés, l'un par le gouvernement d'Alger, l'autre par celui de Tadjora, on ne pourra plus guère conserver de doutes.

CHAPITRE SIXIÈME

LES BEGLIERBEYS ET LEURS KHALIFATS (Suite)

SOMMAIRE : Hassan-Pacha. — Guerre dans le royaume de Tlemcen. — Départ d'Hassan. — Le caïd Saffa. — Sala-reïs. — Soumission de Tuggurt et de Ouargla. — Révolte des Beni-Abbès. — Soumission du Maroc. — Prise de Bougie. — Mort de Sala-reïs. — Hassan-Corso. — Siège d'Oran. — Tekelerli-Pacha. — Révolte de la Milice. — Meurtre de Tekelerli. — Joussouf. — Yahia.

Nous avons vu que Kheïr-ed-Din, tout investi qu'il fût du commandement suprême des flottes ottomanes, n'en avait pas moins conservé le titre et les prérogatives de Beglierbey d'Afrique[1]. C'est en cette qualité qu'il fit nommer au gouvernement d'Alger son fils Hassan, auquel il confia la mission d'agir vigoureusement dans l'Ouest, où l'influence turque était fort ébranlée. Le nouveau Pacha se rendit à son poste, où il arriva le 20 juin 1544, et s'occupa activement des préparatifs de guerre. Il eut d'abord à rétablir l'ordre dans Alger même, et dans les rangs de la Milice, qui, sous les deux derniers khalifats, s'était affranchie de toute autorité; il dut ensuite apaiser un reste de sédition chez les tribus situées à

---

1. Le titre de Beglierbey d'Afrique (Bey des Beys d'Afrique) explique par lui-même l'autorité donnée à celui qui en était revêtu ; en cette qualité, il commandait souverainement aux petits pachas de la Tunisie et de la Tripolitaine, dont la nomination était le plus souvent laissée à son choix. C'est donc à tort qu'on a confondu jusqu'ici cette fonction très élevée avec celle de pacha. Nos ambassadeurs ne s'y trompent pas, et, alors qu'ils donnent ce dernier titre aux petits gouverneurs des provinces, ils appliquent aux beglierbeys la qualification de rois (ou vice-rois) d'Alger. Voir les *Négociations de la France dans le Levant*, passim.)

l'ouest et au sud de Miliana, afin de bien assurer sa route sur Mascara. Pendant qu'il s'occupait de ces soins, le comte d'Alcaudete était revenu d'Espagne, avec un renfort de trois ou quatre mille hommes, seules forces que ses instances eussent pu arracher à la parcimonie du Conseil Royal. En débarquant à Oran, il en avait trouvé la garnison diminuée, mais fort aguerrie, car Don Alonso, qui manquait de tout le nécessaire, avait été forcé de la faire vivre sur le pays ennemi, et ne nourrissait ses troupes que du produit de razzias, qu'il poussait souvent plus loin qu'Arzew. Sur ces entrefaites, l'ancien roi de Tlemcen Abdallah, accompagné du caïd Mansour-ben-Bogani, et du petit-fils de ce dernier, avait fait une nouvelle tentative pour reconquérir son trône à l'aide des indigènes; tombé par trahison entre les mains d'un chef qui prenait le titre de Roi de Dubdu, il s'était vu dépouiller des cinq cent mille doublons qu'il destinait aux frais de l'expédition, et était mort en captivité. Mansour, qui avait reconquis sa liberté, et qui négociait celle de son petit-fils, implora le secours des Espagnols, offrant de prendre à sa solde deux mille hommes, et donnant des otages. Le Comte accepta d'autant plus volontiers ces propositions, que l'alliance de Ben-Bogani suppléait heureusement à l'insuffisance de ses forces, en rangeant sous ses drapeaux les goums belliqueux des Beni-Rachid, des Beni-Amer, et des tribus de la Meleta. Au commencement du printemps de 1546, il marcha donc sur Tlemcen, après avoir durement châtié les habitants de Canastel, qui s'étaient récemment révoltés; arrivé à Aïn-Temouchent, il apprit qu'Hassan et ses janissaires, accourus à marches forcées, étaient campés devant Arbal, se disposant à l'attaquer, quand il serait engagé dans l'intérieur du pays; il fit alors volte-face et marcha aux Turcs. Les deux armées restèrent campées pendant quelques jours l'une devant l'autre, chacun des deux chefs hésitant à donner le signal de l'attaque. A ce moment[1], Hassan reçut la nouvelle de la mort de

---

1. « Ce fut, dit Haëdo, un envoyé français qui vint au camp d'Hassan lui porter la nouvelle de la mort de son père; » l'historien espagnol le nomme *M. de Lanis*; peut-être faut-il lire le *Chevalier d'Albisse*?

son père, et, craignant une révolte à Alger, n'osa pas hasarder la bataille, et se retira par la route de Mostaganem.

Le gouverneur d'Oran se lança à sa poursuite, arriva le 21 août au matin à Mazagran, qu'il occupa sans résistance, et le soir à Mostaganem, qu'il commença immédiatement à canonner. Le feu dura pendant trois jours, au bout desquels la poudre manqua; il fallut en envoyer chercher à Oran. Pendant ce temps, Hassan jeta quelques troupes dans la ville, qui était fort dépourvue de défenseurs; en même temps, la garnison turque de Tlemcen arrivait, avec un contingent auxiliaire de vingt-cinq mille Mores. Cependant, la brèche étant praticable, le comte ordonna l'assaut. Les Espagnols arrivèrent à cinq reprises différentes à planter leurs drapeaux sur les murailles; finalement, ils furent repoussés par les Ioldachs, et ramenés jusque dans leur camp, l'épée aux reins. Le Général se dégagea par une charge vigoureuse, et, décidé à la retraite, profita de la nuit pour embarquer ses blessés et ses malades. Le lendemain, 28 août, il se mit en route de grand matin; le camp était à peine levé, que les Turcs se précipitèrent à sa poursuite, avec quinze mille fantassins et trois mille chevaux. La peur avait tellement gagné les soldats, qu'ils songeaient plus à se sauver qu'à combattre. Don Martin de Cordova montra ce jour-là ce que peut un chef de courage pour rétablir le moral d'une armée en fuite. Sautant à bas de son cheval, une pertuisane à la main, il chargea les assaillants avec quelques braves, et, par son exemple, fit revenir au combat les fuyards, qui cherchaient déjà à s'emparer des embarcations. D'un autre côté, le capitaine Luis de Rueda fit une trouée au milieu des Turcs avec une petite troupe de cavaliers; cette attaque vigoureuse donna au Comte le temps de rallier son monde, non sans avoir subi de grosses pertes; à partir de ce moment, les Musulmans se contentèrent de le harceler, et il put regagner Oran en trois jours par la route qui suit le bord de la mer; il y avait cinquante-sept jours qu'il en était parti. A son retour à Alger, Hassan apprit qu'il avait été nommé Beglierbey d'Afrique[1], en remplacement de son père.

---

1. Voir les *Négociations*, d., c. t. II, p. 53.

En 1550, après avoir conclu une alliance avec le Sultan de Fez Abd-el-Kader, il fit sortir d'Alger une armée de cinq mille mousquetaires, mille spahis et huit mille Kabyles, commandés par Abd-el-Aziz, sultan de Labez, (Beni-Abbes) qui s'était récemment rallié; les janissaires étaient sous les ordres d'Hassan-Corso, et tous se dirigèrent sur Mostaganem, où l'armée devait s'accroître des contingents des Beni-Amer et des tribus voisines. Il avait été convenu que le Sultan de Fez ferait jonction avec les Turcs à Aïn-Temouchent; les deux armées réunies devaient s'emparer d'Oran, et tenter ensuite un débarquement en Espagne. Le prince marocain avait mis ses troupes sous les ordres de ses deux fils, qui, violant l'alliance conclue, s'installèrent en maîtres à Tlemcen, après y être entrés comme amis. Le fils cadet du Chérif, Muley-Abd-Allah, occupa la ville avec une forte garnison, pendant que son frère aîné s'emparait violemment du territoire des Beni-Amer, qu'il se mit à ravager. A cette nouvelle, les Turcs indignés se portèrent rapidement en avant, et attaquèrent leur infidèle allié au gué du Rio-Salado, sur la route d'Oran à Tlemcen. Après une sanglante bataille, les Marocains furent vaincus et subirent d'énormes pertes; leur chef lui-même fut tué, et ils furent mis en déroute, et poursuivis jusqu'à la Moulouïa. A la première nouvelle du désastre, Muley-Abd-Allah s'était sauvé à la hâte avec tout son monde, et avait repris la route de Fez, où il fut assez mal reçu par son père. La victoire des Algériens fut due pour la plus grande partie au courage d'Abd-el-Aziz et de ses Kabyles; on dit même que le chef des Beni-Abbes fut forcé de faire violence à Hassan-Corso pour l'obliger à livrer bataille. A partir de ce moment, les Turcs occupèrent fortement Tlemcen, où ils laissèrent une garnison de mille cinq cent Ioldachs, sous le commandement du caïd Saffa.

En cette même année, Hassan, débarrassé des soucis de la guerre, et se souvenant que le Koudiat es-Saboun, avait été, à trois reprises différentes, l'objectif de l'ennemi, fit construire le bordj Muley-Hassan, qui prit plus tard le nom de fort l'Empereur, en vertu d'une tradition menteuse, qui voudrait que cet ouvrage ait été commencé par Charles-Quint lui-même. Il embellit et assainit la ville d'Alger, dans laquelle il fit construire un hôpital pour les janissaires devenus vieux et infirmes, ainsi que des bains somptueux, d'un usage public et gratuit. Pendant qu'il était occupé de ces utiles travaux, il reçut l'ordre de retourner à Constantinople et de s'y présenter devant le Grand Divan. Il obéit immédiatement, et partit le 22 septembre 1551. Sa chute fut due en très grande partie aux sollicitations de l'ambassadeur de France, M. d'Aramon, qui avait constaté depuis longtemps sa mauvaise volonté à l'égard de la France[1]. En effet, tandis que les relations de cette puissance avec la Porte devenaient de jour en jour plus intimes, que le célèbre reïs Dragut s'était, pour ainsi dire, mis à la solde d'Henri II, qui se servait de lui contre l'Espagne, lui faisait de riches présents, et le lançait tantôt sur Naples, tantôt sur l'île d'Elbe, tantôt sur la Corse, où il infligeait à Doria de sanglantes défaites[2], le fils de Barberousse continuait à montrer aux envoyés du roi le mauvais vouloir que son père leur avait témoigné dans les trois dernières années de sa vie. M. d'Aramon, qui avait été envoyé à Alger au moment de la campagne d'Hassan contre le Maroc pour lui offrir l'appui de la flotte française[3], dans l'hypothèse d'une attaque d'Oran et d'un débarquement en Espagne, avait vu ses offres fort mal reçues. En quittant les États barbaresques, il se rendit à Constantinople, exposa habilement au Divan les dangers que pouvait faire courir à l'unité de l'empire ottoman le trop grand développement de la puissance des Beglierbeys, et obtint facilement la révocation qu'il demandait. Par contre, Dragut, qui venait de s'illustrer par une brillante campagne sur les côtes de la Tunisie et de la Tripolitaine, en aidant puissamment à la prise de Tripoli, et en sauvant, aux îles Gelves, la flotte ottomane des mains de Doria par un audacieux stratagème, venait d'être nommé sandjiak de Lépante et commandant d'une flotte de quarante galères.

Après un intérim de huit mois environ, qui fut rempli par

---

1. Voir les *Négociations*, d. c., t. II, p. 181.
2. Voir les *Négociations*, d. c., t. II, p. 72, 214, 259.
3. Voir les *Négociations*, d. c., t. II, p. 156.

le Caïd Saffa, Sala-Reis, nommé Beglierbey d'Afrique[1], arriva à Alger à la fin d'avril 1552. Sa nomination fut due à l'amitié de l'ambassadeur français, auquel il s'était rendu fort utile en diverses occasions. Originaire d'Alexandrie, il avait navigué dès sa plus tendre jeunesse avec les Barberousses, dont il fut un des compagnons les plus fidèles, et sous lesquels il exerça plusieurs commandements importants. Après la mort de Kheïr-ed-Din, le Sultan l'avait placé pendant quelque temps à la tête des flottes ottomanes, et, dans ce poste élevé, il avait rendu les meilleurs services[2].

Au moment de son arrivée, les chefs de Tuggurt et de Ouargla, se fiant à la longue distance qui les séparait d'Alger et à la crainte qu'inspiraient leurs déserts, alors presque inconnus, venaient de se révolter et de refuser le tribut auquel les avaient jadis assujettis les fondateurs de la Régence, et qu'ils payaient depuis vingt-cinq ans environ. Sala-Reïs marcha contre eux avec trois mille mousquetaires, mille spahis, et huit mille auxiliaires kabyles, commandés par Abd-el-Aziz. Il prit Tuggurt d'assaut au bout de quatre jours de siège, conquit Ouargla sans résistance, châtia durement les habitants de ces deux villes, fit payer une amende énorme aux deux chefs révoltés, reçut la soumission du Souf, et reprit la route d'Alger avec un immense butin, quinze chameaux chargés d'or et plus de cinq mille esclaves nègres des deux sexes; les vaincus furent astreints à un nouveau tribut, auquel ils ne cherchèrent plus à se dérober. La mésintelligence ne tarda pas à éclater entre le Beglierbey et le chef Kabyle; celui-ci, mécontent de la part qui lui avait été allouée sur les prises faites dans le Sud, se trouva bientôt en butte aux soupçons des Turcs, et fut dénoncé comme rebelle par son ancien ennemi Hassan-Corso, qui ne pouvait lui pardonner le dédain avec lequel il l'avait traité en 1550, lors de la campagne du Maroc. Il fut mandé à Alger et logé au palais de la Jenina, où on avait l'arrière-pensée de s'assurer de sa personne; il en eut avis, se sauva à cheval pendant la nuit, et, arrivé dans la

---

1. Voir les *Négociations*, d. c., t. II, p. 177, 181.
2. Voir les *Négociations*, d. c., t. I, p. 624.

montagne, ouvrit immédiatement les hostilités, commençant ainsi la lutte la plus longue et la plus dure que les Algériens eurent jamais à supporter en Kabylie. Sala marcha contre lui, en dépit de la mauvaise saison déjà bien avancée; il le battit dans une première affaire sur la montagne de Boni; El Fedel, frère d'Abd-el-Aziz, fut tué dans le combat; mais il avait empêché les Turcs de pousser plus avant leur victoire. Débarrassé de l'ennemi, le sultan kabyle fortifia Kalaa, et se fit des alliés dans le voisinage; au retour du printemps, Sala fit marcher contre lui son fils Mohammed, avec mille mousquetaires, cinq cents sphahis, et six mille cavaliers auxiliaires; la bataille s'engagea près de Kalaa; les Turcs furent enveloppés et vaincus, et les débris de leurs troupes eurent beaucoup de peine à regagner Alger.

L'année suivante, ils voulurent se venger de cette défaite par une nouvelle expédition, commandée par Sinan-Reïs et Ramadan, à la tête de trois ou quatre mille hommes. Abd-el-Aziz fut de nouveau vainqueur; il atteignit l'ennemi sur l'Oued-el-Lhâm, et en fit un terrible massacre; on dit que les deux chefs de l'expédition purent seuls regagner M'sila avec quelques cavaliers.

En 1552, Henri II avait envoyé à Alger le Chevalier d'Albisse[1] pour inviter le Beglierbey à inquiéter les côtes d'Espagne, lui promettant d'agir de son côté; en même temps Dragut, à la tête des flottes ottomanes, opérait de concert avec M. de la Garde, et bloquait les galères du duc d'Albe[2]. Sala-Reïs se rendit à l'invitation du roi de France, et, au commencement de juin 1553, il quitta Alger avec quarante navires de guerre, arriva à Mayorque, y débarqua, et se mit à piller la campagne; la garnison de Mahon lui fit éprouver quelques pertes. Il continua, le long des côtes, une croisière peu efficace et vint atterrir au Peñon de Velez, après s'être emparé d'une dizaine de bâtiments portugais et espagnols; ces navires ramenaient au Maroc l'ancien souverain de Fez, Muley-Bou-Azoun, qui, après avoir été dépossédé par le

---

1. Voir les *Négociations*, d. c., t. II, p. 204.
2. Voir les *Négociations*, d. c. (T. II, p. 274, 278.)

Chérif Muley-Mohammed, avait imploré le secours des chrétiens, pour reconquérir ses états. Il fut d'abord tenu à Alger dans une captivité assez étroite ; mais, quelques mois plus tard, ayant gagné les bonnes grâces de Sala, auquel il offrit sa vassalité, le Beglierbey profita d'une incursion qu'avaient faite les Marocains au delà de la Moulouïa, qui servait de frontière occidentale à la Régence, pour déclarer la guerre au Chérif. Après avoir reconnu comme souverain son compétiteur, il rassembla à la hâte une armée de six mille mousquetaires, mille spahis, et quatre mille cavaliers auxiliaires, fourni par le chef de Kouko, qui était redevenu l'allié des Turcs depuis que ceux-ci étaient en guerre contre son rival des Beni-Abbès. Il se mit en route au commencement de janvier 1554, et envoya sa flotte l'attendre à K'çaça ; en arrivant à Téza, il rencontra l'armée du Chérif, qui l'attendait pour lui barrer la route de Fez avec quatre-vingt mille hommes. Quelque disproportionnées que fussent les forces, Sala n'hésita pas à attaquer ; car il savait que la plupart des Caïds étaient partisans de Bou-Azoun, et qu'ils n'attendaient que le moment de faire défection. En effet, la bataille était à peine engagée, qu'une très grande partie de l'armée marocaine se joignit aux Turcs et leur prêta son aide dans l'action ; par suite de cette trahison, le Chérif fut complétement battu ; il chercha cependant à rallier les débris de ses troupes sous les murs de Fez ; mais il y subit une deuxième défaite, trois jours après la première. Les Turcs entrèrent dans la ville, qu'ils saccagèrent en y faisant un énorme butin. Sala-Reïs reçut pour sa part plus de trois millions ; il installa ensuite Bou-Azoun sur le trône, reçut son serment de fidélité, mit garnison dans le Peñon de Velez, et s'en retourna à Alger par terre, au mois de mai 1554, marchant à petites journées, en s'occupant le long du chemin de donner des ordres pour faire réparer les fortifications de toutes les villes qu'il traversa ; il rentra dans sa capitale au commencement du mois d'août ; entre temps, il avait envoyé sa flotte aider les Français à transporter quatre mille hommes en Toscane. Ayant soumis le Maroc, et tranquille désormais à l'Ouest, où le nouveau Sultan de Fez devait surveiller les agissements des

Espagnols d'Oran, le Beglierbey résolut de chasser les chrétiens de Bougie.

Au mois de juin 1555, il partit d'Alger par terre, emmenant avec lui les janissaires et trois mille Kabyles ; il envoya par mer une assez forte artillerie, qui put être débarquée facilement, en faisant remonter aux galiotes la rivière, grossie outre mesure par les pluies [1]. Le 16 septembre, il ouvrit le feu devant la ville avec deux batteries, l'une de six, l'autre de huit pièces de gros calibre ; en un jour et demi, le Château impérial fut rasé ; le Château de la mer ne tint guère plus, et la Casbah s'écroula le sixième jour. Lorsque Sala-Reïs se vit maître de ces défenses, il envoya un parlementaire au gouverneur Don Alonso de Peralta, pour le sommer de se rendre ; il lui offrait une capitulation honorable, promettait que la garnison serait rapatriée avec armes et bagages, et que les habitants pourraient emporter avec eux tous leurs biens mobiliers ; le gouverneur, à bout de forces, accepta ces conditions ; mais la foi jurée fut violée par les Turcs et par leurs auxiliaires indigènes ; ils firent captifs les soldats et les habitants, à l'exception de don Alonso, de Luis Godinez, et de cent vingt invalides, qui furent jetés à bord d'une petite caravelle ; on ne leur donna même pas de marins pour conduire cette mauvaise barque, qui n'arriva que par miracle à Alicante [2]. Le 28 septembre, les Algériens entrèrent dans Bougie, et l'occupèrent définitivement.

Ils y firent un riche butin et se partagèrent six cents esclaves. Alonso de Peralta, de retour en Espagne, fut traduit devant un conseil de guerre, qui le condamna à avoir la tête tranchée sur la grande place de Valladolid. Ce fut une victime offerte à l'opinion publique ; la perte de Bougie avait jeté toute la population dans la plus grande consternation ; ce sentiment, se communiquant aux juges et à l'Empereur lui-même, entraîna une exécution mal motivée ; car jamais commandant de ville assiégée n'eut d'aussi bons arguments à présenter pour excuser sa capitulation. Les fortifications de Bougie

---

1. Voir la lettre du F. Hieronimo au Comte d'Alcaudete. (*Documents relatifs a l'occupation espagnole*, d. c. *Rev. Africaine*, 1877, p. 280.)
2. Voir la lettre justificative de Peralta. (*Loc. cit.*, an. 1877, p. 282.)

étaient en si mauvais état, qu'au bout de six jours de feu, suivant les dépositions des témoins et les propres termes du rapport officiel, confirmés par plusieurs lettres de capitaines espagnols, *il semblait qu'elle n'eût jamais eu de murailles, et les cavaliers eux-mêmes auraient pu monter par la brèche.* Les vivres et les munitions faisaient entièrement défaut, et se trouvaient épuisés, bien avant la reddition ; la garnison décimée avait soutenu trois assauts sur brèche ouverte, et *il ne restait plus une pièce en état de faire feu.* Il faut encore ajouter que, depuis longtemps, le Gouverneur de Bougie, suivant l'exemple de tous ses prédécesseurs, avait en vain appelé l'attention du Conseil Royal sur la misérable situation dans laquelle on laissait la place dont la garde lui était confiée, et qu'il n'avait pas cessé de prédire le fatal résultat[1] ; en fait, Alonso de Peralta fut victime de l'incurie de son gouvernement. Sala-Reïs mit dans sa nouvelle conquête une garnison de quatre cents hommes, commandés par Ali-Sardo, qui s'occupa immédiatement de faire travailler aux remparts de la ville et du port. Pendant cette campagne, un nouvel orage s'était formé à l'Ouest. Muley Mohammed, à la tête de ses partisans, avait vaincu et tué Bou-Azoun ; puis aussitôt réinstallé à Fez, il avait envoyé demander des secours au roi d'Espagne, promettant de chasser les Turcs d'Alger, si on lui accordait un secours de douze mille hommes, qu'il s'offrait à payer et à défrayer de tout le nécessaire. Le Beglierbey ne perdit pas un moment pour remontrer à la Porte la nécessité de frapper un grand coup, à la fois sur le Maroc et sur Oran ; il reçut peu de jours après l'autorisation d'agir et un renfort de quarante galères et de six mille hommes. Lorsque cette armada fut en vue des côtes, il lui envoya l'ordre d'aller mouiller à Matifou, où il se trouvait lui-même, avec trente galères et quatre mille Turcs ; cette mesure avait été dictée par la crainte de voir la peste se mettre dans l'armée ; car ce fléau dévastait Alger depuis environ six mois ; en outre, Sala voulait presser sa marche et paraître devant Oran avant qu'on

---

1. Voir la lettte de Ribera à l'Empereur (an. 1875, p. 353), de Juan Molina au Cardinal de Tolède (an 1877, p. 224) de l'ingénieur Librano au Roi (an. 1877, p. 267).

n'y eut appris l'arrivée des renforts de Constantinople. Mais, au moment où il venait d'en prendre le commandement, et comme il allait donner le signal du départ, il fut atteint lui-même de la contagion régnante et mourut en vingt-quatre heures, âgé d'environ soixante-dix ans. Le khalifat Hassan-Corso prit de sa propre autorité le pouvoir et se mit à la tête de l'armée, avec laquelle il marcha sur Oran, réunissant sur sa route de nombreux contingents indigènes ; pendant ce temps, la flotte amenait à Mostaganem les vivres, les munitions et l'artillerie nécessaire. Arrivé devant Oran, il ouvrit la tranchée et installa deux batteries, l'une contre la porte de Tlemcen, et l'autre sur la montagne, à l'ouest de la ville. Il s'était déjà emparé de la Tour des Saints et serrait la garnison de très près, lorsqu'il reçut du Sultan l'ordre de lever le siège, la Porte ayant besoin de ses galères pour repousser celles d'André Doria, qui, après avoir ravagé l'Archipel, menaçait le Bosphore. Tel est le motif admis par les historiens espagnols et italiens ; mais il est permis de croire que le Sultan avait vu de mauvais œil l'usurpation de pouvoir commise par le Caïd Hassan, et qu'il ne voulut pas le laisser plus longtemps à la tête d'une armée aussi considérable. Cette opinion est rendue excessivement probable par les événements qui suivirent le rappel des troupes ottomanes.

Pendant que les Algériens, trop peu nombreux maintenant pour continuer le siège d'Oran, battaient en retraite, poursuivis jusqu'à Mazagran par le comte d'Alcaudete, qui leur enleva une partie de leur artillerie et de leurs bagages, la Porte avait investi le Turc Tekelerli [1] du gouvernement de la Régence. A cette nouvelle, Hassan-Corso, appréhendant un châtiment mérité, et se sentant soutenu par la Milice, jeta le masque, et se mit ouvertement en révolte. Il envoya aux Caïds qui commandaient les soffras des villes maritimes l'ordre de s'opposer au débarquement du Pacha, en sorte que, lorsque celui-ci se présenta successivement devant Bône, Bougie et Alger, l'accès de ces ports lui fut interdit, et on le menaça

---

1. L'orthographe de ce nom n'est pas bien certaine ; quelques-uns écrivent Techeoli ; d'autres, Mohammed Kurdogli.

partout de faire feu sur ses galères. Il dut aller chercher un refuge au cap Matifou ; une fois à l'abri, il entra en pourparlers avec les Reïs. Ces marins étaient fort mécontents de tout ce qui venait de se passer ; les principaux d'entre eux étaient de vieux compagnons des Barberousses ; jusqu'à ce moment c'était parmi eux qu'on avait choisi les caïds des armées et les gouverneurs des villes conquises ; ils se sentaient jalousés par les Ioldachs ; ceux-ci, mécontents de leur faible solde, eussent voulu avoir part aux bénéfices de la Course, et enviaient les richesses amassées par leurs rivaux, qui pouvaient facilement prévoir le sort qui les attendait, si le pouvoir tombait aux mains de la Milice ; leur orgueil se trouvait en cette circonstance aussi froissé que leurs intérêts. L'entente ne fut donc pas longue à s'établir entre leurs chefs et Tekelerli ; aussitôt résolue, l'action fut rapidement et habilement conduite. De tout temps, les capitaines des galères avaient été chargés de la garde du port, du môle et des portes de la Marine ; par une nuit noire, ils occupèrent sans bruit les rues voisines, surprirent dans leur sommeil les postes du palais et des remparts, qu'ils remplacèrent par leurs équipages. Le lendemain matin, la ville se réveilla sous le canon des Reïs ; les principaux des rebelles avaient été égorgés ; le Pacha, débarqué pendant la nuit, dictait ses ordres de la Jenina ; l'usurpateur avait été jeté, aussitôt pris, sur les ganches de la porte Bab-Azoun, où il agonisa trois jours avant de mourir de cet atroce supplice ; les caïds de Bône et de Bougie, Ali-Sardo et Mustapha, furent torturés et empalés ; beaucoup d'autres séditieux périrent ; quelques-uns rachetèrent leur vie à prix d'or.

Cependant les janissaires ne se tenaient pas pour vaincus ; dans la première surprise, ils s'étaient vus forcés de se soumettre ; mais, à la terreur que répandirent les nombreuses exécutions du début, ne tarda pas à succéder le désir de la vengeance. A la tête du complot se mit l'ancien caïd de Tlemcen, Joussouf, qui avait juré de venger la mort d'Hassan, auquel il était lié depuis son enfance par une de ces bizarres affections que l'Orient ne réprouve pas. Les conjurés attendirent une occasion favorable jusqu'à la fin du mois d'avril ; la peste régnait toujours à Alger, et le Pacha, pour fuir la contagion, avait dressé ses tentes aux Caxines, bivouac ordinaire des Mahallahs de l'ouest, situé sur le bord de la mer, à trois lieues environ de la ville. A l'improviste, et tandis que ses complices s'emparaient des portes et des remparts, en profitant du moment où les reïs étaient partis en Course, Joussouf fondit sur le camp avec quelques cavaliers dévoués, et le mit à sac, cherchant de tous côtés celui dont il voulait la tête. A la première alarme, Tekelerli, sautant à cheval, avait pris à toute vitesse la route d'Alger, pour y faire face à l'émeute à la tête de ses partisans ; mais quand il arriva aux portes, il les trouva fermées, et ne fut accueilli que par des injures et des menaces ; se voyant alors abandonné de tous et perdu, il tourna bride et se réfugia à la hâte dans une petite chapelle, nommée kouba de Sidi-Iakoub, espérant y trouver un asile assuré par la sainteté du lieu. Joussouf, toujours galopant sur ses traces, le suivait à quelques longueurs de lance, et le Pacha avait à peine mis pied à terre, que les conjurés se précipitaient tumultueusement à sa suite dans l'enceinte consacrée : « Oserez-vous me tuer ici ? » leur cria-t-il. « Et toi, chien, as-tu épargné Hassan ? » répondit le Caïd en le frappant de sa pique et en l'étendant à terre, où il fut ensuite décapité. Cet assassinat fut le signal d'un horrible désordre ; les janissaires avaient acclamé le chef de la conjuration, qui ne régna que six jours, au bout desquels il fut enlevé, dit-on, par la peste, après avoir distribué le trésor public à ses complices. Après sa mort, le vieux Caïd Yahia, ancien khalifat de Sala-Reïs, qui l'avait choisi pour remplir l'intérim du commandement en son absence, s'installa à la Jenina, et s'efforça à l'aide des reïs de rétablir la tranquillité, en attendant l'arrivée du Beglierbey qui venait d'être nommé par la Porte [1].

1. Dans les *Documents Espagnols*, cités plus haut à diverses reprises, on trouve (an. 1877. p. 287) une lettre du roi Philippe II, datée du 21 juillet 1557, et adressée au Caïd Mostafa-Arnaute, qui y est qualifié de *Gouverneur d'Alger*. Ce personnage, dont aucun historien ne parle, aurait donc exercé un pouvoir éphémère au milieu des troubles qui suivirent l'assassinat du Pacha et la mort subite de Ioussouf.

CHAPITRE SEPTIÈME

LES BEGLIERBEYS ET LEURS KHALIFATS (Suite.)

SOMMAIRE : Retour d'Hassan-Pacha. — Guerre du Maroc. — Bataille de Fez. — Déroute de Mostaganem et mort du Comte d'Alcaudete. — Révolte des Beni-Abbes. — Mort d'Abd-el-Aziz. — Désastre des Gelves. — Insurrection de la Milice. — Siège d'Oran et de Mers-el-Kebir.

Le Grand-Divan n'en était pas encore arrivé à ce degré d'abaissement qui lui fit plus tard supporter et laisser impunies les révoltes des janissaires; le meurtre de Tekelerli excita donc à Constantinople une indignation générale et le Sultan donna l'ordre de châtier les rebelles. Nul ne convenait mieux pour cette mission qu'Hassan-ben-Kheir-ed-Din, héritier des traditions paternelles, aimé de la population d'Alger, et chéri des vieux reïs, avec lesquels il avait fait ses premières armes

Le Grand-Vizir Rostan[1] leva le seul obstacle qui s'opposait à ce choix en réconciliant son protégé avec l'ambassadeur français, auquel le nouvel élu promit ses bons offices. Hassan, nommé pour la deuxième fois Beglierbey d'Afrique, arriva à Alger au mois de juin 1557, avec vingt galères, dont les équi-

---

1. Ici il importe de dire que, contrairement aux assertions d'Haëdo, le grand vizir Rostan fut toujours le protecteur d'Hassan ; il avait été un des plus grands amis de son père, qui lui avait légué une grande partie de ses biens. Du reste, il est prudent de ne pas se fier à Haëdo, lorsqu'il cherche à expliquer les mutations des gouverneurs ; il ne fait le plus souvent que répéter des bavardages de janissaires ou de captifs, aussi peu capables les uns que les autres de savoir ce qui se passait au Grand-Divan. Comme enregistreur de faits, l'auteur de l'*Epitome de los Reyes de Argel* est un guide souvent utile; mais on n'a pas besoin d'étudier de bien près ses appréciations personnelles pour voir combien le *sens critique* lui faisait défaut.

pages, unis aux marins d'Alger, constituaient une force suffisante pour contenir la Milice, qui se soumit sans résistance.

Profitant du désordre qui venait de régner pendant plus d'un an, le Chérif Muley-Mohammed avait envahi la province de Tlemcen; le Caïd Mansour-ben-Bogani s'était installé dans la ville elle-même et y avait fait reconnaître son petit-fils comme roi; toutefois, le Caïd Saffa s'était réfugié dans le Mechouar avec cinq cents Turcs, et y résistait à tous les efforts des assaillants. Aussitôt installé, le Beglierbey marcha à son secours avec six mille mousquetaires turcs ou renégats et seize mille indigènes; à la nouvelle de sa venue, les Marocains effrayés repassèrent la frontière, vivement poursuivis par l'armée algérienne, qui les atteignit sous les murs de Fez. Les troupes du Chérif se composaient de quatre mille mousquetaires Elches, morisques d'Espagne, très exercés et très braves, de trente mille cavaliers, et de dix mille fantassins. Le combat fut fort opiniâtre, et les pertes cruelles, aussi bien d'un côté que de l'autre; le soir venu, les Turcs campèrent sur un mamelon voisin du champ de bataille, et commençaient à s'y retrancher, lorsqu'Hassan apprit que les Espagnols d'Oran se disposaient à lui couper la retraite, en cas de revers, où à tomber sur ses derrières, si la lutte se prolongeait. Son armée ayant été très éprouvée, il ne jugea pas à propos de courir de semblables risques, et ordonna immédiatement la retraite, laissant allumés les feux du bivouac, pour tromper son ennemi, auquel la bataille avait coûté fort cher, et qui ne chercha pas à le poursuivre. Les goums se retirèrent par la route de Tlemcen, pendant que les Ioldachs et l'artillerie prirent le chemin de K'saça, où les galères les attendaient pour les ramener à Alger. Cette campagne apprit au Beglierbey qu'il était impossible de s'engager à fond contre le Maroc, tant que les chrétiens d'Oran seraient assez forts pour tenir la campagne, et il résolut dès lors de les expulser, avant de rien entreprendre au delà de la Moulouïa.

Cependant, le comte d'Alcaudete, désolé d'avoir été forcé, par l'insuffisance de ses forces, de laisser échapper une si belle occasion, était parvenu, à force d'instances, à arracher quelques régiments à la parcimonie du Conseil Royal. Sentant que, par suite de la reprise de Tlemcen, toute la province allait lui échapper, il se décida à marcher sur Mostaganem, qu'il voulait occuper fortement, pour en faire une tête d'attaque contre Alger. Ben-Bogani l'avait rejoint à la tête d'un goum très nombreux, et il était convenu avec le Chérif que celui-ci envahirait le pays au signal donné, et marcherait sur Milianah, prenant ainsi les Turcs à revers, s'ils osaient sortir de leur capitale, et dépasser le Chélif; c'était un projet bien conçu ; mais les Marocains ne furent pas prêts en temps utile, et leur abstention devint funeste à l'énergique Capitaine qui se hasardait sur une route où il avait couru, douze ans auparavant, de si terribles risques. Il se mit en chemin le 22 août 1558, avec dix ou douze mille Espagnols, un nombreux contingent arabe, et une bonne artillerie ; quatre grosses galiotes longeaient la côte, portant les vivres et les munitions nécessaires. Mais Hassan veillait, et, à la hauteur d'Arzew, le convoi fut capturé, sous les yeux du général, par les galères des reïs, commandées par Cochupari. Ce premier échec jeta un commencement de démoralisation dans l'armée, qui ne tarda pas à souffrir de la faim ; car Euldj-Ali était sorti de Tlemcen avec les janissaires de la garnison de cette ville, et se tenait sur le flanc droit de l'ennemi, l'empêchant de se ravitailler. Le quatrième jour, les Espagnols arrivaient devant Mazagran, dont ils s'emparèrent facilement, et dont on détruisit le portail pour fabriquer des boulets de pierre, en remplacement des projectiles qui étaient tombés aux mains des Algériens. Malgré les conditions défavorables dans lesquelles on se trouvait par suite de la perte des transports, l'attaque immédiate de Mostaganem fut résolue ; c'était, du reste, la seule mesure à prendre ; car on espérait trouver dans la ville une partie de ce dont on manquait, et devancer l'arrivée des Turcs d'Alger. Le Comte se mit donc en devoir de briser les portes à coups de canon ; dans les escarmouches qui eurent lieu à ce moment en dehors de la place, une compagnie du régiment de Malaga poursuivit si vivement les fuyards, qu'elle pénétra à leur suite dans l'enceinte, et planta son drapeau sur le rempart. Tout aurait peut-être été sauvé, si l'on eut appuyé ce mouvement ; le Général n'en jugea pas ainsi, fit sonner la retraite, et châtia sévèrement l'alferez qui avait agi sans ordres. Pendant la nuit, les assiégeants se logèrent contre la muraille elle-même, donnèrent l'assaut au petit jour, et forcèrent très bravement l'entrée ; mais les habitants avaient barricadé les rues, et les disputèrent maison à maison, soutenus dans leur résistance par la certitude de la prochaine arrivée des Algériens. En effet, aux premières nouvelles, Hassan avait rassemblé à la hâte cinq mille mousquetaires, mille spahis, et s'avançait à marches forcées ; les contingents indigènes s'étaient réunis à lui sur son passage, au nombre de plus de seize mille hommes. Il arriva à midi, chargea impétueusement l'ennemi, et le rejeta dans la campagne, après une lutte acharnée qui dura jusqu'au soir. La nuit, qui vint interrompre le combat, acheva de plonger les troupes chrétiennes dans la consternation ; elles se composaient pour la plus grande partie de recrues ; éprouvées par la mer, par huit jours de marches et de combats, par le manque de sommeil et de vivres, elles entendaient les cris des malades et des blessés, qu'on avait été forcé d'abandonner, et que l'ennemi égorgeait sans pitié. Lorsque le jour se leva et éclaira ce triste spectacle, les Espagnols se virent entourés de toutes parts ; devant eux se trouvaient les janissaires ; sur leur droite, Euldj-Ali et les Tlemcéniens : enfin, les Turcs des galères venaient de débarquer, et assaillaient l'aile gauche, que les navires mitraillaient en même temps ; il ne restait donc qu'à battre en retraite, et le plus vite possible ; car les goums du Beglierbey se jetaient déjà sur la route de Mazagran, pendant que ceux de Ben-Bogani faisaient défection, se tournant contre leurs anciens alliés, ou reprenant au galop le chemin de leurs douars. Le combat s'engagea de tous les côtés à la fois, et, malgré les efforts héroïques du Général et de ses officiers, se transforma rapidement en une complète déroute. Le comte d'Alcaudete et son fils Don Martin parvinrent cependant à maintenir quelques bataillons dans le devoir jusqu'aux glacis de Mazagran ; mais, à la vue des murs, derrière lesquels ils crurent trouver un abri assuré, les fuyards, affolés de peur, se débandèrent complètement, et passèrent sur le corps de leur vieux chef qui périt, foulé aux pieds et étouffé par ses propres soldats; Don Martin, grièvement blessé, fut fait prisonnier, et ne recouvra sa liberté qu'au bout de deux ans, moyennant une forte rançon ; toute l'armée fut tuée ou prise. La nouvelle du désastre arriva à Saint-Just le 9 septembre, et on la cacha soigneusement à Charles-Quint, alors à son lit de mort. Cette néfaste journée coûtait à l'Espagne les meilleurs officiers de ses troupes d'Afrique, et un général que ses brillantes qualités avaient fait aimer et respecter des indigènes ; aucun de ses successeurs ne retrouva l'influence qu'il avait su prendre sur eux ; il fallut renoncer dès ce moment à exercer une action prépondérante sur le reste de la province d'Oran, et se contenter de la garde de cette ville, contre laquelle les attaques se multiplièrent, et dont le blocus se resserra de jour en jour, malgré les efforts de ses gouverneurs.

A peine de retour à Alger, Hassan, toujours préoccupé de créer une force capable de tenir la Milice en bride, et de la remplacer au besoin, enrégimenta les rénégats espagnols, qui se trouvaient en grand nombre à Alger depuis la déroute de Mostaganem ; il les arma de mousquets, et leur donna pour chefs d'anciens compagnons de son père, sur le dévouement absolu desquels il pouvait compter. En même temps, il se ménageait un appui dans l'intérieur, en épousant la fille du Sultan de Kouko, Ahmed-ben-el-Kadi ; cette alliance lui était encore imposée par d'autres raisons ; car le Sultan de Labez Abd-el-Aziz venait de se déclarer indépendant, et songeait à se constituer dans l'État une souveraineté, qui eût eu Bougie pour capitale. Il avait depuis longtemps fait ses préparatifs, en se procurant de l'artillerie, avec une grande quantité de munitions, et en prenant à sa solde un corps d'un millier de chrétiens échappés de captivité [1].

Avant le départ d'Hassan pour le Maroc, il avait recherché l'amitié des Turcs, espérant obtenir de bon gré ce qu'il souhaitait ; un instant, il avait cru arriver à ses fins, et s'était fait donner la ville de M'sila ; mais, quand il apprit l'alliance de son rival avec le Beglierbey, il ouvrit brusquement les hosti-

---

1. Il est à remarquer que, suivant les historiens espagnols eux-mêmes Abd-el-Aziz, imitant en cela l'exemple d'anciens princes ottomans, laissait, à ses auxiliaires chrétiens le libre exercice de leur religion.

lités, et s'empara des bordjs de Medjana et de Zamora, dont il passa les garnisons au fil de l'épée. Toute la Kabylie fut en feu pendant près de deux ans, et le début de la campagne fut cruel pour les janissaires, qui furent battus deux fois de suite, et impitoyablement massacrés. Au mois de septembre 1559, Hassan sortit d'Alger à la tête de six mille mousquetaires et six cents spahis, auxquels vinrent se joindre quatre mille Kabyles de Kouko ; Ahmed-ben-el-Kadi, avec le reste de ses contingents, devait, au moment de l'action, envahir le territoire des Beni-Abbès. Le chef de ces derniers avait réuni au-dessous de Kalaa une armée de seize à dix-huit mille hommes, et prit l'initiative de l'attaque, qui fut menée assez vigoureusement pour jeter un instant le désordre parmi les Turcs ; enfin, après quelques heures d'un combat incertain, Abd-el-Aziz ayant été tué d'un coup de feu, ses troupes se débandèrent. Le lendemain, elles s'étaient ralliées à peu de distance sous le commandement de Mokrani, frère du défunt, que la confédération venait de reconnaître comme souverain. La lutte recommença, et le nouveau chef se mit à faire aux Algériens la guerre de chicane, à laquelle se prête si bien la configuration du pays. Les envahisseurs perdirent beaucoup des leurs dans une série de petits engagements quotidiens, qui les lassèrent et les épuisèrent d'autant plus, qu'on entrait dans la mauvaise saison, si dure dans ces montagnes. Sur ces entrefaites, Hassan apprit que le Chérif se disposait à envahir la province de l'Ouest, et que le roi d'Espagne assemblait une puissante armada ; ces nouvelles l'engagèrent à offrir à Mokrani des conditions de paix fort acceptables, et le chef kabyle s'engagea à recevoir l'investiture du Beglierbey, et à lui payer un faible tribut annuel, sous forme de présents.

Les informations reçues étaient exactes, et la croisade contre les Barbaresques, ardemment prêchée depuis deux ans par le pape Pie IV, se préparait dans tous les ports de l'Espagne, de l'Italie et de la Sicile. Le plan auquel on s'était arrêté était le suivant: reprendre Tripoli et y laisser une flotte, qui, jointe à celles de Sicile et de Malte, eut empêché le Sultan d'envoyer ses galères dans le bassin occidental de la Méditerranée, en sorte qu'Alger n'aurait eu à compter que sur ses propres forces pour repousser l'attaque projetée. Le Duc de Medina-Celi fut placé à la tête de l'armada, qui mit à la voile au commencement de janvier 1560, avec plus de douze mille hommes, quarante-cinq galères, et trente-quatre vaisseaux; huit autres galères de Florence, de Monaco, de Sicile et de Gênes, ne se trouvèrent pas prêtes en temps utile, et ne rejoignirent que plus tard, et à la débandade, si bien que plusieurs d'entre elles furent enlevées par Dragut. Un grand désordre semble avoir régné dans tous les préparatifs de l'expédition. On avait compté sur l'expérience d'André Doria ; mais le vieux capitaine était tellement malade qu'il ne put prendre le commandement, et son absence fit cruellement défaut. Le général espagnol perdit plus d'un mois à Malte, attendant vainement ses alliés et les six grosses galiotes qui portaient la réserve de vivres et de munitions ; le 10 février, il se décida à partir sans elles, et le 12, il débarquait aux îles Gelves, où Dragut venait de rassembler huit cents mousquetaires, deux cents spahis et dix mille Mores. Un mois se passa en escarmouches ; le roi de Kairouan, qui avait promis son concours, se gardait bien de se montrer, tant que l'issue de la lutte serait douteuse ; les troupes étaient fort éprouvées par les fièvres et la dysenterie. Le 8 mars, après une série de négociations inutiles, au courant desquelles le Caïd des Gelves ne cessa pas d'abuser de la crédulité de l'ennemi, le combat s'engagea le long du rivage, et dura quatre jours, au bout desquels le bordj fut pris ; on s'occupa aussitôt de le réparer, et d'y ajouter quatre bastions. Mais, pendant que l'armada gaspillait un temps précieux dans ces petites opérations, Dragut avait dépêché à Constantinople son khalifat Euldj-Ali, et, le 15 mars, l'amiral Piali-Pacha paraissait devant les îles avec soixante-quatorze grandes galères, montées par huit mille janissaires. A la vue de ces forces imposantes, le Duc de Medina-Celi craignit d'être acculé à la côte, et ordonna de prendre le large ; mais ce mouvement s'exécuta avec une grande confusion, que l'attaque impétueuse des Turcs transforma rapidement en déroute. Neuf galères furent abandonnées sous le bordj, où elles furent brûlées ; vingt et une autres, et dix-sept vaisseaux devinrent la proie de la flotte ottomane. Piali ouvrit aussitôt le feu contre le reste de l'armée chrétienne, qui, laissée sans vivres et sans munitions, supporta bravement un siège de trois mois. Lorsque son chef, Alvar de Sande, se vit réduit au dernier état d'épuisement, il résolut, ne voulant pas se rendre, de mourir les armes à la main, et fit une sortie générale ; mais ses hommes, à demi morts de faim et de soif, ne tinrent pas devant les janissaires, et il en fut fait un grand massacre. Telle fut la fin malheureuse de cette expédition, qui coûta aux croisés leurs meilleurs navires, près de dix mille hommes, tués ou pris, et une grande quantité d'officiers de distinction, dont la plupart ne put recouvrer sa liberté que grâce aux instances de l'ambassadeur français, M. de Pétremol, qui eut à vaincre une longue résistance. Car, pendant que l'Espagne accusait la France d'avoir fourni des munitions à la flotte ottomane, la Porte se plaignait très vivement de la présence des Chevaliers de Malte français dans les rangs ennemis [1].

Hassan, délivré des préoccupations que lui avaient causés les armements de la croisade, se mit en devoir de châtier le Chérif, bien que celui-ci, à la nouvelle du désastre des Gelves, eût retiré ses troupes de la frontière de l'Ouest ; mais, avant d'entreprendre une campagne qui devait être longue et dont la réussite était incertaine, il voulut créer des régiments de Zouaòua, auxquels il comptait laisser pendant son absence la garde de la ville ; car il savait qu'aussitôt qu'il eût été parti avec sa garde de renégats espagnols, les janissaires se fussent mis en révolte. Ceux-ci, inquiets de voir le nombre des kabyles augmenter chaque jour, songeaient à enlever le Beglierbey par un coup de force ; en juin 1561, ayant appris que le Grand-Vizir Rostan, protecteur d'Hassan, était à son lit de mort, ils se décidèrent à agir, forcèrent pendant la nuit l'entrée du palais, se saisirent du souverain et de ses amis, les enchaînèrent et les jetèrent dans un vaisseau, qui fit immédiatement voile pour Constantinople, avec quelques boulouk-bachis. Ces délégués avaient pour mission d'éveiller les

---

[1]. La présence des Chevaliers de Malte français dans les rangs des ennemis de l'Islam, alors que la France elle-même était l'alliée de la Porte, ne cessa pas d'engendrer des complications diplomatiques, qui eurent quelquefois de très fâcheux résultats. Voir, entre autres, les *Négociations*, d. c., t. IV, p. 502, 520, 550.

soupçons du Grand Divan, et de transformer l'attentat commis en un acte de fidélité envers le Sultan, en accusant Hassan d'avoir voulu se rendre indépendant, d'avoir cherché à supprimer la Milice et à la remplacer par une armée indigène, pour fonder à son profit l'empire de l'Afrique du Nord. La vérité est que le Beglierbey, héritier des traditions paternelles, prévoyait avec raison que l'institution de l'Odjeac amènerait fatalement la ruine de la Régence, en la contraignant à un état de guerre perpétuelle sur terre et sur mer, et en rendant l'exercice du pouvoir impossible par l'indiscipline des Ioldachs. Fils d'une algérienne, et appartenant par conséquent à la caste des Colourlis, il était, à ce titre, haï des Turcs, et chéri de la population ; il faut remarquer ici que son règne donne un éclatant démenti à la tradition d'après laquelle les Colourlis auraient été déclarés inhabiles aux grandes charges par Aroudj et Kheïr-ed-Din eux-mêmes [1].

Les chefs du complot, Hassan, agha des janissaires, et son lieutenant, Couça-Mohammed, s'emparèrent du pouvoir, et l'exercèrent pendant trois mois environ, au bout desquels les galères de Constantinople entrèrent dans le port d'Alger, conduisant le Capidji Ahmed Pacha que le Sultan avait chargé de rétablir l'ordre. Il fit embarquer les chefs de la révolte, et les envoya au Grand-Vizir, qui leur fit trancher la tête. Pendant tous ces événements, l'anarchie avait été très grande à l'intérieur ; quelques reïs avaient insulté les côtes de Provence et enlevé des barques françaises ; le nouveau Pacha avait été invité à faire justice de ces infractions, et s'y employait de son mieux, lorsqu'il mourut, peut-être empoisonné, au mois de mai 1562, laissant l'intérim au vieux caïd Yahia, qui l'avait déjà rempli deux fois.

1. Le décret qui interdisait aux Colourlis de devenir *Kerassa*, c'est-à-dire d'occuper les grandes charges, a été certainement élaboré au Divan des janissaires, à une date qu'il est difficile de déterminer exactement, mais qu'on peut fixer sans trop d'erreur à la fin du xvi° siècle ; les auteurs de cet édit voulurent le revêtir d'un caractère sacré, et en attribuèrent l'idée première au *Glorieux Aroudj*, sans même considérer que, du temps d'Aroudj, il n'y avait pas encore de Colourlis. Il aurait agi, dit (après d'autres) M. Walsin-Esterhazy, sous l'inspiration du Ouali Sidi Abd-er-Rahman-et-T'salbi ; cette opinion ne peut pas être prise au sérieux, car le célèbre marabout était mort plus de quarante ans avant l'arrivée des Turcs à Alger.

Trois mois après la mort d'Ahmed, Hassan arriva, escorté de dix galères à fanal, que Piali-Pacha avait mis sous ses ordres, en cas de résistance de la Milice ; mais le châtiment des rebelles avait porté ses fruits, et le Beglierbey occupa la Jenina sans opposition, à la grande joie des reïs et des Baldis, qui, opprimés par les janissaires, attendaient avec impatience un gouvernement énergique. Il s'occupa tout d'abord avec la plus grande activité de préparer l'entreprise depuis longtemps projetée contre Oran et Mers-el-Kebir ; il réunit à cet effet une armée composée de quinze mille mousquetaires, Turcs ou renégats espagnols, mille spahis et douze mille Kabyles des Zouaoua et des Beni-Abbès. Son artillerie, ses munitions et ses vivres furent chargés sur la flotte des reïs, et Cochupari, qui la commandait, reçut l'ordre d'aller mouiller, d'abord à Arzew, puis à Mostaganem. Enfin, le 5 février 1563, il se mit en route, laissant la garde d'Alger à son khalifat Ali Cheteli ; s'assurant sur son passage de la soumission des indigènes, il laissa sur la Makta quelques bataillons, commandés par le caïd de Tlemcen, Ali Scanderriza, pour assurer ses communications et couper les vivres aux Espagnols. Il arriva devant Oran le trois avril, campa son armée à Raz-el-Aïn, et, dès le premier jour, installa deux batteries devant la Tour des Saints. Le gouverneur d'Oran était alors Don Alonso de Cordova, comte d'Alcaudete ; son frère Don Martin, marquis de Cortes, avait la garde de Mers-el-Kebir. Les deux places étaient fort dépourvues de ressources ; car le secours qui leur avait été envoyé d'Espagne, à la nouvelle de l'orage qui allait fondre sur elles, avait été dispersé et presque anéanti par une terrible tempête, dans laquelle le vaisseau amiral lui-même, commandé par Don Juan de Mendoza, avait sombré corps et biens. Don Alonso ne put donc pas sortir en rase campagne pour s'opposer à l'établissement des lignes ennemies, et dut se contenter de défendre l'enceinte. La Tour des Saints fut bientôt emportée, et les efforts des Turcs se dirigèrent sur Mers-el-Kebir, dont l'armée assiégeante voulait faire son centre d'approvisionnements, et un abri assuré pour sa flotte. Le commandant du fort Saint-Michel fut d'abord sommé de se rendre et s'y refusa ; Hassan, sans attendre son canon, essaya d'emporter l'ouvrage d'emblée, et, dès le premier jour, lui donna trois assauts, qu'il commanda en personne ; il parvint deux fois à planter les échelles au mur ; mais la résistance fut aussi énergique que l'attaque, et le Beglierbey dut se retirer, laissant sur les glacis ses meilleurs officiers et cinq cents de ses plus braves Ioldachs.

Les tempêtes qui avaient causé la perte des galères espagnoles retardaient l'arrivée de Cochupari, et de l'artillerie de siège, qu'Hassan attendait avec impatience pour frapper un grand coup. Il envoya un parlementaire à Don Martin ; celui-ci avait des obligations particulières au général ennemi, qui, après la déroute de Mostaganem, avait adouci le plus possible sa captivité à Alger, et avait pris soin de faire rendre les honneurs militaires au corps de son père ; aussi lui répondit-il courtoisement : « *qu'il était à son service pour tout le reste ; mais qu'il lui était impossible de rendre la place dont son roi lui avait confié la garde.* » Sur ces entrefaites, les reïs arrivèrent, mouillèrent aux Aiguades, débarquèrent le canon ; le feu commença par terre et par mer, et fut continué sans interruption à partir du 4 mai. Depuis ce jour jusqu'au 6, les Turcs donnèrent en vain cinq assauts ; pendant la dernière nuit, les Espagnols reçurent quelques secours d'Oran. Le 7, Hassan chargea furieusement, et parvint à planter deux fois son drapeau sur la brèche, *si large, qu'on pouvait y monter à cheval* ; il fut blessé à la tête, et repoussé avec de grosses pertes. Mais l'héroïque garnison du petit fort Saint-Michel était à bout de forces, et pendant la nuit, le commandant fit prévenir Don Martin qu'il se voyait forcé de rentrer à Mers-el-Kebir. La retraite donna lieu à un nouveau combat. Toute l'artillerie algérienne se mit alors à battre la face ouest de la place, dont elle écrasa les murailles en vingt-quatre heures ; le gouverneur faisait, avec ses quatre cent cinquante hommes, une défense désespérée, réparant pendant la nuit les ruines du jour. Le 9 mai, les remparts de l'ouest étant rasés, Hassan fit remontrer par un parlementaire que la résistance était devenue impossible et offrit des conditions honorables à l'assiégé ; celui-ci répondit en raillant : *Puisque ton chef trouve la brèche si belle, pourquoi n'y monte-t-il pas tout de suite !* Le Turc riposta en redoublant son feu et en ordonnant un assaut général ; douze mille Mores furent lancés en avant, puis le corps de bataille, composé des janissaires ; enfin la réserve des renégats et des gardes du beglierbey. Pendant quatre heures, un combat très dur ensanglanta le fossé et les glacis ; les Algériens plantèrent leur drapeau au rempart, et furent un instant maîtres du bastion des Génois ; mais ils finirent par être ramenés, laissant le théâtre de la lutte couvert de leurs morts. De son côté, la garnison espagnole avait été très éprouvée ; mais elle reçut cette nuit-là une dépêche qui lui rendit de nouvelles forces ; au moment même de l'assaut, une barque chrétienne, trompant à la faveur du brouillard la surveillance de Cochupari, avait pénétré dans le port d'Oran, et annoncé l'arrivée prochaine d'André Doria, et des cinquante-cinq galères chargées de troupes qu'il venait de réunir. Don Alonso envoya immédiatement le message de salut à son frère, par un nageur, qui eut l'adresse et le bonheur de passer inaperçu à travers le blocus. Cette lettre ranima les défenseurs du fort, et les aida à supporter la canonnade perpétuelle des batteries et les quatre autres assauts que les Algériens livrèrent du 11 mai au 5 juin, avec plus de monde encore que jusqu'alors ; car Hassan, informé par ses espions de l'approche de l'amiral génois, avait mis le feu à la tour des Saints, et rappelé les bataillons occupés devant Oran. Irrité par les pertes journalières qu'il subissait, frémissant de colère à la pensée que sa proie allait lui échapper, il n'épargnait pas sa personne, montant toujours le premier à la brèche, et donnant à tous l'exemple de l'intrépidité ; dans l'avant-dernière attaque, qui dura tout un jour, voyant que les janissaires pliaient : « *Comment, chiens*, leur cria-t-il, *quatre hommes vous arrêtent devant une misérable bicoque !* » Et, jetant son turban dans le fossé, il se précipita au plus épais de la mêlée, d'où ses soldats l'arrachèrent de force.

Cependant Doria arriva le 7 juin en vue d'Oran, et eût peut-être pris la flotte des Reïs, sans une fausse manœuvre de son chef d'escadre, Francisco de Mendoza, qui, pour éviter d'être aperçu par les assiégeants, fit amener les voiles trop tôt, alors qu'il avait à peine connaissance de la côte ; sur ces entrefaites, le vent changea, et il fallut tirer des bordées pendant un jour tout entier ; Cochupari profita habilement de cette faute pour sauver ses galères, qu'il rallia à Mostaganem ; il fut toutefois forcé de laisser aux mains de l'ennemi cinq galiotes et quatre barques françaises, qui avaient fait office de bâtiments de transport. Hassan, voyant son armée épuisée et démoralisée, à bout de vivres et de munitions, craignant de voir couper sa ligne de retraite, se décida, la rage au cœur, à lever le siège, et prit la route d'Alger, sans que l'ennemi osât le poursuivre. A son arrivée, il trouva la ville ravagée par la peste ; les pertes subies par l'armée augmentèrent la tristesse générale ; la milice accusait le beglierbey de l'avoir fait décimer à dessein ; celui-ci, fort indifférent à ces rumeurs, ne s'occupait que de réorganiser ses forces, et demandait des secours au Sultan pour recommencer la lutte. Soliman, qui avait toujours eu confiance dans le génie des Barberousses, ordonna à Dragut de se porter avec soixante galères sur les côtes du Maroc ; mais, pendant que ce mouvement s'exécutait, Doria, gagnant l'ennemi de vitesse, avait attaqué et enlevé de vive force le Peñon de Velez, et le débarquement de l'armée ottomane devenait impossible.

CHAPITRE HUITIÈME

LES BEGLIERBEYS ET LEURS KHALIFATS (Suite.)

SOMMAIRE : Siège de Malte. — Hassan est nommé capitan-pacha. — Mohammed-ben-Sala-Reïs. — Tentative de Juan Gascon contre Alger. — Euldj-Ali. — Secours aux Mores d'Espagne. — Prise de Tunis. — Extension de la Course. — Bataille de Lépante. — Euldj-Ali est nommé capitan-pacha. — Tentative d'insurrection de la milice. — Restauration des flottes ottomanes.

Les succès que l'Espagne venait d'obtenir sur les côtes du Maroc n'avaient fait qu'exciter chez Soliman II le désir de chasser les chrétiens de l'Afrique du Nord. Dans le conseil de guerre qui fut tenu à cette occasion, Dragut et Euldj-Ali demandèrent que les opérations fussent entamées par le siège de Tunis et la reprise du Peñon de Velez ; mais la majorité décida qu'il valait mieux commencer par chasser de Malte les Chevaliers de Saint-Jean de Jérusalem, que l'Islam rencontrait partout devant lui, et qui faisaient subir à ses flottes des pertes cruelles. Le 18 mai 1565, cent cinquante grandes galères, portant une armée de trente mille hommes, sous le commandement du capitan pacha Piali et de Mustapha-Pacha, parurent devant la petite île, et le siège fut mis devant le fort Saint-Elme. N'ayant à parler ici que de la part que prirent les Algériens à cette expédition, nous n'avons pas à raconter les péripéties de la belle défense pendant laquelle les chevaliers montrèrent un héroïsme admiré de l'histoire.

Ce fut dans la tranchée devant Saint-Elme que fut tué Dragut, « *capitaine d'une rare valeur, et même plus humain que ne le sont ordinairement les corsaires.* » Il avait rejoint l'armée le 25 mai, avec ses quinze galères; le 16 juin, il fut blessé à la tête d'un éclat de pierre, et mourut le 23, jour même de la prise du fort. Hassan arriva le 5 juillet avec vingt-huit navires et trois mille soldats, choisis entre les plus braves; il fut mis par Mustapha à la tête d'un corps de six mille hommes, et chargé de l'attaque du fort Saint-Michel, où il se distingua, comme de coutume, par son intrépidité. Pendant tout le temps du siège, il dirigea les attaques les plus dangereuses, tandis que ses navires formaient la ligne de blocus. Enfin, lorsque les secours chrétiens arrivèrent, et que Piali, désespérant du succès, se décida à battre en retraite, Hassan et Euldj-Ali le supplièrent vainement de les laisser seuls achever l'œuvre commencée. Sur le refus du grand amiral, le beglierbey rentra à Alger, ayant perdu près de la moitié de ses ioldachs. Mais les services qu'il avait rendus et l'énergie qu'il avait montrée ne furent pas oubliés du sultan, qui, à la mort de Piali, le nomma capitan pacha. Il partit au commencement de l'année 1567; le pacha Mohammed-ben-Sala-Reïs lui succéda. Au moment de son départ, le fils de Kheïr-ed-Din avait environ cinquante ans; il mourut en 1570, et fut enterré auprès de son père, à Buyukdéré. Ce fut sous son gouvernement que surgirent les premiers différents avec la France au sujet des corailleurs, et de l'installation d'un consul; nous aurons l'occasion d'en parler ailleurs en détail. En fait, Hassan n'avait aucune sympathie pour une nation que son père lui avait appris à haïr, et qu'il savait être opposée au grand projet des Barberousses, l'unification des royaumes du littoral africain. La correspondance diplomatique ne laisse aucun doute à ce sujet, et il est très probable que le dernier départ du beglierbey fut dû aux instantes démarches de M. de Pétremol[1].

Au moment où Mohammed reçut le pouvoir, la peste ravageait le pays depuis quatre ans déjà; les champs n'étant plus cultivés, la famine était survenue; ces deux fléaux en avaient engendré un troisième, le brigandage, et les environs d'Alger étaient infestés de voleurs. Le nouveau pacha s'occupa très activement de mettre un terme à cette déplorable situation;

---

1. V. les *Négociations*, d. c., t. II, p. 744, 799, 800.

il fit approvisionner la ville par les soins de la marine, et entra lui-même en campagne contre les bandits, qu'il réprima avec la sévérité draconienne qui lui était familière, et que justifiaient alors les circonstances.

Vers le milieu de l'année 1567, un brave marin valencien, nommé Juan Gascon, qui avait obtenu le commandement de deux galères, conçut le hardi projet de s'emparer d'Alger par un coup de main ; il lui parut possible d'entrer à l'improviste dans le port, d'y brûler la flotte des reïs, et d'envahir brusquement la ville à la faveur du tumulte, en appelant aux armes les esclaves révoltés, avec les principaux desquels il s'était sans doute entendu d'avance. Après avoir obtenu l'autorisation royale, choisissant le moment où toutes les galères des corsaires étaient rentrées pour s'abriter contre les tempêtes d'automne, il partit d'Espagne au commencement du mois d'octobre, fit sa traversée en quatre jours, et entra dans le port à minuit, par une profonde obscurité, sans avoir été signalé ; l'étroite darse était encombrée par les navires désarmés et serrés les uns contre les autres, si bien qu'il suffisait de mettre le feu à deux ou trois d'entre eux pour produire un embrasement général. A cet effet, Juan Gascon avait pourvu ses hommes de substances inflammables ; il leur donna l'ordre de se hâter de s'en servir, et, sautant sur le quai avec quelques-uns de ses soldats, il courut à la porte de la Marine, en força l'entrée, égorgeant les sentinelles, et surprenant le poste endormi ; de là, il gagna le rempart, se dirigeant vers le bagne [1], pour en faire sortir les captifs, et entrer ensuite dans la ville avec leur aide. Mais le cœur avait manqué à ses compagnons, et l'on ne voyait aucune lueur de l'incendie qui eût dû éclater à ce moment ; l'alarme avait été donnée, et les Turcs accouraient en grand nombre sur les remparts et sur le môle. L'effroi se mit parmi les assaillants, qui regagnèrent le bord, malgré les ordres de leur chef ; c'est en vain que, du haut du bastion, il les exhortait, l'épée à la main, à ne pas reculer et à continuer leur besogne ; il fut lui-même enlevé par

---

[1]. Son objectif principal dut être le bagne de la *Bastarde*, voisin du môle, dans lequel on enfermait les captifs les plus redoutables.

les siens, et transporté sur sa galère, qui fit force de rames, n'emportant comme trophée de cette audacieuse aventure qu'une vingtaine de captifs délivrés de leurs fers. Cependant, les galères de garde s'étaient mises rapidement à la poursuite des chrétiens, et le brave capitaine fut, à quatre-vingt milles d'Alger, entouré par des forces supérieures et pris après un rude combat. Il fut traîné devant le pacha par la populace qui réclamait sa mort à grand cris. Malgré l'opposition des reïs, dont la presque unanimité prit la défense du prisonnier, disant qu'il ne pouvait être incriminé que d'un fait de guerre, et que, par suite, il devait être traité comme un captif ordinaire et admis à payer rançon [1], on le livra à la cruauté de la foule. Juan Gascon expira courageusement dans un horrible supplice, et son corps resta longtemps accroché aux ganches de l'îlot du phare.

Voulant détruire la vieille discorde qui existait entre les janissaires et les marins, Mohammed autorisa les premiers à s'embarquer sur les galères en qualité de combattants, leur permettant ainsi de profiter des bénéfices de la Course. Il espérait amener par là une fusion entre ces deux groupes ennemis; mais cette tentative d'apaisement n'eut qu'un succès éphémère; les reïs continuèrent à tenir les ioldachs à l'écart, et ne les admirent à participer aux prises que dans de très petites proportions; la haine ne s'éteignit donc pas, et les deux partis se retrouvèrent bientôt dans un état d'hostilité qui devait durer aussi longtemps que l'existence même de la Régence. Mohammed s'occupa activement, pendant tout le temps de son pouvoir, à fortifier la ville, qui était entièrement découverte à l'ouest; il y fit construire deux bordjs importants; l'un reçut son nom, l'autre fut appelé Bordj-Hadj-Ali [2]; plus tard, il

---

1. Cette attitude des reïs est excessivement remarquable, et combat énergiquement ceux qui les assimilent à des pirates; leur respect des droits de la guerre, leur plaidoyer en faveur du vaincu, les rangent définitivement au nombre des combattants réguliers. Et l'on ne saurait douter de la véracité du narrateur, qui, en sa qualité de captif, d'Espagnol et de prêtre, n'a certainement rien inventé à la louange des corsaires. (V. le *Dialogo de los Martires*, par Fray Diego de Haëdo.)

2. Le nom *Hadj-Ali* a été changé plus tard en *Euldj-Ali*, sans doute à l'époque où le grand beglierbey avait fait sa résidence du fort de l'Ouest, pour se mettre à l'abri d'un coup de main de la milice. Cette fausse déno-

reçut les dénominations successives de Setti-Takelilt, Bab-el-Oued, et des Vingt-Quatre-Heures.

Pendant qu'il s'occupait de ces travaux, les habitants de Constantine se révoltèrent à l'instigation du souverain de Tunis, et massacrèrent la garnison turque, dont le caïd eut à peine le temps de s'échapper. Le châtiment ne se fit pas attendre. Le pacha marcha sur les insurgés, les mit en déroute, fit décapiter ou vendre comme esclaves tout ce qui tomba entre ses mains, et installa comme bey Ramdan-Tchoulak. Quelque temps après son retour, il apprit qu'il allait être remplacé par Euldj-Ali, qui vint prendre possession de son commandement au mois de mars 1568 [1].

Le nouveau beglierbey fut le plus remarquable de tous les souverains d'Alger. Il était né en Calabre, et avait été pris tout jeune, dans une des expéditions que dirigea Kheïr-ed-Din sur la basse Italie de 1524 à 1528. Échu en partage au reïs Ali-Ahmed, il rama plusieurs années sur les bancs de la chiourme, maltraité de toutes façons, même par ses compagnons de misère, méchamment railleurs de l'infirmité qui lui avait valu le surnom d'El-Fartas (le teigneux). Comme il était marin depuis son enfance, et pratique de la Méditerranée, il eut pu facilement obtenir un adoucissement à son sort, s'il eut consenti à se faire musulman ; il supporta longtemps avec courage des souffrances excessives. L'amour de la vengeance lui arracha enfin la défection que les mauvais traitements avaient été impuissants à lui conseiller ; ayant été brutalement frappé au visage par un Turc, il prit le turban pour acquérir le droit de se venger. Peu de jours après, il était comite de la galère d'Ali-Ahmed, et bientôt ses parts de prises lui permettaient d'acquérir un navire de course, avec lequel il

---

mination fit ensuite croire au vulgaire que le héros de Lépante avait construit le bordj ; une inscription authentique certifie le contraire.

1. Il est évident (quoiqu'en dise Haëdo), que Mohammed n'a pas été révoqué pour avoir châtié trop durement la rébellion des Constantinois ; le bon abbé de Fromesta avait la mauvaise habitude de se contenter d'explications médiocres ; pour nous, le fils de Sala-Reis ne fut qu'un intérimaire, destiné d'avance à être remplacé aussitôt qu'Euldj-Ali serait disponible. En quittant Alger, il reçut le pachalik de Negrepont ; en 1571, il fut fait prisonnier à Lépante, et échangé en 1574 contre le comte Gabrio Serbelloni.

s'illustrait et s'enrichissait par d'heureux exploits. Il devint en quelques années un des premiers d'Alger, et fut un des plus fidèles capitaines d'Hassan-Pacha, qui lui confia le gouvernement de Tlemcen, et la direction de plusieurs opérations contre les Espagnols. En 1560, il était khalifat de Dragut, et ce fut lui qui décida la victoire des Gelves, en chargeant impétueusement la flotte chrétienne, que Piali-Pacha hésitait à attaquer. Cinq ans après, au siège de Malte, il montra un courage et une habileté qui le firent remarquer de tous, et, lorsque Dragut eut été tué, il hérita de ses trésors et de son pachalik de Tripoli. Deux ans après, le sultan le nomma beglierbey d'Afrique, et l'envoya à Alger.

A ce moment, l'Espagne traversait une crise des plus dangereuses; tandis qu'elle était obligée de se maintenir en armes dans tout le continent pour y assurer sa suprématie, et que l'Islam lui faisait une guerre incessante sur la Méditerranée, l'incendie de la révolte allait s'allumer à l'intérieur. En butte à des persécutions quotidiennes, et à bout de patience, les Morisques se préparaient à une insurrection générale; des armes et des munitions avaient été amassées peu à peu et soigneusement cachées; l'armée de la rébellion était organisée et prête à se lever au premier signal, qui devait être donné le mercredi de la semaine sainte. Leurs principaux chefs avaient demandé des secours au sultan, et s'étaient entendus avec les Algériens, de façon à combiner une action commune; Euldj-Ali y apporta ses premiers soins. A peine installé à Alger, il rassembla une armée de quatorze mille mousquetaires et de soixante mille indigènes, qu'il dirigea sur Mazagran et Mostaganem, où il avait envoyé d'avance du canon et quatorze cents chameaux chargés de poudre; car il voulait tenter en même temps une attaque sur Oran et un débarquement en Espagne. Le mercredi saint, quarante galiotes des reïs paraissaient devant Almeria, prêtes à favoriser le soulèvement des campagnes et celui de Grenade; on sait que l'insuccès de cette tentative fut dû à l'imprudence d'un des chefs du complot, qui laissa saisir un dépôt d'armes, et donna ainsi l'éveil aux Espagnols; cependant, les insurgés avaient déjà commencé le mouvement, et luttaient dans les montagnes, avec des alternatives de succès et de revers.

Au mois de janvier 1569, le beglierbey envoya de nouveau à Almeria sa flotte, qui n'avait pas pu débarquer les troupes la première fois, à cause de la découverte de la conspiration ; mais le sort s'acharnait sur les Morisques persécutés ; une tempête violente avaria gravement et dispersa trente-deux galères chargées d'armes et de soldats, privant ainsi d'un précieux appui la révolte, qui éclatait alors dans toute sa force ; six vaisseaux seulement parvinrent à mettre à terre leur chargement d'artillerie, de poudre et de volontaires. Au mois d'octobre de la même année, Alger faisait parvenir aux combattants quatre mille arquebuses, des munitions, et leur envoyait quelques centaines de vieux janissaires pour leur servir de capitaines. Ce secours fut renouvelé l'année suivante, et, dès 1569, Euldj-Ali se disposait à prendre lui-même le commandement, lorsqu'il apprit que don Juan d'Autriche rassemblait des forces considérables, avec lesquelles il se disposait à commencer la campagne glorieuse dont le couronnement fut la victoire de Lépante. Cette nouvelle détermina le beglierbey à changer d'objectif, et à marcher sur Tunis, avant que l'ennemi n'eût eu l'idée de s'en emparer et de s'y établir ; cela était d'autant plus à craindre que les chrétiens avaient à venger la défaite du prince de Piombino, dont la flotte venait d'être détruite par les galères d'Alger, commandées par Carax-Ali, au moment où elle cherchait à s'emparer de Bône.

La Tunisie venait de passer plus de trente ans dans une complète anarchie ; depuis le jour où Charles-Quint avait replacé Muley-Hassan sur le trône, ce souverain, déjà impopulaire auparavant, l'était devenu encore davantage en qualité de protégé des chrétiens, et tout son royaume s'était successivement révolté contre lui. Son fils Hamida s'était mis à la tête d'une partie des mécontents, tandis qu'un personnage religieux avait fondé à Kairouan un pouvoir indépendant ; dès 1536, le vieux roi implorait des secours, offrant de remettre toutes ses places fortes à l'Espagne, et se déclarant *incapable de rester une heure de plus à Tunis*, s'il ne recevait pas de renforts ; Don Bernardino de Mendoza, consulté par Charles-Quint à ce sujet, répondait « qu'il valait mieux s'emparer directement du royaume que d'essayer d'y maintenir un prince aussi incapable et aussi universellement détesté¹. » En 1544, il partit pour la Sicile, et, de là, pour Naples, laissant ses trésors à la Goulette où il avait depuis longtemps cherché un refuge contre son fils, qui régnait dans la capitale ; à force d'instances, il obtint une petite armée de deux mille Italiens, commandée par J.-B. de Lofredo, et vint offrir le combat à l'usurpateur sous les murs mêmes de la ville. Il fut complètement battu et tomba aux mains du vainqueur, qui lui fit crever les yeux ; Lofredo avait été tué dans la bataille. La garnison espagnole de la Goulette prêta son appui d'abord au frère du vaincu, puis à son neveu ; après une longue lutte, Hamida, victorieux, s'installa définitivement à Tunis. Pendant ce temps, son père, qui était parvenu à s'évader à la faveur du désordre, s'était d'abord réfugié à Tabarque, puis en Sardaigne, à Naples et à Rome ; il alla jusqu'à Augsbourg porter ses doléances à Charles-Quint, auquel il redemandait les trésors que Tovar, gouverneur du fort, lui avait ravis, et dont la valeur dépassait trente millions ² ; l'Empereur lui fit une petite pension et l'envoya en Italie, où il mourut obscurément, après s'être, dit-on, fait moine. Hamida fut bientôt aussi méprisé et aussi odieux que l'avait été Muley-Hassan ; la population, écrasée d'impôts, et humiliée par la présence des chrétiens, qui la tenaient asservie sous le canon du fort, tournait ses yeux vers les Turcs, qu'elle appelait comme des libérateurs, et ne cessait d'envoyer les principaux d'entre elle demander qu'on vînt l'aider à secouer le joug.

Euldj-Ali se mit en route au mois d'octobre 1569, laissant la garde d'Alger à son khalifat Mami-Corso ; son armée se composait de cinq mille mousquetaires et de six mille

---

1. V. *Documents sur l'occupation espagnole*, d. c. (*Revue Africaine*, 1877, p. 211, 212.)
2. V. *Documents sur l'occupation espagnole*, d. c. (*Revue Africaine*, p. 265.) Le roi Muley Hassan réclame ; quatre grosses pierres précieuses, estimées 225,000 ducats ; vingt-six autres diamants, cent rubis, quatre cents saphirs, et un lot d'émeraudes et de perles valant un million de pièces d'or ; une caisse contenant 800,000 doubles d'or ; et des meubles ou objets divers d'une valeur de 90,000 ducats.

Kabyles ; arrivé à Béja, il se trouva en présence d'Hamida, qui l'attendait avec une trentaine de mille hommes. Le beglierbey savait à quoi s'en tenir sur la fidélité de ces troupes, dont les chefs étaient ceux-là mêmes, qui, depuis quelques mois imploraient sa présence ; il engagea donc immédiatement un simulacre de combat ; dès les premiers coups de feu, les Tunisiens passèrent à l'ennemi, et leur roi ne put que s'enfuir à toute bride ; en arrivant sous les murs de sa capitale, il en trouva les portes fermées devant lui, et il dut chercher un refuge auprès des chrétiens du fort. Euldj-Ali poursuivit sa marche sans rencontrer de résistance et entra dans Tunis à la fin de l'année 1569 ; il y installa une garnison de trois mille Turcs, sous les ordres du caïd Ramdan, et soumit à son obéissance les villes du littoral et l'intérieur du pays, où il fit régner un ordre inconnu depuis longtemps ; ces soins lui prirent environ quatre mois, après lesquels il retourna en toute hâte à Alger, où sa présence était nécessitée par la crainte qu'y inspiraient les armements du roi d'Espagne. Pendant les derniers mois de son séjour dans sa nouvelle conquête, il avait donné ordre à Mami-Corso de faire mettre la flotte en bon état, en sorte qu'il put mettre à la voile, aussitôt qu'il fut arrivé. Il voulait s'emparer de la Goulette, seul point où les Espagnols tinssent encore, et il avait, à cet effet, demandé des renforts au Grand-Divan, remontrant que les Turcs ne seraient jamais en sûreté à Tunis, tant que les chrétiens posséderaient l'entrée du port et auraient ainsi la facilité de débarquer une armée quand bon leur semblerait. En attendant une réponse, il fondit avec ses galères sur tous les bâtiments qu'il rencontra dans la Méditerranée, et donna à la Course une extension formidable. Sous son commandement se formèrent ces hardis capitaines, qui, pendant un demi-siècle, ravagèrent les côtes et détruisirent le commerce de l'Espagne, les Morat-Reïs, Mami et Mustapha Arnaute, le Dieppois Jaffer, Dali-Mami, le premier maître de Cervantes, Hassan Veneziano, tous les fondateurs enfin de la Taïffe des reïs, dont nous verrons bientôt la puissance se révéler par ses œuvres. Il rentra à Alger après une croisière de quelques mois, pendant laquelle il avait fait subir à l'ennemi des pertes considérables, et enlevé aux chevaliers de Malte quatre galères, après un rude combat, dans lequel le commandeur de Saint-Clément fut tué. A son retour, il apprit que la Porte, loin de pouvoir l'aider à s'emparer de la Goulette, avait besoin de la flotte d'Alger pour s'opposer à l'armada que commandait don Juan d'Autriche. Il prit la mer au printemps de 1571 avec ses vingt galères et les trente navires des reïs, rejoignit le capitan pacha à Coron, et ravagea la Crète, les îles Ioniennes, et le littoral de l'Adriatique. Le jour de la bataille de Lépante, il était chargé de la direction de l'aile gauche, qui supporta sans faiblir pendant la moitié de la journée presque tout l'effort du combat. Enfin, lorsqu'il vit l'aile droite et le centre rompus et en fuite, il prit le commandement en place du capitan-pacha qui venait d'être frappé à mort, traversa audacieusement les lignes chrétiennes, se jeta sur les galères de Malte qu'il couvrit de feu, et leur prit la capitane, avec l'étendard de la Religion, qu'il rapporta triomphalement à Constantinople ; à dater de ce jour, le sobriquet injurieux de *Fartas* fit place au glorieux surnom de *Kilidj* (l'Épée). Si l'amiral turc eût suivi ses conseils, le désastre eût pu être évité ; car le beglierbey, qui avait envoyé son lieutenant Carax-Ali reconnaître l'armada chrétienne, et dénombrer ses forces, mission qui fut remplie avec autant d'audace que d'habileté, savait que l'ennemi était inférieur en nombre ; il opina donc pour que la flotte ottomane se déployât, ce qui lui eût permis de manœuvrer, et de se présenter au combat avec ensemble, au lieu de se laisser acculer dans un espace étroit, où plus de la moitié des navires furent détruits avant d'avoir pu brûler une amorce.

A son arrivée à Constantinople, le sultan le nomma capitan-pacha, tout en lui conservant le titre de beglierbey d'Afrique[1], sous lequel il est désigné jusqu'à sa mort dans les lettres du grand divan, et dans celles des ambassadeurs français. Ainsi, comme le dit Haëdo, *cet homme sur lequel le destin sembla prendre plaisir à montrer la puissance de ses caprices*, passa en quelques années des bancs de la chiourme à la dignité la plus

---

1. V. les *Négociations*, d. c., t. IV, p. 61, 69.

élevée qu'un sujet ottoman pût rêver ; car les pouvoirs du grand amiral étaient immenses [1]. Tout ce qui se rattachait à la marine était sous ses ordres absolus ; personnel, arsenaux, îles, côtes et ports, garnisons et milices. Il lui était permis de lever des troupes et de frapper des contributions ; hors des Dardanelles, il tenait divan, et exerçait les droits de haute et basse justice, aussi souverainement qu'eut pu le faire le sultan lui-même. Il donnait les grades et les emplois dans les flottes, et décrétait sans contrôle les dépenses qu'il jugeait utiles. Trois *ortas* de janissaires formaient sa garde du corps, à laquelle se joignait le cortège de ses officiers et de sa maison militaire. Enfin, d'énormes revenus lui étaient assignés sur l'Archipel et l'Anatolie, et le cinquième de toutes les prises maritimes lui appartenait de plein droit.

Dans cette situation, que bien des gens eussent pu lui envier, Euldj-Ali vécut en proie à une mélancolie maladive ; il passait quelquefois de longs jours sans pouvoir supporter la vue de ses semblables et le son de la voix humaine ; son entourage avait reçu l'ordre de respecter sa solitude et d'observer le silence, quand il apparaissait vêtu de couleurs sombres, annonçant ainsi qu'il ne voulait parler à personne. Cette hypocondrie provenait peut-être de l'incurable infirmité qui l'avait rendu si malheureux pendant sa jeunesse ; peut-être aussi était-elle augmentée par ses remords religieux ; car son abjuration, qui lui avait été arrachée par la passion vindicative, si puissante sur les gens de sa race, n'était rien moins que sincère ; l'évêque de Dax, François de Noailles, qui le connut très intimement à Constantinople, affirmait même qu'il n'avait pas cessé de pratiquer secrètement le christianisme [2]. Les Turcs l'en soupçonnaient, et plus particulièrement les janissaires, qu'il tenait à l'écart et traitait avec la plus grande sévérité, toutes les fois qu'ils faisaient acte d'indiscipline ; ils firent parvenir à plusieurs reprises leurs doléances à la Porte ; mais le grand divan était las des exigences des ioldachs, et ne répondit à

---

1. *Abrégé chronologique de l'histoire Ottomane*, par de la Croix (Paris, 1768), t. I, p. 402.
2. V. Brantôme, *Grands Capitaines estrangers* (au nom de L'*Ouchaly*

ces plaintes qu'en leur enjoignant de se soumettre. Au reste, le beglierbey avait pris ses précautions contre eux, et, pour se mettre à l'abri d'un coup de main, il avait quitté le palais de la Jenina, trop facile à entourer et à forcer, et était venu s'installer dans le bordj Hadj-Ali, où il vivait sous la garde de ses renégats et de ses marins, entièrement dévoués à sa personne ; ses quatorze galères, chargées de ses trésors, étaient abritées sous le feu du fort, toujours armées et prêtes à prendre la mer. Par ces sages mesures, il put maintenir la tranquillité dans Alger, tout le temps qu'il y demeura.

Dans ses nouvelles fonctions, il déploya de très grandes qualités de commandement, et se fit surtout remarquer par l'activité qu'il déploya pour réparer le désastre de Lépante. Il fit venir à Constantinople tous les reïs qu'il avait dressés lui-même, les distribua sur les chantiers de construction, ou les mit à la tête des écoles de manœuvre ; grâce à leurs connaissances pratiques et à leur zèle, il put, en moins de deux ans, reconstituer les flottes du sultan, et lui présenter deux cent quarante galères, mieux construites et mieux équipées que celles qui avaient été perdues ; il s'était particulièrement occupé d'améliorer l'armement des marins, en supprimant l'usage de l'arc, et en le remplaçant par celui du mousquet, dont tous les combattants furent pourvus. Cette résurrection si rapide des forces ottomanes excita l'attention de tous les résidents étrangers ; la réputation d'Euldj-Ali s'accrut de jour en jour, et, dès 1572, le pape Pie V, par l'intermédiaire du cardinal Alexandrini, conseillait à Philippe II de chercher à le séduire par l'offre d'un bon gouvernement en Espagne ou en Sicile : *Quand même cette tentative n'aboutirait pas, disait-il, elle n'en serait pas moins utile, en attirant les soupçons de Sélim sur l'amiral, le seul homme capable, par sa valeur et son habileté, de soutenir les affaires de cet empire*[1]. Mais ce fut en vain que le roi d'Espagne s'efforça de suivre

---

1. V. De Thou, *Histoire Universelle*, t. VI, p. 254.

ce conseil; il ne parvint qu'à irriter celui qu'il avait voulu séduire, et les lettres de M. de Noailles [1] nous apprennent avec quelle vigueur tant soit peu brutale il en manifesta son ressentiment à l'ambassadeur du roi, Marigliani, devant le grand divan réuni.

1. V. les *Négociations*, d. c., t. III. p. 707, 712, 848, 876-77, etc.

CHAPITRE NEUVIÈME

LES BEGLIERBEYS ET LEURS KHALIFATS (Suite.)

SOMMAIRE : Arab-Ahmed. — Les Algériens demandent un prince français. — Désordres à Alger. — Prise et reprise de Tunis. — Ramdan. — Guerre du Maroc. — Hassan-Veneziano. — Mécontentement de la Milice. — Djafer Pacha. — Retour de Ramdan. — Révolte des reïs. — Mami-Arnaute. — Retour d'Hassan-Veneziano. — Mort d'Euldj-Ali.

Lorsque Euldj-Ali fut investi du grade de grand amiral, il fit donner le gouvernement d'Alger à un de ses capitaines, qui lui avait jadis servi de majordome ; c'était un mulâtre d'Alexandrie, nommé Arab-Ahmed. A son arrivée, il trouva la ville plongée dans la consternation ; la victoire de don Juan d'Autriche faisait appréhender aux habitants une prochaine attaque, et les indigènes avaient, comme d'habitude, profité du désarroi pour refuser l'impôt et se soulever. Le nouveau pacha était homme d'une grande énergie, qui dégénérait parfois en cruauté ; il apaisa rapidement les troubles ; informé des projets de l'Espagne par Charles IX, qui lui fit tenir à plusieurs reprises des avis par l'intermédiaire de M. de Menillon, gouverneur de Marseille [1], il s'occupa très activement de mettre la ville en bon état de défense ; il fit raser le faubourg Bab-Azoun, qui eut pu servir d'approches, refit la porte à neuf, la bastionna, approfondit les fossés de l'enceinte, construisit un fort sur le bord de la mer en arrière du Cantarat-el-Effroun (pont des fours) et augmenta les fortifications du port. Tous ces travaux se firent rapidement, en

---

1. V. les *Négociations*, d. c, t. III, p. 388, 854-56, 871-78.

dépit d'une terrible peste, qui dura plus de deux ans, et enleva le tiers de la population.

La sévère justice d'Ahmed avait pu imposer le silence, mais non calmer les esprits; affolés de peur, en proie à la contagion et à la famine, plus opprimés que jamais par les janissaires, les Baldis conçurent le projet de se jeter dans les bras de la France, et écrivirent à Charles IX, pour lui demander un roi[1]. Celui-ci, prenant fort à son gré cette démarche, se déclara prêt à envoyer à Alger le duc d'Anjou, son frère, et le 14 avril 1572, il fit part de son dessein à l'Évêque de Dax, François de Noailles, alors ambassadeur à Constantinople. Il lui ordonnait de s'assurer des dispositions du grand-divan, qu'il espérait trouver favorable à son désir. Le diplomate se montra fort effrayé de la mission qui lui était donnée; il se rendait mieux compte que son souverain de l'impossibilité de cette combinaison, sachant très bien que ni le sultan ni ses ministres ne consentiraient jamais à faire passer des sujets musulmans sous la loi d'un prince chrétien; il se fit répéter l'ordre à plusieurs reprises, et se décida seulement alors à faire de timides ouvertures dans le sens indiqué; encore le ton de ses lettres montre-t-il assez clairement qu'il allait lui-même au devant des objections du grand-vizir, et qu'il s'ingéniait à fournir des moyens propres à faire traîner l'affaire en longueur; pendant tout le temps des négociations, il ne cessait d'écrire à Catherine de Médicis et au duc d'Anjou lui-même, leur représentant l'inanité de cette démarche, et remontrant que le succès, s'il eût pu être obtenu, fût devenu funeste au prince. Mais le roi s'entêtait, accusait son ambassadeur de mollesse et de lenteur, et ne cessait de le harceler et de lui réclamer une solution qu'il était le seul à désirer et à croire possible : cette difficile situation fut tranchée par sa mort.

Le meilleur argument qui eut milité en faveur de Charles IX eut été tiré de la mauvaise conduite de quelques reïs, dont les déprédations étaient restées impunies. Malgré les ordres formels du sultan, qui, en 1565, « avait interdit l'approche des

---

[1]. V. les *Négociations*, d. c., t. III, p. 231, et 291 à 389.

côtes de France à tous les corsaires, sous quelque prétexte que ce fût, »peu de mois se passaient sans que le commerce de la Provence et du Languedoc n'eut des plaintes à faire. Ahmed avait reçu l'ordre de sévir, et s'y employait de son mieux; mais il se trouvait réduit à l'impuissance ; la Taïffe des reïs, qui venait de se fonder sous les ordres de Mami-Arnaute, refusait d'obéir, et s'était mise en état de révolte ouverte. Le pacha louvoyait, et s'efforçait de calmer le roi de France par des présents, et par la promesse de conquérir pour lui Tabarque et les pêcheries de corail, alors occupées par les Génois[1]. A ce moment éclata la guerre de Tunis.

Tandis que toutes les puissances de la Méditerranée tournaient les yeux vers Messine, où Don Juan avait concentré ses forces, Euldj-Ali mettait à la voile avec les flottes nouvellement créées et se tenait prêt à porter secours à celui des pachaliks qu'attaquerait le Généralissime de la ligue. Deux tempêtes consécutives, d'une extrême violence, lui causèrent de graves avaries, et il fut forcé de faire rentrer dans les ports ses navires, dont la plupart ne pouvaient plus tenir la mer. Don Juan ne laissa pas échapper l'occasion ; le 7 octobre 1573, il quitta la Sicile avec cent-sept galères, trente et un vaisseaux et vingt-sept mille cinq cents hommes, et fondit à l'improviste sur Tunis ; le pacha Ramdan ne fit aucune résistance, et s'enfuit à Kairouan. Les ennemis du capitan-pacha cherchèrent à profiter de cet événement pour le perdre ; ils l'inculpèrent de trahison, disant qu'il avait laissé à dessein le champ libre à l'ennemi ; l'esprit de Sélim fut ébranlé par ces accusations, et la vie de l'amiral fut un instant en grand danger ; il ne sauva sa tête qu'à prix d'or : « Moyennant, écrivait M. de Noailles à Catherine de Médicis, plusieurs centaines de milliers de ducats qu'il donna au maistre, et cy, je crois que le vin du vallet n'y est pas oublié[2] ». Rien n'était plus injuste que de faire retomber la faute sur Euldj-Ali ; car il n'avait pas cessé de prédire le résultat fatal, et, si l'on eut suivi les conseils qu'il

---

1. V. les *Négociations*, d. c., t. III, p. 552. Le présent se composait de lions, tigres, chevaux et bubales, que M. de Ménillon appelle *vaches fort estranges*.
2. V. les *Négociations*, d. c., t. III, p. 452.

prodiguait en vain depuis plus de trois ans, et chassé la garnison chrétienne de la Goulette, jamais le vainqueur de Lépante n'eût osé entreprendre un débarquement pendant lequel il eut risqué d'être pris entre deux feux, et cela, à une époque de l'année où les ouragans sont fréquents dans ces parages. La malheureuse expédition de Charles-Quint contre Alger était encore trop présente à tous les souvenirs pour qu'un chef d'armée eut eu l'imprudence de tenter une pareille aventure, tandis que Don Juan s'était trouvé placé dans des conditions bien autrement favorables par la possession d'un fort, qui passait alors pour inexpugnable, et lui donnait la facilité la plus grande pour mettre ses troupes à terre, et les abriter au cas d'un revers peu probable. Depuis la prise de la ville, il s'occupait de la fortifier et de l'approvisionner, désobéissant ainsi aux ordres formels de Philippe II, qui avait enjoint de raser les remparts, de combler le canal avec les matériaux du fort, et d'évacuer le pays le plus tôt possible. Le roi se montra fort irrité en apprenant que ses instructions avaient été méconnues ; il reçut, dit-on, avis que Don Juan voulait se créer en Tunisie un royaume indépendant, encouragé dans cette voie par J. de Soto, depuis longtemps attaché à sa personne ; il parla alors si haut que le prince n'eut plus qu'à s'incliner, et qu'il se retira avec sa flotte et la plus grande partie des troupes ; toutefois, il laissa la garde de sa conquête au comte Gabrio Serbelloni, qui conserva avec lui un corps d'environ dix mille hommes.

Pendant ce temps, le grand-amiral, désireux de se laver des soupçons qu'on avait jetés sur lui, demandait chaque jour à Selim la permission de reprendre Tunis ; il démontrait la nécessité de se hâter, et d'attaquer avant que les chrétiens n'eussent rendu la ville trop forte ; l'autorisation désirée lui fut enfin accordée, et il partit au mois de juin 1574, avec deux cent cinquante galères, quarante bâtiments de transport et soixante mille hommes. Il débarqua le 12 juillet devant la place, dont il trouva les environs déjà occupés par Kheder, caïd de Kairouan, et par le pacha de Tripoli ; peu de jours après, Arab-Ahmed vint le rejoindre, à la tête des galères d'Alger, et fut chargé de l'attaque de la Goulette, dont le gouverneur, Pietro de Porto Carrero, fut loin de se montrer aussi brave que Zamoguerra, qui défendait l'île Chekli, et que Serbelloni [1], qui organisait la résistance à Tunis même, et s'y fortifiait le mieux possible, ayant reçu récemment du cardinal Granvelle une lettre qui l'engageait à se tenir sur ses gardes. Mais l'argent manquait, et les fièvres décimaient les assiégés. Le feu commença le 17 juillet, très intense du côté des Turcs, et continua sans interruption jusqu'à la fin. Le 20 août, la brèche étant praticable, Sinan-Pacha, général des troupes de terre, ordonna l'assaut du fort; il fut repoussé et recommença le 22 et le 23, jour où la Goulette fut prise, et la garnison entièrement massacrée. Tous les efforts des assaillants se tournèrent alors sur la ville, dans laquelle il ne restait plus que douze cents hommes valides; car Serbelloni, pour rendre un peu de courage à Porto Carrero, avait dû céder à ses incessantes demandes de secours, et s'était dépourvu pour lui de six compagnies. Le 27, la sape était au cœur du bastion; Sinan avait fait élever un terre-plein qui dominait la place, et du haut duquel les janissaires entretenaient sans relâche une arquebusade meurtrière; la petite garnison perdait de ce fait cinquante hommes par jour; chaque assaut en coûtait cent-cinquante; les Turcs en donnèrent quatre, les 6, 8, 11, et 13 septembre, après avoir chaque fois fait jouer la mine. « Il ne restait plus, dit le rapport officiel, entre l'ennemi et nous, qu'un simple amas de terre à peine de la hauteur d'un homme, assez large à la base, mais sans consistance au sommet. » Le combat du 13 fut le dernier; tous les défenseurs de la brèche furent tués ou pris; Serbelloni, dont le fils avait succombé la veille au soir, fut emporté blessé par les vainqueurs. Euldj-Ali accorda la vie sauve à Zamoguerra, qui luttait encore avec cinquante braves, derrière les ruines du fort San-Iago, et revint à Constantinople, emmenant avec lui Arab-Ahmed, dont l'ambassade française avait demandé le remplacement [2]. Le Pachalik fut donné à Ramdan, qui avait coopéré au siège de Tunis depuis le 10

---

1. V. les *Rapports de Serbelloni et de Zamoguerra*. (*Revue Africaine*, 1877, p. 294-98 et 361-79.)
2. V. les *Négociations*, d. c., t. III, p. 552-54.

août, jour où il était venu rejoindre l'armée avec cinq mille janissaires et de nombreux contingents indigènes. Son prédécesseur ne devait plus revoir Alger ; ayant été nommé pacha de Chypre, il y fut égorgé en 1578, par les janissaires révoltés ; cette sédition fut réprimée par le grand-amiral, qui vengea la mort de son favori, en faisant impitoyablement décapiter tous ceux qui avaient pris part au complot [1].

La défaite des Espagnols excita à Constantinople une allégresse générale, et le grand vizir, montrant la flotte victorieuse à Barbaro, ambassadeur vénitien, lui dit en raillant : « Vous nous avez rasé la barbe à Lépante ; nous vous avons coupé le bras à Tunis ; la barbe repousse, mais jamais le bras. »

Pendant ces dernières années, le chérif de Fez Muley-Abdallah s'était allié aux chrétiens, après avoir contraint son frère Muley-Maluch à s'enfuir à Alger pour sauver sa tête. Le proscrit avait imploré la protection d'Euldj-Ali afin de reconquérir son royaume, promettant, en cas de succès, de devenir un vassal fidèle, et de coopérer à l'attaque d'Oran et de Mers-el-Kebir, les seuls postes importants où flottait encore la bannière de Castille. C'était aller au devant des désirs de l'amiral, qui obtint facilement du sultan l'autorisation demandée, en lui remontrant qu'il serait toujours presque impossible de rien entreprendre de sérieux à l'Ouest, tant qu'on aurait à craindre l'hostilité du Maroc. Ramdan reçut donc l'ordre d'agir, et se mit en route à la fin du mois de décembre 1575, avec une armée de sept mille mousquetaires, huit cents spahis, mille Zouaoua, et six mille cavaliers indigènes ; Muley-Maluch l'accompagnait, avec quelques Caïds, ses partisans, qui avaient noué depuis longtemps des intelligences avec les principaux chefs de l'armée ennemie. Les Algériens arrivèrent le 15 janvier sous les murs de Fez, sans avoir eu de combat à livrer ; Muley-Mohammed, fils de l'usurpateur, à la tête d'une armée de soixante mille hommes, se tenait prêt à les arrêter ; mais ses meilleurs soldats, les Elches et les renégats Andalous, avaient été gagnés d'avance, et firent défection au commence-

---

1. D'après Hammer, (trad. Hellert, t. III, p. 57) Ahmed les avait tellement exaspérés par sa cruauté, qu'ils le firent périr à la torture, et le coupèrent en petits morceaux, qu'ils se partagèrent entre eux.

ment de la bataille, ainsi que presque tous les caïds; le reste ne put que prendre la fuite pour se dérober à une perte certaine. Muley-Maluch entra donc dans Fez sans effusion de sang, et fut unanimement acclamé. Après avoir généreusement récompensé ses auxiliaires, et renouvelé son serment de fidélité, il prit à sa solde les Zouaoua et quelques centaines de janissaires, qui l'aidèrent à reconquérir le reste du royaume sur son rival. Deux ans et demi après, il fut tué à la bataille d'Alcazar-el-Kebir, au moment où, ayant fortement assis sa domination, il allait accomplir sa promesse, en s'alliant aux Turcs pour la reprise d'Oran; sa mort, et les troubles qui la suivirent, épargnèrent sans doute à l'Espagne un nouvel échec. Cette puissance, très occupée dans le nord de l'Europe, cherchait depuis la fin de 1574 à traiter avec la Porte, et n'épargnait à cet effet ni l'argent ni les promesses; mais elle rencontrait au grand-divan une opposition violente, dirigée par Euldj-Ali, qui, renseigné et encouragé par l'ambassadeur de France, déjouait toutes ses intrigues. Il fit déclarer « qu'aucune proposition de paix ne serait écoutée avant l'évacuation du sol africain par les infidèles, » et les négociations furent interrompues[1]. Au printemps de 1576, Alvar Bazan, marquis de Santa Cruz, opéra une descente dans l'île de Kerkenna, et y commit quelques dégâts; cette démonstration inutile ne fit qu'exciter la haine des Musulmans.

Pour la grande entreprise qui se préparait, il fallait absolument qu'Alger fût gouvernée par un homme de guerre, et Ramdan était fort décrié comme soldat; il fut envoyé à Tunis et remplacé par Hassan-Veneziano. Ce nouveau pacha était un homme d'une trentaine d'années, énergique, brave et intelligent; mais ces grandes qualités étaient déparées par une cruauté et une cupidité sans égales. Cervantes, qui, tombé entre ses mains, faillit à plusieurs reprises être sa victime, nous en a laissé le portrait; « grand, maigre, pâle, la barbe rare et rousse, les yeux brillants et sanglants, l'air hautain et cruel. » Il avait été tout enfant l'esclave de Dragut, puis d'Euldj-Ali, qui l'avait affranchi, lui avait donné une galère à commander,

---

1. V. les *Négociations*, d. c., t. III, p, 707, 712.

et l'avait ensuite élevé à la dignité de khalifat. Il vint prendre possession de sa charge le 29 juin 1577, terrorisa la milice par de durs châtiments, et se fit obéir des reïs, qui craignirent de déplaire au lieutenant du capitan pacha; se mettant à leur tête, il ravagea les Baléares et les côtes voisines pendant l'été de 1578, et en rapporta un riche butin. A son retour, craignant que l'armada qui se rassemblait alors à Cadix ne fût destinée à une expédition contre Alger, il s'occupa d'accroître les fortifications de la ville, refit à neuf le Bordj Muley-Hassan, et arma puissamment le front de mer; tous ces travaux furent exécutés sous ses yeux par les esclaves chrétiens, que la course lui procurait en grand nombre, et qu'il traitait avec une rigueur implacable. En même temps, il appelait l'attention du sultan sur les intrigues du nouveau chérif de Fez, l'accusant de rechercher l'amitié de Philippe II, et s'approvisionnait en France de poudre et d'agrès; il déployait enfin toute l'activité qu'Euldj-Ali avait coutume d'exiger de ses capitaines. Mais il se faisait exécrer de tout le monde par les mesures que lui dictait son insatiable rapacité; tous les moyens de se procurer de l'argent lui étaient bons; l'historien Haëdo, qui subissait la captivité à cette époque, nous a décrit en détail toutes les inventions que suggéra au renégat vénitien son ingéniosité fiscale[1]. Il commença, nous apprend-il, par s'emparer de tous les esclaves qu'il jugea aptes à payer une bonne rançon; puis il spécula sur les chances de la course, accapara les grains, et même presque toutes les autres denrées, qu'il faisait vendre sur les places publiques à un prix fixé par lui; il augmenta les tributs des indigènes, et les força à payer en nature, pour rester maître du marché; il altéra les monnaies, vendit les charges, exigea une part des droits de douane et des rachats de captifs, imposa des présents aux marchands étrangers qui venaient exercer le commerce, et les contraignit à accepter en paiement des produits avariés et sans valeur, établit à son profit une taxe sur les successions, et enfin ne laissa rien échapper de ce qui pouvait être imposable. La milice et les habitants étaient

---

1. V. Haëdo, *Epitome de los Reyes de Argel*, cap. XXI, par. 3.

exaspérés ; mais la crainte qu'inspirait Hassan était telle, que personne n'osait bouger. Pendant les deux années 1578 et 1579, le pays eut à souffrir d'une extrême sécheresse ; toutes les récoltes manquèrent, et la population se vit bientôt en proie à une horrible famine, que les agissements du pacha rendaient plus difficile encore à supporter ; « du 17 janvier au 17 février 1850, dit Haëdo, il mourut de faim dans les rues d'Alger cinq mille six cent cinquante-six Mores ou Arabes. » Les tribus de l'intérieur se révoltèrent et refusèrent l'impôt ; les Baldis abandonnèrent la ville, et se répandirent dans les campagnes voisines, cherchant à glaner une nourriture quelconque ; les janissaires envahirent les maisons et se livrèrent au pillage ; l'anarchie était à son comble, et le pacha se trouvait réduit à l'impuissance ; car les reïs eux-mêmes venaient de se soulever contre lui, en apprenant qu'il voulait augmenter la part qui lui était dévolue sur les prises maritimes, et la porter du huitième au cinquième. Sur ces entrefaites, Djafer-Pacha arriva à Alger pour y rétablir l'ordre, soit que le sultan ait été ému des plaintes des habitants, soit qu'Euldj-Ali, alors occupé en Géorgie, ait eu besoin des services de son lieutenant, qui s'embarqua au mois de septembre pour aller le rejoindre.

Djafer était un vieil eunuque, très aimé du sultan, qui lui avait confié plusieurs postes importants, entre autres le pachalik de Hongrie, où il purgea le pays du brigandage, et acquit la réputation de grand justicier, dont il ne démérita pas dans ses nouvelles fonctions. Il envoya tout d'abord la milice en campagne, pour calmer la sédition, et réduire les Indigènes à l'obéissance ; les Baldis rassurés repeuplèrent la ville, où de sages mesures ramenèrent l'abondance. Mais il n'était pas arrivé à ce résultat sans avoir eu à châtier les mutins, et, par suite, à exciter des haines ; les janissaires complotèrent de l'assassiner, et d'élire à sa place leur Agha. Celui-ci avait mis de son parti quelques-uns des principaux citadins, et cherchait à débaucher les mahallahs, dont le chef, Ben-Dali, était à sa dévotion. Mais Djafer, qui se tenait bien informé, surprit inopinément les conspirateurs pendant la nuit du 30 avril 1581, et leur fit trancher la tête le lendemain. Un mois après, Euldj-Ali arrivait à Alger avec soixante grandes galères, et s'occupait d'organiser une armée destinée à la conquête du Maroc; la rébellion de l'intérieur n'était pas apaisée, et les Ioldachs accusaient l'amiral de vouloir se créer un royaume indépendant, cherchant ainsi à exciter les soupçons du grand-divan, où ces rumeurs avaient toujours rencontré quelque créance contre les beglierbeys d'Afrique. Cependant, les préparatifs étaient terminés et l'expédition allait commencer; l'Espagne avait en vain renouvelé ses propositions, que la Porte accueillait comme de coutume, en lui demandant, avant de négocier, l'abandon de toutes ses possessions africaines, un tribut annuel, et l'obligation de faire la paix avec la France; le chérif, effrayé, offrait de se soumettre, et prodiguait l'or pour se faire des amis. Euldj-Ali touchait enfin à son but; il allait accomplir le rêve de tous ses prédécesseurs, la fondation de l'empire de l'Afrique du nord [1]. La révolte de l'Arabie, qui nécessita l'emploi de toutes les forces disponibles, obligea Amurat à le rappeler et à remettre à plus tard la conquête du Gharb. Il partit au commencement de 1582, emmenant avec lui Djafer, nommé pacha de Tauris. Ramdan revint gouverner Alger, avec ordre de faire restituer à la France deux galères qui avaient été prises par Morat-Reïs, et de « faire appréhender et conduire lié aux fers en ceste Porte ung nommé Morat, grand corsère. » Mais le pusillanime Ramdan n'était pas l'homme qu'il fallait pour accomplir une semblable besogne; la taïffe des reïs entourait d'une vénération quasi superstitieuse ce patriarche de la piraterie, qui se vantait « de ne pas connaître une nation au monde à laquelle il n'eut pris au moins deux vaisseaux » ajoutant « que tout ce qu'on rencontrait sur mer était de bonne prise, et qu'on avait le droit de courir sus à son propre père. » Lorsque le pacha laissa voir qu'il avait l'intention de sévir contre un personnage aussi populaire, l'émeute éclata avec une telle fureur, qu'il s'enfuit tout affolé [1], et se réfugia aux environs de la ville, dans une maison de campagne, d'où il ne sortit que le jour de son départ pour Tripoli; Mami-Arnaute, chef de la taïffe, qui avait pris le commandement

---

1. V. les *Négociations*, d. c., t. IV, p. 517.

des insurgés, s'empara du pouvoir, et le conserva jusqu'à l'arrivée d'Hassan-Veneziano. Celui-ci, pendant ces événements, dirigeait une croisière sur les côtes de la Corse et de la Sardaigne; aux premières nouvelles, il cingla vers Alger, et s'établit dans la Jenina, où il fut unanimement acclamé. Il avait sans doute reçu des ordres secrets, car le grand-divan ne s'émut pas de cette apparente usurpation, et le laissa en possession du pachalik jusqu'en 1588, époque à laquelle il fut nommé grand-amiral, en remplacement de son ancien maître Euldj-Ali. Ramdan fut envoyé à Tripoli, où il mourut l'année suivante, en guerroyant contre le caïd de Kairouan révolté.

Hassan donna tous ses soins à l'extension de la course, dont il prit lui-même la direction. Pendant que Morat-Reïs ravageait le littoral de la province d'Alicante avec une dizaine de navires, il fondit avec vingt-deux galères sur les îles du bassin occidental de la Méditerranée, et les mit à feu et à sang. Il procéda ensuite au pillage d'une petite ville située à deux lieues de Gênes, sans que Doria, qu'il venait de forcer à se réfugier dans le port, osât sortir pour l'attaquer. Poursuivant sa route, il passa huit jours à l'abri des îles de Marseille, guettant le passage des douze galères de Marc-Antoine Colonna; celui-ci ne dut son salut qu'aux avis envoyés à la hâte par le gouverneur de la Provence. Lorsque le pacha apprit que l'escadre sicilienne avait pris le large, il lui donna la chasse; mais il était trop tard, et Colonna se trouvait déjà en sûreté. Les Turcs se vengèrent en saccageant les environs de Barcelone, et en arrachant au joug de l'Espagne plus de deux mille Morisques. Doria prit sa revanche l'année suivante; il surprit sur les côtes de la Corse dix-huit galères d'Alger, qui, se croyant en toute sûreté, avaient débarqué plus des deux tiers de leurs équipages; il les assaillit à l'improviste, en eut facilement raison, et captura toute cette flotte.

Les deux dernières années du pouvoir d'Hassan s'écoulèrent sans rien amener de remarquable; en 1586, le vice-consul français Bionneau fut maltraité et emprisonné, sans qu'on connaisse au juste les motifs de ces sévices; nous aurons l'occasion d'en parler ailleurs, lorsque nous ferons l'histoire des consuls d'Alger.

Le 27 juin 1587, Euldj-Ali mourut, âgé d'environ quatre-vingts ans; il fut enterré près de la magnifique mosquée qu'il avait fait construire sur les bords du Bosphore, entre Arnautkoï et Buyukdéré. Pendant ses dernières années, il avait été occupé à la guerre que soutenait la Porte contre la Perse et une partie de l'Arabie; et, voyant que, dans cette longue lutte, aussi bien que dans celle que nécessitèrent les progrès des Portugais dans les Indes et leur établissement à Aden, il rencontrait d'immenses difficultés pour former une marine sur la Mer Rouge, ainsi que pour y envoyer des troupes et du matériel de guerre, il avait conçu l'audacieux projet de percer l'ithsme de Suez; l'entreprise avait même reçu un commencement d'exécution, et le capitan-pacha eut mené son œuvre à bonne fin, si le sultan eut continué à lui allouer les revenus de l'Égypte, qu'il avait affectés à l'achèvement des travaux[1].

La mort d'Euldj-Ali est la fin d'une des époques les plus remarquables de l'histoire d'Alger; après lui et ses khalifats, nous ne verrons plus de chefs de guerre, ni de grands politiques; ces hommes énergiques, que leur valeur personnelle amena successivement à occuper les postes les plus élevés de l'empire, vont être remplacés par des envoyés triennaux, inhabiles à gouverner, ne cherchant même pas à le faire, et ne songeant qu'à s'enrichir le plus rapidement possible. Pour arriver à ce résultat, tout en sauvant leur tête, il faudra qu'ils se résignent à subir les caprices des janissaires et des reïs; les premiers ruineront le pays par leurs exactions et leurs violences; les seconds, par leurs déprédations continues, attireront sur Alger la vengeance des nations chrétiennes; tous rompront peu à peu les liens d'obéissance qui attachaient la régence au chef de l'Islam. On les verra marchander leurs services, ne les accorder qu'à prix d'or, et déclarer la guerre à des nations amies de leur suzerain, s'érigeant ainsi de fait en état indépendant. Après quelques tentatives inutiles de répression, la Porte impuissante se désintéressera des affaires d'Alger, où elle n'enverra même plus de gouverneurs; telle est la période qui s'ouvre après la mort du dernier et du plus grand des beglierbeys d'Afrique.

1. Voir les *Négociations*, d. c., t. IV, p. 536 et suiv.

CHAPITRE DIXIÈME

ALGER SOUS LES PACHAS TRIENNAUX

SOMMAIRE : Gouvernement des Pachas triennaux. — Usurpation du pouvoir par la Milice. — Le Divan. — La Taïffe des reïs. — La Course. — Les renégats. — La population. — Les Colourlis. — Les Indigènes. — Les esclaves. — Les bagnes et les hôpitaux. — Relations de la Régence avec la Porte et les puissances européennes.

Après la mort d'Euldj-Ali, qui s'était montré toute sa vie ennemi déclaré de l'Espagne, les tentatives d'accommodement que celle-ci faisait près de la Porte rencontrèrent au grand divan plus de faveur que par le passé; en même temps, les relations amicales avec la France se refroidissaient; MM. de Germigny et de Lancosme, penchant vers les idées de la Ligue, décriaient l'alliance turque, que les d'Aramont et les Noailles avaient si soigneusement entretenue. La réunion des États Barbaresques en un seul faisceau ne parut donc plus avoir sa raison d'être; les grands vizirs craignirent même qu'elle ne fît courir un jour des dangers à l'unité de l'empire ottoman, et il fut résolu dès lors que les pachaliks d'Alger, de Tunis et de Tripoli seraient indépendants les uns des autres, et administrés, comme les autres provinces, par des gouverneurs nommés pour trois ans. Se méprenant étrangement sur la différence des situations, le grand divan ne vit pas que ce qui était facile en Turquie d'Europe et en Asie Mineure allait devenir impossible à Alger. En effet, là où les pachas n'avaient qu'à commander à des raïas soumis ou à de paisibles populations, ils ne disposaient que de forces insignifiantes, et se seraient bien gardés de se révolter contre le sultan, ou seulement de lui désobéir; leurs soldats pensaient de même, et les ordres venus de Constantinople étaient sacrés pour tous. Il en était tout autrement des janissaires d'Alger, qui, se sentant assez forts pour se dérober au châtiment, en affrontaient les menaces; en conséquence, dès les premiers jours du nouveau système, ils s'érigèrent en maîtres, et ne laissèrent aux pachas que l'ombre du pouvoir. Ceux-ci avaient acheté leur nomination par de riches présents, sachant que les revenus de la régence était très grands; ils ne pensaient donc qu'à rentrer dans leurs déboursés, et à ramasser assez d'or pour aller finir leurs jours dans un des riants Konaks du Bosphore; très peu soucieux de gouverner, ils en abandonnèrent volontiers le soin à ceux qui avaient voulu le prendre; mais, d'un autre côté, nul d'entre eux n'ignorait qu'en cas de rébellion, ils seraient sévèrement traités à leur retour, et cette crainte les amenait à flatter par tous les expédients possibles les janissaires et les reïs. Ne pouvant obtenir la déférence due aux injonctions souveraines que par des prières et des dons, ils cherchaient à gagner du temps pour sortir de la dure alternative qui faisait leur supplice, et attendaient avec une impatience anxieuse le jour où ils seraient délivrés de leur semblant de pouvoir.

Les prérogatives qui leur furent laissées étaient tout extérieures; un palais, une garde, des chaouchs, la place d'honneur dans les cérémonies publiques; les actes officiels commençaient par ces mots: « *Nous, Pacha et Divan de l'Invincible Milice d'Alger;* » mais, en réalité, le pacha ne faisait que contresigner les volontés du divan, dans lequel il n'osait même se présenter que lorsqu'il en était requis. Il avait cependant conservé le droit de rendre la justice aux baldis, et de disposer des caïdats et d'autres charges; il se servait de ces deux moyens pour grossir son trésor particulier.

Pendant la première moitié du xviie siècle, le nombre des Ioldachs augmenta considérablement; en 1634, on en comptait 22,000; leurs coutumes militaires étaient restées les mêmes; se voyant plus redoutables, ils devinrent plus grossiers, plus arrogants, plus pillards et plus indisciplinés que jamais. Leurs officiers, aghas, mansulaghas, khodjas, ayabachis, bouloukbachis et odabachis composaient le divan, qui se réunissait quatre fois par semaine. Une de ces séances, celle du samedi, se tenait au palais; elle était consacrée aux affaires extérieures; le khodja donnait lecture des propositions, et le vote se faisait par acclamation. Les assistants devaient se tenir debout, les bras croisés, et observer un silence absolu; il était défendu, sous peine de mort, de pénétrer dans l'enceinte avec une arme quelconque; telle était la règle, bien rarement observée. Le divan décidait souverainement de la paix et de la guerre, des alliances et des traités, s'inquiétant peu de savoir si la détermination prise était, ou non, conforme à la politique de la Porte; cette usurpation de pouvoir devint, par cela même, une révolte ouverte; ce fut en vain que le sultan envoya à diverses reprises des capidjis, qui se virent bafoués, insultés et maltraités, sans qu'il fût possible d'atteindre les coupables; car on n'eût pu toucher à un seul d'entre eux sans provoquer une insurrection générale. Parmi les pachas, un seul chercha à résister; en 1596, Kheder arma les Colourlis, et les rues d'Alger furent ensanglantées pendant plusieurs mois, après lesquels un accord intervint entre les belligérants; en 1604, M. de Brèves constatait que *les janissaires faisaient absolument tout ce qu'ils voulaient*. A l'intérieur, ils se conduisirent en véritables tyrans, et opprimèrent de toutes façons les inoffensifs baldis; en 1626, le désordre était à son comble, et Sanson Napollon écrivait: *C'est une ville de Babylone*.

Seuls, les reïs n'avaient pas eu à souffrir de cette révolution; leur corporation, qui n'obéissait pas plus à la milice qu'au pacha, avait acquis une puissance formidable par la force même des choses; car toute la ville vivait d'eux, et ils en étaient devenus l'unique ressource, depuis que les violences et les exactions des ioldachs avaient chassé le commerce d'Alger, et en avaient éloigné les indigènes qui l'approvisionnaient naguère. Si la course eût été arrêtée, la population fut littéralement morte de faim; elle le savait, et se trouvait par cela même à la dévotion de la Taïffe, dont le chef n'avait qu'à faire un signe pour engendrer ou apaiser l'émeute; le pacha, dont les parts de prises constituaient le principal revenu, se trouvait donc les mains liées à la fois par la peur et par la cupidité; il en était de même des janissaires, dont la solde mensuelle dépendait en très grande partie des revenus provenant de la course, et qui, d'ailleurs, tout en haïssant et en jalousant les marins, ne se sentaient pas assez forts pour rompre ouvertement avec eux. Car ceux-ci, riches, et prodigues comme des gens à qui l'argent ne coûte rien, étaient aimés de tous autant que leurs rivaux étaient détestés; intelligents, audacieux, habitués aux dangers de toute sorte, ils se savaient invulnérables, et ils affirmaient ce sentiment par le dédain mal dissimulé qu'ils témoignaient aux soudards pauvres et rustiques, dont la parcimonie offrait un singulier contraste avec le luxe et l'opulence de ceux que le peuple considérait comme ses héros et ses bienfaiteurs. Leurs somptueuses habitations, groupées près de la mer, dans la partie occidentale de la ville, étaient peuplées de leurs équipages; la garde du port et du môle leur appartenait de temps immémorial, en sorte que tout ce quartier leur servait de place d'armes, dans laquelle ils se sentaient à l'abri d'un coup de main de la milice. C'est de là, des palais de Mami-Arnaute, des Soliman-Reïs, des Morat-Reïs, des Arabadji, et des Ali-Bitchnin, que sortaient les instructions secrètes qui déchaînaient ou réfrénaient les séditions; c'est là que la Taïffe discutait les ordres venus de Stamboul, et qu'elle fixait le prix de son obéissance; car elle en arriva à refuser de se joindre aux flottes ottomanes, à moins d'être *indemnisée d'avance du temps perdu et des risques courus* par ses navires. En 1628, les reïs étaient déjà virtuellement les souverains d'Alger, et Sanson Napollon devait le traité de paix et la réédification du Bastion de France à l'influence qu'il avait pu acquérir sur eux. En 1634, Sanson Le Page reconnaissait qu'il était inutile de chercher des accommodements contraires à la volonté d'Arabadji, de Cigala, et d'Ali-Bitchnin; en 1644, ce dernier s'alliait aux Kabyles, prenait les rênes du gouvernement, chassait d'Alger les capidjis de la Porte qui y étaient venus demander sa tête, et finissait par avoir raison de l'autorité même du sultan, qui lui achetait à prix d'or un semblant de déférence.

Tels furent, au temps des pachas triennaux, ces reïs qui, jadis, avaient été le plus ferme appui des beglierbeys contre les mutineries de la milice; l'accroissement du nombre des renégats fut la cause déterminante de ce changement de conduite. Déjà, en 1580, Haëdo disait qu'ils formaient, eux et leurs enfants, plus de la moitié de la population de la ville; cette évaluation est peut-être un peu exagérée; mais il est certain que c'était parmi eux que se recrutaient les constructeurs de navires, les ingénieurs, les maîtres-ouvriers de toute espèce, tous ceux enfin sans lesquels la marine n'aurait pu exister. Quelques-uns avaient entrepris la course pour leur compte, et une certaine quantité de pirates de toutes les nations, attirés par la renommée des Algériens, étaient venus se joindre à eux, prenant spontanément le turban. Ces nouveaux venus changèrent l'esprit de la corporation; à la lutte contre l'Infidèle (*Djehad*) succéda la guerre de rapine, et la course prit, sous l'impulsion des Regeb-Reïs et des Calfat-Hassan, un caractère de férocité qu'elle n'avait pas eu jusqu'alors[1]. Tout ce qui flottait fut déclaré de bonne prise, et aucun pavillon ne fut à l'abri de l'insulte; le respect religieux qu'inspirait aux anciens corsaires le chef de l'Islam n'était pas fait pour arrêter des hommes qui se souciaient encore moins de leur nouvelle foi que de celle à laquelle ils venaient de renoncer; ils devinrent donc un des plus grands éléments de désordre; mais, en même temps, ils furent la force vive de la régence. Ils apportèrent, dans l'exercice de la piraterie, l'ardeur, l'activité et l'âpreté au gain des races septentrionales; grâce à leurs connaissances nautiques, ils introduisirent d'utiles modifications dans les navires barbaresques; sachant que, s'ils étaient pris, ils n'avaient pas de grâce à espérer, ils donnèrent l'exemple d'un courage indomptable, et furent l'âme de la résistance lors des attaques européennes.

Entre leurs mains, la course prit un développement incroyable. En 1615 et 1616, les prises s'élevèrent à plus de trois millions par an; de 1613 à 1621, neuf cent trente-six bâtiments capturés entrèrent dans le port d'Alger; de la fin de

---

1. Au sujet de la férocité des reïs renégats, voir *Les illustres captifs*, très curieux manuscrit du P. Dan. (Bib. Mazarine, n° 1919), et comparer les récits du liv. IV, à la générosité dont firent souvent preuve les Reïs de la première époque. (Voir la note 1, p. 102.)

1628 au milieu de 1634, la France, qui fut cependant la moins éprouvée des nations maritimes, perdit quatre-vingts navires, d'une valeur d'environ cinq millions, et dut racheter ou laisser renier treize cent trente et un captifs. L'audace des reïs s'accrut de jour en jour ; on les vit enlever dans l'Océan les galions des Indes, écumer le golfe de Gascogne, la Manche, et les mers de la Grande-Bretagne ; des rives de Madère aux glaces de l'Islande, nulle part on n'échappait à leur poursuite. Mais le bassin occidental de la Méditerranée fut particulièrement victime de leur rapacité et de l'incurie de ses gouvernants ; deux fois par an au moins, les côtes de l'Italie, de la Sicile, de la Corse, de la Sardaigne et de l'Espagne virent apparaître les galères et les galiotes légères des Barbaresques ; ce fut un pillage périodique, une mise en coupe réglée, qui ruina ces malheureux pays à un tel point, que le désert se fit en beaucoup d'endroits jusqu'à plusieurs lieues du rivage ; aujourd'hui encore, la pauvreté et l'aridité de quelques-unes de ces régions que l'antiquité a vues jadis si fertiles, prouvent quelle fut l'intensité du fléau. Tout Alger se mêlait de la Course ; les grands étaient armateurs ; les petits marchands et les baldis se cotisaient pour acheter et équiper un navire à frais communs ; les femmes elles-mêmes, nous apprend le vice-consul Chaix, vendaient leurs bijoux pour prendre part à ces fructueuses opérations [1].

C'est ainsi qu'en proie à une anarchie perpétuelle et à un désordre inimaginable, cette singulière ville vivait cependant riche et heureuse, se réjouissant du spectacle quotidien de la rentrée des victorieux, et de la vente du butin et des captifs sur le Badestan ; là encore, chacun spéculait, cherchant à acheter le meilleur marché possible, un esclave capable de payer une bonne rançon. En dépit des pestes, des famines et des sanglantes émeutes, Alger prospérait donc, entretenue dans son oisiveté favorite par les dépouilles de la Chrétienté ; en 1634, le Père Dan y comptait plus de cent mille habitants, quinze mille maisons, cent fontaines ; dix-huit mille jardins embellissaient les environs ; six grands bagnes contenaient

---

[1]. Archives de la Chambre de Commerce de Marseille, AA, art. 461.

une partie des trente mille captifs occupés à la chiourme des galères et au service de leurs maîtres. Le peuple vivait insouciant, considérant ce brigandage continu comme un droit acquis, et ne prévoyant même pas que tant de méfaits dussent être suivis d'un châtiment; le seul intérêt qu'il apportât aux affaires publiques consistait dans la part qu'il prenait à la vieille querelle des Turcs et des Colourlis.

On désignait sous ce nom les fils des Turcs qui s'étaient mariés avec des femmes d'Alger. Ils étaient nombreux, et les janissaires, toujours méfiants, craignaient qu'ils ne prissent parti contre eux en faveur des Baldis, leurs parents du côté maternel; ils eurent donc grand soin de ne pas laisser accroître leur influence et les bannirent perpétuellement des charges publiques, ne leur accordant que le droit de faire partie de la Milice, et les tenant sans cesse en surveillance. Cette prescription fut attribuée par eux à Sidi Abd-er-Rahman-et-Ts'albi, marabout vénéré à Alger, où l'on voit encore aujourd'hui sa jolie mosquée; l'ignorance publique était telle qu'on ne s'aperçut même pas que, du temps du célèbre Ouali, et plus de quarante ans après lui, il n'y avait pas de Colourlis. On a encore dit, également à tort, que l'évincement de ces derniers avait été édicté par Aroudj, sans réfléchir qu'il n'était entré à Alger avec ses Turcs qu'en 1516, et, qu'au moment de sa mort, en 1518, le groupe des suspects aurait été, par conséquent, composé d'enfants à la mamelle; du reste, la fausseté de cette légende se démontre d'elle-même, si l'on observe que le fils de Kheïr-ed-Din, Hassan-Pacha, était l'enfant d'une Moresque, ce qui ne l'empêcha pas d'être nommé beglierbey d'Afrique. Il devient donc certain que cette prétendue interdiction fut inventée par les principaux du Divan, afin de couvrir d'un manteau religieux un ostracisme injustifiable. Ceux qui en étaient victimes ne se résignèrent pas volontiers à l'exclusion dont ils étaient l'objet, et la suite de cette histoire nous les montrera revendiquant souvent leurs droits, les armes à la main, et luttant avec énergie contre leurs oppresseurs, tantôt avec l'aide des Baldis, tantôt avec l'alliance des Kabyles.

Ceux-ci restèrent en état d'insurrection pendant toute la

période des Pachas; la révolte, une fois commencée, ne cessa plus, se rallumant à l'est de l'Oued-Sahel quand elle s'éteignait à l'ouest, et réciproquement. Plusieurs causes amenèrent cette longue résistance, qui finit par lasser les Turcs ; d'abord, la cupidité des gouverneurs les engagea à exiger un tribut annuel, auquel les fiers montagnards n'avaient jamais voulu se soumettre; les extorsions des Ioldachs chassèrent d'Alger une grande quantité de Berranis, qui, de retour dans leurs villages, y attisèrent la haine contre l'Adjem [1]; enfin, le premier acte du Divan, en s'emparant du pouvoir, avait été de licencier les bataillons de Zouaoua, qui, en 1580, formaient un corps d'environ quinze cents hommes. Ce fut une mesure des plus impolitiques ; car ces soldats, aguerris et exercés au maniement du mousquet, servirent d'instructeurs à leurs compatriotes, et leur apprirent à combattre avantageusement la Milice. Bravant la surveillance des galères algériennes, les Provençaux et les Languedociens vinrent échanger contre les produits du sol les armes et la poudre qui manquaient aux insurgés, et bientôt, l'ingéniosité naturelle des Kabyles leur permit de fabriquer eux-mêmes leurs outils de combat. Les janissaires eurent à subir de sanglants échecs, et la Mitidja, cent fois ravagée, vit disparaître les belles cultures qu'Haëdo avait tant admirées. La route de l'Est fut perpétuellement coupée aux Mahallahs, qui durent faire un long détour, quand il fallut porter secours à la garnison de Constantine, et le fait se présenta souvent; car les indigènes de la province orientale, enhardis par l'impunité, refusèrent à leur tour le tribut et l'obéissance. La région de l'Ouest se souleva à son tour, et l'anarchie du dehors égala celle qui régnait à Alger même. Les impôts qui se tiraient jadis de l'intérieur diminuèrent de rapport à un tel point que, malgré l'énorme accroissement des produits de la course, le revenu total n'était guère plus fort en 1634 qu'en 1580, et que, si les reïs subissaient un échec, le pacha ne pouvait plus payer la solde ; ce fait se produisit notamment en 1634, époque à laquelle le vieux pacha Hussein, âgé de quatre-vingts ans, fut emprisonné pour ce motif par les Ioldachs, et menacé de mort.

1. Littéralement : *celui qui ne parle pas la langue.*

Les Kabyles, encouragés dans leur résistance par l'Espagne, qui leur promettait son appui, espérant s'emparer à leur aide de quelques points de la côte, poussèrent à diverses reprises l'audace jusqu'à venir bloquer et affamer Alger; la milice répondit à ces provocations en massacrant ceux de leurs compatriotes qui habitaient la ville, et l'exaspération s'en accrut d'autant. Ils contractèrent alliance avec les Colourlis persécutés, et avec la Taïffe des reïs, dont le chef, Ali-Bitchnin, épousa une des filles du sultan de Kouko, s'entoura d'une garde de Zouaoua et s'empara du pouvoir; le vieil Odjeac eut peut-être changé de forme entre les mains de ce corsaire audacieux, si le poison lui eut laissé le temps d'accomplir son œuvre.

En augmentant d'intensité, la course accrut nécessairement le nombre des esclaves; au milieu du xvi° siècle, on en comptait environ trente mille de toutes les nations; la majorité était composée d'Espagnols et d'Italiens. Ceux que leur mauvaise fortune faisait tomber entre les mains des écumeurs de mer étaient vendus publiquement à la criée sur une petite place, que les chrétiens appelaient le Badestan [1], et le khodja les adjugeait à ceux qui en avaient offert le plus haut prix; toutefois, le pacha, en vertu de l'ancienne coutume, en prélevait avant tout le huitième, et avait le droit, après la vente, de se substituer à l'acheteur primitif, ce qu'il ne manquait jamais de faire, toutes les fois qu'un captif lui paraissait capable de payer une rançon plus forte que le prix des enchères. Bien que l'esclave fût la propriété de son maître dans le sens le plus absolu du mot, il vivait à Alger dans des conditions physiques moins misérables qu'on ne l'a dit et qu'on ne pourrait le supposer; chez la plupart des peuples musulmans, la servitude revêt un caractère patriarcal qui exclut les mauvais traitements; la loi religieuse prescrit au maître la justice, la patience et la bonté envers celui que le sort lui a soumis : « Tu le nourriras de tes aliments, et tu le vêtiras de tes vêtements. Tu lui pardonneras soixante-dix fois par jour, si tu veux être pardonné toi-même. » Il résultait

---

1. La vraie leçon est *Bezestan*, marché couvert.

donc de ces mœurs et de ces habitudes que le captif n'avait guère à souffrir que du dur travail de la chiourme, épreuve qui durait cinquante jours au plus et se renouvelait deux fois par an; le reste du temps, il était occupé à la culture des jardins voisins de la ville, ou bien employé à des travaux domestiques dans la maison de son patron. Il va sans dire que ceux qui offraient tout d'abord de se racheter au prix demandé étaient exempts de tout labeur servile; ils vivaient comme ils l'entendaient, et n'étaient astreints qu'à rentrer au logis avant le coucher du soleil; ils trouvaient même à emprunter de l'argent à leur maître, mais en lui promettant de gros intérêts. Lorsque la rançon convenue tardait trop à venir, l'acheteur s'impatientait et contraignait son captif à des travaux manuels, pour l'exciter à redoubler ses sollicitations auprès des siens; quelquefois même il le menaçait de la chaîne ou du banc de force; mais il allait rarement plus loin, moitié par bénignité, moitié par crainte de déprécier ou de perdre un objet de valeur. Car, avant tout, l'achat d'un chrétien était pour l'Algérien une spéculation, et cela seul fait voir combien on a exagéré les souffrances de la servitude chez les Barbaresques. Il est bien certain qu'il arrivait à quelques malheureux de tomber au pouvoir d'êtres cruels, ou de gens qui avaient à exercer des représailles; il est encore hors de doute que, lors des bombardements et des incendies allumés par les flottes chrétiennes, la population irritée et affolée, cruelle comme toutes les foules ignorantes et peureuses, se vengeait de son épouvante en versant à flots le sang innocent[1]; mais on peut être assuré que les patrons n'étaient pour rien dans les massacres d'esclaves, et qu'ils faisaient, au contraire, tous leurs efforts pour les mettre à l'abri de cette explosion de fureur. On a donc eu le tort de conclure du particulier au général, et d'apporter une croyance trop absolue aux allégations des Pères Rédemptoristes; ceux-ci, qui publiaient des *Relations* destinées à être vendues au profit de l'œuvre charitable à laquelle ils s'étaient voués, cherchaient naturellement

1. D'ailleurs, les Algériens n'avaient pas le monopole de ces massacres, et l'histoire de tous les temps et tous les pays ne nous en offre que trop d'exemples.

à émouvoir les âmes par tous les moyens possibles, et ne se faisaient pas faute d'assombrir le tableau ; qui oserait songer à leur en faire un crime ? Mais les récits des captifs eux-mêmes sont des documents plus dignes de foi que tous autres écrits, et ils démontrent jusqu'à l'évidence la vérité de notre appréciation [1]. Hâtons-nous de dire que les services rendus par les Trinitaires et par les Pères de l'Ordre de la Mercy furent immenses, et que le dévouement et l'abnégation de ces religieux furent admirables. Sans cesse prêts à accomplir l'héroïque sacrifice que leur imposait l'article IV de leurs vœux, ils offrirent souvent leur propre personne comme gage de la liberté des infortunés qu'ils ne pouvaient racheter, et plus d'un mourut dans les fers ; bien d'autres succombèrent dans les naufrages, les épidémies et les émeutes [2] ; rien ne les rebuta, et ils supportèrent avec la même placidité courageuse les souffrances, les avanies, la misère, les menaces de mort et les mauvais traitements. En 1634, les Trinitaires, dits Mathurins, avaient déjà racheté à eux seuls trente-sept mille sept-cent vingt captifs. Et ce n'était pas à la Rédemption que se bornait le bien qu'ils faisaient ; ils s'efforçaient, de toutes façons, d'améliorer le sort de ceux que le manque d'argent les forçait de laisser à Alger. Ils les aidaient de leur bourse, leur facilitaient les moyens de correspondre avec leurs familles, et les soignaient dans leurs maladies ; à cet effet, ils avaient fondé dans les principaux bagnes cinq hôpitaux, desservis par eux, et possédant chacun une chapelle. On y disait régulièrement les offices, et les Turcs, loin de s'y opposer, obligeaient souvent leurs esclaves à remplir leurs devoirs religieux, ayant remarqué, dit-on, que la fréquentation de l'église les rendait moins vicieux et plus dociles. C'est ici le lieu de dire, con-

---

1. Voir entre autres, la *Relation de la captivité* d'Emmanuel d'Aranda (Bruxelles, 1662, in-12) et l'*Odyssée* de René du Chastelet des Boys. (La Flèche, 1660, 2 vol. in-8.)
2. Nous rappellerons ici les noms d'Ignace Tavares, Pierre et Antoine de la Conception, François de Frocisal, Lucien Hérault, Antoine de la Croix ; en deux ans et demi, les cinq premiers missionnaires Lazaristes qui vinrent s'installer à Tunis et a Alger furent frappés de la peste, quatre moururent ; le cinquième resta estropié par l'éléphantiasis ; c'était le P. Le Vacher, qui fut plus tard attaché à la bouche du canon.

trairement à une opinion erronée, et cependant communément acceptée, que les Turcs ne faisaient généralement aucun effort pour contraindre les captifs à embrasser le mahométisme ; ils voyaient, au contraire, ces apostasies d'un très mauvais œil ; car bien que l'abjuration ne procurât pas de droit la liberté au renégat, elle le dépréciait en tant qu'esclave ; en effet, comme Croyant, il devenait l'égal de son maître, qui se trouvait forcé par l'opinion publique de le mieux traiter, et qui perdait, en outre, tout espoir de le voir racheter ; les patrons s'opposaient donc, autant qu'ils le pouvaient, à des conversions ruineuses pour eux [1]. Il n'en était pas de même quand il s'agissait de femmes ou d'enfants ; les femmes entraient au harem ; quant aux enfants, ils devenaient les pages favoris des riches et des reïs ; l'abbé de Fromesta donne de longs détails sur ce sujet scabreux [2].

Pendant toute la période des pachas triennaux, la France eut à souffrir des déprédations des pirates, bien qu'elle fût en paix avec Alger et avec la Turquie ; mais on ne pouvait pas s'attendre à ce que des gens qui arrachaient la barbe aux capidjis du Grand Seigneur respectassent ses alliés. Au début, les plaintes des ambassadeurs eurent de bons résultats, et quelques-uns des pachas furent punis de mort ou de prison, sur les requêtes de Savary de Brèves et du comte de Césy. A partir de ce moment, ils changèrent de tactique, et se mirent à épier soigneusement les moindres infractions, pour les transformer en un *casus belli*, et se donner par là un prétexte plausible pour recommencer leurs larcins, sans risquer leur tête ; c'est ainsi qu'on verra, dans tout le cours de cette histoire, les ruptures amenées par les motifs les plus futiles. Tantôt, c'est un corsaire qui s'enfuit et se réfugie à Marseille en emportant deux canons ; tantôt, c'est une barque qui s'échoue sur les côtes de Provence et dont la cargaison est pillée par les riverains ; aussitôt que la nouvelle parvient à Alger, le Divan s'assemble tumultueusement, déclare la guerre et incarcère le consul ; les reïs, joyeux de l'aubaine, sortent à la

---

1. Voir d'Aranda, d. c., p. 259, et la *Gazette de France* (fév. 1775).
2. Voir la *Topografia de Argel*, d. c., cap. XIII et XXI.

hâte, et fondent sur les marchands sans défiance. L'ambassadeur français se plaint alors à la Porte, et le pacha répond en exposant ses griefs ; pendant l'enquête, la course continue, et les désastres s'accumulent ; telle fut la marche ordinaire des événements, de 1590 à 1639.

Les *Concessions* furent une autre cause interminable de querelles et de sévices. Nous avons dit qu'on y faisait un grand commerce de grains ; en temps ordinaire, personne ne s'en préoccupait ; mais lorsqu'il survenait une de ces famines que la sécheresse, les invasions de sauterelles ou la révolte des tribus voisines rendaient si fréquentes, les Algériens s'en prenaient à l'exportation des blés, qu'ils accusaient de tous leur maux ; une flottille s'armait rapidement et allait détruire et piller les comptoirs, dont le personnel était massacré ou emmené en captivité. Ces dévastations n'avaient aucun effet utile ; car les céréales que chargeaient les navires français dans les Établissements ne fussent pas venus aux ports d'embarquement, si leurs propriétaires n'eussent été certains d'avance de les vendre avantageusement ; à plus forte raison, elles ne seraient jamais arrivées sur le marché d'Alger, en raison du manque de voies de communication et de la longue distance à parcourir. Bien plus, les Indigènes, privés de leur revenu le mieux assuré, n'ayant pas l'argent nécessaire au payement de l'impôt, se révoltaient inévitablement, chaque fois que les Turcs détruisaient les Concessions, violence qui causait plus de mal à eux-mêmes qu'aux autres ; car elle les privait à la fois du tribut de la province de l'Est, et de la grosse redevance que leur payait la Compagnie commerciale du Bastion ; mais ils semblaient ne pas s'apercevoir de ce résultat négatif.

Les bénéfices considérables que rapportaient le trafic de la côte Orientale et la pêche du corail, avaient excité la jalousie des Anglais, qui mirent tout en œuvre pour se substituer aux Provençaux dans les comptoirs ; une lettre de M. de Vias nous apprend qu'ils avaient reçu du Divan la permission, sans doute chèrement achetée, de s'établir à Collo et à Stora ; cette tentative ne semble pas avoir eu grand succès ; en tous cas, l'établissement disparut en peu de temps, sans laisser de traces. Les marchands de la *Turkey Company* trouvèrent sans doute plus de sécurité et plus de chance de gain à Alger même, où ils faisaient un grand commerce d'armes et de poudre; ce négoce était d'autant plus fructueux que les nations catholiques ne pouvaient pas leur opposer de concurrence, au moins ouvertement; car des ordonnances sévères interdisaient de fournir aux Musulmans des instruments de guerre, et les consuls avaient reçu l'ordre de veiller à la rigoureuse exécution de ces décrets. « Ce trafic, dit un ancien auteur, cité par M. de la Primaudaie, attirait aux négociants anglais bien des égards de la part du gouvernement algérien. En échange de ces provisions militaires et navales qu'ils vendaient à la Régence, lorsqu'elle en avait besoin, il leur était permis de prendre des grains, des huiles, des laines, des cires et des cuirs, sans être astreints, comme les autres nations, à se procurer des licences (teskra) qu'on leur vendait fort cher. »

Les Hollandais ne tardèrent pas à venir disputer ce terrain à l'Angleterre; mais ces deux nations ne furent pas épargnées par la rapacité des reïs, et durent recourir aux armes pour faire respecter leur pavillon; on verra que leurs démonstrations belliqueuses ne leur servirent pas à grand'chose. En résumé, pendant toute cette période, Alger insulta presque impunément les pavillons de toutes les marines européennes, amassant ainsi sur sa tête l'orage qui devait éclater bientôt après, et offrant au monde le singulier spectacle d'une ville où la population entière, depuis le chef de l'État jusqu'au plus misérable fellah, ne vivait que de la piraterie et du brigandage.

CHAPITRE ONZIÈME

LES PACHAS TRIENNAUX [1]

SOMMAIRE : Dely-Ahmed. — Kheder. — Révolte des Kabyles. — Chaban. — Mustapha. — Kheder. — Révolte des Colourlis. — Mustapha. — Anarchie complète. — Dali-Hassan. — Consulat de M. de Vias. — Réclamations de la France. — Soliman-Véneziano. — Relations de l'Espagne et des Kabyles. — Entreprise de Doria. — Tentative sur Mers-el-Fhâm. — Kheder. — Ses exactions. — Il est remplacé et châtié par Mohammed-Kouça. — Renouvellement des Capitulations. — Pillage du Bastion. — Ambassade de MM. de Castellane et de Brèves. — La Milice refuse d'obéir à la Porte. — Bekerli Redouan. — Prise de Bone. — Les canons de Simon Dansa. — Mustapha-Kouça. — Destruction de Bresk. — Hussein-el-Chick. — Mustapha-Kouça. — Soliman-Katanich. — Nouveau pillage du Bastion. — Vice-consulat de M. Chaix. — Hussein-el-Chick.

Le premier des pachas triennaux fut Dely Ahmed ; il ne s'occupa que de la course, et commanda en personne les flottilles qui ravagèrent, en 1586 et 1588, les côtes du royaume de Naples et de Sicile, des États pontificaux, de la Corse et de l'Espagne ; il quitta Alger en 1589, avec de grandes richesses, et fut envoyé à Tripoli pour y apaiser l'insurrection des indigènes, qui s'étaient soulevés à l'instigation d'un marabout

---

1. Il règne une très grande obscurité sur le commencement de la période des pachas triennaux ; l'ordre même de leur succession n'est pas parfaitement établi. Quelques listes chronologiques ont été publiées à diverses époques ; elles sont toutes fautives, et cela n'a rien d'étonnant ; Haëdo cesse son récit à la fin de 1596 ; à partir de ce moment, les documents font défaut jusque vers 1610, et ceux qu'on possède depuis cette époque jusqu'en 1659, ne paraissent pas avoir été consultés avec attention. Les meilleurs guides sont, jusqu'ici, MM. Rousseau et Sander-Rang ; encore, l'étude des pièces officielles nous a permis de rectifier leurs travaux, et nous sommes forcés d'avouer que, malgré de patientes recherches, il reste encore quelques points douteux, que nous signalerons en temps et lieu. Nous ne parlons pas d'un document recueilli au siècle dernier par M. le Vicaire Apostolique Vicherat, et publié depuis dans les *Mémoires de la Congrégation de la Mission* ; (t. II.) cette pièce fourmille d'erreurs, et n'eût pas dû trouver place dans un travail d'ailleurs fort consciencieux.

nommé Sidi Yahia; ses troupes remportèrent la victoire; mais il fut tué dans le combat d'un coup de lance. Il eut pour successeur à Alger, Kheder, sous le gouvernement duquel les déprédations des reïs devinrent de plus en plus nombreuses; c'est l'époque de la fondation des grandes fortunes des reïs rénégats, les Mami Corso, Mami Napolitano, Mami Arnaute, et tant d'autres, dont les noms dénotent suffisamment l'origine. Ils exerçaient d'autant plus impunément leurs ravages que le Grand-Seigneur venait de les autoriser « à courir sus aux navires de Marseille pour punir cette ville de s'être rangée du parti de la ligue contre son roi. » Dans l'intérieur, les Beni-Abbes commencèrent à refuser l'impôt et à se révolter, préludant ainsi à cette grande insurrection kabyle que nous verrons durer presque sans interruption pendant plus d'un demi-siècle. Kheder vint mettre le siège devant Kalaa, avec une armée de quinze mille hommes, au mois de décembre 1590; comme la position était très forte, et qu'il était impossible aux Turcs de la prendre d'assaut, il bloqua les assiégés par des retranchements, et dévasta le pays voisin. Après quelques escarmouches, le chef des Beni-Abbes demanda la paix, par l'intermédiaire d'un marabout vénéré de tous. Il paya les frais de la guerre, et Kheder ramena à Alger ses troupes, que la mauvaise saison commençait à éprouver. En 1592, la Porte le remplaça par Chaban, dont le gouvernement dura trois ans, sans autre événement qu'une peste, dite *de Tunis*, suivie d'une longue famine. Ces deux fléaux ravagèrent le pays; une terrible tempête détruisit le môle, et causa la perte d'un grand nombre de navires. Les Kabyles, insurgés de nouveau, battirent les Turcs et vinrent bloquer Médéah. En juillet 1595, Chaban partit pour Constantinople, laissant comme khalifat son parent Mustapha, qui ne gouverna que quatre mois; on lui attribue la fondation de Sour-er-Rozlan (Aumale) sur l'emplacement de l'ancienne Auzia; ce fort fut destiné à assurer les communications d'Alger à Constantine; car les Kabyles, de nouveau révoltés, coupaient la route aux Mahallahs. Au mois de décembre, Kheder revint prendre le gouvernement d'Alger, s'étant disculpé des accusations de concussion portées contre lui au grand-divan par la milice, qui avait fait transmettre ses plaintes par Mami-Arnaute; mais les janissaires d'Alger avaient déjà aquis à Constantinople une telle réputation d'indiscipline, que leurs griefs ne furent pas écoutés. A peine installé, il s'empara de quinze mille écus d'or appartenant à son prédécesseur, disant qu'il les destinait à la reconstruction du port ruiné par l'ouragan de 1593; en même temps, il cherchait un appui contre la haine des Ioldachs auprès des reïs, et favorisait la révolte des Colourlis contre leurs oppresseurs. Cette sédition devint terrible : la ville fut ensanglantée pendant des mois entiers, et l'anarchie fut à son comble. A la fin, les insurgés, qui avaient pour eux la population toute entière, furent vainqueurs, et amenèrent leurs ennemis à composition. Les Baldis (citadins), justifiant leur renom de couardise [1], prirent peu de part à la lutte; mais il n'en fut pas de même des Berranis (gens du dehors) et c'est de cette époque qu'il faut dater la longue alliance des Kabyles et des Colourlis. Si Kheder s'était montré plus énergique, il pouvait, ce jour-là, se débarrasser d'un seul coup de la horde indisciplinable de l'Odjeac, et fonder le pouvoir des pachas sur une armée nationale, dont ils eussent été les chefs incontestés. Il ne tarda pas à se repentir d'avoir négligé de profiter de cette occasion; il fut dénoncé par le parti turc comme voulant se rendre indépendant; en même temps, il était l'objet des plaintes de l'ambassadeur français, qui le fit remplacer, au bout d'un an de pouvoir, par son prédécesseur Mustapha; celui-ci se vengea de lui en le soumettant à une amende de trente mille écus, et en mettant le reste de ses biens sous séquestre. Le désordre continuait à être excessif; en 1598, les Kabyles ravagèrent la Mitidja, et vinrent camper dans les jardins de Bab-Azoun, bloquant Alger pendant onze jours, au bout

---

1. Les janissaires racontaient à ce sujet, que les baldis demandèrent un jour au pacha, et obtinrent l'autorisation de former entre eux une sorte de garde urbaine pour mettre un terme aux déprédations que commettaient dans les villes et les jardins les tribus du Bou-Zaréa. Par une nuit noire, la nouvelle milice s'embusqua sur les bords de l'Oued M'racel (ruisseau des blanchisseuses). Après quelques heures de silence et d'attente, un gros chien vint en aboyant s'élancer sur les bourgeois, qui, saisis de panique, s'enfuirent en jetant leurs armes. Les Turcs en rirent, et, de cette aventure, vint le dicton : *Le chien a aboyé, et le baldi a fui.*

desquels une sortie heureuse des Turcs les força à s'éloigner; en 1599, Dali Hassan bou-Richa remplaça Mustapha, qui n'avait pas pu pacifier la Kabylie, et qui fut emprisonné à Constantinople pour ce motif. M. de Vias venait d'arriver à Alger en qualité de consul royal; il était chargé d'assurer la paix et de demander la mise en liberté de quelques marins français capturés par les corsaires; Hassan était fort bien disposé en sa faveur; mais l'autorité des pachas était déjà devenue nulle, et les reïs mirent en avant des prétextes spécieux pour ne pas obéir.

De tout temps, les rois de France, dont la bannière, d'après les Capitulations, était seule reconnue dans les ports du Levant, en avaient accordé l'usage à quelques navires appartenant à des nations amies. Les Algériens se plaignirent de cette tolérance, *disant qu'on les frustrait*, et envoyèrent un député, dont les plaintes furent peu écoutées; leur orgueil rapace en fut froissé et ils se vengèrent en enlevant les marchands provençaux et languedociens. M. de Vias reçut de Henri IV l'ordre de se plaindre de ces déprédations : il fut injurié et emprisonné, avec menaces de mort. Sur les plaintes adressées à la Porte, Hassan fut remplacé par Soliman Véneziano, qui fit restituer une partie des bâtiments capturés, tout en se plaignant de la prise d'une galère turque qui s'était échouée près d'Antibes. Pendant que l'anarchie régnait à Alger, la Kabylie, excitée par l'Espagne, continuait à faire à l'Odjeac une guerre toujours heureuse; en 1600, Soliman, qui avait pris en personne le commandement de l'armée, fut battu et rentra presque seul à Alger; il éprouva le même sort l'année suivante devant Djemma-Saharidj. Au mois de septembre 1601, l'amiral Doria parut devant Alger avec une escadre de soixante-dix vaisseaux et une armée de dix mille hommes; mais, contrarié par le mauvais temps, il ne put exécuter son débarquement. Cette entreprise, qui, si elle eût été bien conduite, eût certainement amené la chute de l'Odjeac, avait été projetée par un Français, le capitaine Roux[1]. Ce hardi aventurier, qui venait de

---

1. Voir, au sujet de cette tentative avortée, la *lettre de Jeronimo Conestaggio*, Gênes et Venise, 1602, brochure in-8); parmi les historiens, M. de Thou, seul, semble en avoir eu connaissance. (*Hist. Universelle*, t. XIII, p. 627 et suiv.)

se distinguer dans l'Archipel au débarquement des Toscans à Chio, avait étudié avec soin les fortifications et les ressources militaires d'Alger ; il avait constaté que, pendant l'été, la ville était à peu près dépourvue de sa garnison, qui se trouvait, pour la plupart, employée au recouvrement de l'impôt, ou embarquée sur les vaissaux corsaires. Son plan était simple et hardi ; il demandait qu'on lui confiât trois ou quatre galères, avec lesquelles il fût entré la nuit, à l'improviste, dans le port ; là, il forçait la porte de la Marine, dont les portes étaient gardées avec la négligence accoutumée aux Turcs : cela fait, il envahissait la basse ville, brisant les portes des bagnes, et appelant aux armes les vingt-cinq mille chrétiens qui y étaient enfermés. A la lueur des incendies allumés, la flotte chrétienne, qui s'était tenue un peu en arrière, arrivait, débarquait rapidement les troupes, et occupait les remparts. Aux premières lueurs du jour, Alger pouvait ainsi se trouver pris sans défense possible. La proposition du capitaine fut étudiée avec soin en Espagne, et le conseil royal jugea qu'il y avait lieu d'y donner suite ; Doria fut chargé de l'exécution. Tout d'abord, il écarta l'inventeur sous divers prétextes ; puis il changea l'idée première, et, de modifications en modifications, transforma l'attaque de vive force et par surprise en une opération régulière. Dès lors, il lui fallut rassembler des forces considérables, munies de tout le nécessaire, à Gênes, à Naples, aux Baléares, en Sicile et en Sardaigne ; cela ne put pas se faire sans que les Algériens en fussent informés : de plus, l'incurie espagnole aidant, personne ne fut prêt au jour fixé, et la flotte, qui eût dû paraître dans la rade ennemie au mois de juillet, n'y arriva que le 1er septembre, au moment où les Ioldachs étaient rentrés dans la ville, et où la mauvaise saison allait rendre un débarquement très dangereux. Tels furent les motifs qui rendirent inutiles les préparatifs coûteux de cette expédition.

Deux ans plus tard, une nouvelle tentative, aussi infructueuse que la précédente, fut faite par le vice-roi de Mayorque. Un franciscain, le P. Mathieu, qui avait été longtemps captif à Kouko et y avait acquis la faveur des chefs, leur persuada de consentir à un débarquement à Mers-el-Fhâm ; ils devaient livrer comme place d'armes le petit fortin de Zeffoun, occupé en ce moment par Abdallah, neveu du sultan de Kouko; celui-ci, assuré de recevoir cinquante mille écus, s'était engagé à donner son fils en otage. Soliman-Pacha fut informé de l'affaire par quelques espions, et fit circonvenir Abdallah, moitié par menaces, moitié par promesses. Le jour où le vice-roi arriva avec quatre galères montées par un bon nombre de vieux soldats, il lui fut fait du rivage de grandes démonstrations d'amitié. Le P. Mathieu débarqua avec plusieurs officiers et une centaine d'hommes ; mais, ne voyant pas venir l'otage promis, il conçut quelques soupçons. Abdallah chercha en vain à l'entraîner dans le fortin, où le fils du chef, lui disait-il, se trouvait. Enfin, voyant qu'il se disposait à regagner son navire, il se jeta sur lui et le massacra, ainsi que tout son monde ; les galères s'empressèrent de gagner le large, et les Kabyles portèrent les têtes des chrétiens à Alger, où ils furent, dit le P. Dan, frustrés de la récompense promise.

La cause de ces nouveaux efforts de l'Espagne et de ses tentatives d'alliance avec les indigènes, était la crainte qu'éprouvait son gouvernement de voir l'Odjeac favoriser le soulèvement des Mores, que préparait Henri IV. Bien que ces faits peu connus ne se rattachent qu'indirectement à l'histoire d'Alger, il est nécessaire d'en dire quelques mots ; car on s'expliquera ainsi la longanimité que montra alors la France pour les pirateries des reïs, et pour les insultes faites au consul et à l'envoyé du roi, qui ne voulut pas se brouiller avec ceux dont il allait avoir besoin pour la réussite de son grand projet.

Depuis quatre ou cinq ans déjà, le duc de Caumont La Force avait reçu des Mores d'Espagne des propositions d'alliance ; il avait appelé l'attention du roi sur le mécontentement de ces populations et sur les chances qu'on avait d'en profiter ; « celui-ci, nous dit-il, goûta grandement cette affaire, et lui commanda d'y travailler soigneusement et sans y rien épargner. Le Duc demanda à S. M. que le secret restât entre eux deux et poussa activement les négociations ; la partie en fut faite, et la résolution si bien concertée par les principaux des Morisques, auxquels il reconnut un ordre admirable parmi eux pour la direction de leurs affaires et la conduite de ce grand dessein, qu'il ne restait plus qu'à en venir à l'exécution. » Le duc avait envoyé plusieurs émissaires; l'un d'eux, Paschal de Saint-Estève, se laissa découvrir, fut pris, torturé trois ou quatre fois, et exécuté, sans que les souffrances lui arrachassent une parole : M. de Panissault, plus heureux, put assister en 1603 à l'assemblée que tinrent à Toga les chefs du complot, et rapporta à Henri IV la délibération qui y fut prise. Le Mémoire est signé, au nom de tous, par Ahmed le Mosarife, de Segorbe; il y est dit, « qu'ils ne demandent que des armes et quelques chefs expérimentés; que le premier coup les rendra maîtres du royaume de Valence, et que les Mores dispersés se soulèveront ensuite en masse; que tout est organisé et qu'ils n'attendent que le signal, qu'on prie le Roy de donner le plus tôt possible; ils indiquent Denia comme point favorable à un débarquement, retracent les persécutions et la mauvaise foi dont ils sont victimes depuis plus de cent ans, nommant Philippe II le Père des artifices; ils promettent de fournir 80,000 hommes de guerre, de mettre tout de suite entre les mains du duc trois bonnes villes, dont un port de mer, et, avant tout, lui font tenir au château de Pau cent vingt mille ducats. » M. de Panissault rapportait encore au roi une carte où étaient indiqués les passages et les points à fortifier, les dépôts d'armes et de vivres, enfin, « tout le nécessaire à ce grand dessein, qui n'allait pas à moins que de porter toutes les terres du roi d'Espagne à une subversion générale. Le Roy en témoigna un merveilleux contentement. » A l'été de 1604, les députés des Mores vinrent en France pour hâter le mouvement; ils étaient conduits par Don Lopez, qui fut fait plus tard conseiller d'État par Richelieu; le célèbre Antonio Perez semble avoir été mêlé à la négociation [1]. Le duc reçut la direction des opérations militaires, et devait prêter son serment de maréchal de France, le lendemain du jour où le poignard de Ravaillac sauva de ce péril imminent ceux qui furent peut-être les instigateurs du crime. Dans l'exécution de ce projet, le roi réservait un rôle important aux puissances

---

1. Voir, pour tous les détails du projet et du commencement d'exécution, les *Mémoires de Caumont de la Force* (Paris, 1843, 2 vol. in-8).

Barbaresques. Tandis que leurs galères et leurs vaisseaux eussent tenu la mer, et empêché l'arrivée des secours d'Italie et de Sicile, leurs barques légères eussent jeté sur toute la côte des armes et même des volontaires, parmi lesquels on eût compté en première ligne les descendants des persécutés de 1573.

Philippe II, toujours très bien renseigné, fut informé de tout ce qui se passait ; il connut le voyage de Panissault, les résolutions de l'assemblée de Toga, et les préparatifs de la France ; il put apprécier le terrible danger que courait l'Espagne, et, dès ce jour, l'expulsion des Mores fut résolue. Les déclamations n'ont pas manqué pour flétrir cette mesure, qu'on a qualifié d'odieuse et de barbare, sans voir que la nécessité s'en imposait fatalement, qu'un pays en guerre avec de puissants voisins ne peut pas supporter la présence de plus d'un million d'ennemis acharnés, en conspiration permanente à l'intérieur et à l'extérieur ; enfin, on sait que le Conseil Royal hésita longtemps avant de prendre une décision dont il ne méconnut pas les mauvais côtés, qui lui étaient, du reste, rendus assez évidents par les doléances et les révoltes armées de la noblesse, qui se voyait privée de plus du quart de son revenu par la perte de ses vassaux.

Kheder était revenu à Alger en 1603 pour la troisième fois, plus cupide et plus tyrannique que jamais. Il encouragea la piraterie, et poussa le mépris de son souverain jusqu'à s'emparer de six mille sequins, que le Grand-Seigneur envoyait à des négociants français en réparation des dommages qui leur avaient été causés. En même temps, il maltraitait M. de Vias, et dirigeait une flottille sur le Bastion de France, qui fut pillé à fond, et dont le personnel fut massacré ou emmené en captivité. Henri IV, indigné, exigea une réparation éclatante, et la Porte envoya à Alger Mohammed Kouça, qui, dès son arrivée, fit étrangler Kheder et confisqua ses biens. Quelques mois auparavant, le Grand-duc de Toscane avait fait les préparatifs d'une expédition destinée à incendier les vaisseaux des corsaires et le port ; mais les reïs furent prévenus de ce projet par les juifs de Livourne, qui faisaient avec eux un fructueux commerce des objets provenant des prises, en sorte que les Algériens se mirent sur leurs gardes et que les chevaliers de Saint-Étienne ne purent leur brûler que quatre ou cinq galères. Malgré la bonne volonté du nouveau pacha, M. de Castellane, qui avait été envoyé pour obtenir la libération des captifs du Bastion et la reconstruction de cet établissement, ne put rien obtenir du Divan, devenu le seul maître. Les Ioldachs décrétèrent que « celui qui proposerait de rétablir le Bastion serait puni de mort. »

Sur ces entrefaites, M. de Brèves arriva à Alger, escorté par Mustapha-Agha, capidji de la Porte; cet envoyé était muni d'un firman du sultan, qui ordonnait aux Barbaresques de respecter les Capitulations, et de faire droit aux revendications de la France. Il venait de Tunis, où il avait obtenu, après bien des tergiversations, la liberté de quelques esclaves. Dans le récit qu'il a fait de son *voyage*, il nous apprend qu'il trouva la ville dans un désordre affreux : le port était en ruines; « les Janissaires faisaient absolument tout ce qu'ils voulaient; les reïs déclaraient que tout vaisseau étranger était de bonne prise et qu'ils s'empareraient de leur père lui-même, s'ils le rencontraient en mer »[1]. Le Divan s'assembla sur la demande du capidji, qui y donna lecture du firman impérial; il y était ordonné de mettre en liberté les captifs français, de restituer les prises. et de reconstruire le Bastion. Une émeute violente éclata dans l'assemblée; elle cassa, séance tenante et successivement, quatre aghas, qui avaient déclaré vouloir obéir aux ordres reçus; Mustapha-Agha fut hué, menacé de mort, et chassé de l'enceinte. On braqua les canons de la Marine sur le vaisseau de M. de Brèves, que le capidji suppliait de s'éloigner; il n'en voulut rien faire. Tout ce mouvement était dû au muphti, que l'ambassadeur avait jadis fait châtier de son insolence à Constantinople, et à Mehemet-Bey, gendre de Kheder, récemment étranglé sur les plaintes de la France. Ils voulaient faire assassiner tout le personnel de la mission, qu'ils engagèrent traîtreusement à débarquer; mais le pacha déjoua leurs intrigues, en refusant de signer un sauf-conduit qui n'eût pas été respecté; la fureur de la milice se tourna

---

1. Voir le *Voyage de M. de Brèves* (Paris, 1628, in-4).

contre lui ; deux révoltes éclatèrent à huit jours d'intervalle ; il fut assiégé dans son palais et menacé de mort. C'était un vieil eunuque de quatre-vingts ans ; il montra beaucoup de fermeté, disant aux rebelles que sa vie appartenait à son souverain, et qu'il ne ferait rien de contraire à ses ordres. Sur ces entrefaites, arriva Morat-Reïs ; c'était le doyen des reïs, et le peuple avait pour lui un respect superstitieux ; « il piratait depuis plus de soixante ans, et avait pris des navires à toutes les nations connues. » Ce vieux héros de la Course avait de l'affection pour M. de Brèves, dont il avait déjà pris la défense à Tunis ; il calma la rébellion ; mais ce fut tout ce qu'il put obtenir ; le Divan refusa d'entendre parler du Bastion, et décida que les captifs ne seraient rendus qu'après la mise en liberté des Turcs détenus à Marseille ; l'ambassadeur dut se retirer sans avoir obtenu d'autres résultats, et le malheureux pacha ne survécut pas à ses émotions ; Mustapha lui succéda, et augmenta les fortifications de la ville, dans la crainte d'une attaque de l'Espagne. Peu de jours après, les Algériens apprirent que l'équipage d'un corsaire captif des Espagnols, avait été arrêté en France pendant qu'il s'enfuyait, et était détenu à Marseille. La foule se précipita au consulat, et s'empara de M. de Vias, qui ne put recouvrer sa liberté qu'au bout de huit mois, et à prix d'or.

En 1606, Mustapha marcha à la tête de ses Turcs sur Oran, que les indigènes continuaient à tenir investie, malgré les courageux efforts du gouverneur Ramirez de Guzman ; prévenu de l'arrivée des Algériens, le général espagnol fit une sortie, rencontra l'ennemi à deux lieues d'Oran, et le mit en pleine déroute. Le pacha fut plus heureux en Kabylie ; grâce à d'habiles négociations, il parvint à acheter la garnison de Djemma-Saharidj, et s'y établit fortement. En 1607, il mourut de la peste, qui ravageait tout le territoire de la Régence depuis trois ans, et qui gagna le midi de la France quelques années plus tard. Bekerli-Redouan[1] lui succéda. Le 30 août,

1. *Redouan* ou *Riswan*? La Chronologie de Rousseau lui donne bien comme prédécesseur *Mustapha*; mais, en revanche, elle ne parle pas de Mohammed Couça, dont l'existence est affirmée à cette époque par les documents officiels.

les chevaliers toscans de Saint-Étienne, commandés par leur connétable Silvio Piccolomini, partirent de Livourne avec neuf galères, cinq transports, deux mille fantassins et un grand nombre de volontaires; ils parurent devant Bône le 16 août et donnèrent aussitôt l'attaque; la ville fut envahie par surprise et occupée sans coup férir, à l'exception du fort, dans lequel se jetèrent 250 janissaires et quelques habitants, qui se défendirent avec acharnement; Mohammed ben Ferhat, bey de Constantine, vint à leur secours; il fut battu et tué. Les Turcs perdirent 470 hommes; les Toscans eurent 42 morts, et partirent le 21, après avoir ravagé et incendié la ville, où ils firent un énorme butin et plus de quinze cents captifs.

La compagnie anglaise des vingt vaisseaux [dite aussi Turkey Company] intriguait depuis longtemps auprès des pachas pour obtenir des comptoirs à Stora et à Collo, points réservés à la France par les ordres formels du sultan. En 1607, l'agent de cette compagnie, résident à Alger, obtint une concession pour un temps limité. M. de Brèves réclama contre cette usurpation; il ne lui fut cependant donné qu'une satisfaction apparente; car, dix ans plus tard, M. de Vias adressait au pacha des plaintes sur le même sujet : mais le petit établissement anglais ne faisait que très peu de tort aux commerçants provençaux, que les indigènes préféraient, et avec lesquels ils trafiquaient, en dépit des ordres venus d'Alger.

L'année suivante, l'Espagne entra en négociations avec un parti kabyle, qui lui vendit Mers-el-Fhâm; mais les Algériens avertis y mirent garnison, et il ne fut pas donné suite à cette entreprise.

Cependant, le consul français, obéissant aux ordres royaux, avait calmé les esprits en faisant revenir de Marseille les Turcs qui s'y trouvaient captifs. Ayant obtenu par ce moyen la liberté des esclaves de sa nation, une sorte d'accalmie s'était faite, et semblait devoir durer, lorsqu'un incident, futile en apparence, vint tout remettre en question. Un capitaine flamand, nommé Simon Dansa, était venu se faire corsaire à Alger vers l'an 1606. De tels volontaires de la piraterie n'étaient pas rares, et plus d'un aventurier se laissait tenter par l'espoir de faire une fortune rapide. A cette même époque, et pour ne parler que des plus célèbres, on citait les Anglais Édouart et Uvert, le Rochellois Soliman, et le reïs Sanson. Dansa ne tarda pas à se faire un nom par son audace et par le bonheur qui accompagnait ses entreprises. En moins de trois ans, il captura une quarantaine de vaisseaux, et sa popularité devint immense parmi les Algériens, auxquels il apprit la manœuvre des vaisseaux de haut-bord, qu'on appelait à cette époque « *vaisseaux ronds.* » Il fût ainsi devenu un des chefs principaux de la Taïffe des reïs, s'il eu voulut se faire musulman ; mais il repoussa toujours les propositions qui lui en furent faites, soit par scrupule de conscience, soit qu'il eût, dès cette époque, l'intention de se retirer à Marseille, où il s'était marié, et où habitait sa femme. En tous cas, dès le commencement de l'année 1609, il faisait des démarches auprès de la Cour de France pour obtenir le pardon des fautes qu'il avait commises et demandait à quelles conditions il serait reçu sain et sauf. Il eut l'heureuse fortune que sa supplique arrivât au moment même où on avait besoin de son intervention, ce qui facilita singulièrement la réussite de ses désirs.

Le 14 décembre 1608, il avait capturé un navire espagnol, qui portait, entre autres passagers, dix religieux de la compagnie de Jésus ; ils avaient été vendus aux enchères, suivant la coutume. Henri IV, sur la demande du P. Coton, son confesseur, s'intéressait à leur sort, et cherchait à procurer leur liberté. En conséquence, il fit promettre à Dansa l'oubli du passé, ne lui demandant comme rançon que la liberté des dix jésuites captifs. Le pirate s'empressa de les racheter à leurs divers possesseurs, feignit de partir en Course, et vint faire sa soumission à Marseille, où il reçut son pardon plein et entier, ainsi qu'il lui avait été promis. Désireux de se créer de puissants protecteurs, il fit hommage au duc de Guise de deux canons de bronze, que le Beylik lui avait jadis prêtés pour l'armement de son vaisseau. Mais sa fuite avait causé un vif mécontentement à Alger, et le rapt des canons y excita une indignation générale. Le Divan demanda leur restitution et le châtiment du coupable; à la Cour, on ne prêta pas d'attention à cette réclamation, qui sembla de peu d'importance; elle devint cependant le début d'une rupture de vingt ans de durée, qui coûta des millions au commerce français.

Les hostilités commencèrent tout de suite, et les reïs, heureux d'avoir un prétexte plausible pour tomber sur une riche proie, déployèrent une activité prodigieuse. Le nombre des navires de Course s'accrut dans des proportions considérables, et tout le monde voulut s'intéresser aux armements; les femmes elles-mêmes s'en mêlèrent, et vendirent leurs bijoux pour acquérir le droit de participer au butin. Jamais Alger ne fut plus riche, plus brillant et plus animé qu'à cette époque, où, dans un seul jour, il entrait quelquefois quatre ou cinq prises dans le port; jamais, en même temps, la milice et la population n'y furent plus tumultueuses, comme si le désordre eut été une des conditions nécessaires à la prospérité de ce singulier peuple. Ce ne sont pas seulement les ambassadeurs et les consuls européens qui sont frappés par ce spectacle de turbulence et d'anarchie; les envoyés du Grand-Seigneur ne peuvent pas eux-mêmes contenir les manifestations de leur surprise indignée.

Mustapha Kouça, qui succéda à Redouan en 1610, était favorablement disposé pour la France; il adressa des remerciements à Henri IV, qui venait de secourir les Mores d'Espagne dans le pénible exode qui suivit leur expulsion; mais son impuissance était plus grande que sa bonne volonté. Les Zouaoua envahirent la Mitidja et la ravagèrent; le pacha les dispersa, les refoula dans leurs montagnes, les poursuivit, et s'empara de Kouko, dont les abords étaient occupés par les Turcs depuis 1606; les Kabyles demandèrent *l'aman*; mais la paix fut de peu de durée.

Le 17 août, les galères des chevaliers de Saint-Étienne parurent devant Alger, et prirent un navire sous le feu des batteries. Le lendemain soir, les équipages débarquèrent devant Bresk; la garnison surprise fut égorgée; la ville fut pillée et brûlée; elle ne se releva jamais de ses ruines. Les Toscans terminèrent leur croisière par la prise de trois autres bâtiments, et l'échange de quelques coups de canon avec les batteries de Djigelli.

En 1611 et 1612, le pays tout entier fut en proie à une

horrible famine, causée par une sécheresse prolongée. Le 30 avril 1612, Alger n'ayant plus ni eau ni vivres, le Divan ordonna aux Mores d'Espagne qui y avaient cherché refuge d'en sortir, leur donnant un délai de trois jours ; ceux qui n'obéirent pas, ne sachant où se retirer, furent impitoyablement massacrés. En 1613, Hussein-el-Chick succéda à Mustapha ; c'est à ce dernier qu'on attribue la construction des aqueducs qui amènent à Alger l'eau des collines du Sahel.

La ville de Marseille, douloureusement atteinte dans son commerce, prit le parti de se défendre elle-même ; elle décréta de nouveaux impôts, et arma des galères, dont le commandement fut donné à MM. de Beaulieu et de Vincheguerre [*Vinciguerra*] ; ces deux hardis marins firent bientôt connaître et redouter leur nom sur les côtes d'Afrique. En même temps, les galères de Gênes purgeaient la mer de quelques pirates. Mais le mal était trop grand et le remède insuffisant.

En 1616, les pertes des armateurs français s'élevaient déjà à plus de trois millions de livres, sans compter la valeur des captifs. La situation devenait intolérable, et le pacha, quelque bien disposé qu'il fût pour M. de Vias, ne répondait à ses plaintes que par la réclamation des canons soustraits et des Turcs détenus aux galères de Marseille ; ceux-ci provenaient de deux tartanes échouées sur les côtes de Languedoc et de Provence. Un chaouch envoyé par la Porte, Hadj-Mahmoud, essayait en vain de procurer la paix, et n'obtenait rien.

En 1617, Mustapha Kouça, qui, nommé pacha pour la seconde fois, avait succédé à Hussein, fut remplacé au bout de quelques mois par Soliman Katanieh [1] ; la milice n'avait pas même voulu l'admettre au Divan, le soupçonnant d'être hostile à ses intérêts. Cependant le frère du consul venait de ramener une quarantaine de Turcs rachetés par les échevins de Marseille, qui en renvoyaient encore d'autres à la fin de 1617, pour obtenir la libération de leurs captifs. Mais les députés

---

1. Plusieurs chronologies le nomment Mustapha ; mais une lettre de M. de Vias, présent à Alger à cette époque, ne peut laisser aucun doute (7 octobre 1617). (*Archives de la Chambre de commerce de Marseille*, AA, art. 460.)

qui les conduisaient, MM. de Glandevès et Bérengier, laissèrent débarquer leurs otages avant l'échange, et n'obtinrent que des injures et des menaces ; en même temps, la milice décréta tumultueusement une nouvelle attaque contre le Bastion, que M. de Castellane venait de réoccuper au nom du duc de Guise. L'expédition partit immédiatement, surprit, égorgea ou captura le personnel de la concession, dont le chef fut ramené à Alger, où il passa près de deux ans dans les fers. Soliman, toujours tremblant devant les janissaires, ne s'opposait à rien ; la population était en fête, se rejouissant de la rentrée des reïs, qui venaient de piller à fond l'île de Madère, d'où ils avaient rapporté un énorme butin, douze cents captifs, et jusqu'aux cloches des églises.

M. de Vias, depuis longtemps fatigué par l'âge, la maladie et les souffrances endurées pendant les trois emprisonnements qu'il avait subis, rentra en France, laissant sa charge à son vice-consul, M. Chaix, dont il avait depuis longtemps apprécié l'intelligence et le dévouement ; il se rendit à la Cour, et y remontra qu'il était nécessaire de se plaindre à Constantinople. Les démarches de l'ambassadeur entraînèrent la révocation de Soliman, qui fut remplacé par Hussein-el-Chick, pacha pour la seconde fois.

CHAPITRE DOUZIÈME

LES PACHAS TRIENNAUX (Suite)

SOMMAIRE : Émeutes à Alger. — Massacre des otages Kabyles. — Envoi d'une ambassade en France. — Traité de 1619. — Massacre des Turcs à Marseille. — Saref. — Expéditions de M. de Gondy, de l'amiral Mansel et du capitaine Lambert. — Mustapha-Koussor. — Mourad. — Khosrew. — Révolte de Tlemcen. — Guerre de Tunis. — La Course et les pertes du commerce français. — La mission de Sanson Napollon. — Hossein-ben-Elias-Bey. — Traité de 1628. — Nicolin Ricou et Blanchard. — Younès. — Retour d'Hussein. — Le Bastion. — Mort de Sanson Napollon.

Au moment de l'arrivée d'Hussein, Alger offrait, plus que jamais, le spectacle d'une anarchie complète. Il s'y trouvait trois partis toujours en armes, et souvent en lutte : la milice, la marine et les colourlis, ces derniers détestés des uns et des autres, mais nombreux, et soutenus par leurs intelligences avec les Berranis. Quelques mois auparavant, après la mort de Si-Amar-el-Kadi, sultan de Kouko, son frère Si-Ahmed-ben-Kettouch s'était emparé du pouvoir et avait noué des intrigues avec l'Espagne [1]; le neveu de l'usurpateur l'avait fait égorger, et, pour trouver un appui chez les Turcs, avait envoyé des présents et quelques otages. Peu de temps après, les Kabyles furent accusés par les Janissaires d'avoir comploté une révolte de concert avec les Colourlis, et furent massacrés sans jugement, pendant qu'on pillait et qu'on exilait leurs prétendus complices.

La Cour de France, voyant la ruine du commerce du Levant, était désireuse d'en finir avec la rupture de 1610. Les négo-

---

1. D'après *Gramaye*, (lib. VII, cap. xxiv) ce serait, au contraire, Amar qui aurait fait alliance avec l'Espagne.

ciations avaient été habilement reprises par M. Chaix, et étaient appuyées par la menace d'un armement considérable, que le duc de Guise rassemblait à Marseille et à Toulon. Cette démonstration, qui arriva au moment où les galères de Naples et de Toscane faisaient subir aux corsaires des pertes cruelles, intimida les reïs, et fit décider l'envoi en France de deux ambassadeurs, Caynan-Agha et Rozan-Bey, qui partirent en compagnie de M. de Castellane, rendu à la liberté par les soins du consul. Ils débattirent avec le duc de Guise les conditions du traité et se rendirent à Tours, où se trouvait alors le Roi, auquel « ils demandèrent pardon des pilleries qui avaient été commises sur les Français. » Cela fait, le traité fut conclu et signé le 21 mars 1619; il était conforme aux Capitulations; de plus, les captifs devaient être rendus de part et d'autre. En même temps, la Porte envoyait comme pacha à Alger Saref-Khodja[1], qui arriva le 28 juillet 1619; il était très-bien disposé pour la paix, ayant été nommé à la sollicitation de M. de Césy, ambassadeur à Constantinople. Les envoyés algériens étaient retournés à Marseille, comblés de présents, et s'y occupaient de réunir les captifs turcs qu'ils devaient ramener avec eux sous la conduite de M. de Moustiers, qui était chargé de présenter le traité au Divan. C'était toujours une longue opération que de délivrer des gens de chiourme; plusieurs galères étaient en mer, et il fallait nécessairement attendre leur rentrée; quelques-unes allaient hiverner dans des ports éloignés, et reprenaient la mer avant d'avoir eu connaissance des ordres du roi. Il fallait encore compter avec la mauvaise volonté des capitaines de galères, qui se montraient très peu satisfaits de voir désorganiser leurs équipages, et qui, sans oser désobéir ouvertement aux ordres reçus, faisaient tout ce qu'ils pouvaient pour en atténuer ou en retarder l'effet. Bien plus, on s'était aperçu au dernier moment que, dans les articles signés à Tours, il n'était pas question des deux canons de Dansa, et Caynan-Agha assurait qu'il était impossible de paraître au Divan, sans lui donner satisfaction sur ce point. Les

---

1. Aucune des listes chronologiques connues ne parle de Saref, dont l'existence est pourtant rendue incontestable par les lettres du vice-consul Chaix, et par les ouvrages de Gramaye, captif à Alger en 1619.

affaires traînèrent donc en longueur; plus d'un an s'était écoulé sans qu'on eût rien conclu.

Il paraissait difficile de trouver une solution diplomatique ; d'un côté, il était impossible de renvoyer à la signature du roi un traité qui avait été approuvé par les parties contractantes, en y introduisant après coup une modification de ce genre ; d'un autre côté, le duc de Guise, qui considérait ces canons comme sa propriété privée, ne paraissait pas désireux de s'en dessaisir. Le commerce de Marseille, qui avait le plus à souffrir de toutes ces lenteurs, se résolut à y mettre fin en achetant l'objet en litige à son possesseur, pour en faire présent aux envoyés algériens; cet expédient terminait tout à l'amiable. Des ouvertures avaient été faites dans ce sens, et tout faisait prévoir une heureuse issue, lorsqu'un fatal incident vint tout remettre en question et rallumer la guerre entre les deux pays.

Dans les derniers jours du mois de février 1620, un des plus actifs et des plus cruels corsaires d'Alger, Regeb-Reïs, croisait dans le golfe du Lion, lorsqu'il aperçut une polacre de Marseille, commandée par le capitaine Drivet, qui revenait d'Alexandrette avec une cargaison de la valeur de cent mille écus. Il accosta ce bâtiment, qui, ayant eu nouvelle de la paix récemment conclue, naviguait sans aucune défiance. Le pirate monta à bord, et sa cupidité, enflammée par la vue d'un aussi riche butin, lui donna l'idée de s'emparer de toutes les marchandises. Ce rapt fut exécuté à l'instant même et sans combat; après quoi, pour ensevelir à jamais toutes les traces de son crime, le bandit donna l'ordre de saborder le navire et de massacrer l'équipage, qui se composait de trente-six personnes, dont quelques-unes appartenaient aux meilleures familles de Marseille. Mais, pendant le carnage, deux jeunes matelots s'étaient cachés à fond de cale et étaient parvenus à se dérober aux regards des assassins. Après le départ de ceux-ci, ils furent assez heureux pour réussir à aveugler les voies d'eau qui avaient été pratiquées, et, se laissant aller au gré des vents et des courants, vinrent échouer sur les côtes de Sardaigne, d'où ils se firent rapatrier à leur pays natal. Ce fut le 14 mars qu'ils y arrivèrent, et il y avait à peine quelques heures qu'ils étaient débarqués, que l'horrible drame était déjà connu dans toute la ville. Il y avait longtemps que la rumeur publique accusait les Algériens de faire subir ce traitement barbare aux bâtiments français qu'ils rencontraient; mais, jusque-là, les preuves avaient fait défaut. Les familles des victimes s'ameutèrent les premières, et leurs plaintes, leurs cris et leurs larmes, excitèrent le courroux d'une foule naturellement mobile et irritable ; les matelots, les pêcheurs, les artisans du port coururent tumultueusement aux armes, et une révolte terrible éclata. Les ambassadeurs et leur suite avaient été logés par les échevins à l'hôtel de Méoilhon, où les magistrats de Marseille subvenaient à leurs besoins, ainsi qu'à ceux d'une cinquantaine de musulmans, qui y attendaient le jour prochain du départ. Ce fut sur cet hôtel que se rua la populace furieuse et altérée de vengeance. Bien que surpris par une attaque aussi imprévue, les Turcs se défendirent énergiquement pendant un jour et une nuit, et il fallut mettre le feu au bâtiment pour les contraindre à sortir dans la rue, où ils furent égorgés. Pendant ce temps, les Consuls et les Viguiers avaient fait les plus grands efforts pour sauver leurs hôtes; mais ce fut en vain qu'ils esssayèrent de dissiper le rassemblement : la force armée sur laquelle ils avaient le droit de compter ne seconda pas leurs intentions; ils furent eux-mêmes menacés de mort et réduits à se retirer, et ne purent arracher que douze des victimes au sort fatal qui les attendait; les quarante-huit autres furent massacrés par la foule ou noyés dans le port.

Dès le lendemain de l'attentat, le premier consul, M. de la Salle, en envoya porter la nouvelle au roi par M. de Montolieu; des ordres furent immédiatement donnés pour que justice fut faite de la sédition, et un arrêt du Parlement de Provence, rendu à Aix le 21 mai 1620, condamna à mort quatorze des coupables; quelques autres furent envoyés aux galères, et le reste des inculpés subit des châtiments corporels [1].

---

[1]. Ce tragique événement a souvent été raconté inexactement, et a été placé à des dates diverses; on peut rectifier ces erreurs au moyen de l'*Histoire nouvelle du massacre des Turcs fait en la ville de Marseille* (Lyon, 1620, in-8), des *Archives municipales de la ville de Marseille,* (Reg. 30, f. 127, et série FF) et des *Archives de la Chambre de commerce de Marseille* (AA, art. 508).

Cependant le bruit public avait rapidement fait savoir à Alger la nouvelle de ce qui s'était passé, et y avait causé une indignation générale. Le Pacha et le Divan écrivirent dès le 16 juin pour demander des explications : leur lettre faisait ressortir tout ce qu'il y avait de grave dans l'action qui avait été commise, invoquait le caractère sacré des ambassadeurs, et se plaignait de la violation de la foi publique. Les Consuls répondirent, le 25 juillet, par l'historique exact des faits ; leur lettre est à la fois très ferme et très adroite ; elle rappelle les bons traitements dont les envoyés ont été comblés jusqu'au fatal dénouement, le succès de leurs démarches auprès du roi, et la généreuse hospitalité qui leur avait été donnée. Puis ils dépeignent la sédition populaire et les efforts qu'ils ont fait pour la calmer, au hasard de leur propre vie ; ils notifient ensuite le châtiment des coupables, et terminent en manifestant l'espoir que ce malheur ne modifiera en rien les conditions de la paix. Cette lettre fut confiée à Mohammed-Cherif, beau-frère de Caynan-Agha, qui avait été délégué par le pacha pour faire une enquête sur les derniers événements. Elle eût probablement calmé les esprits à Alger, où l'on savait trop bien ce qu'était une sédition pour s'en étonner beaucoup, si le malheur n'eût pas voulu que le bâtiment qui portait le Cherif fût pris par une galère de Toscane. Il fallut faire des démarches pour le rechercher, et cela causa des retards considérables, qui furent regardés comme injurieux par le Divan, harcelé lui-même par les doléances des familles des victimes. Le 8 août, une émeute formidable éclata à Alger ; le consul et les résidents français furent traînés au Divan, et il fut un instant question de les brûler vifs[1]. Les reïs armèrent leurs navires et sortirent du port, décidés à faire une guerre sans merci. Le commerce français essuya des pertes d'autant plus grandes que tous les vaisseaux marchands étaient sortis des ports sur la foi du nouveau traité.

Pour arrêter ce débordement, Louis XIII avait ordonné à son Général des galères, Emmanuel de Gondy, de sortir des

---

1. Voir les *Mémoires journalières d'un captif*. (Archives d. c. AA, 508.)

ports et de courir sus aux Algériens. La flotte partit en croisière à la fin de juillet 1620, et prit ou coula six gros vaisseaux aux Algériens ; mais cette répression fut insuffisante; il eût fallu agir contre la ville elle-même pour obtenir quelque chose de sérieux ; l'Amiral ne le fit pas et justifia en cette circonstance l'opinion de ses contemporains, qui l'accusaient de pusillanimité. Quelques bâtiments avaient été envoyés par le duc de Guise pour relever le Bastion ; cette tentative ne réussit pas mieux que les deux précédentes, et le nouveau personnel des Établissements fut massacré ou fait captif [1].

Cependant, les Anglais et les Hollandais, dont la marine avait eu beaucoup à souffrir des pirates, et qui avaient épuisé en vain tous les moyens de conciliation, se décidaient à agir énergiquement, et lançaient deux croisières, sous les ordres de l'amiral Mansel et du capitaine Lambert. Le premier parut devant Alger en 1621, brûla ou prit une quinzaine de navires, canonna la ville, et fit une descente dans les environs, qu'il saccagea sans rencontrer de résistance. Un pacha, du nom de Kheder, avait remplacé Saref; il refusa de traiter avec l'amiral anglais, dont l'expédition ne servit pas à grand chose. La peste, qui continuait à décimer la population, enleva M. Chaix, qui ne fut pas remplacé officiellement ; deux négociants marseillais, MM. Thomassin et Fréjus, se chargèrent de l'intérim.

Le capitaine Lambert, qui venait de tenir la mer pendant les deux années précédentes, avait fait subir aux reïs des pertes nombreuses ; il se présenta devant Alger en 1624, et fit sommer le Divan de restituer les prises et les esclaves de sa nation, ajoutant que, si on ne lui donnait pas satisfaction, il ferait pendre immédiatement ses prisonniers à la vue de toute la ville. Les Turcs crurent à une vaine menace, et ne furent détrompés qu'en voyant les cadavres des leurs se balancer aux vergues des bâtiments hollandais. Le lendemain de cette exécution, le Capitaine appareilla, et revint quelques jours après, remorquant deux nouvelles prises, et faisant savoir qu'il allait recommencer les exécutions, si on ne lui donnait

---

[1]. Ce pillage du Bastion, dont il n'est parlé dans aucune des histoires publiées jusqu'à ce jour, est attesté par une lettre du vice-consul Chaix, datée du 6 mars 1621. (Archives d. c. AA, 361.)

pas satisfaction ; cette fois, la population se mutina contre le Divan, qui restitua les captifs, mais une partie seulement des cargaisons ; le reste, dirent-ils pour s'excuser, avait été mangé.

De 1621 à 1626, trois pachas se succédèrent, Mustapha-Koussor, Mourad et Khosrew ; on ne sait rien des deux premiers [1], qui semblent avoir vécu dans une obscurité volontaire. Le troisième avait des goûts belliqueux, et montra de l'énergie ; il se mit à la tête des janissaires, et parcourut le pays de Constantine à Tlemcen, y rétablissant la perception des impôts, et relevant le prestige bien effacé de la domination turque. Les Kabyles lui disputèrent le passage ; il les battit, et entra à Kouko, où il reçut la soumission des principaux chefs. Il était à peine de retour à Alger, que les Tlemceniens se révoltèrent de nouveau, à l'instigation d'un marabout, massacrèrent une partie de la garnison et forcèrent le reste à s'enfermer dans le Mechouar. Le pacha envoya à leur secours une troupe de 1200 Ioldachs et quelques contingents indigènes ; la révolte fut écrasée ; les principaux d'entre les rebelles et leur chef furent écorchés vifs, et leur peau bourrée de paille fut envoyée à Alger pour servir de jouet à la populace. En même temps, Khosrew avait déclaré la guerre à Tunis, qui avait favorisé l'insurrection des tribus de la province de Constantine ; la Porte s'interposa en vain, et allait envoyer une flotte, lorsque son attention fut détournée par la révolte des Tartares de Crimée et des Cosaques de la mer Noire ; la lutte se prolongea donc sur la frontière orientale, et elle durait encore quatre ans après, avec des alternatives de revers et de succès.

Depuis la mort de M. Chaix, le consulat de France était resté inoccupé pendant plus de sept ans. Personne ne se souciait d'un poste aussi dangereux ; M. de Vias, qui en était le titulaire, était empêché de s'y rendre par l'âge et les infirmités ; la ville de Marseille se vit contrainte, pour sauvegarder ses intérêts, de faire gérer les affaires par des résidents français, qui se chargèrent de remplir l'intérim, moyennant une gratification annuelle de cinq cents écus. On ne tarda pas à reconnaître les inconvénients de ce mode de procéder ; ces nou-

---

[1]. Ils ne figurent pas sur plusieurs chronologies.

veaux agents, qui exerçaient le négoce pour leur compte, se montrèrent souvent trop enclins à négliger l'intérêt général pour favoriser leur propre commerce ; d'ailleurs, leur profession mercantile ne commandait pas le respect, et ne leur permettait d'avoir aucune influence sur une population qui a toujours affiché le mépris du trafic et de l'industrie. Il résulta donc du nouvel état de choses que les délégués furent peu écoutés, ne furent reconnus aptes à traiter, ni par les Pachas, ni par le Divan, et les déprédations ne firent que s'accroître de jour en jour.

Les pertes qu'avait subies le commerce étaient énormes ; il résulte de documents incontestables que, dans une courte période de huit ans, les corsaires avaient ramené neuf cent trente-six bâtiments dans le port d'Alger[1]. Et ce chiffre énorme est loin de représenter le total des prises qui avaient été faites ; car, à cette époque, il était de règle que le corps et les agrès du navire capturé devinssent la propriété du pacha ; et, dès lors, on comprendra facilement que les reïs ne se donnaient pas la peine de remorquer ou de convoyer le vaisseau qu'ils avaient amariné ; ils se contentaient de faire passer les marchandises à leur bord, et sabordaient ensuite ou incendiaient la coque. Ils avaient même tout avantage à procéder de la sorte : car cela leur permettait de détourner une partie du butin, au préjudice des armateurs et du pacha. Les vaisseaux français n'osaient plus sortir des ports du Midi, qui accablaient la Cour de leurs doléances, et le Parlement de Provence traduisait leurs plaintes au roi par sa *Remontrance* de 1625, dans laquelle il déclarait « que le commerce du Levant était perdu, si l'on n'entretenait pas des galères pour empêcher l'extension de la piraterie barbaresque. »

Il fallait arrêter la marche du fléau ; Louis XIII se décida, dans cette circonstance, à utiliser les talents du capitaine Sanson Napollon, gentilhomme ordinaire de sa chambre et chevalier de l'ordre de Saint-Michel. A l'exception des dix dernières années de sa vie, nous ne savons que bien peu de choses sur cet homme, dont la grande figure méritait de la

---

[1]. Voir les *Manuscrits de Peyresc*, t. VI, fol. 61 et 62. (Bib. de Carpentras.)

postérité plus d'attention qu'elle n'en a obtenu. Chargé par son souverain des missions les plus délicates, il y apporta une très grande intelligence et une rare fermeté ; il déploya surtout cette dernière qualité lorsqu'il dut faire respecter le pavillon français par des nations à demi barbares. Mais ce fut tout particulièrement dans sa mission d'Alger qu'il se montra à la hauteur des diplomates les plus habiles et des hommes d'action les plus énergiques. Il ne mit pas longtemps à reconnaître le véritable état des choses et à s'apercevoir qu'il était tout à fait inutile de traiter avec les pachas, dont l'autorité était complètement nulle, et auxquels il aurait été absolument impossible de faire respecter leurs engagements, quand même ils en auraient eu l'intention bien arrêtée. Il vit que le véritable pouvoir était aux mains de la Taïffe des reïs, et se résolut à agir en conséquence. Jusqu'à lui, les envoyés français avaient borné leurs moyens d'action à faire transmettre leurs plaintes au sultan par l'entremise de l'ambassade de Constantinople, qui obtenait le châtiment ou la destitution des délinquants. Les nouveaux gouverneurs qui arrivaient n'étaient pas plus écoutés que leurs prédécesseurs, et les mêmes infractions se reproduisaient fatalement. Sanson Napollon abandonna ces anciens errements et entra dans une voie nouvelle ; il s'aboucha avec les personnages les plus considérables d'Alger, ceux qui avaient, pour une raison ou une autre, la plus grande influence sur la milice et sur le peuple. Laissant de côté le pacha, auquel il se contenta d'offrir quelques présents de temps à autre, il se fit des amis particuliers de l'agha et du trésorier des janissaires. Il tint table ouverte pour les principaux d'entre les reïs, et réunit autour de lui tous ces redoutables chefs de la Taïffe qui étaient les véritables rois d'Alger, les Morat-Reïs, Hassan-Calfat, Ali-Arabadji, Soliman-Reïs, Ali-Bitchnin. Il ne cessait de représenter à tous ces capitaines-corsaires, auxquels il plaisait personnellement par sa générosité, ses manières ouvertes et son audace aventureuse, la grandeur de la France et le danger qu'il y avait pour eux à s'en faire une ennemie. Il leur rappelait ce mot attribué à Kheïr-ed-Din : « Si tu te brouilles avec les Français, fais la paix avant le soir, » et cet autre dicton, d'une popularité déjà presque séculaire : « Le

Français peut cuire sa soupe chez lui, et venir la manger chaude à Alger. »

C'est ainsi qu'il parvint à pouvoir traiter dans l'intimité les affaires les plus graves, si bien que, lorsqu'elles surgissaient plus tard devant la tumultueuse assemblée qui devait décider de la paix ou de la guerre, le vote était déjà acquis en sa faveur, et les personnages les plus influents, entraînant leurs créatures, faisaient réussir ses demandes par acclamation. La situation tout exceptionnelle qu'il s'était ainsi créée ne manqua pas d'exciter la jalousie des délégués, aveuglés par des préjugés de race, et dont l'esprit étroit ne pouvait comprendre la finesse de ces manœuvres diplomatiques. Ils allèrent jusqu'à incriminer ses amitiés, à l'accuser de s'être fait renégat, et à susciter contre lui la colère des magistrats et du peuple de Marseille, auxquels ils le dépeignaient comme favorisant les intérêts algériens au détriment de ceux de la France. Dédaigneux de ces clameurs, et appuyé sur la confiance que lui témoignait le Roi, il persévéra dans sa ligne de conduite.

Il arriva pour la première fois à Alger le 20 juin 1626, avec le double titre d'envoyé du roi et subdélégué du duc de Guise pour les Concessions, portant avec lui des présents d'une valeur de plus de 18,000 livres, destinés à être offerts au pacha et aux principaux de la milice et de la taïffe. Le commencement des négociations fut difficile; le désordre intérieur était tel, que Sanson écrivait : « c'est le pays de Babylone ». De plus, tous ceux qui avaient intérêt à ce que la paix ne se fît pas, ou à ce que les Établissements ne fussent pas relevés, les Anglais, les Hollandais, et même quelques négociants de Marseille, firent courir le bruit que le firman du Grand-Seigneur présenté au Divan par Napollon, étoit faux et supposé; le délégué courut le risque de la vie; sa fermeté le tira de ce mauvais pas, et il fut décidé que vingt mansulaghas partiraient pour Constantinople, afin de s'assurer de la vérité, avant de poser aucune condition de traité. Ils revinrent au printemps de 1627, ayant reçu le commandement d'obéir au firman, et ramenant avec eux Hussein-ben-Elias-bey, nommé pacha en remplacement de Khosrew, mort de la peste. Après leur arrivée, il fut tenu un grand Divan, où les Turcs demandèrent, qu'avant toutes choses, on leur restituât les captifs détenus aux galères de Marseille, et les deux canons de Dansa; après quoi ils promettaient de se conformer aux ordres de la Porte. Sanson retourna en France au mois de mai, y rendit compte de sa mission, et obtint du Roi, le 6 novembre, un arrêt qui ordonnait aux communes, « desquelles ceux qui étaient esclaves en Alger étaient natifs, » de verser entre les mains de l'ambassade deux cents livres par chaque captif; cette contribution était destinée à racheter les Turcs des galères; mais elle ne fut pas suffisante, et la ville de Marseille dut y ajouter une forte somme, et acquérir à ses frais les deux canons depuis si longtemps réclamés; elle fit face à cette dépense par un impôt spécial [1]. Pendant le temps qui se passa à rassembler l'argent nécessaire, et à opérer le rachat des Turcs et des canons, Sanson continuait à négocier par lettres, en sorte que, lorsqu'il débarqua à Alger, le 17 septembre 1628, tout était prêt d'avance. Il distribua environ cinquante mille livres au pacha et aux personnages les plus influents, et, le 19 septembre, assista au grand Divan, où la *paix perpétuelle* fut votée par acclamation, le traité signé et publié à l'instant même; quiconque le violerait, fut-il dit, devait être puni de mort [2]. Le lendemain, un acte particulier, concernant les Établissements, fut approuvé et signé par le pacha et les chefs de la milice. Les Algériens s'engageaient à vivre en paix avec la France et à respecter son littoral et ses navires, à ne pas tolérer que les marchandises ou les personnes capturées sur les bâtiments français fussent vendues dans leurs ports : il était permis aux marchands de la nation de résider à Alger, sous la protection et la juridiction de leur consul, avec pleine reconnaissance de leurs droits et du libre exercice de leur religion; les vaisseaux que le mauvais temps contraignait à chercher un abri dans un des ports de la côte devaient y être secourus et protégés; enfin, les concessions françaises du Bastion et de La Calle étaient formellement reconnues, ainsi que le négoce des cuirs et des cires avec l'Échelle de

---

1. Voir le manuscrit de la Bib. nationale 7095 F.A, fonds Mortemart.
2. Ce traité a été publié pour la première fois en entier par le *Mercure François* (an. 1628) qui en donne le texte, protocole, etc.

Bône. Les fortifications du Bastion pouvaient être relevées, et les bateaux corailleurs trouver un asile dans tous les ports de la côte orientale de l'Algérie. Cette permission accordée au rétablissement des comptoirs français serait suffisante à elle seule pour montrer combien le négociateur avait su habilement se concilier la faveur des esprits : car, jusqu'alors, jamais les Turcs n'avaient voulu consentir à se soumettre aux ordres du Grand-Seigneur, en ce qui concernait l'installation des chrétiens dans ces parages. C'était alors, nous l'avons vu, une opinion généralement admise à Alger, que l'exportation des blés de la province de Constantine était la véritable cause des famines fréquentes qui désolaient la ville; et, toutes les fois que la France avait voulu réoccuper les Établissements, une expédition était aussitôt partie pour les détruire, en massacrer le personnel, ou l'emmener en esclavage. Il y avait donc un grand point de gagné, et le Divan crut devoir accentuer les motifs qui l'avaient fait revenir sur une détermination bien arrêtée, en introduisant dans les actes la clause suivante : « Pour récompense des services rendus par le capitaine Sanson, il en sera le chef (du Bastion) et commandera les dites places sans que l'on en puisse mettre aucun autre. Néanmoins, après son décès, le Roi y pourra pourvoir à d'autres personnes. »

La redevance à payer était fixée à vingt-six mille doubles; seize mille pour la solde de la milice et dix mille pour le trésor de la Casbah. En somme, tout le monde avait lieu d'être satisfait du traité; Marseille n'avait plus à trembler pour son commerce du Levant; le pacha ne se trouvait plus exposé, d'un côté aux fureurs de l'émeute, et de l'autre au châtiment de sa désobéissance; la milice voyait avec plaisir s'accroître le trésor qui assurait sa solde; enfin les Reïs, qu'avait complétement séduits le Capitaine, songeaient que bien des mers leur restaient encore ouvertes, que les galions espagnols et hollandais leur offraient une abondante et riche proie, et, qu'en fin de compte, on était parfois bien aise, en un jour de tempête ou à la suite d'un combat malheureux, de trouver un refuge dans les ports français de la Méditerranée. Ils n'ignoraient pas du reste, et plusieurs d'entre eux l'avaient appris à leurs dépens, que la marine de nos ports venait d'être presque doublée, et que l'amiral de Mantin avait reçu l'ordre de châtier vigoureusement les délinquants.

Sanson Napollon se mit en devoir de relever les Concessions ruinées, et y apporta son activité accoutumée. Dès le lendemain de la signature du traité, il occupa le comptoir de Bône, installa les corailleurs à La Calle et au Bastion, et ouvrit au cap Rose un grand marché de blé, de cuirs et de cire, où les tribus de l'intérieur ne tardèrent pas à affluer. Ces trois derniers points avaient été fortifiés chacun selon son importance, et le personnel ne laissait pas que d'être assez considérable. On y comptait quatre officiers commissionnés, une centaine de soldats, deux cents matelots, deux prêtres, deux infirmiers, un médecin, un chirurgien, un apothicaire, deux barbiers, quatre drogmans, quatorze commis et une centaine d'ouvriers de divers états. La flottille était forte de trois tartanes et de vingt et un bateaux corailleurs; l'arsenal était largement approvisionné de munitions, et l'artillerie se composait de cinq canons de bronze et de deux espingards, l'un de bronze, l'autre de fer.

Le trafic avec les Indigènes avait déjà pris assez d'extension pour que, dès le commencement de l'année 1629, le gouverneur pût offrir à la ville de Marseille de lui fournir tout le blé dont elle aurait besoin. Ce n'est pas seulement par cette affirmation que nous savons que les Concessions étaient entrées dans une voie prospère : il existe des lettres émanant de personnes qui étaient employées à divers titres, soit au Bastion, soit à La Calle, et la correspondance de Lazariu de Servian, de Lorenzo d'Angelo, de Jacques Massey et tant d'autres ne fait que corroborer les allégations du Capitaine[1]. C'est un résultat qui aurait dû réjouir tout le monde, si l'intérêt général eût été seul consulté. Il n'en fut malheureusement pas ainsi, et il est nécessaire d'expliquer succinctement l'origine de l'opposition que fit le commerce de Marseille à la création et à la conservation des Établissements, aussi bien que celle des haines qui s'acharnèrent contre leur fondateur.

Depuis plus d'un siècle déjà, quelques maisons de commerce

---

1. Archives, d. c. (AA, art. 508.)

de Marseille avaient établi un négoce suivi avec les populations côtières de l'Algérie. Elle achetaient du blé, de la cire, des cuirs, et donnaient en retour quelques produits européens, parmi lesquels figuraient, en majorité, la poudre et les armes de guerre, dont on était toujours sûr de trouver le débit chez les Kabyles. Cette sorte de marchandise était sévèrement proscrite par les Turcs, et ce trafic interlope n'était pas sans dangers : mais il était tellement fructueux que les armateurs ne faisaient jamais défaut. D'ailleurs, on était assuré de la complicité des riverains, et il ne manquait pas de petites criques où l'on pouvait aller, sans courir de trop grands risques, débarquer sa contrebande de guerre. On conçoit facilement quelle irritation durent éprouver ceux qui réalisaient ainsi d'énormes bénéfices, en voyant le Roi donner le monopole du commerce de Barbarie et de la pêche du corail à une compagnie placée sous le patronage du duc de Guise, qui rêvait peut-être de se faire là un fief semblable à celui que les Lomellini de Gênes avaient obtenu à Tabarque. Lésés dans leurs intérêts, ces marchands mirent tout en œuvre pour faire échouer les négociations, et Sanson Napollon n'eut pas de pires ennemis. A la tête de cette coalition occulte, on remarqua les frères Fréjus, dont la famille exerçait et exerça encore longtemps le commerce sur les côtes barbaresques. Lorsqu'en dépit de leurs efforts, le traité de 1628 eut été conclu, ils ne cessèrent de chercher à en détourner les effets, et à provoquer la chute de son auteur. Ils l'accusèrent d'avoir détourné à son profit une partie des sommes qui lui avaient été remises pour le rachat des esclaves, et excitèrent contre lui une population ignorante et inflammable, qui faillit se livrer aux plus grands excès. D'un autre côté, pour l'empêcher de donner ses soins au Bastion, dont il était l'âme vivante, ils imaginèrent de représenter aux Consuls de Marseille que celui qui avait fait le traité devait être responsable de son exécution, et qu'il était tenu par cela même de résider à Alger [1]. Les Marseillais étaient assez portés à admettre cette prétention exorbitante, se souvenant qu'ils avaient presque seuls supporté les frais de la transaction, et concluant de là qu'ils devaient

---

[1]. Voir les lettres de Sanson Napollon. (Archives, d. c, AA, 463.)

en bénéficier à leur gré. Sanson se tint debout devant toutes ces persécutions avec une dignité vraiment admirable. Il répondit à ses calomniateurs en leur démontrant qu'il avait racheté deux fois plus d'esclaves que n'en portait le rôle, et qu'il avait dépensé sa propre fortune dans l'accomplissement de sa mission; il accueillit les menaces avec la hauteur sereine et dédaigneuse d'un homme habitué à braver d'autres dangers, et qui sait à quoi s'en tenir sur la mobilité de la foule; enfin, il ne cessa de représenter aux magistrats de Marseille qu'il était l'envoyé du Roi, et non l'homme d'une ville; qu'il leur appartenait d'avoir un consul pour protéger leurs intérêts et leurs nationaux, et que, quant à lui, tout en continuant à mettre au service de tous les Français son énergie et son influence, il ne devait pas s'astreindre à des obligations qui l'eussent empêché de consacrer tous ses moments aux devoirs de sa nouvelle charge. Il n'avait pas échappé à sa sagacité naturelle, que le véritable but de toutes ces hostilités était le Bastion; aussi ne cessait-il de représenter à ses adversaires tout le profit qu'ils pouvaient en tirer eux-mêmes, tant pour l'extension de leur commerce, que pour prévenir les fréquentes famines qui désolaient alors le sud de la France; il ajoutait, qu'au surplus, la fondation était d'ordre souverain, et que les réclamations devaient être adressées, non pas à lui, mais au Conseil du Roi ou au duc de Guise.

Cependant, les débuts furent heureux, et le traité produisit de si bons effets, qu'un an après l'échange des signatures, il ne restait dans le territoire de la Régence que deux captifs français, qu'on recherchait activement pour les rendre. Le parti de la paix avait pris le dessus, et avait profité de la découverte d'un nouveau complot, pour emprisonner au bordj de Bougie cent cinquante des principaux meneurs, et en exiler beaucoup d'autres; les colourlis, auxiliaires naturels de toutes les conspirations, furent les plus éprouvés dans la répression; quelques esclaves compromis furent massacrés. En ce qui concernait le consulat, les conseils de Sanson étaient enfin écoutés, et Marseille venait de se décider à envoyer à Alger le capitaine Nicollin Ricou, chargé de représenter les intérêts français. On pouvait donc espérer la continuation de la paix, lorsque les agissements barbares de quelques-uns de nos nationaux vinrent tout remettre en question, et offrir aux déprédateurs un prétexte que ceux-ci se gardèrent bien de laisser échapper. Une chaloupe, montée par seize Turcs d'Alger, qui s'étaient trouvés séparés de leur navire par quelque accident de mer, errait dans les eaux de la Sardaigne, lorsqu'elle fit rencontre d'une barque de la Ciotat, qui retournait à Marseille. Se fiant à la paix nouvelle, les Algériens demandèrent à être recueillis par le vaisseau français et conduits en Provence, où ils espéraient trouver l'occasion de se rapatrier ; à peine eurent-ils mis le pied à bord, qu'ils furent inhumainement massacrés. Quelques jours plus tard, la barque *le Saint-Jean*, d'Arles, rencontra sur la côte d'Espagne une tartane d'Alger qui se laissa approcher sans défiance, fut enlevée par surprise, et dont l'équipage fut vendu aux galères d'Espagne. Ces graves infractions excitèrent à Alger une indignation légitime, et la guerre eut éclaté à l'instant même, sans les efforts réunis du gouverneur du Bastion et du nouveau consul, qui promirent une éclatante réparation et le châtiment des coupables. Sur ces entrefaites, survint une nouvelle complication : Hamza, l'otage qui habitait Marseille, ayant eu connaissance de tout ce qui venait de se passer, ne douta pas que ses compatriotes n'en eussent tiré une prompte vengeance, se souvint du meurtre de Caynan-Agha et de Rozan-Bey, et jugea prudent de se dérober par la fuite aux dangers qu'il craignait ; de retour à Alger, il chercha à justifier son évasion en racontant qu'il avait été maltraité et menacé de mort. Tout cela ne faisait qu'accroître l'irritation contre les Français ; cependant, à force d'habileté, de démarches personnelles et de présents, Sanson était parvenu à apaiser l'affaire et à montrer les choses sous leur véritable jour ; il avait même déjà décidé le Divan à envoyer un nouvel otage, lorsque vint à surgir le nouvel élément de discorde qui devait raviver les haines et mettre à néant les effets du traité de 1628.

Vers la fin du mois de novembre 1629, Isaac de Launay, chevalier de Razilly, revenait du Maroc, où il avait été envoyé en ambassade avec MM. du Chalard et de Molères, lorsqu'il rencontra dans les eaux de Salé un vaisseau algérien commandé par Mahmed-Ogia. Il l'amarina sans rencontrer la moindre résistance, en mit l'équipage sur les bancs de la chiourme, et emmena le reïs prisonnier en France. Cette fois, ce fut en vain que Napollon chercha à apaiser les esprits : le malheur voulut que les armateurs de Mahmed-Ogia fussent des principaux d'Alger ; d'ailleurs, le crime leur paraissait, avec raison, bien plus grand, ayant été commis par un navire du Roi, que ceux qui avaient été l'œuvre de quelques particuliers. Les reïs s'empressèrent de courir sus aux navires français, et ne tardèrent pas à faire de nombreuses prises : le capitaine Ricou essaya de protester ; il fut maltraité et mis aux fers : tout ce que put obtenir le gouverneur du Bastion, en dépensant dix mille piastres (23,350 francs), fut la libération de quelques équipages qui venaient d'être amenés, et la relaxation de Ricou. Celui-ci ne s'en montra guère reconnaissant, et, à partir de ce moment, il se joignit aux ennemis de Sanson, qu'il accusait d'être l'ami des Algériens plutôt que celui de ses compatriotes ; il alla même jusqu'à insinuer qu'il s'était secrètement fait Musulman. Du reste, les menaces dont il avait été l'objet, et les quelques jours de captivité qu'il avait souffert, lui avaient enlevé le peu de force morale qu'il eût jamais possédé. Il ne cessa plus de demander son rappel, poursuivant les magistrats de Marseille de ses doléances, déclarant qu'il ne voulait plus se mêler de rien, et suppliant qu'on le remplaçât par son chancelier, M. Blanchard. Cet homme d'un caractère sombre et ambitieux aspirait à lui succéder, et, pour arriver à ses fins, employait des moyens tortueux, intriguant dans le Divan, cherchant à nuire aux Établissements et à amener la ruine de leur chef [1]. Il faisait croire à Ricou que la volonté de Sanson était le seul obstacle qui s'opposât à son départ, exaspérant ainsi cet envoyé naturellement honnête, mais d'une faiblesse de caractère déplorable ; à la fin, voyant que les Consuls de Marseille ne tenaient aucun compte de ses réclamations, cet agent trop craintif se décida à abandonner son poste, et s'enfuit d'Alger au mois de mars 1631. Blanchard, qui avait très probablement préparé et facilité cette

1. Voir les lettres de Ricou et de Blanchard. (Archives, d. c. AA, 462 bis et 463.)

évasion, se fit reconnaître comme délégué par le Divan, moyennant quelques présents ; mais il eut plus de peine à se faire accepter par les Français, qui laissèrent ses lettres sans réponse pendant plus de six mois, édifiés qu'ils étaient sans doute sur sa valeur morale. Cependant, comme il ne manquait pas d'adresse et d'entregent, il se fit rendre quelques prises et quelques captifs, et se créa ainsi des protecteurs dans sa ville natale. Il ne fut pourtant jamais que toléré, et nous verrons bientôt que son esprit d'intrigue le jeta dans les plus grands embarras.

D'ailleurs, la charge continuait à appartenir à la famille de Vias, et le titulaire était, depuis 1628, le fils de l'ancien consul, Balthazar de Vias, qui avait probablement cédé à la ville de Marseille l'exercice de ses droits ; en tous cas, rien ne prouve formellement qu'il ait résidé à Alger.

Un pacha, du nom de Younes, succéda à Hussein ; il fut mal accueilli par la milice, et se vit bientôt remplacé par son prédécesseur.

La Kabylie était de nouveau en pleine révolte, et la guerre continuait avec Tunis. Les reïs ravageaient d'une manière permanente les côtes d'Espagne, d'Italie et de Portugal, poussant même des pointes hardies jusque sur les côtes d'Angleterre et d'Islande.

Dans le contrat passé entre le divan et le consul général d'Alger pour le rétablissement du Bastion et de ses dépendances, à la date du 30 septembre 1628, on se rappelle qu'il avait été stipulé que le gouvernement des Concessions appartiendrait à Sanson Napollon pendant toute sa vie, « sans que le Roi pût en mettre aucun autre. » Les ennemis du Capitaine crurent trouver là un moyen assuré de le perdre, et cette clause, à laquelle on ne paraît pas avoir tout d'abord prêté une grande attention, fût mise sous les yeux du Cardinal de Richelieu. Celui-ci, dont le génie centralisateur était en méfiance de tout ce qui lui semblait être une atteinte aux prérogatives royales, déclara que le contrat de 1628 était un acte diplomatique indigne du roi de France. Il fit décider par le Conseil que des modifications y seraient apportées, et qu'on ferait partir pour les établissements de Barbarie un envoyé du Roi, chargé, entre autres missions, de s'assurer de la fidélité du gouverneur et des troupes placées sous ses ordres. La mesure pouvait paraître d'autant plus urgente, que les calomniateurs de Sanson l'accusaient de vouloir se rendre indépendant, et de s'être vanté de tenir le Bastion du Divan d'Alger, et non du Roi de France.

Le 8 octobre 1631[1], M. de l'Isle reçut sa commission et partit, quelques jours après, porteur de deux lettres, adressées au Capitaine par Louis XIII et par le cardinal de Richelieu. Il arriva au Bastion le 11 avril 1632, visita avec le plus grand soin les forteresses récemment construites ou réparées, les magasins et la flottille ; il se fit rendre les comptes, et, son enquête terminée, se déclara entièrement satisfait sur tout ce qui concernait le service du Roi.

Le 29 avril, il réunit la garnison et lui fit prêter le serment de fidélité ; après cette cérémonie, il investit solennellement Sanson Napollon, en lui remettant publiquement sa commission de gouverneur royal, scellée du grand sceau, en date de Monceaux, du 29 août 1631. Ce fut une grande déception pour les injustes haines qui persécutaient cet homme de bien, cet excellent serviteur de la France ; il se sentit fortifié et raffermi dans sa position au sortir de cette épreuve, et les lettres adressées par lui à cette époque au Roi et au Cardinal se ressentent de la légitime satisfaction qu'éprouve celui qui vient de confondre ses calomniateurs.

Nous avons déjà dit que, pendant que ces événements s'accomplissaient, le capitaine Ricou s'était enfui d'Alger, laissant, pour lui succéder, Blanchard, qui chercha à s'attirer par des présents l'amitié du vieux pacha Younes. Il y parvint facilement ; mais il indisposa par cela même contre lui les chefs de la milice et de la taïffe, et il se vit insulté en plein Divan, sans que son protecteur fît la moindre démarche en sa faveur. Il s'en plaignit aigrement, et se refusa à continuer ses fonctions, tant qu'on ne lui aurait pas fait justice de l'affront reçu ; pour toute réponse, il fut mis aux fers. On ne comprend guère comment cet homme, intelligent d'ailleurs, et qui habitait

---

1. Voir le manuscrit de la Bib. nationale. (Collection Brienne, t. LXXVIII.)

Alger depuis assez longtemps pour apprécier sainement la situation, ait pu croire un seul instant qu'il verrait venir à son aide, au risque de compromettre sa position et sa vie elle-même, un malheureux souverain, qui ne régnait et qui n'existait que grace à la tolérance de Sidi Hamouda et des principaux d'Alger. On ne le garda, du reste, en prison que vingt-quatre heures, et il reprit de lui-même l'exercice du consulat.

Cependant, le Divan ne cessait de réclamer la libération des équipages turcs enlevés indûment par M. de Razilly et mis en galères. Voyant qu'on ne prêtait aucune attention à ses justes plaintes, il avait séquestré les marchandises françaises et mis l'embargo sur les personnes, jusqu'à ce qu'il eût obtenu la satisfaction demandée. Dans ses lettres, adressées au Roi et au cardinal de Richelieu, Sanson Napollon avait vivement conseillé de hâter cette restitution ; mais il se présentait de grandes difficultés. Le Général des galères demandait cent écus par tête de chacun des forçats qu'il aurait à délivrer, et personne ne se chargeait de ce paiement ; de plus, il refusait absolument de relaxer cinq ou six rénégats qui faisaient partie des équipages capturés, se retranchant derrière des raisons de conscience. Or, c'était justement ceux-là que les Turcs réclamaient avec plus d'insistance, sachant bien le sort qui les attendait en chrétienté. A tout cela venait s'ajouter la mauvaise volonté des capitaines de galères, fort peu soucieux de voir amoindrir leurs forces, et désorganiser un équipage qui leur avait coûté tant de soins. Rien ne se faisait donc ; les Algériens attribuaient toutes ces lenteurs à une mauvaise foi manifeste, excités qu'ils étaient, d'ailleurs, par ceux qui convoitaient les Établissements français et par les doléances journalières des familles des victimes. De leur côté, les marchands et les marins détenus à Alger s'y trouvaient dans un état fort misérable. S'ils eussent été esclaves, leur maître eut pourvu, tant bien que mal, à leur nourriture ; n'appartenant à personne, et privés de ressources par le séquestre, ils étaient réduits à vivre d'aumônes, et, malgré le bas prix de toutes les denrées alimentaires, ils avaient beaucoup à souffrir. Il est donc aisé de comprendre que leur plus grand désir fût de s'échapper de la demi-captivité à laquelle ils étaient astreints ; rien de plus légitime que ces tentatives ; mais un agent consulaire n'eût jamais dû y prêter les mains ; son devoir professionnel lui interdisait toute immixtion de ce genre. Ce fut pourtant ce que fit Blanchard, et quelques évasions eurent lieu, grâce à sa complicité. Il était facile d'en prévoir le résultat, qui ne se fit pas attendre ; le vice-consul fut arrêté de nouveau et mis au bagne ; il en fut de même des résidents français, qu'on s'était contenté, jusque-là, d'interner dans Alger, et qui furent mis aux fers et envoyés au dur travail des carrières. Les Turcs considérèrent tout cela comme une preuve certaine qu'on ne leur rendrait jamais ceux de leurs compatriotes qui se trouvaient détenus sur les galères royales, et le traité fut rompu de fait. Les bâtiments de commerce, ainsi que leurs équipages furent déclarés de bonne prise, et les corsaires vinrent enlever du monde jusque sur les côtes de Provence. La fuite intempestive d'une douzaine de prisonniers coûta la liberté à plus de deux mille personnes. Au lieu d'attribuer son malheur à ses véritables causes, Blanchard continua à en accuser Sanson Napollon ; à le croire, ce fut lui qui invita le Divan à le faire mettre au bagne avec les autres Français ; cette accusation est entièrement dénuée de sens : il est impossible de voir quel intérêt aurait eu le gouverneur du Bastion à se déshonorer par une démarche aussi odieuse et aussi peu conforme à ce que nous connaissons de son caractère ; il eût, de ce coup, perdu tout crédit dans l'esprit des Turcs eux-mêmes, sans parler de la grave responsabilité qui lui fût incombée, lors de son retour en France.

Du reste, la lecture seule des lettres du vice-consul montre combien son esprit, déjà aigri par les déceptions, était égaré par la haine ; il suffit, pour s'en rendre compte, de l'entendre nous dire que « le Capitaine envoya l'ordre au gardien du bagne de lui couper les moustaches et de les lui envoyer au Bastion, pliées dans un papier » ; qu'il fit inviter le même « à lui donner des coups de bâton sur la tête ; » enfin, « qu'il envoya le sieur Jacques Massey, agent du Bastion, à Alger, voir quelle figure il faisait sans moustaches, » et que ce dernier « ne put s'empêcher de sourire. »

Pendant ce temps, Sanson, tout en s'efforçant de pacifier les esprits à Alger, ne cessait de réclamer les forçats turcs à la Cour de France ; on lui avait assuré qu'ils seraient délivrés, et il lui avait été ordonné de se rendre en personne auprès du Roi, qui voulait lui donner des ordres confidentiels au sujet de modifications urgentes à apporter au traité de 1628. Deux motifs retardaient le départ du gouverneur : il estimait que la situation était bien tendue en ce moment pour introduire des rectifications de ce genre ; d'un autre côté, il voyait les Génois de Tabarque s'efforcer de nuire aux Établissements français par tous les moyens possibles, et il eût désiré se débarrasser de ces incommodes voisins, avant de commencer un voyage dont nul ne pouvait prévoir la durée. Il voulait en finir avec eux, en avait sollicité l'ordre depuis longtemps, et venait très probablement de le recevoir, lorsqu'il partit pour cette expédition qui devait lui coûter la vie [1].

Il avait résolu de s'emparer de l'île par un coup de surprise ; à cet effet, il noua des intelligences avec un Gênois, faisant office de boulanger dans le fort qui défendait la concession des Lomellini ; cet homme, gagné à prix d'argent, promit d'ouvrir les portes au premier signal et de faciliter l'entrée. Les garnisons réunies du Bastion et de la Calle fournirent un contingent à peu près égal à celui dont pouvait disposer l'ennemi, et le départ eut lieu le 11 mai 1633. Le gouverneur avait confié la garde du Bastion à son lieutenant François d'Arvieux ; celui-ci chercha à le dissuader de l'entreprise, qu'il estimait trop hasardeuse ; il ne put malheureusement pas y parvenir. La petite flottille arriva à la nuit noire, ainsi que cela avait été arrêté, et fit le signal convenu : le débarquement eut lieu sans encombre, et les assaillants marchèrent vers le château. Arrivés aux palissades du fossé, ils purent s'apercevoir que l'espion les avait trahis eux-mêmes ; car ils furent reçus par un feu terrible, qui en coucha à terre un

---

[1]. Nous disons qu'il est très probable que Sanson Napollon reçut des ordres, parce que, dans le récit que nous fait de sa mort la *Gazette de France*, qui était le *Journal officiel* de l'époque (an. 1633, p. 235) il n'y a pas un mot de blâme ni de désaveu, ce qui n'eut sans doute pas manqué, si le Capitaine eut agi de sa propre autorité.

bon nombre, et se virent chargés par les Génois avec une telle furie, que les survivants, presque tous blessés, eurent grand'peine à regagner leurs navires. Sanson Napollon, qui marchait à la tête de sa troupe, avait été frappé l'un des premiers ; il était tombé, le front fracassé par une balle, non toutefois sans avoir tué deux hommes de sa propre main.

La nouvelle de cette fin tragique et prématurée ne tarda pas à se répandre, et fut accueillie avec des sentiments divers ; la Cour de France s'affligea de la perte d'un bon et fidèle serviteur et s'occupa de combler le vide que laissait sa mort : les Turcs d'Alger y virent une sorte de fatalité qui les privait des dernières espérances qu'ils avaient pu concevoir pour le maintien de la paix. Quant à Blanchard, qui était encore au bagne, et qui y mourut probablement, il ne craignit pas d'afficher une joie cruelle, en apprenant le sort de celui qu'il considérait comme son plus grand ennemi.

CHAPITRE TREIZIÈME

LES PACHAS TRIENNAUX (Suite)

SOMMAIRE : Accroissement de la Course et de la puissance des reïs. — Révolte des Colourlis. — Incendie de la Casbah. — La Taïffe et Ali-Bitchnin. — Mission de Sanson Le Page. — Ioussouf. — Les croisières permanentes. — MM. de Sourdis et d'Harcourt. — Ali. — L'amiral de Mantin. — Destruction du Bastion et arrestation du vice-consul Piou. — Insurrection des Kabyles et du Cheik El-Arab. — Bataille de Guedjal. — Combat naval de la Velone. — Révolte des reïs contre la Porte. — Cheik-Hussein. — Ioussef-abou-Djemal. — Mohammed-Boursali. — Ali-Bitchnin s'empare du pouvoir. — Sa fuite, son retour et sa mort. — Ahmed. — Rétablissement du Bastion.

La période qui suivit la mort de Sanson Napollon est une des plus obscures de l'histoire de la Régence ; elle paraît aussi en avoir été une des plus agitées. La Course était arrivée à son apogée, et jamais les reïs d'Alger n'avaient été plus nombreux et plus audacieux. Grâce à eux, la ville regorgeait de richesses, et se trouvait, par cela même, complètement à leur dévotion. Le Père Dan raconte que, depuis 1629 jusqu'à 1634, les Algériens firent subir au commerce français une perte de quatre millions sept cent cinquante-deux mille livres, en lui capturant quatre-vingts vaisseaux, dont cinquante-deux des ports de l'Océan, et mille trois cent trente et un marins ou passagers, dont cent quarante-neuf se firent musulmans. Si l'on ajoute à cette somme la valeur des prises faites sur les Anglais, les Hollandais, les Espagnols, celle du butin et des esclaves enlevés sur les rivages de la Méditerranée, on ne s'étonnera plus des richesses immenses amassées par les reïs, et de la prospérité dont jouissait le peuple d'Alger, bien qu'il ne fît absolument rien, et que la ville fût en état permanent d'émeute.

En 1633, le désordre était en recrudescence. Préludant à la révolution qu'elle devait accomplir vingt-six ans plus tard, l'assemblée tumultueuse du Divan venait de soustraire au Pacha l'administration du trésor, et n'en exigeait pas moins qu'il soldât les troupes au moyen de quelques droits régaliens qui lui avaient été conservés. Le vieil Hossein, impuissant et affolé de peur, consentait à tout; mais l'argent vint à lui manquer. Comme de coutume, les janissaires accoururent, portant, en signe de protestation, les marmites renversées ; la sédition habituelle éclata, et le Pacha fut maltraité et emprisonné. Les Colourlis crurent pouvoir profiter de ce désordre pour revendiquer leurs droits ; dès l'origine, ils avaient été systématiquement écartés des honneurs et du pouvoir, par suite de la méfiance des Turcs, craignant toujours qu'une race nouvelle, née dans le pays, ne vînt à y prospérer et à les supplanter ; malgré cette précaution, ils étaient devenus assez menaçants pour qu'on se fût décidé à les expulser, et, en 1629, ils avaient été chassés de la ville, avec un délai d'un mois pour quitter le royaume lui-même. Mais il était plus facile d'édicter une semblable mesure que de la faire respecter, et la plupart des bannis se trouvaient aux environs d'Alger, ou dans la ville même.

Le 1er juillet 1633, ils rentrèrent dans la cité, par petits groupes [1], déguisés en fellahs, et porteurs d'armes cachées ; ils fondirent subitement sur les janissaires et parvinrent à occuper quelques postes. Ils comptaient sans doute sur l'appui de la population de la ville, qui n'eût pas tardé à se déclarer en leur faveur, s'ils eussent été les plus forts; mais le moment avait été mal choisi. C'était la saison de la Course : tous les Reïs étaient sur mer avec leurs équipages, et eux seuls eussent pu entraîner ces citadins, dont la couardise était notoire, et faisait le sujet des plaisanteries quotidiennes des Turcs. Remis de leur première surprise, ceux-ci s'empressèrent de fermer les portes des remparts, et chargèrent vigoureusement les insur-

---

1. Cet épisode a souvent été mal raconté; Sander-Rang n'en parle pas; M. Berbrugger le reporte en 1630; mais la vraie date nous est donnée par une lettre venant d'Alger, publiée par la *Gazette de France*, 1633, p. 454.

gés, qui se défendirent en désespérés. Ils se virent bientôt refoulés dans la haute ville et attaquèrent la Casba, soit pour s'en faire une place d'armes, soit pour se ménager une issue vers la campagne. Au milieu de l'action, la poudrière prit feu et sauta. La forteresse fut détruite, avec plus de cinq cents maisons; cet épisode de la révolte causa la mort d'environ six mille personnes. Ceux des rebelles qui survécurent à ce désastre furent traqués dans les rues et dans les habitations, massacrés sur place, ou réservés pour périr dans tous les supplices que put inventer l'ingénieuse férocité des Turcs. Les fuyards se réfugièrent en Kabylie, où ils furent bien accueillis, et ce seul fait prouve qu'il existait une complicité antérieure.

Cette défaite des Colourlis, en supprimant le seul élément de pondération qui existât entre l'ambition de la milice et celle des Reïs, fit tomber fatalement le pouvoir entre les mains de ces derniers. Celui qui se mit à la tête du mouvement fut un renégat nommé Ali-Bitchnin [1], Amiral des galères et chef de la Taïffe des Reïs. Ses richesses étaient énormes; il possédait deux somptueuses habitations, l'une dans la haute ville, l'autre près de la mer; il avait fait construire à ses frais une vaste mosquée, à laquelle touchaient ses bagnes, qui renfermaient plus de cinq cents captifs, sans compter ceux qui ramaient sur ses navires et ceux qui cultivaient ses nombreuses métairies. La puissance occulte dont il disposait le rendait le véritable roi d'Alger, et il rêvait de le devenir en effet, de se rendre indépendant de la Porte, et de se débarrasser de la milice. Pour atteindre ce but, il avait épousé la fille du sultan de Kouko, ce qui assurait son influence sur les Berranis kabyles, très nombreux à Alger, et desquels il comptait se servir un jour ou l'autre.

L'ancien chef des Reïs, son ami Ali Arabadji, venait de se

---

[1]. La révolution qui mit un instant le pouvoir entre les mains du chef de la Taïffe n'a pas excité jusqu'aujourd'hui l'attention des historiens de la Régence; cependant le rôle considérable que joua de 1630 à 1646 Ali-Bitchnin nous est révélé par les lettres des consuls, des rédemptoristes et des esclaves de ce temps. — Voir, entre autres, les lettres du P. Lucien Hérault, citées dans *Alger pendant cent ans* (Paris, 1853, in-16).

faire nommer Pacha de Tripoli, et tous deux aspiraient au moment où la puissance de la Taïffe régnerait sur toutes les côtes Barbaresques.

Pendant que tout cela se passait à Alger, la Cour de France hésitait à donner un successeur à Sanson Napollon et à renouer des négociations avec le Pacha et le Divan. Il y avait, à ce sujet, dans le Conseil royal, deux opinions contraires et bien tranchées. Les uns voulaient une guerre sans merci et demandaient l'extermination de la marine barbaresque; ils proposaient une expédition vigoureuse, qui eût détruit par le fer et le feu les navires et les défenses des ports; cette campagne eût été suivie d'une série ininterrompue de croisières annuelles, qui eût empêché les corsaires de se créer de nouvelles forces. Le parti opposé représentait les dépenses énormes qu'occasionnerait l'entretien des flottes, la difficulté des ravitaillements, et la situation périlleuse dans laquelle se trouveraient les navires français, le jour où des nécessités politiques entraîneraient une guerre avec des nations maritimes. De plus, une fois des opérations de ce genre commencées, on ne pouvait pas affirmer qu'on ne serait pas forcé d'aller plus loin, et qu'il ne serait pas bientôt indispensable d'occuper en permanence des points importants, ce qui créerait naturellement une mésintelligence avec la Porte, souveraine nominale de ces contrées. Et la question devenait ici d'autant plus grave que la France s'occupait en ce moment d'abaisser la puissance de la maison d'Autriche, et qu'il n'eût pas été sage de se priver de l'aide que lui apportait dans cette œuvre l'hostilité séculaire du Turc. Les partisans de la paix l'emportèrent donc cette fois encore, et il fut résolu qu'on ferait une nouvelle tentative d'accommodement. En conséquence, le roi nomma, comme successeur de Sanson Napollon aux Établissements, Sanson Le Page, premier hérault d'armes de France au titre de Bourgogne, et le chargea en outre de se rendre à Alger et d'y demander la restitution des captifs français, et des modifications au traité de 1628. Il semble qu'on ne comptait guère obtenir la mise en liberté des esclaves, puisque le délégué du roi emmenait avec lui le Père Dan, de l'Ordre de la T. S. Trinité pour la Rédemption des captifs, porteur d'une grosse somme destinée à des rachats; ce religieux nous a laissé une relation assez détaillée de son voyage. La mission s'embarqua pour Alger le 12 juillet 1634, et y arriva le 15 du même mois. Les Turcs voulurent contraindre l'envoyé du roi à amener la bannière de France, qui était arborée au grand mât, prétendant que cette marque de souveraineté ne pouvait être tolérée dans leur port : ils se calmèrent pourtant, en apprenant qu'à Constantinople, les choses se passaient de la même façon. Le débarquement s'effectua un samedi, jour où le Divan avait coutume de se réunir en audience plénière; l'envoyé du roi reçut une députation, qui l'invita à se rendre à l'assemblée. Aussitôt introduit, il exposa l'objet de sa mission, et fut accueilli favorablement; la promesse de restitution rapide des captifs produisit le meilleur effet, et on fit immédiatement proclamer par toute la ville que celui qui offenserait l'ambassadeur ou quelqu'un de sa suite serait puni de mort. En même temps, on déchargea du dur travail des carrières les esclaves français du Beylik. Cependant, rien ne fut résolu quant au fond, parce qu'on attendait d'un jour à l'autre un nouveau Pacha, qu'on savait avoir été nommé à Constantinople, en remplacement du vieil Hossein.

Il arriva, en effet, deux jours après, et donna audience au délégué le surlendemain de son installation. Il s'excusa d'abord de rien conclure, disant qu'il lui fallait le temps de prendre connaissance des affaires, et traîna ainsi les choses en longueur pendant trois semaines. Il profita de ce délai pour se faire accorder par le Divan la permission de traiter lui-même et sans intermédiaire avec la France.

Ce nouveau Pacha se nommait Joussouf[1]. C'était un homme artificieux et cupide; il avait été forcé de dépenser de grosses sommes pour se faire nommer au poste qu'il occupait en ce moment, et ne songeait qu'à rentrer dans ses déboursés et à s'enrichir le plus vite possible. Il crut avoir trouvé là une

---

1. Nul pacha n'a été l'objet d'autant d'erreurs; on le fait régner de 1634 à 1646, alors que des actes officiels et des inscriptions prouvent qu'il fut remplacé par Ali le 27 juin 1637 (1ᵉʳ safer 1047). Mais on s'est obstiné à le confondre, d'une part, avec le caïd Ioussef, qui commanda à plusieurs reprises des expéditions contre les Kabyles, et de l'autre, avec Ioussef Kortandji Abou Djemal, qui fut nommé Pacha en 1640.

source de fortune et se mit à manœuvrer en conséquence. Il fit d'abord décider qu'on ne pouvait pas rendre sans indemnité les vaisseaux, marchandises et prisonniers qui avaient été vendus, attendu que ce serait frustrer les acquéreurs, qui avaient acheté de bonne foi aux enchères publiques, et que, d'ailleurs, le tout était de bonne prise, les Français ayant commencé les hostilités. On s'attendait un peu à cette première réponse, et le Père Dan se mit en devoir de racheter de gré à gré les esclaves à leurs propriétaires. Sanson Le Page introduisit alors une nouvelle demande, et proposa d'échanger les soixante-huit Turcs qui se trouvaient à Marseille contre les trois cent quarante-deux Français sur lesquels l'embargo avait été prononcé.

Cela agréait fort au Divan, et avait beaucoup de chances d'être accepté : ce que voyant le Pacha, il fit courir le bruit qu'il y avait en France beaucoup plus de Turcs qu'on n'offrait d'en rendre, et qu'on en avait vendu une partie à Malte. Pour appuyer ces rumeurs, il organisa secrètement une émeute de la populace, et chercha à se faire accorder par le conseil la permission de vendre les *Français francs* [1], disant que c'était le véritable moyen de hâter la solution du différend; en réalité, il ne voulait que mettre la main sur la grosse somme que cette vente eût produite. Mais un pareil dessein était trop facile à pénétrer, et l'autorisation qu'il demandait lui fut refusée. Il suscita alors de nouvelles difficultés, demanda une indemnité dérisoire, offrit de laisser partir autant de Français qu'on lui renverrait de Turcs; enfin, pressé par les plaintes des familles des détenus, et n'osant pas s'opposer ouvertement à un arrangement, il eut l'adresse de leur persuader que le roi de France ne tiendrait pas sa parole quand il aurait recouvré ses sujets, et qu'il fallait exiger la rentrée préalable des leurs. Cet avis prévalut, et ce fut en vain que Le Page s'offrit à rester lui-même en otage, ou à faire le renvoi exigé, si le Divan consentait à envoyer deux de ses principaux membres en garantie des engagements qu'on allait prendre. Voyant que toutes ses démarches restaient inutiles, et qu'il était joué, il se résolut à

---

1. On appelait *Français Francs* ceux qui résidaient librement à Alger.

se retirer, et partit d'Alger le 21 septembre, malgré l'opposition sourde de Joussouf, qui poussa la fourberie jusqu'à l'accabler de compliments et de témoignages d'amitié, cherchant à lui persuader qu'il avait toujours pris son parti, et que les demandes de la France n'avaient été repoussées que grâce aux intrigues de l'ancien Pacha.

En somme, tout le monde était mécontent, comme le fait très justement observer le Père Dan ; l'ambassadeur, d'avoir échoué dans sa mission ; les membres du Divan, de voir se prolonger la captivité de leurs parents et amis, et enfin le Pacha, dont l'astucieuse cupidité avait été déjouée, et auquel il ne restait que la consolation d'avoir empêché une paix qui eût diminué ses parts de prises.

Sanson Le Page alla visiter les Établissements, et retourna rapidement en France, pour y rendre compte de son insuccès. Il arriva à Marseille le 9 octobre ; il était parti de La Calle le 5 du même mois.

Il fallait en revenir au système des croisières permanentes, et, le 7 mai 1635, le Roi ordonna la formation d'une escadre contre les pirates de la Méditerranée. En raison de l'urgence, il fut pris des dispositions spéciales et quelque peu arbitraires. En effet, la déclaration du 7 mai ordonnait de saisir, pour renforcer la chiourme de l'escadre récemment créée, « tout vagabond ou mendiant valide et autres gens sans aveu, et ce, sans formalité de procès. »

En même temps, les populations des côtes furent invitées à former des milices et à prendre les mesures nécessaires en vue de débarquements probables ; plus d'un exemple prouve que ces ordres furent exécutés. Les Chevaliers de Malte rendirent là de glorieux services, soit que, des commanderies où ils étaient retraités, ils se missent à la tête de ces troupes mal habiles, soit que, croisant dans les mers de France, ils apprissent, par de dures leçons, aux corsaires algériens à en respecter les rivages. Somme toute, la Provence et le Languedoc ne souffrirent pas trop, et le pays fut plutôt insulté que maltraité. Il n'en fut pas de même de l'Italie, dont le malheureux peuple apprit à ses dépens ce que coûtent les dissensions intestines, les mauvais gouvernements et l'oubli des traditions militaires. Toutes ces conditions en faisaient une proie facile, que les corsaires se gardèrent bien de laisser échapper, et son littoral eut à subir régulièrement deux débarquements annuels. Aucun de ceux des Algériens qui avait fait une course infructueuse ne manquait d'aller la terminer entre Gênes et Messine, afin de n'avoir pas la honte de rentrer au port les mains vides. Quelquefois l'expédition se faisait en grand; au mois d'août 1636, le Vice-Roi de Naples fut forcé d'appeler à son secours le Grand Maître de Malte : les corsaires avaient profité de la foire annuelle de Messine pour tout piller; de là, ils avaient été enlever 700 personnes en Calabre, et ils venaient d'investir Vico, dont tous les habitants s'étaient enfuis dans la montagne. Au printemps de 1637, ils revinrent saccager la Sardaigne, pillèrent et brûlèrent Cériale et Borghetto, y firent plus de 500 captifs, ravagèrent une partie des côtes de la Sicile et de la Corse; ils recommencèrent à l'automne de la même année et en 1638, où ils débarquèrent au nombre de 1.500 à Crotone, après avoir fait mille dégâts près de Gaëte. Cette même année, ils ravirent, dans l'Océan, plus de huit millions de butin sur les Espagnols. En 1639, Ali-Bitchnin ne fut empêché que par une terrible tempête de s'emparer du riche trésor de Notre-Dame-de-Lorette; il se rabattit sur la Calabre et la Sicile, d'où il ramena un millier d'esclaves. En 1644, les Algériens mirent à sac le pays de Mondragone, la banlieue de Squillace, la Pouille et la Calabre; ils y firent 4,000 prisonniers. Les galères toscanes et napolitaines n'osaient plus les combattre. Cela devait durer ainsi pendant plus de deux siècles, et on se demande comment ces misérables populations purent y résister et continuer à vivre.

En même temps qu'ils écumaient le bassin occidental de la Méditerranée, leurs navires franchissaient le détroit de Gibraltar, et poussaient presque jusqu'au cercle polaire leurs courses aventureuses. L'Angleterre, l'Irlande, l'Islande même, les voyaient paraître sur leurs rivages. Le P. Dan, qui a dénombré leurs forces, nous dit qu'ils avaient à cette époque soixante-dix vaisseaux de quarante à vingt-cinq pièces de canon, tous « les mieux armés qu'il fût possible de voir ». Il faut ajouter à cela au moins le double de petits bâtiments de rame, pour avoir une idée de l'incroyable développement qu'avait pris la marine d'Alger. La France allait donner aux nations européennes le signal et l'exemple de la résistance

Le 1er mai 1636, MM. de Sourdis et d'Harcourt partirent de Paris pour aller se mettre à la tête de l'escadre de la Méditerranée ; la flotte appareilla le 10 juin, et rentra le 29 juillet à Marseille, ramenant avec elle cinq bâtiments ennemis. Cette première démonstration éloigna les pirates des eaux françaises et de la route du Levant. La frayeur avait été grande à Alger, où l'on avait craint une attaque : Joussouf-Pacha profita de cette panique pour lever un impôt extraordinaire de trois cent mille piastres sur les tribus, et de deux cent mille sur les villes ; ce subside était destiné, disait-il, à réparer les fortifications. Mais il fut remplacé au mois de juin de l'année suivante par Ali-Pacha, et partit pour Constantinople, avec tout l'argent qu'il avait pu récolter. Le nouveau Gouverneur était un homme d'un caractère faible, qui ne sut prendre aucune autorité à Alger. Quant à Joussouf, c'est très probablement de lui qu'il est question dans la légende controuvée d'un Pacha d'Alger pris à cette époque par les croisières françaises[1]. Peu de jours après l'arrivée d'Ali-Pacha, Mourad, bey de Constantine, s'empara traîtreusement du Cheick el-Arab Mohammed-ben-Sakheri, et le fit décapiter, ainsi que son fils Ahmed et une dizaine des principaux chefs. Il croyait affermir son pouvoir par cette exécution barbare, qui ne fit qu'amener une révolte, comme nous le verrons un peu plus loin.

Le 7 novembre 1637, le commandeur de Mantin appareilla à Toulon avec douze gros vaisseaux et prit la route d'Alger, emmenant avec lui Sanson Le Page, auquel le Roi avait de nouveau donné mission de retirer les esclaves français, et de faire approuver le traité de 1628 réformé. A cet effet, on avait embarqué sur la flotte les Turcs tant de fois réclamés en vain par le Divan ; il était enjoint au chef de l'escadre d'aller mouiller au cap Matifou, et de se mettre de là en relations

---

1. Voir la *Gazette de France*, 1638, p. 757, où il est question de la capture d'un Pacha de Barbarie par les galères toscanes ; c'est très probablement la source de cette légende.

avec les Algériens ; on pensait qu'en voyant les leurs aussi proches, ils se montreraient plus faciles à traiter. Cela eût bien pu réussir, tant par ce sentiment même, que par la crainte que leur eussent inspiré des forces aussi nombreuses : mais on était parti trop tard, à une saison où il ne faut pas compter sur le beau temps dans la Méditerranée ; la flotte fut dispersée par une tempête, et deux vaisseaux seulement, l'*Intendant* et l'*Espérance*, arrivèrent le 17 novembre devant Alger, sous bannière blanche, et saluèrent la ville, qui rendit également le salut. Ils restèrent en rade jusqu'au 24, où le Pacha leur envoya une lettre, par laquelle il les invitait à entrer dans le port s'ils venaient en amis, et, dans le cas contraire, à quitter la rade, s'ils ne voulaient y être attaqués. N'ayant pas d'ordres précis, et craignant de compromettre la situation, les deux bâtiments s'éloignèrent. Deux jours après, M. de Mantin arriva en rade ; on lui expédia la felouque avec une nouvelle lettre du Pacha, qui lui demandait de faire connaître ses intentions. La réponse fut donnée par une missive de Sanson Le Page, qui reproduisait les anciennes réclamations. Le 29, aucune réponse n'était arrivée ; le temps devenait de plus en plus mauvais ; le Commandeur fit arborer la bannière rouge et mit à la voile. Il avait eu d'abord l'intention de faire ses adieux aux Algériens en canonnant vigoureusement le port ; il fut détourné de ce projet par les lettres du Vice-Consul, qui avait été prévenu par les Turcs que tous les Français seraient massacrés au premier coup de canon. Le 2 décembre, le commandeur de Chasteluz entra en rade ; il avait pris deux bâtiments algériens, chargés de blé, avec soixante-dix Turcs, et délivré soixante-quinze rameurs chrétiens ; il ne séjourna pas, et fit immédiatement voile pour Marseille, où il arriva le 9 du même mois.

Pendant tout ce temps, Alger s'était trouvé dans un état d'agitation extraordinaire ; l'arrivée des deux premiers navires y avait fait craindre la guerre ; la lettre de l'Ambassadeur avait un peu rassuré les esprits et excité une grande rumeur au milieu du Divan : les uns, désireux de voir délivrer leurs amis, voulaient qu'on acceptât les propositions ; mais les riches propriétaires d'esclaves s'y opposaient, voyant qu'ils paieraient ainsi les frais du traité. Ils avaient pour principaux chefs Amza-Agha, Cigala et Ali-Bitchnin. Le Vice-Consul Piou, au lieu d'agir pour le bien public, cherchait à se dérober à la colère des Reïs, et passait son temps à adresser à tout le monde de vaines et injustes récriminations contre l'agent du Bastion. Après que M. de Mantin eut arboré la bannière rouge, personne ne douta plus à Alger d'un châtiment prochain ; le Beylik et les principaux Reïs se hâtèrent de transporter à Bône leurs esclaves français.

Mais l'audace leur revint au bout de quelques jours de tranquillité, et la nouvelle des prises faites par M. de Chasteluz y fit succéder l'exaspération. En fait, c'était un procédé douteux que de se présenter pour traiter, en faisant acte de guerre tout le long de la route. Le Divan s'assembla d'urgence le 8 décembre ; Piou et Massey furent arrêtés, menacés d'être brûlés vifs, et, finalement, incarcérés : les nombreuses relations qu'ils avaient dans Alger abrégèrent leur emprisonnement. Mais il fut décidé que la paix était rompue, que les Établissements français seraient détruits et ne pourraient jamais être reconstruits ; Ali Bitchnin reçut l'ordre d'exécuter la sentence, et partit immédiatement avec les galères ; à la fin du mois il était de retour, ayant tout ravagé, et ramenant trois cent dix-sept prisonniers. Il n'avait eu à essuyer aucune résistance de la part de gens qui ne savaient rien de ce qui s'était passé, et ne s'attendaient à aucun acte d'hostilité. A cette nouvelle, les Lomellini se hâtèrent de renforcer Tabarque.

Ce surcroît d'injures resta impuni. La marine française était suffisamment occupée par la guerre avec l'Espagne, et il lui eût été à peu près impossible de diviser ses forces : c'était un des inconvénients prévus du système des croisières permanentes.

Fort heureusement pour la France, l'année 1638 fut néfaste pour l'Odjeac, qui vit se révolter toutes les populations de l'Est, et subit au même moment sur mer des pertes presque irréparables.

En supprimant le Bastion dans un moment de colère aveugle, les Turcs n'avaient pas songé qu'ils détruisaient par cela même le commerce des tribus orientales de la Régence, et qu'ils les mettaient ainsi dans l'impossibilité de payer le tribut annuel, en même temps qu'ils enlevaient au trésor du Beylik la ressource précieuse des seize mille doubles que les Établissements y versaient chaque année, en vertu de la convention de 1628.

Les Kabyles de la province de Constantine refusèrent donc de payer l'impôt, et s'insurgèrent sous le commandement de Khaled-es-S'rir; en même temps, le Cheikh el-Arab Ahmed ben-Sakheri ben-bou-Okkaz, qui avait à tirer vengeance du meurtre de son frère, assassiné l'année précédente par le Bey Mourad, entraînait les indigènes du Sud, marchait avec eux sur Constantine, dont il ravagea les environs et la banlieue, après avoir fait sa jonction avec Khaled. Mourad-Bey s'empressa de demander des renforts à Alger, et il lui fut envoyé quatre mille janissaires sous les ordres des Caïds Ioussef et Châban. L'arrivée de ces troupes porta ses forces à environ six mille hommes, avec lesquels il marcha à l'ennemi. Le combat eut lieu à Guedjal, et les Turcs furent complètement battus : les débris de leur armée reprirent en désordre la route d'Alger, et durent sans doute faire un grand détour : car la Kabylie du Djurjura leur était fermée, révoltée qu'elle était depuis plusieurs années déjà, et groupée autour de celui qui prenait le titre de sultan de Kouko, Ben Ali [1].

Lorsque l'armée vaincue rentra dans Alger, elle y trouva la ville plongée dans la désolation ; un seul jour avait suffi pour lui enlever ses meilleures galères, l'élite de ses marins et la plus grande partie de ses chiourmes.

La Porte, en guerre avec Venise, avait réclamé les services des Reïs d'Alger ; après quelques lenteurs, qui n'étaient au fond que des refus mal déguisés, il avait fallu céder à l'opinion publique, aidée de quelques présents distribués par les Chaouchs du Grand Seigneur. La flotte barbaresque était donc partie pour se joindre à l'armée navale du sultan, et faisait route vers l'Archipel, lorsque le mauvais temps la força de chercher un refuge dans le petit port de la Velone. Ce fut là

---

[1]. Voir, au sujet de *Ben Ali, roi du Couque* (celui que M. Berbrugger a confondu avec Ben Sakheri), la *Relation de la captivité de d'Aranda*, l'*Odyssée de René des Boys*, et l'*Histoire de Barbarie* du P. Dan (édit. 1649).

que Capello, amiral des galères de Venise, la surprit et l'attaqua hardiment avec les vingt bâtiments qu'il commandait : les Algériens, entassés les uns contre les autres, ne purent ni manœuvrer ni se servir utilement de leur artillerie, leur sécurité était telle que plus de la moitié des équipages se trouvait à terre. Ils subirent un terrible désastre ; les Vénitiens leur tuèrent quinze cents hommes, leur coulèrent à fond quatre galères, en prirent douze et deux brigantins. Ce beau combat donna la liberté à trois mille six cent trente-quatre chrétiens, qui formaient la chiourme des galères prises. Peu de Reïs eurent la fortune d'échapper aux mains du vainqueur et de se faire jour à travers les navires : l'amiral Ali-Bitchnin fut un de ces privilégiés ; il perça les rangs ennemis et sauva sa vie et sa liberté ; mais sa fortune reçut une rude atteinte, ainsi que le prestige qui l'avait entouré jusque-là. C'est lui qui supporta presque tout le poids de la défaite ; la majeure partie des galères prises lui appartenait en propre, ainsi que leurs équipages, et, indépendamment des pertes matérielles, il avait vu périr dans le combat la plupart des amis dévoués sur lesquels il comptait pour s'élever jusqu'au rang suprême. La corporation des Reïs ne se releva jamais bien de ce coup, et l'emploi des galères pour la Course fut presque totalement abandonné ; car, s'il est facile de construire des bâtiments neufs, il est impossible d'improviser des équipes. La bataille de la Velone eut encore un autre résultat : ce fut d'accroître la mésintelligence qui existait entre Alger et le Grand Divan.

En apprenant la destruction de la flotte algérienne, le Sultan fit arrêter et emprisonner l'ambassadeur Luigi Contarini, et mit le séquestre sur les personnes et les biens des sujets vénitiens qui se trouvaient à Constantinople ; il excita les Reïs à se venger, en leur promettant un secours prochain de vingt-cinq galères, et donna l'ordre d'armer une flotte destinée à ravager les possessions de la République. Mais la vénalité des ministres de la Porte et la cupidité du Souverain lui-même, mirent à néant tous ces projets. Venise employa sa méthode accoutumée : le Grand-Vizir et les principaux favoris du Sultan furent achetés, et la querelle se calma comme par enchantement. Il va sans dire qu'Amurat IV s'était fait la part du lion ; un présent de deux cent mille sequins apaisa sa colère ; la paix fut déclarée, et il fut convenu qu'on ne parlerait plus de la restitution des navires capturés.

Il est facile de se faire une idée de l'indignation qu'éprouvèrent les Reïs d'Alger ; il était déjà dur pour eux d'exposer leurs richesses et leur vie sans avoir à en attendre le moindre bénéfice ; mais, voir battre monnaie avec leur sang dépassait tout ce qu'ils pouvaient supporter. Ils convinrent entre eux de se refuser dorénavant à courir les mêmes risques, et la suite de l'histoire nous démontrera qu'ils tinrent leur parole.

La révolte de l'Est continuait. A l'été de 1639, une nouvelle colonne turque sortit d'Alger pour aller châtier les Kabyles ; elle se fit cerner dans les montagnes et allait être entièrement détruite, lorsque l'intervention d'un marabout influent la sauva de l'extermination. Cela peut n'être qu'une légende ; mais il est bien certain que les Turcs étaient à la merci des insurgés, puisqu'ils acceptèrent les conditions suivantes : 1° abandon de ce qui était dû sur l'impôt ; 2° retour immédiat, et par le plus court chemin, à Alger ; 3° reconstruction du Bastion de France ; 4° amnistie pour les Colourlis. Il est à croire que cette dernière clause, tout au moins, ne fut pas respectée par le Divan, une fois que les janissaires furent hors de péril ; car c'est à cette époque qu'il faut faire remonter la fondation de la colonie des Zouetna, dans laquelle les Colourlis furent internés. Ce manque de parole fut, sans doute, la cause de la continuation de la révolte du Djurjura.

Le mécontentement était général ; les tremblements de terre, la famine et la peste désolaient Alger ; la milice se révolta, et, pour se venger de ses deux défaites consécutives, égorgea l'Agha Amza-Khodja.

Cependant, sur la nouvelle que les Turcs consentaient à laisser relever les Établissements, Jean-Baptiste du Coquiel, gentilhomme ordinaire de la chambre du Roi, avait obtenu l'autorisation d'ouvrir des négociations à ce sujet, et, dès l'année 1639, il avait soumis au Divan un projet de *Convention* fort peu différent de celui de 1628. Il était aidé dans ses démarches par Thomas Picquet, négociant de Lyon, qui avait longtemps séjourné à Alger, où il avait des relations assez étendues. Comme les deux parties étaient pressées de conclure, l'accord fut bientôt fait, et, sans attendre l'autorisation royale et l'approbation du traité, les nouveaux concessionnaires occupèrent les Établissements, et se mirent en devoir d'en réorganiser le personnel et le négoce. Cette fois, les Algériens, instruits par l'expérience, avaient voulu se lier les mains, et il était dit, à l'article 23 de la convention, que le Bastion serait respecté, « même en cas de guerre avec la France, » et que : « tous ceux qui parleront de le rompre, seront obligés de payer les trente-quatre mille doubles tous les ans, qui se paient tant au Pacha qu'au trésor de la Casba, afin que la paye des soldats n'en reçoive aucune atteinte. »

Sur ces entrefaites, le vice-consul Jacques Piou mourut de la peste ; il avait joué un rôle fort insignifiant, et ne fut guère à regretter[1].

Thomas Picquet, qui représentait à Alger les intérêts du Bastion, fut choisi pour gérer le consulat, après la mort de Piou. Cette nomination eut au moins le bon résultat de mettre fin à la vieille discorde qui séparait en deux camps ennemis les résidents et même les malheureux esclaves français.

Le commencement de l'année 1640 fut marqué par une recrudescence de la révolte kabyle. Les insurgés descendirent de leurs montagnes, dévastèrent la Mitidja et tinrent la ville bloquée. Les Algériens, effrayés, firent demander des secours à la Porte, qui ne leur en envoya point.

Ali-Pacha, dont les trois années de commandement étaient expirées, fut remplacé par Cheik Hussein ; celui-ci mourut quelques mois après de la peste qui continuait à désoler le pays. Son successeur fut Joussef-abou-Djemal.

Le 7 juillet 1640, M. du Coquiel signa avec le Divan la convention relative aux Établissements, où il s'était déjà

---

1. Voir une *lettre de quelques captifs*, qui nous apprend à quels actes honteux se livrait ce vice-consul, qui avait beaucoup trop adopté les mœurs du pays dans lequel il vivait. (Archives de la Chambre de Commerce de Marseille, AA, art. 507.) Il existe quelques lettres de lui dans la *Correspondance de Sourdis* (Documents inédits) ; mais M. E. Sue a lu (à tort) *Pion*, de même qu'il nomme *Massey dit Sancto*, *Mussey Saut*.

installé depuis quelques temps. Le cardinal de Richelieu n'approuva pas les termes du nouveau traité, et le Conseil royal refusa de le sanctionner, comme « moins avantageux pour la France que les Capitulations qu'elle avait avec le Grand-Seigneur, auxquelles ceux d'Alger sont tenus de se conformer[1]. » M. de Sourdis reçut l'ordre de se rendre à Alger ; mais il fut forcé de rester à croiser sur les côtes d'Italie, pour empêcher le roi d'Espagne d'envoyer des secours à Turin, que l'armée française tenait assiégée. Il délégua à sa place le commandeur de Montigny avec des ordres en tout semblables à ceux qui avaient été donnés, en 1637, à M. de Mantin. L'expédition n'eut aucun résultat : on était encore parti trop tard, à la fin d'octobre ; le Pacha fit traîner les négociations en longueur ; le mauvais temps survint, et il fallut se retirer. En 1641, M. de Montmeillan reçut la même mission, dans laquelle il échoua absolument de la même manière et pour les mêmes causes. La mort de Richelieu, qui arriva l'année suivante, causa l'interruption des croisières, qui ne furent reprises qu'à l'automne de 1643, sous le commandement de l'amiral Duc de Brézé.

Pendant ces trois années, la peste avait continué à ravager le pays ; elle semblait être devenue endémique à Alger et à Tunis, où il était mort en quelques mois plus de trente mille habitants et un grand nombre d'esclaves. En même temps, la révolte kabyle n'avait pas cessé, et gagnait au contraire du terrain de jour en jour : le désordre intérieur s'accroissait, et le refus de l'impôt rendait très douteuse la régularité de la paie de la milice.

En 1641, le Divan décida qu'il serait dirigé une expédition contre Ben-Ali, et que le Pacha la commanderait lui-même. Joussef, qui se méfiait des conséquences qu'aurait pour lui une défaite probable, eût de beaucoup préféré rester à Alger ; il essaya même de s'excuser sur ses infirmités, mais ce fut en vain ; il lui fallut partir. Soit pour lui épargner de trop grandes fatigues, soit que les communications avec l'Est fussent entiè-

1. Cette phrase prouve combien on se faisait illusion sur les relations d'Alger avec la Porte, puisqu'on croyait encore pouvoir amener les Reïs au respect des Capitulations.

rement coupées, on lui laissa faire la route par mer. Il ne revint que l'année suivante, ayant subi de grosses pertes sans avoir rien avancé. Une révolte éclata contre lui : la milice se saisit de sa personne et l'emprisonna au Fort l'Empereur. Mohammed Boursali, qui lui succéda, le fit mettre en liberté quelque temps après. En 1643, les Turcs envoyèrent dans le Djurjura une nouvelle armée, qui eut le sort des deux précédentes. On ne sait pas exactement comment prit fin la révolte de Kouko ; mais elle dut être apaisée par un moyen ou un autre, vers la fin de 1643 ou le commencement de 1644, puisqu'en cette même année Mohammed-Pacha put disposer de ses forces pour aller combattre, dans la province de Constantine, l'insurrection des tribus du Hodna.

Cependant, le Sultan Ibrahim, auquel les Chevaliers de Saint-Jean de Jérusalem prenaient tous les jours des navires, se décidait à abandonner momentanément la guerre infructueuse qu'il faisait aux Cosaques de la mer Noire, et à diriger toutes ses forces contre Malte. En conséquence, il avait envoyé l'ordre à Alger, Tunis et Tripoli, de tenir leurs flottes prêtes à se rendre au rendez-vous général, qui était donné à Navarin.

Le grand Maître de l'Ordre, Paul Lascaris Castellar, organisa une défense vigoureuse ; il fit réparer avec soin les fortifications et convoqua pour la défense de l'île les chevaliers absents, qui répondirent avec empressement à cet appel : le Vicomte d'Arpajon amena à lui seul deux mille hommes armés et équipés à ses frais. Tous ces préparatifs restèrent inutiles, et il n'y eut qu'une petite tentative de débarquement à l'île du Goze ; car les Reïs barbaresques avaient refusé leur concours, suivant l'exemple de ceux d'Alger, qui se souvenaient de la façon dont ils avaient été traités par la Porte après le combat de la Velone. Cette défection força Ibrahim d'abandonner ses projets sur Malte, et il dut se rejeter sur Venise, à laquelle il prit La Canée ; en même temps, il avait été informé de ce qui se passait à Alger, et y envoyait deux chaouchs, chargés de lui rapporter la tête d'Ali Bitchnin et de quatre autres principaux chefs de la Taïffe.

A peine ces envoyés furent-ils débarqués à Alger, et eurent-ils laissé entrevoir l'objet de leur mission, qu'une révolte terrible éclata. Le Pacha Mohammed, accusé d'être l'instigateur de cette mesure, fut poursuivi les armes à la main, et ne sauva sa vie qu'en se réfugiant dans une mosquée, de laquelle il n'osa plus sortir de longtemps. Les chaouchs furent forcés de chercher un asile chez celui-là même dont ils étaient venus demander la tête ; il profita de leur présence pour les acheter, et les renvoya à Constantinople chargés de présents.

Mais, peu de temps après leur départ, il put voir à son tour combien il était difficile de gouverner une population aussi turbulente. La milice, que le Pacha, toujours enfermé dans la mosquée, ne payait plus, décida que, puisque Bitchnin s'était emparé du pouvoir, c'était lui qui devait assurer la solde. Malgré les réclamations de l'amiral, le Divan maintint cette singulière sentence, et lui accorda seulement trois jours pour réunir l'argent nécessaire ; au bout de ce temps, et malgré tous ses efforts, il lui manquait encore quarante mille piastres pour satisfaire à ces exigences. Il se sauva chez un marabout de ses amis, se mit au lit, malade ou feignant de l'être, et demanda de nouveau du temps pour payer. Il lui fut accordé cinq jours pour tout délai. Le Divan put bientôt s'apercevoir que le rusé corsaire n'avait cherché qu'à traîner les négociations en longueur pour saisir le moment favorable ; car, avant l'expiration du temps fixé, il sortit de la ville pendant la nuit, et prit avec ses richesses la route de Kouko, où commandait son beau-père.

A la nouvelle de ce départ, le désordre fut à son comble à Alger ; la milice se précipita sur l'habitation de l'amiral, la pilla et s'empara des esclaves, même de ceux qui avaient été rachetés : elle saccagea les boutiques des Juifs, et se livra à toute sorte d'excès contre les habitants. Sa colère s'augmentait encore de la crainte qu'elle avait de voir revenir Bitchnin à la tête d'une armée kabyle, dont l'action eut été favorisée par la complicité des Reïs. Les galères furent gardées à vue, et la garnison des forts de la mer fut augmentée.

Tout d'un coup, par un de ces brusques revirements communs aux foules indisciplinées, Ali rentra à Alger, porté en triomphe par ceux qui demandaient sa mort à grands cris quelques jours auparavant. Cette révolution s'expliquera en peu de mots : il avait réussi. Le Grand Seigneur, qui avait besoin des Reïs d'Alger, avait cédé aux exigences de son chef et lui envoyait le Caftan, et seize mille sultanins d'or échangés contre le concours de seize galères. Le corsaire renégat avait eu raison du Sultan. Une chose échappait toutefois à son ambition ; c'était le titre de Pacha. Ahmed venait d'être nommé en remplacement de Mohammed Boursali. Il avait sans doute reçu des instructions secrètes ; car, peu de temps après son arrivée, Bitchnin mourut subitement, et l'opinion publique fut qu'il avait été empoisonné. On lui fit des funérailles royales, et son frère, Sidi Ramdan, hérita de ses biens et de son pouvoir. D'après les Mémoires du temps, il ne sortait qu'entouré d'une garde de cent cavaliers, chose que personne n'avait osé faire avant lui.

Pendant ces dernières années, le rôle de la France avait été bien effacé. L'agent du Bastion, Thomas Picquet, qui remplissait les fonctions de vice-consul, avait vu respecter sa personne et ses biens, depuis que les Turcs s'étaient aperçus que le mal qu'ils faisaient aux Établissements retombait sur leur tête ; mais il ne jouissait d'aucune influence. Le Conseil royal ne l'ignorait pas et modifia l'état des choses aussitôt que l'apaisement des troubles du pays le lui permit.

CHAPITRE QUATORZIÈME

LES PACHAS TRIENNAUX (fin)

SOMMAIRE : Saint Vincent de Paul et les Consuls Lazaristes. — Ioussouf. — Ravages des pirates. — Emprisonnement de M. Barreau. — Peste de trois ans. — Toute l'Europe arme contre les Reïs. — Mohammed. — Croisières françaises, anglaises, hollandaises et vénitiennes. — Ahmed. — M. Barreau est de nouveau enchaîné. — Ibrahim. — Faillite Rappiot, et fuite du Gouverneur du Bastion. — Nouveaux embarras du Consul français. — Révolte contre Ibrahim. — Ali.

A ce moment, il y avait déjà quelques années qu'un des personnages les plus remarquables de son siècle cherchait à résoudre le difficile problème des rapports de la France avec les États Barbaresques. C'était le grand homme de bien qu'on appelait alors *Monsieur Vincent*, et dont l'histoire a conservé le souvenir sous le nom de saint Vincent de Paul. Ayant lui-même subi l'esclavage à Tunis (1605-1607), il avait pu en étudier toutes les misères, en même temps que son esprit observateur et sagace lui permettait de se rendre compte de la faiblesse réelle de ces États, par lesquels l'Europe se laissait insulter et ravager. Aussi ne cessait-il d'appuyer de sa légitime influence le parti des croisières permanentes; c'était lui qui avait, en 1620, décidé Philibert-Emmanuel de Gondi, dont il avait élevé les enfants, à demander la permission « d'entreprendre contre Alger » ; et, si le Général des galères eut montré à cette époque un peu plus de résolution, les résultats obtenus eussent été tout autres. Mais, voyant enfin que, dans l'état de trouble et de pénurie où se trouvait alors la France, il y avait peu de chances de voir adopter un système de répression continue, il se détermina à changer son mode d'action. Dans la célèbre congrégation qu'il fonda, l'*OEuvre des Esclaves* tint une des premières places, et il y fit résoudre d'envoyer des Missions en Barbarie ; plus tard, il voulut que ces Missions fussent résidentes, et, à cet effet, il installa des prêtres Lazaristes auprès des consuls, à titre de Chapelains ; il se servait aussi d'un droit reconnu par les *Capitulations* ; en 1645, M. Martin, consul à Tunis, reçut en cette qualité le Père Guérin, accompagné du frère Francillon. Le titulaire d'Alger, M. Balthazar de Vias, n'exerçait pas sa charge par lui-même. Saint Vincent de Paul obtint du Roi l'autorisation de la lui acheter, et de la faire gérer par un membre de la Congrégation. Il avait été amené à prendre ce parti par diverses considérations qu'il explique lui-même fort clairement dans une lettre adressée à M. de la Haye-Vantelay, ambassadeur à Constantinople, datée du 25 février 1654. Il y est dit que : « ayant entrepris depuis six ou sept ans d'assister les pauvres chrétiens esclaves en Barbarie, spirituellement et corporellement, tant en santé qu'en maladie, etc. », il a fallu d'abord que les prêtres se fissent chapelains des consuls ; qu'à la mort d'un de ceux-ci, le Pacha commanda au prêtre d'exercer la charge, sur l'instance des marchands français. C'est alors que Mme la duchesse d'Aiguillon « s'employa vers le roi, sans que nous en eussions aucune pensée, pour nous faire avoir les consulats de Tunis et d'Alger. Ces consuls emploient les produits de leur charge et l'argent que nous leur envoyons à soulager et à racheter les captifs. Ils maintiennent dans le devoir les prêtres et religieux esclaves, dont la conduite n'était pas toujours édifiante ; le grand libertinage qui régnait auparavant parmi ces personnes d'Église décourageait les chrétiens. »

Tout cela était fort vrai ; le bagne était une école de vice et de débauche ; l'ivrognerie y était en honneur ; l'escroquerie et le vol s'y pratiquaient ouvertement ; les esclaves démoralisés, perdant tout espoir de revoir leur patrie, se suicidaient ou allaient grossir le nombre des renégats, accroissant ainsi la puissance de l'ennemi. Quelques-uns des prêtres et religieux captifs, dénués de tout, soumis à un travail excessif, manquant de surveillance, ne tardaient pas à prendre les mœurs de leurs compagnons de misère, devenaient la risée des Turcs et des rénégats, et un mortel élément de défaillance pour tous ceux qui étaient déjà ébranlés dans leur foi. En se plaçant à ce point de vue, il est certain que saint Vincent, qui avait vu de près toutes ces hontes, choisissait un bon moyen d'y remédier, en installant les consuls lazaristes dans les États barbaresques.

Mais cette pensée charitable, qui donnait une certaine satisfaction aux besoins physiques et moraux des vingt mille infortunés qui gémissaient dans les bagnes d'Alger, était un des plus malencontreux essais politiques qu'on ait jamais fait, et la suite de cette histoire ne nous le démontrera que trop. Ces hommes pieux, dévoués et bienfaisants, ces chrétiens résignés, qui acceptaient comme une faveur divine les incarcérations, les bastonnades et la mort, méritent à un haut degré le respect dû au courage et à la vertu ; ils arrachèrent l'admiration à leurs bourreaux eux-mêmes ; mais, comme agents de l'État, ils furent les plus mauvais Consuls qu'on puisse rêver, et, les jours où ils ne furent pas inutiles, ils devinrent involontairement aussi nuisibles aux intérêts de leur patrie qu'à leurs propres personnes. Il n'eut pas été difficile de prévoir qu'il devait en être ainsi, et que leurs vertus mêmes allaient rendre leur mission souvent périlleuse, et quelquefois impossible. L'humilité chrétienne, la soif du martyre, ne sont pas des qualités consulaires. Celui qui représente la France en pays étranger doit la représenter fièrement, et ne pas oublier que celui qui le frappe insulte la nation tout entière. Il y avait là un premier écueil, et ce n'était peut-être pas le moins dangereux.

Dans toute alliance entre deux nations, il existe une clause principale, écrite ou secrète, qui a été la véritable raison déterminante du traité conclu, et faute de laquelle la paix ne saurait subsister longtemps. L'ancienne amitié de la France et de l'Odjeac d'Alger était basée sur une haine commune de l'Espagne, en sorte que l'on peut voir les ruptures éclater toutes les fois que l'influence espagnole devient prépondérante à la Cour de France. Il faut ajouter que la Régence n'avait eu, pendant longtemps, de relations commerciales suivies qu'avec cette dernière puissance, la seule sur la Méditerranée avec laquelle elle ne fût pas en guerre constante ; c'est donc par l'intermédiaire des marchands français qu'elle exportait les produits indigènes, grains, huile, cire, cuirs, etc. Grâce à eux, elle se débarrassait des marchandises qu'il était impossible de vendre dans le pays même ; par eux, elle se procurait les agrès, les cordages, les voiles, les rames, les canons et les projectiles dont elle manquait : c'était pour elle une question de vie ou de mort. Il est vrai que l'article VII de la bulle *In cœna Domini* frappait d'excommunication tous ceux qui fournissaient aux Musulmans des armes ou des munitions de guerre ; mais nos rois, tout en édictant des ordonnances dans ce sens, avaient souvent dérogé à leur esprit, et nos consuls avaient toujours fermé les yeux sur ce commerce, le seul, à dire vrai, qui fût possible avec Alger [1].

Or, ce qui avait pu être toléré par un consul laïque, ne put plus l'être par un religieux, et tout le monde fut mécontent. Les Turcs considérèrent ce procédé comme un acte d'hostilité ; les marchands se plaignirent de leur ruine ; la ville de Marseille, qui avait accaparé presque tout ce négoce, vit diminuer ses revenus, et ne cacha pas son mécontentement ; en résumé, les nouveaux consuls devinrent vite en butte à la colère des Algériens, et à la haine mal déguisée de leurs nationaux. Par toutes ces raisons, leur situation fut déplorable ; les Pachas et les Deys s'habituèrent à les insulter, à les emprisonner, à les bâtonner impunément, jusqu'au jour où ils couronnèrent leurs sévices par la mort cruelle infligée à quelques-uns d'entre eux.

Saint Vincent de Paul ne mit pas longtemps à s'apercevoir qu'il s'était trompé ; dès le 16 avril 1655, il écrivait à M. Get, Supérieur à Marseille, « le chargeant de s'informer secrètement, si l'on ne pourrait pas trouver quelque marchand de Marseille qui consentît à payer une rente, en échange des consulats d'Alger et de Tunis. » Le 18 mai 1657, il revenait sur ce

---

1. « *Plus tard*, dit Elie de la Primaudaie d'après Depping, *les papes consentirent à faire des exceptions à la règle générale qu'ils avaient établie, et accordèrent aux marchands des licences de commerce. Ces autorisations, qui étaient vendues par la Chambre apostolique, étaient pour elle une source de revenus assez importante : on l'évaluait à dix mille ducats par an.* » (*Le commerce et la navigation d'Algérie*, Paris, 1861, in-8.)

projet, et apprenait à M. Get qu'on lui avait offert 1,500 livres par an du consulat de Tunis. Mais, en offrant de céder la charge, il entendait conserver l'autorité morale, au moyen d'un prêtre de la Mission, qu'il eût entretenu auprès du titulaire, et, dans ces conditions, il ne trouvait personne qui voulût de ce pouvoir partagé. Il avait songé à faire gérer les consulats par des religieux ; mais il s'était heurté à la résistance de Rome ; la Congrégation *de Propaganda fide* appréciait très sainement les dangers de cette combinaison, et opposa des refus formels aux nombreuses démarches qu'il tenta auprès d'elle. Au moment où il espérait voir sa démarche favorablement accueillie, il avait désigné pour occuper le poste d'Alger le Père Lambert-aux-Couteaux ; il lui substitua le Frère Barreau [1], membre laïque de la Congrégation, qui faisait alors ses études cléricales à Saint-Lazare. Ce fut un choix malheureux. M. Barreau était le plus vertueux et le plus charitable des hommes ; il ne savait pas résister à une demande d'argent, et ne pouvait pas se résigner à écarter les solliciteurs ; quand sa bourse était vide, il engageait sa parole, et le cautionné s'enfuyait souvent, abandonnant le consul à la fureur des créanciers. Il mit ainsi à une rude épreuve la patience de saint Vincent, qui ne cessait de lui remontrer qu'il n'avait pas le droit de s'engager au-dessus de ses ressources, et que sa charité désordonnée nuisait à la Mission, au consul, et aux captifs eux-mêmes. Tout fut inutile ; il était d'une bonté incorrigible. Nous allons voir ce qu'elle lui coûta.

Il partit aussitôt qu'il fut pourvu de sa commission, et arriva à Alger au mois de juillet 1646. Son installation se fit sans difficulté, et même, grâce à quelques présents, il se fit restituer 55 captifs, qui avaient été jadis rachetés à Ali Bitchnin par le Père Lucien Hérault, et qui, lors du pillage de la maison de l'ancien chef de la Taïffe, étaient tombés en diverses mains. En 1647, Ioussouf-Pacha succéda à Ahmed Ali, et donna une nouvelle impulsion à la Course. L'Italie souffrit beaucoup ; la Provence ne fut pas épargnée. De leur

---

1. On le désigne souvent à tort par le titre de Père ; il ne reçut les ordres qu'après son retour en France, en 1662.

côté, les Algériens eurent à subir de grandes pertes ; le 16 février, les galères de Malte prirent le grand vaisseau-amiral, après un rude combat où périrent 250 Turcs. Les Chevaliers firent 150 prisonniers et délivrèrent 45 esclaves : mais leur amiral, M. de Saint-Egeay, fut tué dans le combat. Au commencement de mars, le Capitan-Pacha Hussein surprit dans le canal de Négrepont l'amiral vénitien Morosini, et le fit attaquer par les Reïs d'Alger, qui formaient son avant-garde : Morosini fut culbuté et tué ; mais, à ce moment, survint le reste de la flotte chrétienne, commandée par Grimani, qui écrasa les Turcs, et les força de retourner à Candie, après avoir enlevé leur convoi dans le port de Métélin. Cette nouvelle jeta la consternation dans Alger, que décimait alors la peste. La mauvaise humeur du Pacha se traduisit en persécutions contre M. Barreau : il lui réclama le paiement d'une somme de 6 ou 7,000 piastres, qui, disait-il, était due par les Pères de la Mercy, et le fit emprisonner pour le contraindre à payer[1]. Cette fois, le consul en fut quitte pour deux ou trois semaines d'incarcération, et se fit remettre en liberté, moyennant quelques présents. Les troubles étaient tels en France, qu'il ne fallait même pas songer à demander raison de cette injure. Sans les Vénitiens et les Chevaliers de Malte, la Méditerranée eut été abandonnée sans défense à la piraterie. Malgré leurs efforts, les côtes d'Italie continuèrent à être ravagées d'une façon périodique. En 1648, la peste vint encore décimer la population d'Alger ; le fléau ne devait s'apaiser qu'en 1650. Les Colourlis exilés demandèrent à rentrer ; on accorda cette faveur à ceux d'entre eux qui purent fournir caution. La révolte de la province de Constantine était apaisée, et le nouveau Bey, Ferhat-ben-Mourad, y voyait son autorité respectée.

Dès le commencement de l'année, le Sultan avait envoyé aux Reïs l'ordre de venir se joindre à la flotte ottomane ;

---

[1]. Les Turcs d'Alger ne consentirent jamais à faire des distinctions d'intérêt entre les ordres religieux ; « *Vous êtes tous des papas*, disaient-ils, *et vous devez payer les uns pour les autres !* » Cette théorie bizarre mit plus d'une fois dans un cruel embarras ceux qui se vouaient au rachat des esclaves.

mais, ceux-ci, encore sous l'impression de la défaite de Nègrepont, refusèrent d'armer leurs vaisseaux, jusqu'au moment où une subvention de 60,000 sultanins vint les y décider. Encore s'arrêtèrent-ils pour piller tout le long de la route ; cependant ils ravitaillèrent la Canée dans les premiers mois de 1649, et firent leur jonction à temps pour participer à la bataille de la Focchia, où l'amiral de Riva battit la flotte turque.

En 1650, M. Barreau fut remis aux fers, et y resta jusqu'en 1652. Il s'agissait toujours de la dette de l'ordre de la Mercy. Enhardis par l'impunité, les pirates vinrent écumer dans les eaux de Marseille, dont les galères leur donnèrent la chasse ; au mois de septembre, les Reïs ravagèrent la Corse, et firent une grande quantité de captifs dans cette île et sur les côtes de Naples. L'année suivante, ils débarquèrent au moment de la moisson près de Civita-Vecchia, et enlevèrent dans la campagne de Rome tous ceux qui ne se sauvèrent point à temps. Le métier était bon, et tout le monde s'en mêlait ; des marchands de Rotterdam, d'Amsterdam, de Gênes et de Livourne entreposaient les marchandises volées par les Barbaresques, et se faisaient leurs courtiers, moyennant commission ; on en pendit quelques-uns, mais sans grand résultat. Du reste, l'exemple était venu de haut, et il y avait plus de vingt-cinq ans que Jacques Vacon, d'Ollioules, avait formulé des plaintes officielles contre le recel favorisé par le Grand-Duc de Toscane. On voyait les pirates anglais et hollandais naviguer de conserve avec ceux d'Alger et de Tunis ; les Vénitiens en faisaient des plaintes inutiles. Car ces nouveaux déprédateurs s'étaient fait délivrer des lettres de marque par leurs gouvernements respectifs pour courir sus aux Français, et, sous ce prétexte, ils pillaient tout le monde. Le fait n'était pas nouveau, et les voyageurs craignaient beaucoup plus la rencontre de ces pirates-là que celle des Barbaresques ; car, pris par ces derniers, on ne risquait que la captivité, tandis que les autres massacraient tout, pour effacer les traces de leur crime. En un mot, la Méditerranée n'était plus qu'un repaire de bandits ; l'Espagne impuissante laissait faire ; la Sicile et les petits États d'Italie, en proie aux révolutions, ne pouvaient d'aucune manière s'opposer au fléau qui les dévorait ; la France était livrée aux factions ; à Constantinople, le désordre était à son apogée, au milieu des complots, des meurtres quotidiens, et de la discorde des Spahis et des Janissaires.

Seuls, pendant la dernière moitié du xviie siècle, les Vénitiens parvinrent à assurer un peu de sécurité à l'Adriatique et à une partie de l'Archipel. Les croisières des Morosini, des Grimani, des Cornaro arrêtèrent les progrès du mal ; en 1651, Mocenigo battit la flotte turque devant Candie ; les Reïs d'Alger et de Tunis se conduisirent très mollement, et le capitan-Pacha voulait leur faire couper la tête ; ils quittèrent l'armée et retournèrent chez eux, en pillant tout le long de la route ; Foscolo leur donna la chasse et en prit quelques-uns. A Alger, Mohammed[1] avait succédé à Ioussouf, et ce changement avait été avantageux à M. Barreau ; car l'ancien Pacha, voyant qu'il allait partir, et qu'il ne pourrait plus rien tirer de son prisonnier, s'était décidé à le libérer moyennant 350 piastres, au lieu de 7,000 qu'il lui avait réclamées jusque-là. La Hollande profita du changement de Pacha pour demander la paix, qu'on lui vendit assez cher ; ce fut de l'argent perdu, et ses vaisseaux continuèrent à être attaqués. En 1652, Morosini, frère de celui qui avait été tué à Négrepont, surprit au cap Matapan le convoi des Reïs, qui, ayant reçu 50,000 sultanins de la Porte, s'étaient décidés à ravitailler la flotte turque d'agrès et de chiourme ; il leur prit douze vaisseaux. Mais le bassin occidental continuait à être dévasté. Les débarquements se succédaient dans les États romains et en Calabre, où 7,000 hommes, descendus sur les côtes, venaient de s'emparer de deux places fortes et de ruiner le pays. Le 5 juillet 1653, le cardinal Antoine Barberini ne leur échappait qu'en s'échouant sous le canon de Monaco, et en leur abandonnant le navire qui transportait ses bagages et 70 personnes de sa suite. Ils insultaient le pavillon anglais devant Ply-

---

1. Ici, quelques chronologies placent deux pachas complètement inconnus, Mourad et Moharrem ; s'ils ont existé, ils n'ont fait que paraître et disparaître ; mais, même dans ce cas, il nous semble bien surprenant que personne ne parle d'eux, ni les consuls, ni les rédemptoristes, ni les captifs, dont les lettres sont assez nombreuses à ce moment.

mouth, enlevaient des bâtiments français près de Saint-Malo, attaquaient Don Juan d'Autriche[1] et ses trois galères de guerre dans les eaux des Baléares ; le pavillon vert flottait à la fois de tous les côtés. Quelque épuisée qu'elle fût par les guerres et les factions, l'Europe se révoltait enfin à ce spectacle, et tout le monde armait contre les Barbaresques. L'amiral anglais Blake paraissait devant Tunis, et, s'y voyant refuser satisfaction, canonnait Porto-Farina, et y coulait neuf grands vaisseaux. Morosini en prenait huit devant Ténédos ; la flotte française du Levant nettoyait le golfe du Lion par divers combats où s'illustraient le chevalier de Valbelle, le marquis de Martel et Gabaret ; sous les ordres de Ruyter, les Hollandais vengeaient les injures passées ; à l'entrée du détroit de Gibraltar, ils coulaient ou prenaient dix-huit vaisseaux de guerre avec leurs équipages ; les Chevaliers de Malte bloquaient les galères de Tripoli devant Céphalonie ; Borri et Mocenigo défendaient les approches de la Canée avec un courage qui coûta la vie au premier des deux ; Gênes entrait en campagne avec Hippolyte Centurione, Ugo Fiesco, et Grimaldi ; Naples elle-même se décidait enfin à combattre, sous les ordres du prince de Montesarchio ; enfin, si les brigandages ne cessaient pas, au moins ne demeuraient-ils plus impunis.

A Alger, la peste avait reparu en 1654, cette fois, elle fut terrible. Ce fut la « grande peste », qui fut nommée *Konia* ; elle dura trois ans, et enleva le tiers de la population. Les Reïs l'apportèrent à la flotte ottomane, et celle-ci perdit tant de monde, qu'elle ne put pas sortir des ports. Les captifs chrétiens souffrirent beaucoup ; le consul leur prodigua des soins de toute nature, qui devinrent pour lui une grande source de dépenses. En même temps, les revenus du Consulat diminuaient, la guerre et la peur de la contagion éloignant les bâtiments de commerce ; M. Barreau s'endetta, plutôt que de cesser de secourir les malheureux. Ses créanciers portèrent

---

1. Il s'agit du fils de Philippe IV et de l'actrice Maria Calderona ; il ne se montra ni très brave pendant le combat, ni très reconnaissant pour ceux au courage desquels il dut sa liberté, et peut-être sa vie.

plainte à Ahmed, qui venait de succéder à Mohammed, et il fut de nouveau emprisonné et maltraité, tant pour ce motif que par suite d'une recrudescence de fanatisme.

En 1655, Ibrahim succéda à Ahmed, qui reprit le pouvoir en 1656. Il règne à ce moment une sorte d'obscurité sur ces remplacements de Pachas ; on est au prélude de la débâcle de 1659 : Il semble ressortir des faits qu'Ahmed et Ibrahim conspirent l'un contre l'autre, et se succèdent au pouvoir, à la faveur d'émeutes de la Taïffe ou de la Milice. M. Barreau avait un arriéré de plus de 6,000 piastres, et ne cessait de demander secours à saint Vincent, qui, ne pouvant presque rien faire pour lui, l'exhortait à la patience et à l'économie. Il lui recommandait tout particulièrement de ne plus se mêler de commerce, et de ne plus distraire de leur emploi les sommes qui lui avaient été adressées par divers captifs ; il se montrait bien dégoûté des consulats d'Afrique, et assez mécontent de la gestion de celui d'Alger. Sur ces entrefaites, un marchand marseillais, nommé Fabre, tomba en faillite et se sauva en France, laissant un déficit de 12,000 écus. Le Pacha, au mépris des Capitulations, déclara le consul responsable de la dette, et le fit mettre en prison ; il lui fallut donner 950 piastres pour recouvrer sa liberté. Il avait à peine eu le temps de respirer, qu'il se vit arrêter de nouveau, au sujet d'une autre faillite, faite par un négociant nommé Rappiot. Cette fois, il fut traité avec une horrible barbarie ; on le bâtonna presque jusqu'à la mort, et on lui enfonça des pointes sous les ongles. Vaincu par la douleur, il souscrit un engagement de 2,500 piastres, dont il ne possédait pas le premier sou : les captifs se cotisèrent pour réunir cette somme, et obtenir ainsi la délivrance provisoire de leur bienfaiteur, qui n'en fut pas moins déclaré solidaire de Rappiot. Celui-ci s'était sauvé à Livourne avec un navire chargé de marchandises non payées. Aussitôt que saint Vincent de Paul fut instruit de ce qui s'était passé, il mit tout en œuvre pour faire cesser cette persécution ; il dépêcha à Livourne le Père Philippe Le Vacher avec ordre de mettre arrêt sur le navire et les marchandises du failli ; il expédia à Alger tout l'argent dont il pouvait disposer, et ordonna des quêtes pour la délivrance du consul ; il excita le Commerce de Marseille à intervenir en sa faveur ; enfin il obtint du Roi un ordre de saisie et de vente au profit des créanciers de la banqueroute ; les consuls et viguiers de Marseille furent invités à prêter main-forte, et le Grand-Duc de Toscane fut prié de veiller à ce que rien ne s'égarât à Livourne. La Cour de France n'était pas restée insensible aux affronts faits au consul ; mais on était en guerre avec l'Espagne, et il était de règle, dans ce cas-là, de ne pas se brouiller avec les Barbaresques. Aussi, malgré les efforts de saint Vincent, il ne fut pas demandé de réparation officielle : on se contenta de déclarer que le Consulat d'Alger serait supprimé, et de préparer occultement une vengeance future. C'est à ce moment que remontent les préparatifs de l'expédition de Gigelli ; en effet, il résulte du *Préambule de la Relation de cette entreprise adressée à M. de Vendôme, le 8 octobre* 1664, que ce fut en 1658 que le cardinal Mazarin donna l'ordre au chevalier de Clerville de reconnaître les côtes de la Régence pour y chercher un endroit favorable à une installation permanente : celui-ci avait choisi Bône, Stora et Collo : nous verrons plus tard comment on fut amené à débarquer à Djigelli. En même temps, le Roi autorisait secrètement le commandeur Paul à se servir des forces qu'il avait sous la main pour tenter une surprise contre Alger. Ce célèbre marin était Lieutenant-Général depuis 1654 ; il était né, dit-on, en 1597, d'une lavandière du Château d'If ; en tous cas, il dut être secrètement appuyé, car on le voit commander de bonne heure une galère de Malte, comme Chevalier de grâce, et occuper au service de l'Etat une situation bien méritée, mais qui lui fût difficilement échue, si quelque aide puissante ne fût intervenue en sa faveur. Naturellement amoureux des grandes entreprises, et désireux de gagner les récompenses offertes par la Congrégation et par la ville de Marseille à celui qui détruirait le nid de pirates, il armait activement à Toulon. Saint Vincent de Paul lui faisait offrir 20,000 livres à prendre sur les quêtes faites à Paris ; la ville de Marseille offrait de rembourser les vivres et munitions : mais le Commandeur, qui n'avait pas d'argent, eût voulu qu'on lui fît avance du tout, et l'on ne s'entendait pas à ce sujet. Pendant ce temps, M. Barreau, à peine sorti des embarras de la faillite Rappiot, s'était vu prendre à partie de nouveau, pour les dettes d'un marchand grec, et quelques jours après, pour la fuite du Gouverneur du Bastion Picquet, le même qui avait été consul intérimaire de 1640 à 1646. Celui-ci, ayant eu connaissance des mauvais traitements exercés contre notre ambassadeur à Constantinople, s'était cru fort en danger, et, recevant la nouvelle qu'Ibrahim (qui venait de reprendre le pouvoir) allait diriger une expédition contre lui, il partit des Etablissements, après avoir tout incendié, emmenant de force une cinquantaine de Turcs ou d'indigènes, qu'il vendit comme esclaves à Livourne, pour s'indemniser de ses pertes. Il y eut à Alger une explosion de fureur; les résidents français furent maltraités; leurs marchandises furent saisies en garantie, et le consul emprisonné de nouveau. En même temps, la légèreté avec laquelle ce dernier s'était servi de l'argent des rachats pour d'autres usages, excita à Marseille une sorte d'émeute contre la Congrégation, dont la maison fut envahie par une populace furieuse, qui l'accusait d'avoir dissipé les fonds que la charité publique lui avait confiés pour l'usage des captifs. Saint Vincent, tout disposé qu'il fût à remplacer M. Barreau le plus tôt possible, ne l'abandonna pas dans le danger : il parvint à faire rendre aux Algériens les Musulmans enlevés, et le Roi écrivit au Pacha pour désavouer Picquet et annoncer qu'il le remplaçait par Louis Campon. Cette combinaison ne réussit pas, non qu'elle n'agréât pas au Divan, mais à cause des troubles intérieurs; le Bastion ne fut relevé que plus tard.

Pendant ce temps, M. Barreau, remis en liberté par les Turcs, se trouvait dans un nouvel embarras. Il s'était vu contraint par le Pacha à rendre les négociants chrétiens d'Alger solidaires de Picquet, et il avait dû les obliger à se cotiser au prorata de l'importance de leurs affaires. Cette mesure, imposée par les circonstances, n'excita d'abord aucune réclamation parmi eux; mais, lorsque la saisie qui avait été opérée en France par les ordres de Louis XIV sur l'ancien Gouverneur du Bastion permit de les indemniser en partie, la discorde éclata, et le consul fut accusé de faire d'injustes répartitions. Les Français se plaignirent qu'il eût favorisé un certain Benedetto Abastago, qui, disaient-ils, n'avait point été taxé au sujet de la rupture du Bastion, et ne devait point être remboursé, l'avance qui lui avait été faite étant une affaire privée. Le Commerce de Marseille donnait raison à ses marchands, et le consul persistait à être d'un avis contraire. Ce fut pour lui une cause de longs ennuis et d'interminables discussions.

Cependant, une véritable révolution venait d'éclater à Alger. On a pu voir, dans le cours de cette histoire, combien l'autorité du Grand Seigneur y était peu respectée ; les Pachas qu'il y envoyait ne cherchaient même pas à se faire obéir, certains d'avance de l'inutilité de leurs efforts, et n'aspiraient qu'à s'enrichir, pour retourner le plus tôt possible à Constantinople. Par cette conduite, ils avaient perdu toute influence et toute considération ; sans cesse ballotés entre les exigences de la Taïffe, celles de la Milice ou de la populace, ils s'efforçaient de ménager tout le monde, tremblant sans cesse pour leurs têtes et pour leurs trésors, qu'ils cherchaient à accroître rapidement, et auxquels ils ne touchaient que pour acheter ceux qu'ils croyaient avoir à craindre. Tout le monde était mécontent d'eux : les Turcs de race n'étaient pas satisfaits du peu d'obéissance qu'on portait au Sultan ; les Reïs se voyaient à regret ravir le huitième de leurs parts de prises ; les Baldis se plaignaient de la diminution du commerce, et de la disparition des étrangers, dont le nombre se raréfiait de jour en jour devant les avanies et la mauvaise foi des Pachas. Les Janissaires humiliés se rappelaient le temps où ils étaient, de droit et de fait, les véritables souverains, et proposaient hautement de revenir à ce qu'ils appelaient « les anciennes coutumes. » La crise était à sa période aiguë, quand la rapacité d'Ibrahim en détermina le dénouement. Il venait de recevoir avis de son remplacement par Ali Pacha, et s'était empressé d'expédier deux cent mille piastres à Constantinople. Le fait n'avait rien d'insolite, et fût probablement passé inaperçu, si le trop cupide Ibrahim n'eût émis la singulière prétention de prélever la dîme sur l'argent que la Porte avait envoyé aux Reïs pour les décider à rejoindre la flotte ottomane, alléguant que, pendant qu'ils étaient en guerre, ils ne faisaient pas de prises de commerce, et qu'il en résultait pour lui un dommage dont il était juste de lui tenir compte. En général, les Turcs goûtent peu les innovations; mais celle-là leur parut combler la mesure; une terrible émeute éclata; le Pacha fut enlevé, menacé de mort, et, finalement, emprisonné. Quant à Ali, on ne sait pas au juste ce qu'il devint. Peut-être fut-il victime de la révolte, ou retourna-t-il en Turquie ; en tous cas, il disparut sans laisser de traces.

CHAPITRE QUINZIÈME

LES AGHAS

SOMMAIRE : Avènement des Aghas. — Khalil. — Ramdan. — Révolte kabyle. — Chaban. — Extension de la Course. — Croisières de Ruyter et du duc de Beaufort. — Expédition de Djigelli. — Ali. — Mission de Trubert et relèvement du Bastion. — Croisières anglaises. — Meurtre d'Ali. — Nouvelle révolution. — Avènement des Deys. — Hadj'Mohammed-Treki. — Arrivée de l'escadre de M. d'Alméras. — Fuite d'esclaves à bord. — Émeute. — Départ de M. Dubourdieu.

Après quelques jours de désordre, l'émeute s'apaisa ; les Janissaires se réunirent en Grand Divan, et y proclamèrent la déchéance des Pachas, en tant que pouvoir exécutif. Le titre leur fut conservé, ainsi que quelques honneurs et quelques droits régaliens ; mais on leur interdit de se mêler en quoi que ce fût du Gouvernement, que se réserva le Divan, présidé par l'Agha de la Milice. Or, comme ce dernier ne devait jamais rester en charge plus de deux mois, la révolution de 1659 changeait donc le pachalik en une république militaire, de laquelle chaque Ioldach devait devenir président, à son tour d'ancienneté. Cette conception bizarre n'était évidemment pas réalisable ; mais, au moment de son éclosion, elle était une revanche de la Milice contre la Taïffe des Reïs, dont le pouvoir n'avait cessé de grandir sous le règne des Pachas.

Tout ce mouvement avait été effectué avec moins de désordres et de violences qu'on n'eût pu le craindre ; le nouveau pacha Ismaïl s'était courbé devant l'orage, ce qui ne l'empêchait pas d'intriguer en secret auprès des cours de l'Europe [1] ;

---

[1]. Voir à ce sujet une très curieuse lettre d'Ismaïl-Pacha à Louis XIV, publiée dans la *Revue Africaine*, 1884.

les résidents étrangers, voyant les Reïs abaissés, espéraient que leur sécurité y gagnerait et que la piraterie venait de recevoir un coup mortel; ils se trompaient, en ne voyant pas qu'elle était fatalement nécessaire à l'existence de l'Odjeac; car tout État qui a une grosse armée à entretenir, et qui n'a ni commerce, ni industrie, ni agriculture, est forcé de vivre aux dépens de ses voisins. Mais M. Barreau était tout confiant et rendait compte des événements en ces termes : « Ce mois de juin, la Doane, continuant toujours dans les bonnes dispositions qu'elle a prises de maintenir la correspondance avec les païs étrangers et particulièrement avec Marseille, s'étant fait informer, tant de ses propres sujets que de marchans chrétiens et autres, des raisons pourquoy son port sembloit abandonné, aussy bien que le païs de sa domination, et luy aïant été représenté que la trop grande autorité qu'elle a laissé prendre aux Bachas qui viennent de la Porte du Grand Seigneur leur donnoit occasion de faire beaucoup d'extorsions et avanyes, c'est pour quoy elle se seroit résolue, pour le bien et avantage de tous, d'abolir entièrement cette autorité démesurée qu'elle s'étoit imposée, et, pour cet effet, auroit interdit et défendu à celuy qui est de présent en charge de ne se mêler de quoy que ce soit, etc. »

En effet, le Divan avait reçu avec faveur les réclamations du commerce, s'était fait lire le *Cahier* de leurs demandes, et avait accordé un nouveau tarif de douane et une diminution des droits, le tout inscrit au registre des délibérations. Cette accalmie ne dura pas longtemps. D'un côté, la Cour de France n'accorda aucune foi aux bonnes dispositions du Divan; le chevalier de Valbelle continua à harceler les Reïs et le commandeur Paul à compléter ses armements ; de l'autre, l'anarchie ne tarda pas à régner à Alger. Le Boulouk-bachi Khalil, qui, en sa qualité de chef de l'insurrection, s'était fait proclamer Agha, viola le premier la nouvelle constitution, en cherchant à s'éterniser dans sa charge ; les Mansul-aghas le massacrèrent, et lui donnèrent pour successeur Ramdan, qui vécut en paix avec la Milice, eut l'habileté de se faire proroger par elle, et donna à la Course un développement formidable.

Les provinces de l'Est étaient en pleine insurrection ; le

Bastion étant détruit, les Indigènes, comme de coutume, refusaient l'impôt, et la Kabylie, depuis l'embouchure du Sebaou jusqu'à Bougie, reconnaissait comme émir indépendant Si Ahmed ben Ahmed, qui résidait à Tamgout.

Avant la mort de Khalil, le consul s'était vu en butte à de nouvelles persécutions, dues aux prises faites sur les côtes de France et d'Espagne par les chevaliers de Malte. Il était parvenu à apaiser la colère de l'Agha et avait sollicité d'Ismaïl-Pacha, qui venait d'arriver à Alger, une lettre favorable au commerce; celui-ci l'avait donnée d'autant plus volontiers, que, n'ayant aucun pouvoir, elle ne l'engageait absolument à rien.

Ce fut le dernier acte consulaire de M. Barreau : Saint Vincent de Paul était mort le 27 septembre 1660 ; dès 1658, il avait désigné comme consul futur d'Alger le Frère Dubourdieu, qui y fut envoyé par M. Alméras, successeur de saint Vincent. Il y arriva en 1661, juste à temps pour assister au meurtre de Ramdan, qui fut remplacé par Chaban-Agha. D'après le *Miroir de la charité chrétienne* [1], Ramdan fut assassiné le jour de la Saint-Laurent 1661 (10 août). « Son successeur fut Chaban-Agha, rénégat Portugois, homme prudent, mais suivant la chair. » D'Aranda raconte que Ramdan fut tué avec vingt-huit de ses partisans pour avoir voulu s'adjuger une part de prise trop forte : les cadavres furent jetés aux chiens ; la milice fit ensuite sortir de prison et élut l'ancien Pacha Ibrahim, dont le premier acte fut de vouloir faire égorger Chaban, qui le fit maçonner entre quatre murs [2]. »

La Course continuait avec acharnement; Marseille estimait ses pertes à plus de quatorze cent mille écus ; les croisières du duc de Mercœur et du commandeur Paul n'y faisaient rien : les Reïs avaient pris l'habitude de ne plus naviguer qu'en escadre. L'amiral anglais se voyait refuser à Alger et à Tunis la liberté de ses concitoyens, dont on lui demandait cent rixdales par tête. Livourne faisait savoir que la dernière saison coûtait à l'Italie plus de deux millions de livres, et cinq cents hommes pris par les Algériens. Le duc de Tursi, Grimani,

---

1. *Le Miroir de la Charité chrétienne* (Aix, 1666 pet., in-8.)
2. Voir la *Relation de la captivité* de d'Aranda, d. c., p. 155.

Ruyter, le marquis de Créqui, le commandeur Paul, tenaient la mer, et faisaient tous leurs efforts pour arrêter les progrès du mal. Le chevalier de Valbelle débarquait à l'improviste, et enlevait cinq cents hommes, qui allaient grossir la chiourme de Malte ; le comte de Verüe s'embusquait hardiment dans une petite crique voisine d'Alger, et s'emparait à la pointe du jour d'un navire sur lequel il trouvait « quatre gentilshommes maures et le neveu du Pacha, » dont on lui offrait 2,500 rixdales de rançon. A la suite de cet événement, les Algériens construisaient les Bordj Ras-Tafoural et Mers-ed-Debban. La flotte anglaise et l'escadre de Gênes croisaient dans les mers barbaresques, commandées par Montagüe et Centurione. Tout cela ne semblait pas intimider les Reïs, dont l'escadre, forte de trente vaisseaux, amarinait pendant l'automne de 1661, douze bâtiments anglais, neuf hollandais, et douze français ou italiens. Après le meurtre de Ramdan, le Divan avait décidé qu'on ne ferait plus de traités avec les Chrétiens ; mais tout en faisant cette bravade, il demandait du secours à la Porte, voyant toute l'Europe en armes contre lui. Le duc de Beaufort, pendant le printemps de 1662, enlevait une vingtaine de vaisseaux corsaires ; au même moment, de violentes tempêtes et des tremblements de terre détruisaient le môle ; onze vaisseaux et neuf prises coulaient bas dans le port ; Ruyter profitait de l'émotion causée par cet événement pour obtenir une trêve de huit mois. Sur ces entrefaites, la flotte anglaise, commandée par Montagüe, comte de Sandwich, parut devant les côtes d'Afrique, où elle canonna le 1er et le 2 avril la ville de Bougie, après avoir pris quatre vaisseaux en trois jours. De là, elle donna la chasse à l'escadre des Reïs, qu'une tempête violente déroba à son attaque ; elle manœuvra cependant de façon à l'acculer à la rade d'Alger, qu'elle savait occupée par Ruyter, mais son chef ignorait que celui-ci venait de traiter avec le Divan. Aussi la surprise des Anglais fut-elle égale à leur colère quand ils virent les Reïs défiler impunément sous le canon des Hollandais, et rentrer dans leur port. Cet avortement d'une expédition bien commencée porta Montagüe à conclure avec les États barbaresques une paix peu avantageuse pour son pays ; M. de la Guette, dans une lettre adressée à Colbert le 29 septembre 1662, la trouve « assez honteuse. »

Au mois d'octobre, les esclaves chrétiens, d'accord avec les Berranis, tentèrent une révolte à main armée ; ils furent trahis et durement châtiés ; un dominicain, qui devait les introduire dans la citadelle, fut empalé vif, après avoir été torturé sans avoir voulu nommer ses complices.

Cependant la France s'était décidée à occuper en permanence une position sur la côte, pour en faire une place d'armes contre la piraterie ; on a vu que le Conseil Royal avait jadis envoyé en secret le chevalier de Clerville, ingénieur des armées, en le chargeant de reconnaître l'endroit le plus favorable à une installation. Le 22 juin 1662, le chevalier adressait à Colbert un rapport, dans lequel il recommandait Stora comme lieu de débarquement. Au printemps de 1663, le commandeur Paul commença les opérations par une brillante croisière, qui coûta une vingtaine de navires aux corsaires ; mais il ne put réussir à débarquer à Collo, à cause de la prudence exagérée de l'un de ses capitaines, M. de Fricambault ; les mauvais temps survinrent, et il dut rejoindre l'escadre du duc de Beaufort. Celui-ci mouilla le 2 août devant Stora, où il put faire de l'eau et des vivres frais sans être inquiété par les Kabyles ; de là, il se dirigea, en faisant quelques prises, sur Dellys, et sur Alger, dont il voulait incendier la flotte dans le port. Les pilotes, soit par ignorance, soit par trahison, prirent trop au large, faillirent perdre deux vaisseaux, et la flotte, qui eut dû être en position devant le môle au milieu de la nuit, se trouva le matin à deux heures à l'ouest de la ville. Elle fut signalée, et la surprise fut ainsi manquée. L'amiral se retira, après avoir poursuivi à demi portée de canon des forts un vaisseau qui était venu le reconnaître : il en prit cinq autres, en allant à Ivica, où la tempête le força de se réfugier.

Une peste terrible, qui ravageait la Régence, gagna la ville et la banlieue de Toulon ; elle fit périr à Alger plus de dix mille esclaves chrétiens et un grand nombre d'habitants. Les Hollandais et les Anglais, sous les ordres de Corneille Tromp et de l'amiral Lawson, protégeaient le commerce de leurs nationaux ; par représailles, le Divan fit charger de chaînes le consul anglais Wenter, en lui réclamant un million d'écus d'or d'indemnité pour les prises faites par Lawson.

Le Conseil Royal avait décidé l'occupation de Djigelli, et les préparatifs avaient été faits pendant le printemps de 1664. Le 19 juillet, le duc de Beaufort paraissait devant la côte de Barbarie avec soixante bâtiments, dont seize vaisseaux de guerre, douze navires, vingt-neuf barques de transport, et un brûlot; l'armée de débarquement était d'environ sept mille hommes, sous les ordres du comte de Gadagne. Le 21, la flotte mouilla devant Bougie, et il fut un instant question de s'emparer de cette ville, qui se trouvait complètement dépourvue de défenseurs; c'était ce qu'il y avait de préférable à tous égards, et l'on ne peut pas comprendre que les chefs de l'armée aient cédé à l'opposition du chevalier de Clerville, qui fut le mauvais génie de l'expédition, depuis le commencement jusqu'à la fin. Le 22 au matin, on jeta l'ancre devant Djigelli, dont on reconnut les abords; le lendemain, le débarquement fut effectué, et la ville prise après un combat assez vif. Dès le surlendemain, les Kabyles attaquèrent le camp, et les deux mois suivants s'écoulèrent en escarmouches journalières. Pendant ce temps, les Turcs sortaient d'Alger, et faisaient demander le passage aux Indigènes; ceux-ci, flottant entre la répulsion que leur inspirait le Chrétien, et la haine séculaire qu'ils nourrissaient contre l'Adjem, étaient fort hésitants, et le général eut pu, avec un peu plus de diplomatie, les faire pencher en sa faveur. Mais le désordre le plus complet régnait dans le commandement de l'armée; on ne faisait rien d'utile, et le temps s'écoulait en stériles discussions et en vaines querelles. Le mal venait de la Cour, où les pouvoirs de chacun n'avaient pas été bien définis; Gadagne se considérait comme le maître absolu des opérations de terre, et, n'osant pourtant pas s'opposer ouvertement au duc de Beaufort, traduisait son dépit par le silence et l'abstention; le maréchal de camp La Guillotière donnait des ordres comme s'il n'avait pas eu de chef; enfin Clerville, véritable fauteur de toute cette anarchie, intriguait tantôt d'un côté, tantôt d'un autre, dépensant à cette funeste besogne le temps qu'il aurait dû employer à fortifier le camp. Ce personnage, qui avait été adjoint à l'expédition en qualité d'Ingénieur en chef, très probablement chargé d'une surveillance occulte [1], espérait obtenir la concession des comptoirs de Stora et de Collo, où il voyait la source d'une immense fortune ; il avait fait partager ses rêves à M. de la Guillotière, et il l'entraîna dans l'opposition qu'il fit à toutes les mesures qui eussent sauvé la situation. Il avait déjà, en interprétant à sa façon les ordres royaux, empêché la descente à Bougie, « que Gadagne offrait de prendre en huit heures » ; il avait négligé à dessein d'assurer les lignes, s'opposant même à ce que les autres officiers y fissent travailler ; si bien que, le jour de l'attaque suprême des Turcs, plus de trois mois après le débarquement, les soldats n'étaient pas encore couverts à hauteur de poitrine, et que les vingt premiers coups de canon de l'ennemi détruisirent les ouvrages ébauchés à peine. Enfin, après avoir répété cent fois « que les retranchements étaient inutiles, et que les lavandières de l'armée suffiraient à défendre le camp », il fut le premier à donner l'exemple de la démoralisation, et à conseiller la retraite sans combat. Tout cela semble prémédité par lui, et l'on peut croire qu'il désirait voir échouer la tentative de Djigelli, dans l'espoir qu'elle serait reprise sur un des points où il espérait s'enrichir.

Cependant les Turcs avaient obtenu le passage. Quelques présents aux principaux chefs, les prédications du marabout Sidi-Hamoud, sans doute chèrement achetées, la profanation d'un cimetière dont les matériaux servirent à la construction d'un petit fortin, amenèrent ce résultat. Les Janissaires arrivèrent le 1er octobre, et, après quelques tirailleries, attaquèrent, le 5, à quatre heures du matin ; l'action dura cinq

---

1. On sait que Louis XIV conserva toujours une sorte de méfiance pour les anciens frondeurs, et qu'il perdait rarement l'occasion de leur témoigner sa rancune des rébellions passées. Quant au chevalier de Clerville, qui parvint à se disculper en chargeant le duc de Beaufort, il fut nommé commissaire général des fortifications ; mais ce poste élevé mit au grand jour sa médiocrité et son manque de délicatesse. Les documents officiels nous le montrent toujours au-dessous de son emploi, s'obstinant aux vieilles méthodes, fort infatué de son peu de mérite, s'occupant surtout de *chasser le bouc* (frauder sur les constructions), et, pour comble de ridicule, jaloux de Vauban, qu'il accuse de plagiat. (V. *La jeunesse de Vauban*, par M. C. Rousset, *Revue des Deux-Mondes*, t. LII, p. 685 et suiv.

heures et fut très chaude ; elle se termina par la retraite des Algériens, qui eurent 700 hommes tués ou hors de combat. Les Kabyles se moquèrent d'eux, et projetèrent même un instant d'aller piller leurs tentes. Le duc, qui ne s'était pas épargné dans le combat, fut blessé à la jambe. On lui a reproché de n'avoir pas profité de ce premier succès pour pousser à fond une attaque dont la réussite eût été la ruine complète de l'ennemi, que les Indigènes auraient exterminé sans pitié ; mais l'état des troupes rendait cette combinaison impossible. Elles étaient dans le dénûment le plus absolu ; pas de vivres, pas de bois, souvent pas d'eau potable. Les vêtements manquaient, aussi bien que les munitions ; la fièvre et la dyssenterie exerçaient leurs ravages. On attendait des secours de France ; ils arrivèrent le 22 octobre, conduits par le marquis de Martel, qui amenait avec lui M. de Castellan [1], chargé par le Roi d'apaiser les différends. En même temps, Beaufort recevait l'ordre de laisser à Gadagne le commandement des troupes de terre, et de reprendre celui de la croisière. Avant de s'éloigner, il proposa de diriger une attaque générale contre les Turcs, qui construisaient leurs batteries. C'était la seule chose qu'il y eût à faire ; l'influence funeste de Clerville se fit encore sentir, et le conseil de guerre se refusa à l'action. Cinq jours après, Beaufort s'embarqua, et alla croiser dans l'Est. Le 29, les batteries algériennes ouvrirent le feu ; le 30, les ouvrages imparfaits des lignes françaises étaient complètement rasés ; les troupes, se voyant entourées et arrêtées sous un feu auquel elles ne pouvaient pas répondre, se démoralisèrent en quelques heures, « les soldats disaient tout haut qu'ils allaient se faire Turcs ; » il fallut se décider à la retraite, malgré le général, qui tenait bon avec quelques braves à l'endroit le plus dangereux, et voulait mourir là. Le mouvement commença le 31 au soir, sous le feu de l'ennemi, et se changea en une honteuse débandade ; les canons, les bagages, les malades et les blessés furent abandonnés. On perdit quatorze cents hommes ; l'attaque demandée le 23 par le duc de Beaufort n'eût pas

---

1. La *Relation* de M. de Castellan se trouve dans le *Recueil historique contenant diverses pièces curieuses de ce temps* (Cologne, 1666, in-12).

coûté la moitié de cela, quand même elle n'eût pas réussi[1].

Cette victoire enfla l'orgueil des Turcs, et rendit fort difficile la position du consul Dubourdieu, qui fut maltraité et mis à la chaîne; au bout de quelques jours on le laissa libre, mais tous les chrétiens étaient insultés dans les rues d'Alger, même par les enfants, qui les poursuivaient au cri de Gigeri! Gigeri! en faisant le geste de couper une tête.

La croisière anglo-hollandaise était rompue, et les Anglais se montraient indignés de la conduite de Ruyter, qui avait profité du moment où on le croyait occupé dans la Méditerranée pour aller s'emparer du Cap-Vert et de Gorée.

Le 17 février 1665, Beaufort sortit de Toulon avec six vaisseaux, atteignit la flotte des Reïs, et la força de se réfugier sous le canon de la Goulette, où il la poursuivit bravement, lui prit ou brûla trois vaisseaux; le 2 et le 27 mai, il vint canonner le môle d'Alger, qui n'osa pas lui répondre. Le 24 août, il attaqua de nouveau les corsaires devant Cherchel, leur brûla deux vaisseaux, en prit trois, avec cent treize pièces de canon et les pavillons amiraux, qui furent portés à Notre-Dame.

La peste régnait toujours à Alger, où la Milice venait de se révolter et de massacrer Chaban, qui fut remplacé par Ali-Agha. Celui-ci était bien disposé en faveur de la France, et Dubourdieu fit savoir à la Cour qu'il serait facile de traiter, et de se faire rendre les prisonniers de 1664. M. Trubert, gentilhomme ordinaire du roi, et commissaire général des armées

---

[1]. On a voulu faire retomber sur le duc de Beaufort l'insuccès de cette expédition; rien n'est plus injuste et plus faux. S'il eut eu le commandement en chef, ou si on eût seulement suivi ses avis, la réussite était assurée; on peut s'en convaincre en lisant attentivement la *Relation* très impartiale et très claire de M. de Castellan. Une preuve surérogatoire qui ne manque pas de valeur est le témoignage des soldats captifs, que leur misère eut plutôt porté à blâmer leurs chefs qu'à les louer; or, nous lisons dans une lettre du captif Le Grain : « La moindre sortie qu'on eut faite vers l'endroit où étaient les canons, on aurait gagné fort facilement, n'y ayant pour toute garde que deux cents hommes. Le Duc de Beaufort, avec ses officiers, étaient d'avis de faire la sortie et eussent bien fait; mais ils en furent empêchés et détournés par l'avis d'autres que je n'ai à nommer..... tous les soldats louent fort la prouesse de M. de Beaufort, disant avoir toujours payé de sa personne, etc. » (*Mémoire de la Congrégation de la Mission*, t. II, p. 247)

navales, reçut l'ordre de s'occuper de cette affaire. Les voies avaient été habilement préparées par le consul, et le traité fut signé le 17 mai 1666. Il y fut stipulé que chacune des deux nations donnerait des laissez-passer aux navires de l'autre, afin qu'ils ne pussent être traités en ennemis ; que la visite des bâtiments à la mer ne pourrait se faire qu'au moyen d'une barque ; enfin le Divan acceptait la franchise du pavillon, si longtemps contestée, et reconnaissait la prééminence du consul de France sur ceux des autres nations. Onze cent vingt-six captifs furent rendus en deux fois à l'envoyé du Roi, qui les rapatria. Les Anglais avaient cherché par tous les moyens possibles à faire échouer les négociations, et avaient été jusqu'à offrir trente vaisseaux pour la défense des Algériens, s'ils voulaient rompre la paix. En même temps le Bastion fut réoccupé, et la charge en fut donnée à Jacques Arnaud, qui venait de prendre une part très utile aux derniers arrangements, et que Colbert jugeait : « homme de beaucoup d'esprit, de pénétration et de droiture. »

Néanmoins, il était impossible de faire perdre en un jour aux Reïs leurs habitudes invétérées de piraterie ; il se commettait presque chaque jour quelques infractions, que le consul s'efforçait de faire réparer, apportant à cet effet beaucoup de patience et de fermeté ; mais, par la force même des choses, il n'obtenait, la plupart du temps, qu'un résultat négatif.

Malgré ces difficultés, une tranquillité relative abrita le pavillon français sur la Méditerranée jusqu'en 1668 ; au printemps de cette année, les Reïs qui, sur l'invitation du Sultan, avaient pris la mer pour ravitailler la Canée, furent battus par les Vénitiens, et, pour se venger, firent main-basse en revenant sur tout ce qu'ils rencontrèrent ; quelques marchands français furent enlevés. Au mois de juin, le marquis de Martel sortit avec son escadre, et parut le 14 devant Alger, où il exigea une réparation ; comme le Divan essayait de tergiverser, il fit descendre à terre le capitaine de Beaujeu ; celui-ci parla si hautement que tout ce qui avait été pris fut rendu dès le lendemain. De là, l'amiral cingla vers Tunis, où il obtint le même résultat. A la même époque, il y eut dans la ville une révolte de Berranis, dont on ne connaît ni le motif, ni les détails; le chef de la corporation des Zouaoua fut massacré, et les morceaux de son corps brûlés sur plusieurs places publiques; les Kabyles venaient de s'insurger de nouveau, et il est très probable qu'il y a eu connexité entre ces deux faits. Le 9 octobre, le chevalier Allen arriva avec la flotte anglaise, et, par ses menaces, se fit rendre quelques captifs.

Le 12 avril de l'année suivante, le comte de Vivonne vint réclamer le châtiment de plusieurs Reïs délinquants; on en fit pendre trois en sa présence, et il fut reçu au Divan avec les plus grands honneurs. Au mois de septembre, le chevalier Allen reparut avec vingt-cinq vaisseaux, et ne put rien obtenir; au bout de cinq jours de pourparlers inutiles, il ouvrit le feu. La flotte des Reïs sortit à sa rencontre, et il se livra devant le môle un combat furieux, après lequel les Anglais, très éprouvés par le canon et la tempête, durent aller se radouber à Mahon.

Au mois de février 1670, le marquis de Martel parut devant Alger, y fut bien reçu, et se dirigea ensuite vers Tunis, qu'il fut forcé de canonner pour l'amener à composition. Les Anglais et les Hollandais croisaient devant la côte; les galères du Pape, de Malte et de Sicile parcouraient la mer, et enlevaient aux corsaires tellement de vaisseaux, qu'une émeute éclata dans la ville, où la population craignait un débarquement. Pour la calmer et la rassurer, Ali distribua des présents, fit fortifier le cap Matifou et l'embouchure de l'Arrach. Le 10 septembre, le comte de Vivonne donnait la chasse à six vaisseaux turcs, et s'en emparait.

Le 9 mars 1671, la flotte anglaise, sous le commandement d'Edward Spragge, attaqua le port de Bougie, força l'estacade et brûla douze navires sous le canon des forts. Les Algériens irrités mirent aux fers le consul anglais et les principaux de la nation, et pillèrent le consulat. Au mois de juillet, Spragge parut devant Alger, brisa les chaînes qui fermaient l'entrée du port, y brûla trois navires neufs, força les autres à se couler pour éviter le même sort, détruisit le château du Môle, et s'empara de quelques bâtiments.

Cette expédition fut funeste à Ali. Depuis longtemps, les Reïs étaient mécontents de lui; nous avons vu que les réclamations de la France l'avaient obligé à en faire châtier quelques-uns ; les autres étaient aigris par leurs pertes récentes et l'accusaient de se désintéresser des choses de la marine. Une révolte, commandée par l'Agha de la Milice, éclata en septembre ; Ali se défendit énergiquement, fit couper la tête au chef du complot, mais finit par succomber sous le nombre ; il fut massacré et décapité ; sa femme fut torturée par la population, qui voulait lui faire révéler en quel lieu ses trésors avaient été cachés. En fait, Ali fut victime de la singulière politique que la France avait récemment adoptée à l'égard d'Alger. On a pu voir, en effet, que, sans déclaration de guerre, sans rappeler le consul, sans griefs sérieux, nos navires de guerre enlevaient à la mer tous les Algériens qu'ils rencontraient ; l'expédition de Djigelli elle-même avait été entreprise sans notification préalable ; enfin, pendant l'expédition de Candie, la flotte royale avait combattu, brûlé et pris les navires des reïs, qui, dès lors, s'étonnaient à bon droit de se voir interdire la Course sur nos bâtiments marchands.

Le meurtre d'Ali fut suivi d'un désordre complet : les soldats envahirent la Casbah, et se payèrent par leurs propres mains de l'arriéré de solde ; ils nommèrent en trois jours cinq ou six Aghas, qui se gardèrent bien d'accepter ce poste dangereux. Pendant'ce temps, la Taïffe des Reïs s'était assemblée, et sa décision transformait l'émeute en une véritable révolution ; la souveraineté des chefs de la Milice disparaissait devant la prééminence de la Marine ; les Aghas étaient remplacés par les Deys, dont le premier fut Hadj-Mohammed-Treki. Comme leurs prédécesseurs, ils furent investis du pouvoir exécutif : mais ils étaient nommés à vie et ne tardèrent pas à profiter des moyens que leur donnait la position qu'ils occupaient pour la transformer en une sorte de dictature ; les Pachas restèrent dans leur nullité.

On n'a pas très bien compris jusqu'ici que la révolution de 1671 était l'œuvre des marins, toujours en lutte avec les janissaires ; il est cependant facile de s'en rendre compte, en constatant que les Aghas furent dépossédés, et que les quatre premiers Deys, Hadj' Mohammed, Baba-Hassan, Hadj' Hussein (Mezzomorto) et Ibrahim furent choisis parmi les capitaines corsaires.

Hadj' Mohammed était un vieux reïs, à peu près tombé en enfance, qui abandonna le gouvernement à son gendre, Baba-Hassan, un des hommes les plus détestables qu'on ait jamais vu à Alger; méfiant, cruel, ambitieux et brutal, il ne rêvait que conspirations et supplices. Le vieux Dey n'était pas très bien disposé pour les Français, depuis que le commandeur Paul et le duc de Beaufort avaient capturé deux de ses plus beaux navires; les Anglais profitèrent de cette animosité pour obtenir un traité, qui fut conclu à la fin de 1671. Pendant toute l'année suivante, les complots se succédèrent, durement réprimés par Baba-Hassan; la peste continuait à désoler le pays, et les corsaires dévastaient systématiquement les rivages de l'Italie et de l'Espagne. Depuis douze ans, leurs déprédations étaient devenues plus terribles que jamais. En 1661, ils avaient ravagé Zante, la Sicile et les rives de l'Adriatique, et pris pour plus de deux millions de marchandises; en 1662, c'était au tour de l'Espagne, de Livourne et des Baléares; en 1663, ils débarquaient près de Naples et près de Cadix; en 1664, ils bloquaient Venise; en 1665, ils attaquaient la flotte des Indes, et prenaient un galion de deux millions; en 1666, ils enlevaient du monde près de Naples, d'Otrante et de Crotone; en 1667, ils amarinaient près de Cadix un autre galion des Indes, pillaient auprès de Naples, et dans la Pouille et l'île de Capri, faisaient une descente à Trani, d'où ils emmenaient tout un couvent de Cordeliers; en 1668, ils paraissaient près de Gênes, puis dans la Pouille et dans la Calabre, d'où ils ramenaient une grande quantité d'esclaves; en 1669, on les signalait à Gênes, à Monaco et en Corse; en 1670, à Foggia, où ils capturaient le personnel des Douanes et les marchandises, tandis que, sur l'Océan, ils donnaient la chasse au convoi anglais venant de Terre-Neuve; en 1671, on les revoyait dans la Pouille, la Calabre et la Sicile; en 1672, dans le royaume de Naples et dans l'Adriatique; en 1675, dans le port de Malaga, dans les États Pontificaux, la Pouille, la Calabre et le Portugal.

Pendant tout ce temps, la France avait été presque absolument épargnée par le fléau. Quelques corsaires avaient bien paru devant Saint-Tropez, les îles d'Hyères et Marseille; mais ils n'avaient pas tardé à disparaître devant les croiseurs. Un petit nombre de barques avaient été enlevées, et le consul s'employait à les faire rendre et à obtenir le châtiment des délinquants.

Somme toute, M. Dubourdieu, par sa patience, sa fermeté, et l'influence personnelle que lui donnait la dignité de sa vie, avait obtenu de bons résultats. Il avait eu d'autant plus de mérite qu'il n'avait à compter que sur lui-même ; car on a pu remarquer que, depuis l'installation des Lazaristes, le Conseil Royal semblait se désintéresser complètement du consulat, et n'avait même pas demandé réparation des outrages faits à M. Barreau. Au reste, dès 1669, Colbert avait décidé que les consulats ne seraient plus des charges vénales, et avait fait indemniser la Congrégation de la Mission.

A la fin du mois d'août 1673, M. d'Alméras parut devant Alger avec huit vaisseaux, pour demander la libération de quelques captifs ; le Divan réclamait, de son côté, plusieurs Turcs qui se trouvaient à Marseille, et les négociations se prolongeaient, lorsque survint un incident qui, bien qu'assez fréquent, avait toujours le don d'exciter au plus haut point la colère des Algériens.

En temps ordinaire, les captifs n'avaient presque aucune chance de se soustraire par la fuite à leur misérable destin. En s'échappant dans la campagne, ils eussent été inévitablement repris par les indigènes, pour subir chez eux un esclavage bien plus dur que le premier ; par mer, il leur fallait se procurer une embarcation, des vivres, des armes, échapper à la vigilance et à la poursuite des galères de garde ; tout cela était à peu près impossible, et les tentatives d'évasion étaient punies le plus souvent avec la dernière rigueur. Mais lorsqu'une flotte française venait mouiller devant l'entrée du port, l'espoir de la liberté faisait battre tous les cœurs ; chacun s'ingéniait à se cacher pour attendre la nuit, et se sauver à la nage à la faveur des ténèbres ; ceux qui ne savaient pas nager s'emparaient d'une planche, d'une botte de roseaux, et se jetaient à la mer, faisant des efforts surhumains pour gagner le lieu d'asile, où ils étaient accueillis comme des frères par les gens du bord. Les propriétaires d'esclaves, lésés dans leurs intérêts, portaient leurs plaintes au Divan, qui transmettait leurs réclamations et demandait la restitution des fugitifs ; on comprend facilement que de semblables prétentions n'étaient jamais admises ; car, depuis l'amiral jusqu'au dernier matelot, il ne se trouvait pas un homme qui n'eût mieux aimé sombrer corps et biens sous le canon des forts que de livrer les malheureux qui étaient venus se réfugier auprès d'eux. On ne répondait donc aux revendications que par un refus hautain ; l'émeute éclatait alors dans Alger ; le consul était, le plus souvent, maltraité et emprisonné, et le Dey, tremblant pour sa propre existence, protestait contre un acte qu'il qualifiait de recel, et menaçait d'une rupture. C'est ainsi que se passait toujours ce qu'on appelait *les fuites à bord*[1].

Le 14 septembre 1673, une vingtaine de captifs s'évadèrent et furent reçus dans les vaisseaux de M. d'Alméras. Le Dey les fit réclamer par M. Dubourdieu, qu'il envoya en parlementaire au vaisseau amiral, en lui disant qu'il ne devrait pas revenir, si les captifs n'étaient pas restitués. Le consul voulait pourtant, au mépris de sa vie, aller porter le refus ; mais le chef de l'escadre s'y opposa, et mit à la voile, sans le laisser débarquer. Le Divan fut étonné de ce brusque départ et craignit une déclaration de guerre ; Hadj' Mohammed fit mander auprès de lui M. Le Vacher, vicaire apostolique, et le pria de se charger de l'intérim, lui disant qu'il voulait observer la paix avec la France, et qu'il allait donner de nouveaux ordres aux Reïs, en les menaçant de peines sévères s'ils y contrevenaient. En même temps, il écrivit au Roi une lettre dans laquelle il manifestait son regret de ce qui s'était passé ; elle se terminait par ces mots : « Nous donnons ensuite avis à Votre Majesté que, vers la fin du mois d'août, un de vos capitaines, M. d'Alméras, étant venu en ces quartiers avec huit vaisseaux de guerre, jeta l'ancre et se porta directement vis-à-vis du port et sous le canon d'Alger. Cela nous obligea à envoyer le consul de France qui était ici, pour lui dire qu'il ne s'arrêtât point avec ses vaisseaux

---

1. Tous les consuls d'Alger, sans exception, furent victimes de ces *fuites à bord*, et leurs instances à ce sujet furent peu écoutées.

sous le canon de la ville, et qu'il s'en éloignât tant soit peu plus loin, parce qu'étant alors la saison de l'été, tous les esclaves des Musulmans étaient épars de côté et d'autre, les uns allant et venant aux vignes, et les autres aux jardins et vergers, et qu'il se pourrait faire que les esclaves, voyant que les vaisseaux étaient sous le canon d'Alger et par conséquent bien proches de la ville, ils ne manqueraient point de s'enfuir et d'entrer dans ces navires, ainsi qu'il est déjà arrivé lorsque quelques vaisseaux français étaient venus se porter jusque sous le canon ; quarante-six esclaves des plus vigoureux s'étant jetés à la mer, quelques-uns se noyèrent tâchant d'atteindre les vaisseaux, et quelques-uns y entrèrent et en même temps ces vaisseaux levèrent l'ancre et s'en allèrent : un tel accident arrivé aux Musulmans fit soulever tout le pays, et on fit de grandes plaintes contre nous.

« Pour qu'un tel malheur n'arrivât pas encore, nous recommandâmes au consul de persuader audit sieur d'Alméras de se retirer de dessous le canon de la ville et s'étant éloigné, de nous envoyer au port un navire, l'assurant que nous examinerions exactement ce qu'il souhaiterait de nous et que nous le satisferions ; mais nos paroles ne firent aucun effet sur lui, et, dès la même nuit, plusieurs esclaves des Musulmans, s'étant enfuis, se jetèrent à la mer et se sauvèrent dans les vaisseaux. Cela fit que nous y renvoyâmes encore ledit consul pour savoir à quel dessein on avait fait cette mauvaise action, et si c'était que l'on eût résolu de rompre la paix qui était entre nous. Ne doutant point qu'on n'eût quelque mauvaise intention si les vaisseaux ne s'éloignaient point, et si on ne nous renvoyait point les esclaves ; cela nous fit encore dire au consul que si la chose allait ainsi, lui-même n'aurait que faire de revenir ; et, de fait, étant allé aux vaisseaux, aussitôt qu'il y fût entré, ils levèrent l'ancre et partirent, et c'est ainsi que ledit consul s'en est allé. » (*Suit la formule.*)

Il est facile de voir par cette lettre combien le Dey était désireux de maintenir la paix avec la France ; il apaisa lui-même et de ses propres deniers les propriétaires d'esclaves, et ne cessa pas de montrer le plus grand esprit de conciliation dans les événements qui suivirent cet incident; mais le Conseil Royal avait à cœur de réparer la défaite de Djigelli, et l'expédition contre Alger était déjà résolue.

CHAPITRE SEIZIÈME

ALGER SOUS LES DEYS

SOMMAIRE. — Origine du gouvernement des Deys. — Son organisation primitive et ses modifications. — Abaissement du Divan et du pouvoir de la Milice. — Ses révoltes. — Les Puissances. — Relations avec la Porte, l'Europe, le Maroc et Tunis. — Les consuls et les présents. — Les Beys de l'intérieur et les indigènes. — La population d'Alger, les Colourlis, les Juifs. — Le commerce. — L'armée et la marine. — Abaissement progressif des revenus. — Décadence de l'Odjeac.

Lorsque la Milice, lasse de la mauvaise administration, des exactions et de la mollesse des Pachas triennaux, leur enleva en 1659 tout pouvoir effectif, elle obéissait à deux sentiments ; le besoin qu'a toute association d'être gouvernée sérieusement, et la crainte de voir le commandement tomber entre les mains des Reïs, qui avaient déjà plusieurs fois cherché à s'emparer de la direction de l'Odjeac. Mais la révolution militaire qui se traduisit par l'élévation des Aghas, ne pouvait rien produire de durable ; basée sur le principe exagéré de l'égalité absolue, cette conception bizarre, si elle eût pu être appliquée, eût amené successivement, et par droit d'ancienneté, chaque soldat sur le trône pour un court espace de deux mois. Les premiers qui reçurent le dépôt de la puissance souveraine s'efforcèrent de le conserver ; il était facile de s'y attendre, et la nouvelle constitution dura à peine douze ans, pendant lesquels les quatre Aghas qui se succédèrent tombèrent l'un après l'autre sous le sabre des Janissaires. La corporation des Reïs intervint à ce moment avec l'autorité que lui assuraient ses richesses, sa popularité, et les forces dont elle disposait ; elle fit cesser le désordre, donna l'autorité suprême à un de ses membres, qui prit le titre de Dey, et qui fut chargé du pouvoir exécutif. Les quatre premiers Deys furent d'anciens capitaines corsaires, qui, soutenus par leur Taïffe, plus puissante que la Milice elle-même, abaissèrent les droits du Divan, et ne le réunirent plus que pour la forme, ne tenant compte de ses décisions qu'autant que cela leur convenait; mais leur origine même les força de fermer les yeux sur les excès de la piraterie, qui exposèrent Alger aux représailles des nations chrétiennes. Après que les bombardements et les croisières eurent terrifié les habitants et ruiné la marine des Reïs, les Ioldachs reprirent une partie de leur ancienne influence, et il fallut compter un peu davantage avec eux. Mais ce n'était plus l'ancien corps uni et compact qui avait dicté ses lois à la Régence pendant plus d'un demi-siècle; l'effectif était réduit des deux tiers au moins; le recrutement devenait difficile, et ne se faisait guère que dans l'Asie-Mineure, parmi les vagabonds des ports de mer, et les mendiants des campagnes. Leur tourbe vénale s'inquiéta de moins en moins de conserver les privilèges politiques qui lui étaient acquis, et les échangea volontiers contre des accroissements de solde et des dons de joyeux avènement; mais cette cupidité grossière ouvrit elle-même la porte aux conspirations et aux révoltes sanglantes, chacun de ces mercenaires ne voyant plus dans un changement de souverain que l'occasion d'une gratification nouvelle. Dès lors, ce fut en vain que les Deys essayèrent de couvrir leurs personnes de l'inviolabilité du caftan de Pacha, qu'ils payèrent chèrement à la Porte, et leur vie fut sans cesse à la merci de l'humeur capricieuse et brutale de soudards presque toujours ivres de vin ou d'opium. C'est un changement de mœurs important à constater; car, jusque-là, grâce à une sorte de respect religieux, l'investiture donnée par le Sultan avait sauvegardé la vie de ceux qui étaient considérés comme représentant sa personne sacrée. En effet, sur plus de trente Pachas qui régnèrent de 1515 à 1659, le seul Tekelerli succomba sous le fer d'un assassin, qui accomplissait une vengeance personnelle, tandis que tous les Aghas furent massacrés sans exception, ainsi que plus de la moitié des Deys; mais la confusion qui a prédominé jusqu'aujourd'hui dans l'histoire de l'Algérie a été telle, que personne n'a fait cette distinction remarquable. Il est bon d'ajouter à ce sujet qu'il est impossible de légitimer la légende si souvent reproduite des sept Pachas tués en un jour[1].

En droit, le Dey eut dû être élu par l'assemblée générale; en fait, les choses se passaient tout autrement. Lorsque le souverain abdiquait volontairement ou mourait dans son lit (ce qui n'arriva que onze fois pour vingt-huit mutations), son successeur, désigné d'avance, avait pris les précautions nécessaires, et le changement s'opérait sans opposition. Mais, quand il succombait à la violence, les assassins se précipitaient à la Jenina, dont ils occupaient les abords, et proclamaient celui d'entre eux qu'ils avaient choisi ; souvent un combat terrible s'engageait sur l'estrade ensanglantée du trône, et durait jusqu'au moment où les vainqueurs pouvaient tirer le canon de signal et arborer la bannière verte sur le palais, dans lequel ils venaient d'installer leur candidat, qu'ils gardaient le sabre à la main, et qui recevait immédiatement le baise-mains de tous ceux qui l'entouraient, pendant que les esclaves traînaient dans la cour le cadavre encore chaud de son prédécesseur égorgé. Cette scène se répéta quatorze fois, de 1683 à 1817. Toutes les fois qu'elle se passait, la population d'Alger en attendait le dénouement dans une impatiente angoisse ; les rues devenaient désertes ; les portes se fermaient et se barricadaient ; car, aux premières nouvelles, la Milice s'était répandue en armes dans la ville, et profitait de l'interrègne pour se livrer au pillage et à toutes les violences imaginables. Aussitôt intronisé, le nouveau Dey lançait sa garde de tous côtés, et apaisait le tumulte par quelques exécutions.

Lorsque la réunion du Divan ne fut plus qu'une vaine cérémonie, le pouvoir devint absolu, et fut exercé par le souverain, assisté d'un Conseil d'État, dont les membres, choisis par lui, prirent le nom de *Puissances*. Sa composition était la

---

1. C'est à Laugier de Tassy (d. c.) qu'incombe la responsabilité de cette anecdote ; il dit : (p. 221.) « On a vu dans un jour six Deys massacrés et sept élus. » Mais il ne donne ni noms, ni date, et rien de ce que nous pouvons savoir ne justifie cette allégation. Si l'auteur, au lieu de publier son ouvrage en 1725, l'eut écrit trente ans plus tard, on pourrait croire qu'il s'agit des massacres qui ensanglantèrent la Jenina en 1754, lors de l'usurpation d'Ouzoun Ali.

suivante : 1° le *Khaznadji*, qui avait charge du Trésor public, et marchait immédiatement après le Dey, qu'il suppléait en cas d'absence ou de maladie ; 2° l'*Agha des Spahis ;* il remplissait les fonctions de Bey du territoire d'Alger, avait droit de vie et de mort en dehors des murailles de la ville ; 3° l'*Oukil-el-Hardj* de la marine, chef des arsenaux, chantiers de construction du port et des chiourmes ; en cette qualité, il recevait beaucoup de présents des consuls et du commerce ; 4° le *Beït-el-Mal*, qui veillait au domaine, à l'enregistrement, et aux successions en déshérence ; pour prévenir toute fraude, personne ne pouvait être inhumé sans son autorisation ; 5° le *Khodjet-el-Kheïl*, receveur général des tributs, tant en argent qu'en nature. Au-dessous de ces cinq *Puissances*, se trouvait le *Khaznadar*, ou trésorier particulier du Dey, qui n'avait pas le droit, même dans le cas de plus grande nécessité, de toucher au Trésor public, sur lequel tout le monde veillait avec un soin superstitieux. A la suite de ces grands dignitaires venaient : *quatre Khodjas*, chargés des écritures d'audience et de celles de la paye ; les premiers avaient une grande influence ; *deux cents petits Khodjas*, notaires ou receveurs des impôts du blé, de l'huile, de la viande, du cuir, de la cire, etc.; deux *Drogmans* d'audience, l'un turc, l'autre indigène ; les *Oukils* des garde-meubles, magasins, octrois, douanes, etc.; enfin, *huit Chaouchs*, appariteurs et officiers de paix. Ils ne portaient aucune arme, pas même un bâton ; mais leur personne était sacrée, et la moindre rébellion contre eux était punie de mort. Quand ils devaient procéder à une arrestation, ils marchaient vers celui qui leur avait été désigné, et le touchaient du bout du doigt, en disant : « Viens avec moi ! » Si on leur résistait, ils ameutaient la foule au cri de : *Char' Allah !* et chacun était tenu de leur prêter main-forte. Dans le cas contraire, ils ne liaient pas l'inculpé, et le conduisaient par la main, soit à la prison, soit à l'audience publique. Cette audience du chef de l'État se tenait tous les jours non fériés, à l'exception du mardi, jour de grand conseil, dans la Jénina ; elle durait du petit jour à midi, avec interruption de neuf heures à neuf heures et demie. L'après-midi était consacrée aux affaires politiques, audiences des Consuls, Caïds, Aghas, et fonctionnaires principaux. Le Dey rendait la justice à tous, sauf aux Ioldachs, qui ne ressortaient que de la juridiction de leur Agha; les causes civiles étaient, pour la plupart, renvoyées devant les Cadis; quelques-unes, plus spéciales, devant les Muphtis malékites ou hanafites.

Les délits étaient punis de l'amende ou de la bastonnade; les crimes, de la décapitation ou de la strangulation; la torture, le pal et les ganches étaient réservés aux condamnés politiques, le bûcher aux apostats et aux Juifs. La bastonnade se donnait dans la salle même du Conseil; le patient était étendu sur le sol, ventre à terre; deux esclaves s'asseyaient, l'un sur sa nuque, l'autre sur ses cuisses; celui-ci maintenait en l'air les pieds, sur la plante desquels le bourreau déchargeait une partie des coups de bâton. Ce supplice entraînait rarement la mort. L'amende se payait sur place, entre les mains du Khaznadar, présent à l'audience. La décapitation, de laquelle un spahi était chargé, s'opérait à la porte même de la salle, devant la fontaine de la cour. Ceux qui devaient être étranglés étaient confiés au Mechouar, qui les conduisait en dehors de la porte Bab-Azoun, et les suspendait à un des créneaux. Là se trouvaient aussi les ganches, longs crochets de fer recourbés la pointe en l'air, et scellés dans la muraille; on y précipitait le condamné du haut du rempart, et il y restait accroché comme le hasard l'avait voulu, mettant quelquefois cinq ou six jours à mourir. Le pal et les bûchers se dressaient sur le Môle ou à la porte Bab-el-Oued. Jamais un Janissaire n'était exécuté publiquement dans l'enceinte de la ville; leurs criminels subissaient le supplice édicté dans la cour du Palais de l'Agha, qui avait reçu pour ce motif le surnom de *Dar-el-Khâl* (maison du vinaigre). Le Mechouar était chargé de la voirie, de la surveillance des tavernes, des filles de mauvaise vie, et de la police de la ville; le Caïd-el-Fhâs, de celle de la banlieue; ces fonctions étaient fructueuses, mais réputées infâmes, et les Turcs refusaient de s'en charger. Les Berranis étaient divisés par nationalités, et chaque groupe avait son chef ou Amin, qui jouissait de certains droits justiciers; il était responsable des actes de sa corporation.

Le Dey était tenu de demeurer à la Jenina, sous l'œil de ses solachis, et de ses chaouchs, qui ne le perdaient jamais de vue. A partir du jour de son élection, il était séparé de sa famille; car aucune femme ne pouvait pénétrer dans le palais, sinon en audience publique. Le jeudi, après la prière de *Dohor*, les gardes l'escortaient jusqu'à sa maison particulière, où ils venaient le reprendre le lendemain un peu avant midi, pour le conduire à la grande mosquée. Après la prière publique, il rentrait à la Jenina jusqu'au jeudi suivant. Il ne recevait de l'État que la haute paie d'un janissaire, 50 piastres fortes par an, et un pain de munition par jour; les vivres nécessaires à sa table et à celle de sa famille étaient fournis en nature par le Beylik. Mais sa véritable liste civile se composait des ventes de charges, confiscations, amendes, produits de la Course, des rédemptions d'esclaves, présents des Consuls chrétiens, des Ambassadeurs et des Beys; ces divers revenus étaient variables, mais représentaient toujours une somme énorme. Quand il périssait de mort violente, ses biens étaient confisqués au profit de l'État; heureux ses héritiers, si on les laissait vivre! Somme toute, c'était une misérable existence, et c'est avec raison que l'Évêque de Ségorbe, Juan Cano[1], la décrit en cette phrase : « Ainsi vit cet homme, riche sans être maître de ses trésors, père sans enfants, époux sans femme, despote sans liberté, roi d'esclaves et esclave de ses sujets! »

Le commandement et l'administration du reste de la Régence étaient confiés à des Beys, qui gouvernaient souverainement leurs circonscriptions. Ils devaient apporter au Trésor public les impôts recueillis; ces versements se faisaient deux fois par an, aux mois de mai et d'octobre, et les Beys étaient tenus d'effectuer personnellement le premier des deux. Le territoire se trouvait divisé en trois provinces : Constantine, Titery, Oran; et quatre caïdats indépendants : le Pays Nègre ou *mer de Pharaon*[2], la Calle, le Sebaou, Blidah.

---

1. Cet intéressant historien d'Alger n'a pas fait imprimer son œuvre. Il en existe une copie manuscrite aux Archives de la Guerre.
2. La vraie leçon est : *Bahr el Faroun*, mer des *scylles maritimes*.

Le Bey de Constantine payait 140.000 piastres fortes, et entretenait 300 spahis turcs, et 1.500 indigènes; celui de Titery, 4.200 piastres et 500 cavaliers; celui d'Oran, qui résida d'abord à Mazouna, puis à Mascara, 100.000 piastres, 2.000 colourlis et 1.500 indigènes; le Caïd des Nègres fournissait 25.000 piastres et cent esclaves; celui de Blidah, 14.000 pataques; les revenus du Sebaou et de la Calle étaient fort aléatoires. Aux sommes qui viennent d'être énoncées s'ajoutait une multitude d'impôts divers, sur le corail, les Juifs, les jardins, la cire, les marchandises étrangères, les patentes, les concessions, les tavernes, les filles de joie, les successions, les prises de mer, la vente des captifs, les rédemptions, les droits d'ancrage et de tonnage, et en général sur tout ce qui peut être taxé : car la fiscalité turque n'a rien laissé à inventer en matière d'impôts. Le tout, au milieu du xviiie siècle, rapportait annuellement un peu plus de 540.000 piastres fortes. La Milice n'eût dû en coûter qu'environ 150.000 ; mais il est nécessaire, pour rester dans la vérité, de doubler cette somme, à cause des gratifications réitérées qui étaient passées en coutume, et auxquelles le Dey ne pouvait se soustraire sous peine de mort. Ces *Aouaïd* se reproduisaient à chaque instant; l'avènement d'un souverain, la naissance d'un de ses fils, la nouvelle d'une victoire remportée par le Sultan, la proclamation d'un traité, les fêtes religieuses, et enfin tous les événements heureux, en général, servaient de prétexte aux Ioldachs pour réclamer un supplément de solde. Or, comme la totalité de l'impôt des provinces, qui dépassait 300.000 piastres, devait être versée intégralement à la Khazna, et l'était effectivement au moment même de l'arrivée des Beys, le service de la paie des soldats se trouvait annuellement en déficit de 50.000 piastres environ; il est vrai qu'on retrouvait facilement cette somme par les tributs imposés aux petites puissances : Suède, Danemark, Hollande, Toscane, Venise, villes Anséatiques et Raguse; mais ces revenus n'arrivaient qu'à des époques irrégulières, et la Milice n'eût pas attendu un seul jour ce qui lui était dû. Telle fut la raison qui obligea les Deys à se servir des Juifs; et ceux-ci devinrent d'abord leurs banquiers, puis leurs intermédiaires politiques, leurs conseillers, et enfin leurs ministres. La prépondérance croissante de la communauté israélite d'Alger est une des pages les plus curieuses et les moins connues de l'histoire de cette ville. Les premiers arrivants [1] avaient été, dit-on, chassés d'Espagne par les persécutions; ils traversèrent la mer en 1391, et furent dirigés par deux de leurs rabbins, Duran (Rachbaz) et Barfat (Ribasch), auxquels la légende attribue des miracles. Leurs débuts furent très humbles; ils obtinrent de Khëir-ed-Din la permission de s'établir à demeure, en payant un impôt de capitation, et en s'engageant à n'ouvrir qu'un nombre déterminé d'ateliers ou de magasins dans chacun des Souks où ils résidaient. Pendant toute la durée du XVI° siècle, on n'entend pas parler d'eux. Haëdo les divise en trois catégories; ceux qui sont venus d'Espagne, des Baléares, et ceux qui se trouvaient dans le pays depuis l'exode qui suivit la prise de Jérusalem par les Romains. A cette époque, c'est-à-dire en 1580, il en compte cent-cinquante familles, exerçant les professions d'orfèvres, monnayeurs, changeurs, merciers ou marchands ambulants; les plus riches trafiquaient sur le produit des prises, et faisaient des affaires avec Tunis, et même avec Constantinople. Ils avaient une synagogue, et un chef ou *caciz*, qui servait de juge à la communauté. Les Turcs les maltraitaient, les pillaient, les soumettaient à d'énormes amendes sous le moindre prétexte, excitaient les esclaves chrétiens à les frapper et quelquefois à faire pis encore; ils étaient astreints à porter des vêtements de couleurs sombres. Le Père Dan, qui les vit en 1634, nous en fait absolument la même description; mais leur nombre avait considérablement augmenté, et atteignait le chiffre de dix mille; cet accroissement provenait des rigueurs exercées par l'Inquisition dans le midi de l'Europe. Environ un siècle plus tard, en 1725, Laugier de Tassy en voyait plus de quinze mille, et les partageait en deux classes bien distinctes; les Juifs indigènes, toujours en butte aux mauvais traitements

---

1. Il y avait des Juifs en Afrique depuis la première prise de Jérusalem, et il y eut de nombreuses émigrations partielles; on peut citer celles d'Espagne, en 613, 1391, 1492; celle d'Italie, en 1342; des Pays-Bas, en 1350, de France, en 1403, et d'Angleterre en 1422.

des Turcs, s'occupant de petits commerces et de petits métiers, parqués dans un Ghetto et châtiés avec la dernière rigueur toutes les fois qu'ils donnaient lieu à une plainte quelconque; une simple banqueroute était punie du bûcher, tout aussi bien que le vol et le meurtre; ils composaient l'immense majorité de la colonie israélite. Les autres étaient nommés *Juifs Francs*; ils venaient d'Italie, et surtout de Livourne, où les Grands-Ducs de Toscane leur avaient laissé établir un dépôt d'esclaves et de marchandises provenant de la Course. La singulière protection que ces Grands-Maîtres de l'ordre de Saint-Étienne accordaient à un semblable trafic leur rapportait beaucoup d'argent, et, malgré les nombreuses réclamations des princes chrétiens, ils n'y renoncèrent jamais franchement[1]. Des relations continues s'établirent donc entre les Juifs de Livourne et ceux d'Alger, qui achetaient pour le compte de leurs coreligionnaires les marchandises capturées dont la vente eût été difficile ou infructueuse en pays musulman. Plus tard, les premiers vinrent s'établir eux-mêmes sur le marché; ils y acquirent de grandes richesses, et les embarras pécuniaires des Deys leur livrèrent bientôt le monopole de la laine, des cuirs et de la cire. N'étant pas sujets de la Régence, ils se trouvaient placés par les Capitulations sous la protection et sous l'autorité du Consul de France, et se trouvaient par cela même soumis au paiement des droits auxquels étaient assujettis les Français. D'un autre côté, ils y gagnaient l'exemption des charges humiliantes qui pesaient sur leurs coreligionnaires, pouvaient loger où ils voulaient, et porter des vêtements européens. Mais, tout en acceptant volontiers ces avantages, ils ne voulaient pas en acquitter le prix.

Les Consuls de France furent les premières victimes de cet ordre de choses, grâce à la fausse position dans laquelle les plaça la chambre de commerce de Marseille. Celle-ci, à laquelle le Roi avait abandonné les droits consulaires, à charge pour elle de subvenir aux dépenses obligatoires d'appointements, présents, rapatriement des naufragés et des

---

1. Voir à ce sujet les *Doléances* de Jacques Vacon, d'Ollioules (Documents inédits, *Correspondance de Sourdis*, p. 38).

captifs rendus, voulait rentrer dans ses déboursés, et ne cessait d'exhorter ses agents à exiger le paiement de ce qui lui était dû, et à employer, au besoin, des mesures de rigueur. C'était demander l'impossible; car les Juifs Francs, entre les mains desquels se trouvait tout le commerce qui se faisait à Alger, n'étaient pas embarrassés pour se procurer des prête-noms insaisissables; de plus, ils avaient toujours soin d'intéresser dans les cargaisons une certaine quantité de personnages influents, et quelquefois le Dey lui même; en sorte que, lorsque le Consul, harcelé par les réclamations de la Chambre, essayait de se plaindre, il était accueilli par un haro général. C'est en vain qu'il cherchait à faire comprendre à Marseille qu'Alger ne ressemblait en rien aux autres Échelles; on s'entêtait à vouloir assujettir aux Capitulations des gens qui ne respectaient même pas les firmans du Sultan; on n'arrivait par ces vaines réclamations qu'à irriter le Dey et les Puissances, et il fallait ensuite calmer cette agitation à force de présents, après que celui qui avait obéi à des ordres qu'il désapprouvait eût vu réaliser ses prédictions inutiles.

L'Angleterre et la Hollande se montrèrent bien plus adroites, et, considérant avec raison que le négoce du Levant valait bien quelques sacrifices pécuniaires, et qu'il importait avant tout d'en assurer la sécurité, elles recommandèrent à leurs Consuls de se concilier la faveur des Juifs influents, qui se la firent chèrement payer, tant en présents qu'en avantages commerciaux. On les verra, dans le cours de cette histoire, grandir peu à peu au point de devenir des intermédiaires politiques entre l'Europe et la Régence, obtenant des traités qui avaient été refusés à tout le monde avant qu'ils ne les achetassent aux Deys et aux ministres, et faisant déclarer la guerre au gré de leurs intérêts. Leur puissance ne fit que s'accroître pendant tout le XVIII siècle, à la fin duquel les Bakri et les Busnach traitaient directement avec les ambassadeurs, ne leur permettaient pas de parler au Souverain, nommaient et destituaient les Beys, dirigeaient la Course, fixaient le taux de l'impôt et les tarifs commerciaux, et, en un mot, étaient les véritables Rois d'Alger. Mais, suivant une loi fatale à laquelle les races longtemps persécutées semblent se soustraire difficilement, d'opprimés qu'ils avaient été jusque-là, ils devinrent de très durs oppresseurs, et amoncelèrent sur eux de terribles haines, dont le tragique dénouement fut le massacre des chefs et d'une partie de la population juive. D'après Laugier de Tassy, qui se trouvait à Alger en qualité de chancelier, au moment où il fallait commencer à compter avec les Juifs Francs, le fondateur de leur influence fut un Livournais nommé Soliman Jakete, qui mourut fort âgé en 1724. « C'étoit un homme d'intrigue fort subtil, et qui, par toutes sortes de voyes d'iniquité, s'étoit emparé de l'esprit des Puissances, sous prétexte d'être attaché aux intérêts du Deylik. Il étoit armateur pour la Course, et fermier pour la cire. Il donnoit les avis de ce qui se passait en Chrétienté.....; lorsqu'il savoit qu'on traitoit de la rançon de quelques esclaves, il en augmentoit l'offre jusqu'à ce qu'on se lassât et qu'on eût recours à lui. Il étoit favorisé en cela, comme en toute autre chose, et on le regardoit comme un des soutiens du Païs. »

La politique extérieure des Deys se trouvait, comme leur politique intérieure, dominée par la question financière. La Course étant le principal revenu, il ne pouvait pas être question d'y renoncer, et les premiers qui, sous l'influence de la terreur causée par les bombardements, essayèrent de le faire, tombèrent sous les coups de la Milice, qu'ils ne purent pas solder régulièrement. Ils avaient cependant essayé d'ouvrir une nouvelle source de richesses, en soumettant par la force des armes le Maroc et Tunis à leur payer un tribut annuel; mais les Chérifs se dérobèrent rapidement au joug, et, à l'Est, il fallut multiplier les expéditions pour faire respecter les engagements pris par les vaincus; il en résulta que les frais absorbèrent et dépassèrent quelquefois le produit; les territoires Indigènes, ravagés par le passage des troupes, refusèrent l'impôt; on dut abandonner cet expédient, et recommencer à faire la guerre aux marines européennes de second ordre. Mais on ne retrouva plus les anciens Reïs guerriers, ni l'enthousiasme du début, alors que tout Alger s'intéressait à la Course, que ses galères agiles étaient les reines de la Méditerranée, et que la moindre barque attaquait hardiment des bâtiments dix fois plus forts qu'elle; les grands corsaires étaient tombés tour à tour sous le canon des croisières et sous les coups des chevaliers de Malte; les armateurs s'étaient dégoûtés d'une spéculation devenue trop aventureuse; les navires marchands, bien armés et bien commandés, se défendaient avec avantage; il devint nécessaire de créer une marine de guerre; les Deys établirent des chantiers de construction, et un service de conservation des forêts, qui prit le nom de Kerasta, et fut confié à un chef kabyle de la famille de Mokrani; ils se procurèrent des ingénieurs et des fondeurs d'artillerie, achetèrent ou se firent donner des frégates et des vaisseaux, et en construisirent quelques-uns. La Suède, la Norwège, le Danemark et la Hollande se soumirent à leur fournir des canons, des munitions et des agrès, malgré les plaintes de la France et de l'Espagne. Cette concession humiliante ne leur donna pas la paix, et tous les petits États continuèrent à être victimes de la piraterie. Elle était devenue une ressource officielle, inscrite au budget de la Régence; lorsqu'une des nations dont il vient d'être question demandait à conclure un traité qui lui assurât la sécurité des mers, on exigeait d'elle un tribut annuel équivalent aux pertes qu'elle eût pu faire; on verra souvent, dans le cours de cette histoire, la même prétention se reproduire. Le Royaume des Deux-Siciles, la Toscane, Venise et Raguse s'y soumirent successivement. A l'exception de la France, de l'Angleterre, de la Russie et de l'Espagne, toutes les nations maritimes durent accepter les unes après les autres les conditions imposées. Elles avaient d'abord cherché à s'y soustraire en traitant directement avec la Porte; celle-ci, trop orgueilleuse pour avouer qu'elle n'avait plus aucune espèce d'autorité à Alger, accordait ce qui lui était demandé, et faisait accompagner l'ambassadeur chrétien par un Capidji, porteur d'un firman qui prescrivait au Dey de respecter le pavillon des alliés de sa Hautesse. En tout cas, c'était lettre morte; mais la réception n'était pas toujours la même. Si l'envoyé arrivait à un bon moment, où la Course avait été fructueuse et où régnait l'abondance, il était reçu avec les plus grands honneurs apparents; mais on le raillait, en lui représentant que le Sultan était trop juste et trop bon pour vouloir que ses fidèles sujets mourussent de faim; qu'il avait sans doute été induit en erreur; qu'au surplus, on était prêt à obéir, si Constantinople voulait se charger de la paie de la Milice ; et il fallait que la délégation se retirât sans avoir rien pu obtenir. Mais si sa venue coïncidait avec quelque désastre, peste, famine, défaite sur terre ou sur mer, l'accueil se ressentait de l'humeur farouche des Algériens; le vaisseau turc ne pouvait même pas s'approcher des forts de la ville sans être menacé du canon, et se voyait sommé de s'éloigner à la hâte; cet affront fut sans cesse renouvelé et resta toujours impuni.

Les nations qui ne payaient pas tribut n'en apportaient pas moins leur contingent aux finances du Beylik, sous forme de présents. L'Angleterre avait donné l'exemple, au moment où elle cherchait à exciter la Régence contre la France, pour se rendre maîtresse du commerce de la Méditerranée et des comptoirs de la côte; elle prodigua l'argent, et, une fois entrée dans cette voie, elle ne put plus s'arrêter. Car c'est un des traits particuliers du caractère turc de transformer en un droit acquis toute habitude prise. « Il faut observer, dit Laugier, de ne faire aucun présent aux Turcs ou Maures par pure libéralité, de peur que cela ne passe en usage, qui a force de loi dans ce pays-là. De là vient que les Consuls sont obligés de faire continuellement à ceux qui gouvernent, des présents que leurs prédécesseurs n'avaient fait que par générosité et pour faire leur cour. » De plus, quand on avait fait des libéralités à l'un des ministres, il fallait faire les mêmes à tous, sous peine de se créer des ennemis mortels. Les agents français comprirent très bien la situation, et s'évitèrent d'énormes dépenses en prenant dès l'origine l'habitude de ne faire que des cadeaux de peu de valeur, et de ne jamais donner d'argent. Marseille leur envoyait des confitures, des liqueurs, de la parfumerie, des châtaignes, des pommes, des anchois, que les Consuls distribuaient au Dey et aux principaux du pays. Leur correspondance est remplie de détails fort curieux sur ces *donatives;* c'est une amusante étude de mœurs, où l'on voit les Turcs se comporter avec la naïve grossièreté d'enfants mal élevés, affichant sans vergogne une gourmandise comique, demandant tout ce qu'ils voient et tout ce dont ils ont entendu parler, se plaignant de la qualité des châtaignes ou

du marasquin, du mauvais état de conservation des fruits, s'indignant d'avoir été oubliés dans la distribution de telle ou telle denrée, se livrant à ce sujet à des scènes puériles, dont les Consuls ne peuvent pas s'empêcher de rire, tout en étant quelquefois inquiets du résultat final. Car, à travers toute cette mendicité, les *Puissances* ne se départent pas de leur gravité orgueilleuse ; leurs réclamations, à les entendre, ne portent pas sur la valeur des objets, mais sur l'inattention, qui montre le peu de cas qu'on fait d'eux, et il faut les apaiser par des flatteries et des promesses. Lemaire dit à ce sujet :
« Indépendamment de ces présents faits par les Gouvernements, les Consuls qui les représentent sont obligés d'en faire eux-mêmes, et très souvent, au Dey et aux principaux officiers, pour jouir auprès d'eux d'une certaine considération et pour pouvoir être écoutés dans les affaires qui regardent leurs protégés. Il ne faut s'attendre de leur part à aucune espèce de reconnaissance, ni même de remerciement ; ils affectent de ne pas faire attention au présent qu'on leur fait ; ou, si quelquefois ils en parlent, ce n'est que pour se plaindre de sa modicité. J'avais peine à me persuader une telle insolence, et il m'a fallu le voir pour m'en convaincre ; de telle sorte qu'il y a moins d'humiliation à recevoir en France une aumône de cinq sols, qu'on n'en essuie ici en donnant tout son bien.

« La cupidité des Algériens ne les porte pas seulement à mendier les présents de la manière la plus basse et la plus indigne, mais aussi à examiner les différentes provisions que les Consuls font venir de l'Europe pour leur usage particulier ; et cela, non pour examiner s'il y a parmi elles des marchandises prohibées, mais pour demander sans honte ce qui leur convient le plus. Les Consuls, pour maintenir la bonne harmonie avec eux, n'osent leur refuser ; aussi à peine conservent-ils le tiers des provisions qu'on leur envoie. Les principaux officiers, le Dey lui-même, leur demandent le sucre, les liqueurs, les confitures qu'on leur envoie, et on a vu même quelquefois plusieurs des principaux dignitaires emporter chez eux sous leur bras jusqu'à des morues. »

Il est vrai de dire que les autres nations, tout en les comblant de bijoux, tabatières, diamants, brocarts d'or, montres, pendules et armes de prix, ne font qu'exciter des scènes de jalousie plus violentes encore. Cela dura presque sans interruption jusqu'en 1816.

Avec le xviii° siècle, commence la décadence de l'Odjeac; elle s'accroît de jour en jour, et il est facile de prévoir dès lors que la puissance barbaresque s'écroulera le jour où elle ne sera plus étayée par la rivalité des nations européennes. Les éléments de guerre, qui assurent seuls les revenus de la Régence, l'armée et la marine, diminuent tous les jours; la Milice, que le Père Dan a vue en 1634 forte de vingt-deux mille hommes, ne se compose plus, en 1769, que de cinq mille janissaires; en 1817, on n'en comptera plus que trois mille deux cents, dont un millier de vétérans et d'invalides; dès 1750, la nécessité a obligé de leur adjoindre les Coulourlis et deux bataillons de Zouaoua, composés chacun de cinq cents Kabyles. La population, décimée par les pestes et les famines, a diminué dans les mêmes proportions; Haëdo l'avait vue de soixante mille âmes; le Père Dan, de cent mille, accroissement dû à l'émigration des Maures d'Espagne. Au milieu du xviii° siècle, Juan Cano n'en trouve que cinquante mille, et lorsque les Français entreront à Alger en 1830, ils n'auront à y recenser que trente mille habitants environ. Les renégats, qui, par leur esprit d'aventure et leur énergie, avaient été une des principales forces de la Régence, ont presque entièrement disparu; au xvii° siècle, ils étaient au nombre de vingt mille, selon Haëdo; de douze mille, selon Gramaye; en 1769, il en reste deux ou trois cents seulement. Il en est de même en ce qui concerne les captifs; le Père Dan en a vu vingt-cinq mille; Gramaye trente-cinq mille; au milieu du xviii° siècle, il y en a trois mille à peine. Les innombrables bagnes des particuliers et des grands Reïs sont fermés et vides depuis longtemps; ceux de l'État sont abandonnés et tombent en ruines, à l'exception de ceux du Beylik, de Galera et de Sidi Amoudat qui ne contiennent pas à eux trois plus de mille huit cents prisonniers. Le port, d'où sortaient, en 1620, au moment de la saison de la Course, plus de trois cents Reïs, dont quatre-vingts commandaient de grands vaisseaux, est presque désert; en 1725, Laugier de Tassy n'y trouve plus que vingt-quatre, navires armés de cinquante-deux à dix pièces de canon; quarante-quatre ans plus tard, il n'en subsiste plus que dix-sept, armés de trois à vingt-six pièces; neuf d'entre eux appartiennent au Beylik, huit à des particuliers. Le Badestan est une solitude; l'on n'y entend plus retentir la voix des crieurs qui vendaient les esclaves et le butin; la ville, jadis si riche, si animée et si joyeuse, alors que l'or chrétien y coulait à grands flots, est devenue triste et misérable; les caravanes, qu'y attirait l'espoir du gain et l'appât des plaisirs faciles, en ont désappris le chemin; la populace, paresseuse, mendiante et voleuse, aigrie par la pauvreté, ne sort de son apathie fataliste que pour prêter les mains à toutes les émeutes, et se réjouir la vue de tous les supplices. Elle comprend instinctivement la signification des symptômes avant-coureurs de la fin, et pense quelquefois à ses futurs maîtres, les guerriers vêtus de rouge annoncés par les anciennes prédictions.

CHAPITRE DIX-SEPTIÈME

LES DEYS

SOMMAIRE. — Consulat de M. d'Arvieux. — Le P. Le Vacher. — Réclamation des Turcs détenus en France. — Mission de M. de Tourville. — Traité avec la Hollande. — Ravages des Reïs — Traité avec l'Angleterre. — Déclaration de guerre à la France. — Fuite de Hadj'-Mohammed-Treki. — Baba-Hassan. — Les deux bombardements de Duquesne. — Mezzomorto. — Mission de Tourville et traité de paix. — Consulat de Piolle. — Intrigues anglaises et hollandaises. — Ibrahim Khodja. — La guerre recommence. — Bombardement du Maréchal d'Estrées. — Renouvellement des traités. — Émeutes, et fuite de Mezzomorto.

L'intérim du Père Le Vacher, qui avait une profonde connaissance des affaires d'un pays habité par lui depuis plus de vingt-cinq ans, fut très paisible ; les Reïs dépensaient leur activité à courir sus aux Hollandais, qui subirent de grosses pertes.

Cependant, à la suite d'un conflit qui avait éclaté entre le gouverneur du Bastion et le directeur de la Compagnie, le désordre s'était mis dans les Établissements. Le chevalier d'Arvieux fut chargé d'apaiser ce différend, et reçut en même temps la charge de consul. C'était un assez singulier personnage ; ses mémoires révèlent un contentement de lui-même qui arrive souvent au comique. Fort infatué d'une noblesse douteuse (son oncle signait Laurent Arvieu, et lui-même est nommé Arvieu par tous ses concitoyens) il qualifie l'érudit captif duquel nous parlons plus loin [1] de : « un sieur Vaillant, qui se dit homme du Roy, parce que M. Colbert l'a

---

1. Le savant duquel M. d'Arvieux parle avec un dédain si mal justifié est le célèbre numismate Jean Foy-Vaillant, né à Beauvais en 1632. Lors de l'organisation de l'Académie des Inscriptions et Belles-Lettres, il fut admis comme associé, et y remplaça Charpentier l'année suivante. Son ami, Jacob Spon, nous a laissé de curieux détails sur les péripéties de sa captivité à Alger. (*Voyages de Spon*, Lyon, 1673, 3 vol. in-12, t. II, p. 15 et suiv.).

envoyé chercher des médailles ; » il nous apprend qu'à son débarquement, il avait : « sa canne, son épée, et un habit assez propre pour être distingué de tous ceux qui l'accompagnaient. » A l'en croire, il a été le collaborateur de Molière, et le roi, après la première représentation du *Bourgeois Gentilhomme*, a dit : « On voit bien que le chevalier d'Arvieux y a mis la main. » Il arriva à Alger le 10 septembre 1674, et fut assez mal reçu par Baba-Hassan, auquel déplurent les allures un peu trop hautaines du nouveau venu. Il n'aurait même pas pu arranger les affaires du Bastion, si le gouverneur protégé du Dey, Jacques Arnaud, n'était venu à mourir au cours des négociations. Enfin, malgré les intrigues d'un certain Marseillais du nom d'Estelle, celles des Anglais et du Génois Lomellini, gouverneur de Tabarque, qui voulait acheter les Établissements, il fit nommer le sieur Lafont, son candidat. Celui-ci se conduisit assez mal, et suscita de nouvelles difficultés. M. d'Arvieux réclamait depuis son arrivée vingt-cinq Français, pris par Mezzomorto sur un vaisseau livournais. On sait que les Algériens déclaraient de bonne prise les passagers des navires ennemis ; ceux-ci étaient presque tous des gens de loisir, qui, au moment de leur capture, se rendaient à Rome, pour y assister aux fêtes du Jubilé ; le célèbre numismate Vaillant se trouvait parmi eux, et le reïs qui les avait pris en espérait une riche rançon. Ce corsaire était un personnage considérable, que le Dey craignait de mécontenter ; aussi opposait-il au consul grief pour grief, demandant, qu'avant tout, on lui rendît l'équipage d'une barque qui était venue s'échouer à Port-Vendres en fuyant les galères d'Espagne ; les Turcs qui la montaient avaient été capturés, au mépris de tout droit, et envoyés aux galères de Marseille. Le Père Le Vacher s'était très activement occupé de cette affaire, n'avait pas eu de peine à démontrer au Conseil Royal l'injustice de la détention des Turcs, et avait obtenu des ordres pour qu'ils fussent rapatriés. Comme toujours, l'exécution des injonctions du Roi avait été entravée par la mauvaise volonté des capitaines des galères, peu satisfaits de voir démonter leurs chiourmes ; de plus, quelques-uns des forçats étaient sur mer, et il fallait attendre qu'ils revinssent. M. d'Arvieux eût pu tirer un bon parti des instructions données par Colbert et Seignelay à l'intendant des galères et aux échevins de Marseille, qui avaient reçu l'ordre de hâter la libération des captifs par tous les moyens possibles.

Mais, au lieu de se servir de ces lettres pour montrer au Dey et au Divan que l'on était tout disposé à leur faire justice, il gâta tout par ses emportements, sa jactance et ses menaces. Il fit un tel esclandre à l'assemblée du 2 février 1675, qu'il souleva contre lui un orage violent : il fut un instant question de lui faire un mauvais parti, et il ne dut son salut qu'à l'opinion que les Turcs conçurent de lui, et qu'ils traduisirent en lui donnant le surnom de Dely (fou) [1]. Il fut cependant forcé de se retirer et de ne plus paraître au Conseil, laissant le soin des affaires au Père Le Vacher, qui obtint presque immédiatement la relaxation de Vaillant ; le Dey fit même rendre au savant de précieuses médailles qui lui avaient été prises, et le chargea d'une lettre pour Louis XIV. Il y affirmait son désir constant de conserver la paix, et priait le roi de l'aider à le faire en renvoyant les captifs le plus tôt possible, et en changeant le consul. Il demandait le retour de M. Dubourdieu, disant qu'il plaisait à tout le monde, et qu'il était aussi apte à tout concilier que son successeur l'était peu. Sur ces entrefaites, M. d'Arvieux, se voyant inutile, et ayant appris que le Divan voulait le faire embarquer de force, partit le 30 avril. Avant son départ, il alla prendre congé d'Ismaïl Pacha « qui se mêlait si peu des affaires qu'il fut extrêmement surpris à cette nouvelle », et qui « se plaignit de l'esclavage où il était. » Arrivé en France, le chevalier adressa à Colbert plusieurs lettres de doléances, auxquelles on n'accorda que le peu d'attention qu'elles méritaient. Il fut remplacé dans sa charge par le Père Le Vacher, qui dut se faire violence pour accepter des fonctions que son âge et ses infirmités lui rendaient presque insupportables.

Les premières années de son consulat furent assez tran-

1. D'Arvieux, toujours content de lui-même, est enchanté d'avoir mérité ce sobriquet ; il nous apprend qu'on ne doit pas le prendre en mauvaise part, « attendu qu'il signifie, dans un sens figuré, un déterminé qui ne craint pas la mort. »

quilles, malgré les intrigues des Anglais et des Hollandais, qui prodiguaient les présents pour faire déclarer la guerre à la France. Une croisière portugaise tenait la mer, sous les ordres de Magellanez; elle n'empêcha pas les Reïs de venir ravager les environs de Lisbonne en 1675 et 1676. Au mois de juillet 1675, les Espagnols d'Oran dirigèrent une expédition jusque sous les murs de Tlemcen; ils furent repoussés, et les indigènes vinrent les bloquer dans leurs possessions; Baba Hassan envoya quelques janissaires pour aider les assaillants; le siège dura trois ans, et les deux armées furent décimées par la peste; en janvier 1678, la garnison de la ville fit une sortie dans la plaine de Meleta, tua beaucoup de monde aux Arabes, et ramena huit cents prisonniers; mais, au mois de juin, Oran était de nouveau investie, et les Algériens barraient l'entrée de son port. Cette même année, l'escadre anglaise, sous les ordres de Narborough, fit une démonstration sur Alger, et y lança quelques boulets; deux batteries de quinze pièces, nouvellement construites, l'éloignèrent; la croisière continua sous les ordres de Herbert.

Les forces du Consul n'étaient pas à la hauteur de son courage; les souffrances qu'il avait essuyées à Tunis avaient ruiné sa santé, et il était presque perclus par suite de douleurs rhumatismales. Dès le commencement de 1676, il avait demandé son remplacement, faisant savoir à Colbert que le Dey et le Divan verraient avec plaisir revenir M. Dubourdieu. En 1677, il fut de nouveau frappé de la peste; il ne s'en sauva qu'avec peine, et une nouvelle infirmité, l'éléphantiasis, vint lui rendre l'exercice de sa charge de plus en plus pénible. Cependant il était parvenu à faire relaxer les vingt-cinq Français pris sur le navire livournais, en s'engageant personnellement pour les Turcs de Port-Vendres; mais, au lieu de se conformer aux ordres du Roi, l'Intendant des galères, plus soucieux de la qualité de ses chiourmes que de la paix publique, ne renvoya que quelques Maures estropiés ou hors de service. Le Divan, en présence de cette satisfaction dérisoire, eut une telle explosion d'indignation, que le P. Le Vacher eut beaucoup de peine à la calmer. Il remontra que le Roi avait été trompé, promit que les coupables seraient punis, et l'erreur réparée. A force d'instances et de réclamations, il finit par y arriver. Cet incident était à peine terminé, qu'il en survint un nouveau, de la même nature que le précédent, mais dont les conséquences allaient être autrement graves. Une barque, montée par sept Algériens, qui fuyaient le dur esclavage des galères d'Espagne, fut amarinée par un vaisseau français, qui, après s'en être emparé sans résistance, conduisit l'équipage au bagne de Marseille. Le Divan demanda la mise en liberté de ces malheureux, et le Consul s'occupa activement de l'obtenir; mais ce fut en vain qu'il représenta l'injustice de l'action commise, et l'irritation qu'elle excitait à Alger. On s'obstina à ne pas le croire, à traiter cette affaire de vétille; on finit par déclarer « qu'il était indigne de la grandeur du Roi de traiter avec de la canaille et des corsaires. » Le P. Le Vacher, de plus en plus malade, dégoûté de tout ce qui se passait, et prévoyant l'issue fatale, ne cessait de solliciter son changement.

C'est inutilement que M. Denis Dussault, qui venait de prendre la direction des Établissements, s'efforçait de faire comprendre à la Cour les graves inconvénients d'une rupture pour le commerce; cet homme très intelligent et très dévoué, qui rendit les plus grands services, et aux théories duquel il fallut bien revenir plus tard, ne fut pas plus écouté à ce moment que le Consul[1]. Sur ces entrefaites, M. de Tourville fut envoyé à Alger avec son escadre pour y réclamer les Français pris sur des vaisseaux étrangers. Il fut reçu avec les plus grands honneurs; le Dey lui accorda ce qu'il demandait, tout en faisant remarquer que la teneur des traités ne l'y obligeait pas. L'Amiral obtint, séance tenante, la modification de l'article litigieux, embarqua les captifs, et mit à la voile pour Tunis. Le lendemain de son départ, les Algériens s'aperçurent que deux esclaves s'étaient enfuis à bord des vaisseaux du roi; le consul fut déclaré responsable, et incarcéré; mais il fut relâché au bout de quelques jours, grâce à la vénération qu'il avait su inspirer aux Turcs par ses hautes vertus.

L'année suivante, les Hollandais, qui imploraient en vain

---

1. Voir les lettres du P. Le Vacher (Archives de la Chambre de Commerce de Marseille, AA, p. 647).

la paix depuis plus de six ans, prodiguant à cet effet des présents et des promesses, obtinrent un traité, qui fut signé le 1er mai ; ils s'engageaient à fournir tous les ans des câbles, des mâts, de la poudre, des projectiles et des canons ; le comte d'Avaux, ambassadeur de France à la Haye, protesta hautement, et déclara que les navires ainsi chargés seraient traités en ennemis. Au reste, cet arrangement ne servit pas à grand'chose aux États, dont le consul était mis aux fers quelques mois après, et dont les captifs peuplaient les bagnes. Les ravages des Reïs ne se ralentissaient pas ; en 1679, on les avait vus aux Açores ; en 1681, près de Naples, puis en Sicile, en Corse et aux États Pontificaux, où ils étaient venus prendre dix tartanes sous le canon de Civita-Vecchia.

Le 14 septembre 1680, Duquesne se présenta devant le Dey, qui, en réponse à l'exposé de ses griefs, lui réclama les Turcs des galères de Marseille. La peste continuait ; au mois de février 1681, la poudrière du fort Bab-el-Oued sauta : quatre cents maisons furent démolies, et il périt beaucoup de monde. MM. Hayet et de Virelle furent envoyés par la Cour pour demander l'exécution des traités, et obtenir « qu'il fût déclaré que les Français ne pourraient plus être esclaves à Alger, de quelque manière qu'ils eussent été pris. » Le Divan y consentit, à condition que les Algériens injustement détenus depuis si longtemps lui seraient renvoyés ; l'accord fut conclu sur ces bases, et la paix semblait assurée, lorsqu'on apprit par les lettres des captifs que, loin de briser leurs fers, on venait de les rembarquer sur les galères de l'escadre du Levant. Cette mauvaise foi excita une indignation générale, et, après un ultimatum qui fut dédaigneusement accueilli à Versailles, la guerre fut unanimement déclarée à la France dans la séance du 18 octobre 1681. Les prédictions de M. Dussault ne tardèrent pas à se réaliser ; un mois après la rupture, les Reïs avaient déjà pris vingt-neuf bâtiments français, et fait trois cents esclaves. Dans les quatorze dernières années, les Anglais s'étaient vu prendre trois cent cinquante navires, et six mille matelots ; ils profitèrent des hostilités pour obtenir un traité fort onéreux, que le P. Le Vacher qualifie de : « La paix la plus honteuse qu'on puisse imaginer. »

La France se préparait à la guerre ; les galiotes à bombes de Renau d'Eliçagaray se construisaient activement, et le Roi se disposait à donner l'ordre à Duquesne d'aller à Alger, de « l'incendier et de le détruire de fond en comble. » Le vieil Hadj' Mohammed, inquiet de la tournure que prenaient les événements, s'embarqua secrètement sur un de ses vaisseaux, et s'enfuit à Tripoli, abandonnant sa charge à son gendre Baba Hassan, qui était, depuis longtemps, le véritable maître. Son dernier acte fut la nomination de Si Abd-el-Kader, fils de Si Mohammed Amokran, qui fut reconnu chef des trois fractions des Ouled-Barbacha, à titre indépendant des Beys de Constantine. Le nouveau Dey marcha contre les Marocains qui assiégeaient Tlemcen, et les força de rentrer chez eux ; il les eut sans doute poursuivis, s'il n'eut été rappelé à Alger par la crainte de l'attaque des Français.

En effet, Duquesne était parti de Toulon le 12 juillet 1682. Dussault avait inutilement envoyé à M. de Seignelay mémoires sur mémoires ; il y avait vainement remontré que cette guerre devait être fatale à la France par les pertes immenses qu'elle causerait au Trésor. Il disait qu'il était préférable de se désister de quelques articles des traités, que les Algériens ne voulaient plus admettre, tel que celui qui concernait les Français trouvés sur les bâtiments ennemis d'Alger, ce qui ne pouvait être qu'avantageux à notre marine, à cause du nombre des marins qui allaient servir à l'étranger, attirés par les bénéfices qu'ils y trouvaient[1] ; qu'il fallait rendre les Turcs de Marseille, et faire la paix avec le Divan, moyennant qu'il déclarerait aussitôt la guerre à la Hollande et à l'Angleterre ; « de cette manière, la France, disait-il, aura le monopole du commerce dans le Levant et la Barbarie, et s'enrichira en raison des pertes que feront les autres nations. »

Tout cela était très juste ; mais la voix de l'orgueil l'emporta sur celle de la raison.

Le 25 juillet, Duquesne parut devant Cherchel, qu'il

---

1. C'était la théorie même du cardinal de Richelieu, développée dans ses lettres à M. de Séguiran ; c'était celle de tous les capitaines, qui ne cessaient de déplorer la désertion des gens de mer.

canonna, détruisant en quelques heures la redoute du rivage, et brûlant deux navires; le 29, il donnait devant Alger son ordre de bataille à la flotte, qui se composait de quinze galères, onze vaisseaux, deux brûlots et cinq galiotes à bombes. Pendant quinze jours, il manœuvra dans la rade, et le 15 août, renvoya les galères, qui lui étaient inutiles. Le 20 au soir, on prit les postes de combat. Le front de mer de la ville était armé de cinquante canons; l'îlot, de cinquante; la tour du fanal, de vingt-sept, en trois batteries étagées; le fort des Anglais, de dix ou douze; les batteries de Bab-el-Oued et de Bab-Azoun, de quinze chacune. Dans la nuit du 20 au 21, on fit le premier essai des bombes, et l'on reconnut que la distance était trop grande. Le feu ne recommença que le 26 au soir; quatre-vingt-six bombes furent lancées sans grand succès Pendant la nuit du 30, les mortiers en envoyèrent cent quatorze, qui firent de grands dégâts, ainsi qu'on l'apprit par un esclave fugitif. Le 3 septembre, les Reïs tentèrent une sortie, qui fut vigoureusement repoussée; le 4, au matin, ils prièrent le P. Le Vacher d'aller, de leur part, demander à l'amiral à quelles conditions il cesserait le feu; celui-ci refusa de répondre au consul, déclarant qu'il ne voulait entendre que les délégués du Divan, munis des pouvoirs nécessaires pour traiter, et le feu continua jusqu'au 12, tout le temps que le vent ou l'état de la mer le permit.

Malgré leurs pertes, les Algériens ne firent plus aucune tentative d'accommodement; Baba-Hassan faisait surveiller la ville par des hommes dévoués, et tous ceux qui murmuraient étaient immédiatement décapités. Le 12 septembre, le temps devint trop mauvais pour les galiotes, et Duquesne partit, laissant les soins de la croisière d'hiver à M. de Lhéry. Il avait écrasé une cinquantaine de maisons et tué cinq cents habitants; mais il n'avait obtenu aucun autre résultat. Une médaille commémorative, qui eût pu être consacrée à des actions plus glorieuses, fut frappée à cette occasion. Le P. Le Vacher avait couru de grands dangers; sa maison avait été visitée par quelques projectiles, quoique couverte par le drapeau blanc du Consulat; il est vrai de dire que les mortiers tiraient au hasard, et que les bombes crevaient souvent à moitié chemin, et quelquefois même au départ. A son arrivée en France, l'amiral fit subir aux galiotes les modifications nécessaires, et s'occupa de se procurer des munitions de meilleure qualité; car l'expédition de 1683 était déjà résolue. Au commencement de cette année, la peste redoubla, et fut suivie de la famine; le prix des vivres décupla. Les Hollandais rachetèrent des captifs pour 52.000 écus.

Duquesne partit de Toulon le 6 mai, avec vingt vaisseaux ou frégates, sept galiotes, deux brulots, et trente flûtes, tartanes ou barques. Seize galères devaient venir le rejoindre. A la sortie du port, il fut assailli par une violente tempête, qui lui enleva quelques chaloupes et lui occasionna des avaries graves, qu'il fallut aller réparer, ce qui amena un retard considérable. La flotte ne parut devant Alger que le 18 juin, et prit son poste le 23. Le bombardement fut contrarié d'abord par le mauvais état de la mer, ne commença que le 26 au soir, sans sommation préalable, et continua le 27, sous le feu des Algériens, qui semblent avoir manqué de bons artilleurs. Le 28, Le Dey envoya à bord du *Saint-Esprit* un parlementaire, accompagné du P. Le Vacher, que Duquesne ne voulut pas recevoir. Il se montra cruel pour ce vieillard, auquel sa charge, pour ne pas parler de ses vertus personnelles, eût dû valoir plus d'égards. La première fois, il ne laissa pas accoster son embarcation et lui parla du haut de la galerie de poupe; deux jours plus tard, quand il amena les otages, aucun siège ne lui fut offert, et, comme il ne pouvait se soutenir sur ses jambes enflées et malades, il dut s'asseoir sur un affût de canon. Ce fut là que l'amiral, après l'avoir traité durement, termina par ces mots : « Vous êtes plus Turc que Chrétien. — Je suis prêtre, » répondit simplement celui qui, un mois après, devait mourir avec tant de courage.

L'amiral déclara qu'il entendait n'avoir affaire qu'aux Turcs; il répondit à l'envoyé qu'il ne permettrait les ouvertures de traité que lorsque tous les captifs français auraient été rendus, et le congédia brusquement. Après quelques démarches inutiles, un court armistice de moins de vingt-quatre heures fut accordé, pour donner le temps de rechercher les esclaves chez leurs différents maîtres. Le 29, à midi, on en ramena cent quarante-un; le 30, cent vingt-quatre; le 1ᵉʳ juillet, cent cinquante-deux; le 2, quatre-vingt-trois; enfin, à la date du 3, il ne restait plus de prisonniers à rendre, et le Divan avait obéi, « sans avoir aucune assurance de la manière dont M. le marquis Duquesne voudrait leur donner la paix. » MM. Hayet et de Combes descendirent à terre pour en régler les conditions ; le Dey envoya des otages, parmi lesquels il eut soin de comprendre Mezzomorto, dont il craignait l'influence, et dont il connaissait le mauvais esprit. Une quinzaine de jours se passèrent en négociations; Baba-Hassan, qui ne pouvait pas réunir le million et demi que l'amiral réclamait comme indemnité, demandait du temps, et les choses traînaient en longueur.

Cependant la ville était divisée en deux partis, celui de la paix, représenté par les Baldis et la Milice, et celui de la guerre, qu'appuyait la Taïffe des Reïs. Mezzomorto, qui en était le chef, fut tenu au courant de tout ce qui passait par les fréquentes visites qu'il reçut. Il persuada à Duquesne de le débarquer, disant « qu'il en ferait plus en une heure que Baba-Hassan en quinze jours. » On fut bientôt édifié sur le véritable sens de cette phrase ironique ; à peine descendu à terre, il s'entoura des Reïs, à la tête desquels il marcha sur la Jenina, et, au milieu d'un horrible tumulte, fit massacrer le Dey par son séide Ibrahim Khodja, arbora le drapeau rouge, et ouvrit le feu de toutes les batteries sur la flotte, à laquelle il renvoya M. Hayet, avec mission de dire à l'Amiral que, s'il recommençait à tirer des bombes, les Chrétiens seraient mis à la bouche du canon. Cela se passait le 22 juillet; les galiotes ripostèrent énergiquement au canon des batteries, et ce combat d'artillerie se prolongea jusqu'aux premiers jours d'octobre, époque où la mauvaise saison obligea Duquesne à lever l'ancre, sans avoir pu vaincre l'obstination des Algériens. Cette double expédition, qui avait coûté plus de vingt-cinq millions au Trésor, n'eut pour résultat que l'écrasement d'une centaine de maisons, de deux ou trois mosquées, la mort d'un millier d'habitants, et l'incendie de trois vaisseaux corsaires. C'était peu, et le sentiment public se traduisit par cette phrase d'une lettre de M. de Seignelay au maréchal d'Estrées : « Plut à Dieu que l'affaire d'Alger eût été commise à vos soins! » Duquesne n'obéit pas aux ordres du Roi, qui, désireux d'en finir avec ce nid de pirates, lui avait formellement enjoint de profiter de la terreur de l'ennemi, et du désordre qu'engendrerait le bombardement pour débarquer des troupes, mettre le feu à la ville, la ruiner de fond en comble, faire sauter le môle et l'estacade, de façon que le port devînt à jamais impraticable. Rien de tout cela ne fut même tenté ; on rapporta en France les *mines de cuivre* destinées à forcer l'entrée du port, et une partie des bombes qu'on avait emportées, et qui eussent pu être utilisées pour la destruction des batteries du fanal, les seules qui empêchassent sérieusement l'opération commandée ; enfin, malgré les lettres réitérées du ministre, l'amiral, en dépit de l'avis de Tourville et des meilleurs officiers de la flotte, s'obstina à se borner à un bombardement qui produisit très peu d'effet utile, et qui, en excitant au plus haut point les fureurs de la populace, la porta aux plus violentes atrocités[1]. Le 29 juillet, au plus fort du feu, et au milieu de la confusion qui régnait dans la ville, une bande affolée s'était précipitée sur le consulat français, qu'un malveillant avait désigné comme faisant des signaux à la flotte. Après avoir saccagé la maison, les forcenés s'emparèrent de la personne du Consul en poussant des cris de mort; comme il ne pouvait marcher, on l'emporta assis sur une chaise, et l'on se dirigea tumultueusement chez le Dey, qui se trouvait à ce moment aux batteries du fanal, où il venait d'être blessé à la figure. Sans s'occuper davantage de son assentiment, la horde d'assassins reprit sa marche vers le môle, où le Père Le Vacher fut attaché à la bouche d'un canon, dont la décharge dispersa ses membres. On dit, ce qui est peu probable, qu'on lui donna à choisir entre la mort et l'apostasie ; en tous cas, son choix était fait depuis longtemps, et il vit arriver avec une sérénité parfaite cette fin de ses longues souffrances, que sa piété seule pouvait l'em-

---

1. Voir *Abraham Duquesne et la Marine de son temps* (t. II, p. 145 et suiv.). Bien que M. Jal se soit fait l'avocat d'office de son héros, il se montre fort embarrassé à ce moment, et se voit forcé de défendre sa cause par des arguments philanthropiques qui peuvent avoir leur valeur dans le Conseil, mais qui la perdent entièrement quand l'épée est tirée.

pêcher de désirer. Vingt résidents français partagèrent son sort; un officier prisonnier, M. de Choiseul-Beaupré, fut sauvé, dit-on, par la reconnaissance d'un reis, au moment où on allait mettre le feu à la pièce à laquelle il était attaché[1]. Toutes ces horreurs eussent pu être évitées, si Duquesne, suivant l'exemple qu'avait donné M. d'Almeras en 1673, eût fait embarquer le Consul et les résidents avant les hostilités.

Cette coûteuse entreprise n'avait donc servi qu'à aigrir l'esprit des Algériens et à les détacher complètement de la Porte, qui avait refusé de les secourir. Comme le commerce, malgré la croisière de M. de Lhéry, continuait à souffrir de plus en plus, il fallut en revenir au mode d'action sagement préconisé jadis par le P. Le Vacher et par M. Dussault; ce dernier fut chargé d'ouvrir des négociations, qu'il conduisit avec son habileté ordinaire ; Hadj' Hussein lui avoua que « si le Roi voulait la paix une fois, lui la voulait dix. » Mais il refusa formellement d'avoir affaire à Duquesne, qu'il traitait « d'homme sans parole. »

Pendant tous ces événements, les Établissements n'avaient pas été inquiétés ; lors du deuxième bombardement, l'Amiral, craignant des représailles, avait envoyé au Bastion quatre galères, sous le commandement de M. de Breteuil, qui rapatria quatre cent vingt personnes. A la fin des hostilités, M. Dussault réorganisa le personnel.

Les émeutes éclataient chaque jour à Alger, et Hadj' Hussein n'arrivait à les réprimer qu'en versant des flots de sang ; il fut plusieurs fois blessé dans ces combats de rue. Sachant que cette agitation était entretenue par le Bey de Tunis, il envoya contre lui une expédition sous les ordres d'Ibrahim-Khodja, qui emmena avec lui les deux frères du Bey, ses compétiteurs, et s'empara de Tunis après un assez long siège.

Le 2 avril 1684, M. de Tourville, accompagné d'un capidji de la Porte, arriva à Alger avec une grosse escadre, et y fut très honorablement reçu. Après une vingtaine de jours dépensés en pourparlers, la paix fut signée et proclamée « pour une durée de cent ans ! » Les captifs devaient être mis en

---

1. Cette légende est tout au moins très douteuse.

liberté de part et d'autre ; les consuls n'étaient plus rendus responsables des dettes de leurs nationaux ; le Dey envoya à Versailles, pour y demander le pardon du passé, Hadj' Djafer Agha, qui reçut audience du roi le 4 juillet, fut promené à Saint-Cloud et à Trianon, où il enchanta la Cour par ces flatteries dont les Orientaux savent être si prodigues à l'occasion [1]. M. de Tourville retourna en France, laissant l'agent du Bastion, Sorhaindre, comme consul intérimaire. Il fut remplacé en février 1685 par M. Piolle, qui ne semble s'être occupé sérieusement que de ses propres affaires. Toute cette année fut tranquille ; au printemps, le Dey envoya à Versailles Hadj' Méhémet, avec dix chevaux barbes qu'il offrait au Roi, en le remerciant d'avoir libéré les captifs Turcs ; Tourville revint à Alger le 23 mai, et se vit rendre soixante-quinze Français qu'on avait rachetés dans l'intérieur du pays. Les Anglais et les Hollandais, qui avaient fait tous leurs efforts pour empêcher le traité de 1684, furent maltraités au Divan, qui ne répondit à leurs plaintes qu'en déclarant la guerre ; les Reïs fondirent sur leurs bâtiments, tout en continuant à ravager les côtes d'Italie et d'Espagne ; quelques-uns d'entre eux, qui avaient attaqué des Français, furent bâtonnés ou pendus.

En 1686, Hadj' Hussein, qui venait de recevoir de la Porte le caftan de Pacha, renvoya à Tripoli le vieil Ismaïl, et fit nommer Dey, son séide Ibrahim Khodja ; celui-ci revenait de Tunis, qu'il avait pillé à fond, après y avoir installé le Bey Mehemed ; il ne s'occupa en rien du gouvernement, et passa les trois années suivantes à combattre les Espagnols d'Oran, avec des alternatives de succès et de revers, le tout sans grande importance.

Cependant, comme il était impossible de contenir les Reïs, ils recommencèrent à enlever des navires français, à partir de l'été 1686 ; les représailles ne se firent pas attendre ; une

---

[1]. Entre autres flatteries, Hadj' Djafer déclara : « qu'il n'était pas surprenant que Versailles fût le plus beau palais du monde, étant la demeure du plus grand des rois. » (*Gazette de France*, 1685, p. 143). Mais cette phrase galante pourrait bien être de l'invention de l'interprète royal, Petit de la Croix.

croisière bien dirigée leur coûta une vingtaine de bâtiments; MM. de Chateau-Renaud, de Beaulieu et de Noailles se distinguèrent particulièrement dans cette campagne, qui fut heureusement continuée par MM. d'Amfreville et de Coëtlogon. Le nouveau consul était peu respecté, en raison de ses habitudes mercantiles, qui indisposaient contre lui les négociants eux-mêmes de la Nation. Les captifs, habitués aux soins et aux aumônes des Lazaristes, se plaignaient d'être délaissés. Lorsque le Dey apprit qu'un arrêt du Conseil d'État engageait les bâtiments marchands à s'armer et leur promettait une prime par chaque corsaire pris ou coulé, il fit saisir Piolle et trois cent soixante-douze Français, qui furent enchaînés et conduits au travail des carrières, en butte aux mauvais traitements de la populace; le consulat fut pillé : les onze bâtiments français qui se trouvaient dans le port furent vendus avec leurs cargaisons et leurs équipages; ce fut en vain que M. Dussault chercha à s'interposer; les présents prodigués par les nations ennemies avaient produit leur effet, et lui valurent une réponse insultante qui mit nécessairement fin à ses démarches.

M. Piolle avait été tellement maltraité qu'il était gravement malade; le Père Montmasson, vicaire apostolique, chez lequel les sceaux avaient été portés, parvint à le faire interner dans la maison des agents du Bastion, et le fit soigner de son mieux.

Hadj-Hussein, sachant que le maréchal d'Estrées assemblait une flotte formidable, fortifiait les batteries du port et de la côte, faisait amasser les munitions, et couler les meilleurs vaisseaux pour les mettre à l'abri des bombes; il eût cependant voulu traiter, et écrivait dans ce sens à M. de Vauvré, intendant de la Marine à Toulon; mais il était trop tard, et les lettres n'arrivèrent que lorsque le canon avait déjà parlé. Le Maréchal arriva devant Alger le 26 juin avec quinze vaisseaux, seize galères, et dix galiotes à bombes; il prit immédiatement position, et fit parvenir au Divan une lettre dans laquelle il déclarait que, si les atrocités de 1683 se renouvelaient, il exercerait des représailles sur les captifs Turcs qu'il avait à bord. Hadj Hussein répondit insolemment que le Consul serait la première victime du bombardement, attendu « que les Algériens considéraient ce mode de guerre comme déloyal ; que, quand même son propre père serait au nombre des prisonniers menacés de mort, il se conduirait de la même façon ; mais que, si l'amiral voulait lutter honnêtement à coups de canon, ou descendre à terre pour combattre, il prendrait lui-même les esclaves sous sa protection. » Le feu commença le 1ᵉʳ juillet, et dura jusqu'au 16, sous la canonnade de la ville, qui ne causa pas de grosses pertes. Les galiotes lancèrent dix mille quatre cent vingt bombes ; les dégâts furent immenses. Nous lisons dans une lettre d'un marchand parti d'Alger au mois d'août : « La ville a été absolument écrasée, les cinq vaisseaux qui étaient dans le port sont coulés ; le fort de Matifou, avec ses quinze pièces de canon, entièrement rasé ; Alger n'est qu'une ruine ; les mosquées et la maison du Dey sont à terre. Les bombes ont dépassé la ville haute et brisé les aqueducs. Le fanal, le môle et le chantier de construction sont fort endommagés ; Mezzomorto a été blessé deux fois ; les habitants, s'étant d'abord retirés à la campagne, ont peu souffert. »

Cependant, dès la première apparition de la flotte, MM. Piolle, de la Croisière de Motheux, le Père Montmasson, le Frère Francillon, trois capitaines marins, cinq patrons, six écrivains et vingt-cinq matelots, avaient été enfermés au bagne du Beylik, et partagés en escouades destinées à marcher à la mort les unes après les autres. Le 3 juillet, Piolle fut conduit au canon avec quinze matelots ; il fut si cruellement frappé tout le long de la route à coups de bâton et de couteau qu'il expira avant d'arriver à la batterie ; *il mourut fidèle à Dieu et au Roi*, dit la lettre qui nous donne ces détails. Le 5, les bourreaux s'emparèrent du Père Montmasson et de quatre Français ; le Vicaire apostolique fut horriblement torturé et mutilé[1], puis attaché au canon. Les jours suivants, le reste

---

1. On lui coupa le nez, les oreilles, on lui creva un œil, et son corps fut déchiré à coups de couteaux et de poinçons ; enfin, l'immonde populace termina son œuvre par un acte d'obscène cruauté, que l'oraison funèbre du martyr décrit en ces termes : « Il s'était rendu eunuque lui-même pendant toute sa vie par la pratique exacte et constante d'une parfaite continence, et,

des prisonniers subit le même sort. Le Maréchal avait tenu parole aux Algériens, et avait répondu à chaque supplice en faisant pendre autant de Turcs qu'il y avait eu de victimes mises au canon. Ce fut, du reste, le seul châtiment que reçurent ces odieux attentats ; cette fois encore, l'expédition manqua son but, et demeura incomplète ; si la flotte eut pu demeurer quelques jours de plus, la ville se serait rendue à merci ; car la famine y régnait, et les révoltes y éclataient chaque jour. Les Janissaires, qui, en revenant du siège d'Oran, avaient trouvé leurs habitations détruites, et leurs familles dispersées et ruinées, ne cachaient pas leur mécontentement, et Mezzomorto ne se maintenait que par la terreur. Il n'avait, pendant le temps de l'attaque, fait aucune offre de soumission, rendant coup pour coup, et se montrant toujours le premier au feu ; dès le lendemain du départ de la flotte, il activa les armements, lança des corsaires de tous les côtés, et la Méditerranée fut plus ravagée que jamais. Les villes du littoral éclatèrent en doléances, et le Conseil Royal, craignant de perdre tout le commerce du Levant et de le voir accaparer par les Anglais, qui intriguaient activement pour en avoir le monopole, fit secrètement ouvrir des négociations par l'ancien drogman du consulat, M. Mercadier. Ce personnage paraît avoir joué dans tous ces événements un rôle assez louche ; il avait été jadis imposé par le Dey à M. Piolle, qui avait en vain cherché à s'en débarrasser. Plusieurs documents le qualifient de renégat : quoiqu'il en soit, il était assez habile, et, dès le milieu de 1689, il écrivait à M. de Vaudré que le Dey se prêterait volontiers à un arrangement. Le Conseil Royal en fut informé par l'Intendant, qui reçut l'ordre d'envoyer à Alger M. Marcel, commissaire de la marine ; celui-ci arriva au commencement de septembre, et, le 25 du même mois, renouvela le traité de Tourville, avec quelques modifications insignifiantes ; Mohammed el Amin fut député à Versailles pour présenter l'acte à la signature du Roi.

le dernier jour de sa vie, il souffrit cette violence de la part de ces hommes barbares, dont l'insolence alla jusqu'à souiller ses lèvres par un raffinement de cruauté que notre plume se refuse à retracer. (*Mémoires de la Congrégation de la Mission*, t. II p. 463.)

A son retour d'Oran, Ibrahim Khodja, très impopulaire dans la Milice, s'était enfui et réfugié à Sousse. La Porte, sur les instances de la France, avait rendu le Pachalik d'Alger au vieil Ismaïl, qui en avait occupé la charge de 1661 à 1686 ; il se mit en route à l'automne ; mais, lorsque son navire parut devant le port, il lui fut défendu d'entrer, et on ne répondit à ses observations qu'en le menaçant de le canonner, s'il ne s'éloignait pas. Il se retira au Maroc, où il mourut. Peu de jours après, au moment de la rentrée des Mahallas, les Janissaires, qui, comme de coutume, étaient campés hors de la ville pour se réunir avant de faire leur entrée, s'insurgèrent et demandèrent la tête d'Hadj' Hussein ; celui-ci chercha d'abord à rassembler quelques partisans pour combattre les rebelles ; mais, se voyant abandonné de tous, il s'enfuit à Tunis [1]. Chaban fut nommé à sa place ; aussitôt après cette élection, Mercadier écrivit en France pour y rendre compte de la révolution qui venait de s'accomplir ; il déclarait que cet événement ne changeait rien à la nature des relations entre les deux puissances, et, comme preuve, envoyait une lettre dans laquelle le nouveau Dey déclarait accepter sans modifications le traité conclu par son prédécesseur. Mais cette dernière pièce était fausse, et c'était le consul lui-même qui en était l'auteur et qui avait apposé sur ce document apocryphe le cachet de Chaban. Celui-ci se trouva donc fort surpris lorsque, le 12 décembre, il vit arriver le député Marcel qui venait le remercier de ses bonnes intentions, et lui apportait, avec quelques présents, une lettre de Louis XIV. Or, Chaban, qui savait très bien que la signature du traité du 25 septembre avait été la vraie cause du départ forcé de Mezzomorto, et qui, de plus, avait été gagné par l'or des Anglais, était, à ce moment, hostile à la France. Marcel s'aperçut donc bien vite de la fourbe de Mercadier, et l'embarqua d'autorité sur le vaisseau qui le ramena lui-même en France

---

1. Mezzomorto se retira d'abord à Tunis, puis à Constantinople ; trois ans plus tard, il fut nommé Capitan-Pacha ; ce fut un des derniers grands marins de l'empire Ottoman ; en 1695, il battit les Vénitiens devant Chio ; en 1697, il se distingua au combat naval d'Andros ; la cuisse percée d'un coup de feu, il conserva le commandement jusqu'au bout, et fit durement châtier les Reïs coupables de faiblesse.

en mars 1690. Il avait employé toute son habileté pour faire revenir le Dey à des sentiments plus pacifiques, et y était parvenu, non sans avoir eu à surmonter de grandes difficultés, et à courir de nombreux périls ; il faillit être assassiné deux fois, l'une par un agent de la Hollande, l'autre par un fanatique. Le traité fut enfin confirmé le 15 décembre, et M. Lemaire, qui avait été demandé par le Dey lui-même, fut désigné comme consul. Les Algériens envoyèrent un ambassadeur à Versailles pour la conclusion définitive de la paix.

CHAPITRE DIX-HUITIÈME

LES DEYS (suite)

SOMMAIRE. — La nouvelle politique de la France. — Chaban. — Guerre de Tunis. — Guerre du Maroc. — Victoire de la Moulouïa — Révolte des Baldis d'Alger. — Les Juifs et les droits consulaires. — Meurtre de Chaban. — Hadj'-Ahmed. — Hassan-Chaouch. — Hadj'-Mustapha. — Défaite des Tunisiens et des Marocains. — Meurtre d'Hadj'-Mustapha. — Hassan-Khodja. — Mohammed-Bagdach. — Les Espagnols perdent Oran et Mers-el-Kébir. — Meurtre de Mohammed-Bagdach. — Deli-Ibrahim. — Sa mort.

Lorsque M. Marcel, retournant en France, laissa M. René Lemaire pour remplir l'intérim du consulat, il déférait aux désirs du Dey, plutôt qu'à l'avis du Ministre, qui eût préféré un autre titulaire. La suite des événements prouva que l'envoyé du Roi avait fait un bon choix ; car le nouveau consul se tira avec beaucoup d'habileté des nombreuses difficultés qui l'entouraient. Il y eut d'autant plus de mérite que ce fut à lui qu'incomba la périlleuse mission d'inaugurer la nouvelle politique adoptée par M. de Seignelay envers les États Barbaresques.

Le Conseil Royal venait enfin de reconnaître ce que tous les consuls d'Alger n'avaient cessé de répéter sans parvenir à se faire entendre, c'est-à-dire qu'il fallait absolument, ou anéantir complètement les pirates, ou vivre en paix avec eux. On s'apercevait trop tard que les bombardements et les incendies ne châtiaient que des innocents, et que les vrais coupables, les reïs, regardaient d'un œil très tranquille brûler les maisons des Baldis ; que les pertes minimes qu'ils pouvaient subir étaient amplement compensées par deux ou trois mois de Course ; enfin, que les Deys eux-mêmes n'étaient pas atteints par la répression, ne pouvant pas d'ailleurs faire observer la paix qu'on voulait leur imposer.

Le ministre venait donc de se décider à un moyen terme, et

les instructions données au consul lui recommandaient de s'efforcer d'obtenir justice en cas d'infraction des traités, mais de ne compter pour cela que sur lui-même ; il devait gagner la faveur du Dey et des Puissances, apaiser les différents, se rendre agréable à tous et arriver aux menaces seulement après avoir épuisé tous les moyens de conciliation ; encore était-il prévenu que les anciennes expéditions ne seraient pas recommencées, et que les vaisseaux du Roi se borneraient à faire de temps en temps une apparition comminatoire dans la rade. C'était la politique depuis longtemps adoptée par l'Angleterre et la Hollande ; mais ces deux nations ne marchandaient pas l'argent à leurs représentants, et leur fournissaient abondamment tout ce qui était nécessaire pour acheter les appuis dont ils avaient besoin. En France, il en fut tout autrement, et les agents du Roi eurent à lutter sans relâche, avec des moyens insuffisants, contre leurs puissants ennemis. La Cour se crut généreuse en accordant au Consul d'Alger un traitement de six mille livres, qui, une fois le change, l'assurance et le nolis payés, se réduisait à quatre mille cinq cents. Pendant ce temps, le consul anglais, trois fois plus riche que le nôtre, voyait mettre à sa disposition des sommes supplémentaires de cinquante ou soixante mille livres, toutes les fois qu'il s'agissait de faire pencher la balance du côté de sa nation. Nous allons voir quels furent les résultats de cette parcimonie.

Tout d'abord, M. Lemaire assura la tranquillité du commerce et la sienne propre. Il avait su plaire à Chaban, qui le consultait volontiers et le traitait comme son fils. Le retour de Mohammed-el-Amin, qui avait été choyé à Versailles et revenait chargé de présents, produisit une impression favorable, et, lorsque M. Marcel, qui l'avait ramené, eut installé régulièrement le Consulat et confirmé le traité, il put affirmer avec raison à la Cour que les affaires étaient en bonne voie.

Chaban était un prince guerrier ; à peine fut-il au pouvoir, qu'il marcha contre les Tunisiens, qui, depuis quelques années, avaient profité des embarras dans lesquels s'était trouvée la Régence pour envahir la province de l'Est ; il les battit et les refoula sur Tunis, qu'il prit après un siège fort court. Il y installa comme Bey son favori Ahmed ben Tcherkes; mais, à peine les Turcs furent-ils partis, que l'ancien Bey Mehemed reparut à la tête de ses partisans et chassa facilement l'usurpateur. Un Capidji de la Porte était venu apporter le caftan d'honneur au nouveau Dey, et était reparti avec l'escadre d'Alger, que le Grand Seigneur avait convoquée contre les Vénitiens. L'amiral de cette flotte, Kara Mustapha, conspirait contre Chaban ; celui-ci donna ordre de l'arrêter à son retour, confisqua ses biens et le fit disparaître. C'était le plus grand ennemi que la France eût au Divan, et M. Lemaire montre dans ses lettres quelle part il prit à sa mésaventure et quelle joie il éprouva en s'en trouvant débarrassé.

Le Maroc, à l'aide des troubles survenus pendant les dix dernières années, avait cherché à s'étendre dans la province de Tlemcen; en 1692, le Dey marcha contre Muley Ismaël avec dix mille Janissaires, trois mille Spahis, et un contingent de Kabyles Zouaouas ; il rencontra au gué de la Moulouïa l'armée ennemie, forte de quatorze mille fantassins et de huit mille chevaux, l'attaqua vivement et la mit en pleine déroute, en lui tuant près de cinq mille hommes. Il poursuivit les fuyards l'épée dans les reins jusque sous les les murs de Fez ; au moment où une deuxième bataille allait s'engager, Ismaël fit sa soumission.

« Il se présenta devant le vainqueur les mains liées, et, baisant trois fois la terre, il lui dit : Tu es le couteau, et moi la chair que tu peux couper. » Les Turcs s'en retournèrent chargés de butin ; en arrivant à Alger, ils trouvèrent la ville en pleine insurrection; les Kabyles, excités par le Bey de Tunis, s'étaient entendus avec les Baldis, avaient formé le complot d'expulser les Ioldachs, et s'étaient cachés en grand nombre dans les maisons, attendant le moment favorable ; ils espéraient que les Marocains seraient vainqueurs, et qu'ils n'auraient plus dès lors qu'à fermer les portes de la ville aux fuyards et à les livrer au fer des indigènes, dont ils étaient détestés. A la rentrée de la Milice, un combat sanglant s'engagea dans les rues ; la révolte fut écrasée ; on décapita quatre ou cinq cents des insurgés, et leurs tribus furent soumises à un impôt de guerre exorbitant. Le massacre eut lieu le jour même de la fin du Ramadan. Peu de temps après, le feu éclata dans les chantiers du port et se communiqua aux navires qui s'y trouvaient à l'ancre ; les pertes furent très-grandes et l'incendie fut attribué à une nouvelle conspiration ; quelques têtes tombèrent encore.

Malgré les nombreux présents qu'ils faisaient, les Anglais et les Hollandais ne pouvaient parvenir à supplanter la France : les derniers s'étaient vu déclarer la guerre, et les Reïs ne reconnaissaient comme valables chez les premiers que les passeports signés par Jacques II.

Un vaisseau français vint mouiller devant le port au mois de septembre ; il ramenait huit Turcs délivrés des galères, suivant les conventions du dernier traité. Quand il eut mis à la voile, on constata qu'une quarantaine d'esclaves s'étaient sauvés à bord. Comme de coutume, une émeute éclata, et le Dey furieux manda M. Lemaire, auquel « il fit essuyer une terrible bourrasque » lui demandant, « s'il était convenable de ramener huit Turcs pour voler cinquante chrétiens. » Le Consul parvint encore cette fois à se tirer de ce mauvais pas ; mais il ne cessait de prier le Ministre d'ordonner aux vaisseaux du Roi de mouiller au large, lui représentant que la moindre infraction détruirait le fruit de longs efforts et mettrait en péril la sécurité du commerce.

Il avait, en effet, assez de difficultés à vaincre d'un autre côté ; car il se trouvait en présence d'une question presque insoluble, qui s'imposa après lui à tous ses successeurs, et leur causa mille embarras ; c'était l'opposition des Israélites à la perception de certains droits consulaires. Parmi ces droits, qui étaient imposés dans toutes les Échelles du Levant en vertu des *Capitulations*, il s'en trouvait un, dit de *Cottimo*, qui n'avait jamais été perçu dans les États Barbaresques, et cela, parce que ce droit avait été précisément institué pour subvenir aux armements faits contre eux, à l'époque où les villes du Midi s'étaient vues forcées de se défendre elles-mêmes contre les pirates [1].

---

[1]. Cette défense des villes maritimes de la Provence et du Languedoc dura pendant presque tout le xviie siècle ; les Beaulieu, Vincheguerre, Valbelle, s'y distinguèrent tout particulièrement.

Lorsque M. de Seignelay prit à la charge de l'État les appointements du consul d'Alger, il estima que la ville de Marseille, qui se trouvait plus intéressée que toute autre à la conservation de la paix avec la Régence, devait supporter les frais accessoires, tels que présents aux puissances, rapatriement des captifs, entretien du consulat, etc. Le casuel fut affecté à ces dépenses ; mais il était excessivement faible, en raison du peu de navires qui venaient trafiquer à Alger ; encore la plupart d'entre eux étaient-ils nolisés plus ou moins ouvertement par les Juifs. La chambre de commerce ordonna à M. Lemaire d'exiger le paiement du Cottimo ; les armateurs, qui s'étaient assuré à prix d'or la faveur des principaux du pays, refusèrent d'obéir, et en appelèrent au Divan, invoquant la coutume, base même du droit turc. Ils obtinrent facilement gain de cause, et il fut défendu au consul de rien innover, « s'il ne voulait qu'il lui arrivât malheur » ; mais ce fut en vain qu'il fit part de cette réponse à la chambre de commerce ; celle-ci montra dans toutes ces affaires pécuniaires un esprit assez étroit, marchandant sans cesse, voulant obtenir l'impossible, se refusant à comprendre ce que tous les agents lui répétaient : « qu'il faut considérer la dépense d'Alger comme nécessaire, puisque c'est par elle seule qu'on assure les gains du Levant. » Il résulta de cet aveuglement obstiné, que les consuls se trouvèrent tous dans un état extrêmement précaire, en butte à la haine des Juifs, dont l'influence grandissait chaque jour auprès des Deys. En 1680 déjà, Baba Hassan ne se dirigeait que par les conseils de l'un d'eux, Pompëo Paz, qui servait d'agent salarié aux ennemis de la France ; Mezzomorto l'avait plus tard pris pour banquier et confident ; un de ses parents exploitait pour Chaban le monopole des cuirs et de la cire, et se servait de son crédit pour ruiner dans l'esprit du Dey le malheureux Lemaire, qui se débattait vainement, écrivant à Marseille, pour y faire entendre la vérité, des lettres navrantes : « Je souhaiterais de toute mon âme qu'il prît envie à quelqu'un de MM. les députés du Commerce de venir faire un tour à Alger, pour voir comment on y gagne le pain » et, ailleurs : « Si tout ce que je souffre vous était raconté par un autre que moi, je vous jure, Messieurs, que vous en auriez compassion [1]. » Disons dès maintenant qu'il mourut dans la misère, après avoir dépensé son bien pour le pays ; nous l'apprenons d'une façon certaine par une lettre de son successeur : « J'ai été témoin des justes sujets de mécontentement de mon devancier ; j'ai été témoin à Marseille de son malheur, et, comme, après avoir très bien servi dans un temps très difficile, pour toute récompense, il s'est trouvé à l'hôpital ; la preuve en est certaine, étant mort sans avoir laissé une obole [2]. » En 1694, ce bon serviteur si mal secondé fut victime de la dénonciation d'un juif, qu'il avait chassé de chez lui comme voleur et fripon ; il l'accusa d'avoir trompé le Dey, en lui offrant une rançon de trois mille piastres pour un esclave dont la famille aurait pu en donner trente mille. Malgré ses protestations, le consul fut injurié par Chaban qui devenait soupçonneux et cruel ; quelques jours après, les avanies recommencèrent, au sujet de huit navires marseillais, qui avaient introduit à Tunis de la contrebande de guerre. Néanmoins, les Anglais échouèrent dans les efforts qu'ils firent pour profiter de cet incident.

Le Bey de Tunis Mehemed venait de s'allier au Maroc ; Chaban, appuyé par les Tripolitains, résolut de le châtier, et refusa le tribut qu'il lui offrait en signe de soumission. Les deux armées se rencontrèrent au Kef le 24 juin ; ce jour-là même, Mehemed attaqua les Turcs et fut battu ; il offrit de nouveau le combat le lendemain sans plus de succès. Le 26, Chaban prit l'offensive, força les lignes de l'ennemi et le poursuivit jusque dans Tunis, dont il s'empara. Le Bey s'enfuit à Chio sur un navire de Marseille, et fut remplacé par Ahmed ben Tcherkes. Après avoir reçu l'hommage de tout le pays, le vainqueur rentra à Alger le 16 février 1695, traînant à sa suite les canons conquis, 120 mules chargées d'or et d'argent et une grande quantité d'esclaves. Le 25 du même mois, il faillit être assassiné à la mosquée pendant qu'il faisait sa prière ; le coupable dénonça ses complices, qui furent exécutés avec lui. Ces supplices augmentèrent le mécontentement des

---

1. Lettre de René Lemaire. (*Archives de la Chambre de Commerce de Marseille*, AA, art. 470.)
2. Lettres de Ph.-Jacques Durand. (*Archives d. c.* AA, art. 471.)

Ioldachs, qui se plaignirent d'être sacrifiés à l'intérêt du favori ; celui-ci venait d'être expulsé par le peuple de Tunis, et Mehemed, de retour de Chio, avait gagné par des présents la garnison de Constantine, qui faisait cause commune avec lui. L'esprit de sédition gagna l'armée de l'Est ; elle rebroussa chemin, et arriva devant Alger le 5 août, demandant à grands cris la tête de Chaban. Malgré les efforts qu'il fit pour se défendre, il fut emprisonné et torturé pendant dix jours, sans que la cruauté de ses bourreaux parvînt à lui faire dire où étaient cachés ses trésors ; le 13 août, il reçut plus de huit cents coups de bâton et fut étranglé le 15 ; il mourut, écrivit le vicaire apostolique Laurence [1], avec l'intrépidité qui avait paru dans toutes ses entreprises.

Dès le 6 août, quelques soldats de la Milice, vagabondant en désordre à travers la ville, aperçurent un vieux Janissaire nommé Hadj'-Ahmed qui, assis sur le seuil de sa porte, raccommodait des babouches. Ils l'enlevèrent sur leurs épaules, et le portèrent triomphalement au Divan, où il fut élu par acclamation ; son pouvoir devait être limité conformément à la constitution de 1672 ; il accepta toutes les conditions qui lui furent faites, et, après s'être inutilement efforcé de sauver la vie à son prédécesseur, il donna tous ses soins à l'extension de la Course. C'était un homme capricieux, inquiet et d'une bizarrerie voisine de la folie ; il vécut sous l'empire d'une terreur perpétuelle, qui conduisit peu à peu à la férocité son caractère naturellement doux. Dès le début de son règne, il reçut des consuls les présents habituels ; Lemaire voulut profiter de cette occasion pour lui demander, au nom de la France, l'autorisation d'ouvrir un comptoir à Cherchell pour le commerce des grains : « Je n'ai qu'une tête, lui répondit Ahmed, et je tiens à la conserver. » A ce moment, l'Espagne s'était unie aux ennemis de la France et cherchait à la fois à obtenir sa paix particulière et à faire déclarer la guerre à sa rivale ; à cet effet, elle fit des présents à Alger pour la première fois, envoya deux chevaux, une riche bague de diamants, une épée d'un ancien Roi de Grenade, et fit même

---

1. *Mémoires de la Congrégation de la Mission*, d. c. (t. II, p. 500).

l'offre d'un secours annuel de quarante mille piastres pour toute la durée de la trêve de sept ans qu'elle demandait. Le Dey, qui avait reçu en secret quarante mille piastres, appuyait cette combinaison [1] ; mais Lemaire sut exploiter habilement la vieille haine des Algériens contre l'Espagne, dont les propositions furent rejetées.

Une escadre française, sous le commandement de M. d'Amfreville, vint montrer le pavillon fleurdelisé dans les eaux d'Alger, et en ramena un ambassadeur, le Boulouk-bachi Soliman, qui fut chargé d'offrir au Roi dix magnifiques chevaux. A ce moment, les Reïs d'Alger, de Tunis et de Tripoli, partaient pour la mer Noire, où ils étaient convoqués par le Sultan, qui leur avait envoyé à cet effet de très grosses sommes.

Ahmed devenait de plus en plus ombrageux et maniaque; il ne rêvait que complots, avait rempli la ville d'espions, et faisait bâtonner et emprisonner les habitants à la première dénonciation. Les lettres de MM. Laurence et Lemaire nous le dépeignent comme complètement affolé, caché dans la Jenina, d'où il n'osait même plus sortir pour aller à la mosquée, tremblant sans cesse pour sa vie. « J'ai vu régner Trick, Baba-Hassan, Mezzomorto, Chaban, écrivait le consul; mais aucun d'eux n'a fait ce que fait le Dey d'aujourd'hui : ils avaient tous quelques bonnes qualités, au lieu que celui d'aujourd'hui n'en possède aucune.... Tantôt il crie qu'il me veut chasser du pays, tantôt il dit que je veux lui manger la tête. Plusieurs fois il s'est levé de son trône en me disant de m'y asseoir, criant à toute voix à la Taïffe, lequel de lui ou de moi ils voulaient pour les gouverner ; à quoi âme vivante n'a jamais répondu une parole. Il me demande si je n'ai pas peur pour ma tête, et si je ne sais pas les chemins par où mes prédécesseurs ont passé, ce qui ne m'inquiète nullement... Alors il se mit à pleurer en disant qu'il me priait d'oublier tous les chagrins qu'il m'avait donnés. Il ajouta que, quand il m'avait maltraité, c'était dans un temps où il ne savait pas où il avait

---

1. Il faut bien dire que cette combinaison eut assuré la solde de la milice, ce qui était la grande préoccupation des Deys.

la tête ; que tous les jours il y avait mille conspirations contre lui, etc. » La veille, au moment où Lemaire lui avait présenté le nouveau chancelier Clairambault, il s'était livré à une fureur désordonnée : « Il se leva comme un foudre contre moi, disant que je faisais venir des espions de Turquie ; je lui laissai passer sa furie, et lui laissai vomir contre moi tout ce qu'il voulut, et essuyai ses menaces ordinaires, qui sont de me sacrifier à sa rage [1]. » La Cour, informée de tout ce qui se passait, envoya le vieux négociateur Dussault, qui arriva au moment où le consul avait presque entièrement cessé les relations, à la suite d'une scène plus violente encore que les autres, où il avait été menacé d'être mis à la bouche du canon, si le Roi ne rendait pas les Turcs des Galères. Quelques présents calmèrent l'orage, et Lemaire quitta Alger, où il eut pour successeur Philippe-Jacques Durand, qui prit son poste le 19 février 1698. En arrivant, il eut à s'occuper de la singulière affaire dite du *Chirurgien d'Oriol*, qu'il est nécessaire de raconter brièvement, pour montrer à quels infimes détails le nouveau système politique forçait ses agents de descendre. Ce chirurgien, nommé Hiérosme Robert, s'était établi à Alger, et y exerçait sa profession avec un certain succès, lorsqu'il eut un jour le malheur de crever l'œil à un Turc, en lui faisant l'opération de la cataracte. On voulut d'abord le brûler vif, et il ne fut sauvé que par la fermeté de M. Lemaire ; mais on le fit esclave et il devint la propriété de son ancien malade, qui le maltraitait et lui demandait une énorme rançon. Les instances du consul furent inutiles, et tout ce qu'il put obtenir fut d'être chargé de sa garde, en payant quinze piastres par mois. Il y avait longtemps que cela durait ; c'était une lourde charge pour le consulat ; M. Durand parvint à arranger l'affaire, et à renvoyer en France le malheureux chirurgien, moyennant quatre cents piastres, au lieu de onze cents qu'on demandait. Ses débuts furent tranquilles, et il n'eut pas le temps de souffrir de la folie d'Hadj-Ahmed, qui mourut de maladie à la fin de 1698. La peste avait éclaté ; elle dura quatre ans et fut terrible, enlevant de vingt-cinq

---

1. V. note 1, p. 265.

mille à quarante-cinq mille personnes par an. Les captifs chrétiens furent fort éprouvés ; en 1701, il n'en restait plus que trois mille, malgré les ravages annuels des côtes d'Italie et de Sicile, où les reïs enlevaient un grand nombre d'habitants.

Ahmed eut pour successeur Hassan-Chaouch, qui resta fidèle à la France, malgré les obsessions et les présents des Anglais et des Hollandais. Il apporta ses soins à l'extension de la Course, mais en recommandant expressément aux reïs de respecter le pavillon blanc : il fit strictement exécuter ses ordres et quelques délinquants furent bâtonnés ou étranglés. Les seuls embarras qu'eut M. Durand à cette époque, lui vinrent des capitaines marchands qui traitaient assez souvent les Algériens en ennemis, lorsqu'ils se sentaient les plus forts, et d'une *fuite d'esclaves* à bord du *Téméraire*, commandé par M. de Forbin. La Chambre de commerce continuait à vouloir imposer la perception du Cottimo, ce qui amena de nouveau les réclamations des Juifs et suscita quelques difficultés au consul. Mais la modération et la bonne volonté du nouveau Dey calmèrent toute cette effervescence, bien qu'il y eût eu deux émeutes consécutives, lors de la fuite des esclaves ; M. Durand se plaignait inutilement en France de ces infractions, qui mettaient la paix en danger ; en même temps, il démontrait, comme son prédécesseur, qu'on le laissait désarmé devant les brigues de l'ennemi, qui cherchait à se faire donner Collo et prodiguait les présents : « Je ne peux, en ce temps, sans me ruiner, soutenir la Nation comme il faut ; mes prédécesseurs en sont des témoins irréprochables ; ils s'y sont ruinés ou ils y ont péri ; il n'y en a que trop d'exemples, aussi bien que du préjudice que cela a causé à la Nation. » Plus loin, il se loue de Hassan, qui voudrait faire plus de bien encore, mais qui ne le peut pas : « La Milice étant un animal qui ne reconnaît ni guide ni éperon, sans circonspection et capable de se porter aux dernières extrémités, sans seulement envisager le lendemain, et souvent sans savoir pourquoi [1]. » Elle ne tarda pas à donner une nouvelle preuve de la justesse de cette appréciation. Le Bey de Tunis, Mourad, venait d'en-

---

1. V. note 2, p. 265.

vahir la Régence, après avoir massacré les cinq cents Turcs de la garnison, et il avait mis le siège devant Constantine dont il dévastait les environs. A ces nouvelles, les Janissaires se soulevèrent avec une telle effervescence, que le Dey se renferma dans son palais et pria le Divan de le remplacer. On lui donna immédiatement pour successeur Hadj'-Mustapha, qui lui fit remettre quatre mille piastres et lui donna un vaisseau pour le conduire à Tripoli, où il désirait se retirer ; à son départ, il fut salué par le canon des forts, « exemple de modération fort extraordinaire, dit Rang, et que l'on chercherait en vain une seconde fois dans l'histoire de la Régence. »

Sans perdre de temps, le nouveau Dey envoya toute l'armée à la rencontre de Mourad, qui venait de battre et de tuer le Bey de Constantine et marchait sur Alger ; les Ioldachs l'atteignirent non loin de Setif, et, furieux du meurtre de leurs compagnons, le chargèrent avec une telle furie, qu'ils le mirent en fuite au bout de quelques heures, ayant subi de très grosses pertes, et le poursuivirent jusqu'au delà des limites de la Tunisie ; leur exaspération était telle, qu'ils égorgèrent plus de deux mille prisonniers. Cette bataille fut livrée le 3 octobre 1700. A la rentrée des troupes victorieuses, Hadj-Mustapha prit en personne le commandement de l'armée, et se porta au-devant de Muley Ismaël, qui avait envahi la province de Tlemcen, pendant que son allié Mourad s'avançait dans l'Est. Recrutant sur sa route de nombreux contingents chez les Indigènes auxquels il plaisait par son esprit guerrier, son faste et sa libéralité, il atteignit rapidement les Marocains, au nombre de cinquante mille hommes, et les attaqua avec résolution, « près d'un ruisseau nommé Gedia, en un lieu appelé Acchi-Bogazy [1]. »

La bataille s'engagea le 28 avril 1701, à midi, et se termina à quatre heures par la déroute de Muley Ismaël, qui fut blessé, et faillit tomber entre les mains du vainqueur. Trois mille têtes de soldats et cinquante de Caïds furent rapportées à Alger, où la victoire fut fêtée pendant plusieurs jours.

1. Tels sont les noms que donne la lettre envoyée à la *Gazette de France*, la rivière est incontestablement l'Oued Djidiouïa ; le lieu est très probablement Hassian Tizazin.

Durand profita de l'occasion pour s'avancer dans les bonnes grâces de Mustapha, en lui offrant des armes de prix, envoyées par la Cour. Pour reconnaître cette gracieuseté, le Dey envoya au Roi les armes et le cheval du Sultan vaincu. Les Tunisiens, prenant en mépris Mourad, dont toutes les combinaisons avaient échoué, le massacrèrent avec toute sa famille. Il eut pour successeur Ibrahim Chérif, qui demanda la paix et se soumit à payer tribut.

L'ancien favori de Chaban, Ahmed ben Tcherkes, voulut réclamer au Divan, et faire valoir ses droits; il excita une émeute dans laquelle le pacha Kara-Ali fut tué; mais le Dey apaisa les troubles et punit les agitateurs avec sévérité; Ahmed reçut pour sa part trois cents coups de bâton, et fut jeté tout nu hors de la ville, avec interdiction d'y rentrer, sous peine de mort. L'année suivante ne fut marquée que par quelques escarmouches avec la garnison espagnole d'Oran, qui avait tenté des razzias dans l'intérieur du pays. La flotte anglaise, sous le commandement de l'amiral Bing, arriva au commencement de 1703, avec de riches présents, et obtint un traité. Au Maroc, les fils d'Ismaël, tous insurgés contre leur père, luttaient entre eux pour le pouvoir, et assuraient ainsi à la Régence la tranquillité de la frontière de l'ouest. Le côté sombre du tableau était le manque d'argent; chaque mois, le Dey se trouvait de plus en plus embarrassé pour faire la paye de la Milice; car la Course ne donnait presque plus rien, les côtes d'Italie et d'Espagne étant ruinées, et les navires marchands ayant pris l'habitude de ne sortir qu'en caravanes, bien escortées par des vaisseaux de guerre. C'est inutilement que les impôts avaient été augmentés; car leur perception était alors devenue tellement difficile, qu'ils rapportaient moins qu'auparavant. Dans cette détresse, Mustapha crut que la seule solution pratique était la conquête et la mise à contribution de la Tunisie [1]. Il déclara donc la guerre à Ibrahim, envahit son territoire le 9 juillet 1705 et battit son armée

---

1. C'est toujours la conséquence de la politique imposée aux Deys par l'équilibre du budget; la Course ne rapportant plus assez, il faut rançonner Tunis ou le Maroc, sous peine de ne plus pouvoir payer la solde, c'est-à-dire sous peine de mort.

le 11, en le faisant prisonnier. Le lendemain, il prit le Kef et les approvisionnements du Bey ; il mit ensuite le siège devant la capitale, qui, craignant le pillage, se défendit énergiquement, après avoir inutilement offert au vainqueur cent cinquante mille piastres pour sa rançon. Dans les sorties des assiégés, le Dey perdit près de huit cents Ioldachs ; la Milice se mécontenta ; les vivres et les munitions devinrent rares ; la mauvaise saison arriva, et, lorsque Mustapha, se voyant forcé de lever le siège, voulut entrer en pourparlers avec les assiégés, ceux-ci, loin de renouveler leurs propositions, lui demandèrent une indemnité de guerre. Il se retira le 6 octobre, la rage dans le cœur, harcelé dans sa route par les Tunisiens et par les Kabyles. Un vigoureux retour offensif, qui coûta cinq cents hommes aux assaillants, lui rendit un peu de tranquillité, et lui permit de regagner Alger. Il avait pris de l'avance sur le gros de l'armée et arriva le 12, comptant sur l'argent qu'il avait fait distribuer par son neveu pour être bien reçu. Mais l'émeute avait déjà éclaté et lui avait donné pour successeur Hassan-Khodja. Il apprit cette nouvelle aux portes de la ville et s'enfuit à toute vitesse ; arrivé à Collo, il tomba le 3 novembre entre les mains des Janissaires, qui lui firent subir mille outrages et le promenèrent dérisoirement sur un âne, avant de l'étrangler. Son successeur mit à la torture sa femme et sa fille, et, par cette barbarie, se fit livrer assez d'argent pour satisfaire momentanément la Milice ; il tira encore cent cinquante mille piastres de la rançon de l'ancien Bey de Tunis ; mais, une fois ces ressources épuisées, il retomba dans les mêmes embarras que Mustapha, ne put suffire à la paye, et, le 4 mars 1707, fut déposé sans effusion de sang. Quatre Turcs, qu'il avait bannis un an auparavant comme conspirateurs, suffirent à effectuer cette révolution. Un d'entre eux, Mohammed, dit Bagdach, lui succéda et le fit embarquer, avec son neveu et son Khaznadar. Une tempête jeta à la côte le petit bâtiment qui les portait ; les Kabyles des environs de Dellys s'emparèrent de leurs personnes, et les conduisirent à Kouko, sans leur faire subir de mauvais traitements ; peu de jours après, Hassan y mourut d'un anthrax.

Au mois de septembre 1705, Durand avait été remplacé par Clairambault, qui comptait dix-neuf ans de services à Constantinople ou dans les consulats de Smyrne et d'Alger; il était par conséquent très au courant des affaires, auxquelles il avait été dressé par son parent Dussault. Il éprouva les mêmes difficultés que ses devanciers au sujet du Cottimo, et faillit même perdre la vie dans une émeute, que les Juifs excitèrent à ce sujet.

A partir du jour où les Espagnols, vaincus devant Mostaganem, avaient renoncé à assurer leur puissance dans l'intérieur du pays et s'étaient résignés à l'occupation restreinte, ils avaient joué le rôle d'assiégés perpétuels : Oran, Mers-el-Kébir, Ceuta et Melilla avaient été sans cesse investies par les Indigènes, les Marocains ou les beys de l'Ouest, dont la résidence était alors à Mazouna. Les malheureuses garnisons de ces places fortes ne vivaient guère que de ce qu'on leur envoyait d'Espagne, ressource trop souvent précaire, que venaient quelquefois augmenter les produits des razzias, et les marchés conclus avec les douars voisins des villes ; mais il ne fallait pas trop compter sur ces derniers, qui se voyaient souvent châtiés par leurs voisins pour avoir alimenté le Chrétien.

Depuis une vingtaine d'années, les attaques contre Oran avaient redoublé d'intensité et devenaient de plus en plus fréquentes; en 1707, Bagdach dirigea dans l'Ouest une forte armée, qu'il mit sous les ordres de son beau-frère, Ouzoun Hassan. Depuis deux ans, le bey de l'Ouest, Bou Chelaghram, qui avait transporté à Mascara le siège de son pouvoir, cernait les possessions espagnoles et avait soumis les Beni-Amer ainsi que les autres tribus restées jusque-là à peu près fidèles aux Chrétiens. Les deux corps se réunirent, et, au commencement d'août, ouvrirent la tranchée devant le fort Saint-Philippe ; après quelques jours de canonnade, il fut emporté dans la matinée du 9; pendant la nuit, les Espagnols firent un retour vigoureux, le reprirent, le réparèrent et y tinrent jusqu'au 15 septembre. Les défenses de cet ouvrage étaient entièrement rasées par le canon, et la garnison en était réduite à dix-sept hommes. Au moment où les Turcs se précipitèrent sur les brèches ouvertes, le commandant mit le feu aux poudres. Un seul homme s'échappa et put rentrer dans Oran. Le fort Saint-Grégoire fut pris le 1er novembre, après avoir été défendu avec le même courage; mais il n'en fut pas de même de celui de Santa Cruz, dans la reddition duquel la trahison paraît avoir joué un certain rôle. Enfin la ville, dont les remparts écroulés n'offraient plus d'abri, et dont l'artillerie était entièrement démontée, fut évacuée au commencement de janvier 1708; la garnison et les habitants se réfugièrent à Mersel-Kébir, ne perdant que vingt-quatre hommes dans la retraite. Hassan transporta le siège devant cette petite place, l'investit étroitement et la réduisit bientôt à une terrible famine. Ne recevant pas de secours, en proie à la faim et à la soif, elle se rendit et ouvrit ses portes le 3 avril. Ouzoun Hassan rentra à Alger le 26 mai, ramenant plus de deux mille prisonniers, parmi lesquels près de deux cents officiers ou chevaliers de Malte. Cette victoire mit la joie dans Alger; le consul anglais, pour faire sa cour aux Puissances[1], illumina trois nuits de suite : « cette basse flatterie, écrit un témoin, a déplu même aux musulmans. »

Le Dey envoya au Grand Seigneur les trois clefs d'or des portes d'Oran et demanda le caftan de pacha pour son beau-frère; mais il ne put l'obtenir, et manifesta son dépit en refusant de recevoir le titulaire nommé par la Porte. Cependant, il se heurtait aux mêmes difficultés pécuniaires que ses devanciers, et ne pouvait plus suffire à la solde de la milice; au commencement de 1710, le bey de Constantine s'enfuit avec ses trésors et les impôts recueillis en 1709; ce fut la perte de Bagdach; le 22 mars, une émeute éclata et il fut assassiné, Ouzoun Hassan, qui s'était porté à son secours, eut le même sort. Leur meurtrier, Deli Ibrahim, se fit proclamer; mais il ne jouit pas longtemps du fruit de son crime. Il était cruel et débauché; pendant les cinq mois qu'il resta au pouvoir, il eut à réprimer trois conspirations; enfin le 14 août, ayant voulu violer la femme d'un janissaire absent, celle-ci lui fit tirer deux coups de fusil par un esclave; il fut blessé et s'enfuit à

---

1. V. chap. XVI, p. 288.

la Jenina, poursuivi par les cris de la femme, qui ameuta les Ioldachs ; il s'était barricadé dans une chambre, et cherchait à s'y défendre, en appelant à son secours ; c'est là qu'il fut tué, au moyen de grenades qu'on lui lança du haut des terrasses.

CHAPITRE DIX-NEUVIÈME

LES DEYS (Suite)

SOMMAIRE. — Ali-Chaouch. — Il refuse de recevoir le pacha envoyé par la Porte. — Conspirations. — Tremblement de terre. — Mohammed-ben-Hassan. — Révolte kabyle. — Famine et peste. — Complots et meurtre de Mohammed. — Cur-Abdi. — Refus d'obéissance à la Porte. — Conspirations. — Reprise d'Oran et de Mers-el-Kébir par les Espagnols. — Luttes devant Oran. — Mort de Cur-Abdi.

Deli Ibrahim eut pour successeur Ali Chaouch, « honnête homme et fort raisonnable, » dit le consul Clairambault. Les insurrections qui, depuis plus de vingt ans, ensanglantaient la ville, y avaient amené de véritables hordes de brigands ; Ali rendit une justice draconienne, et, dans les premiers mois de son règne, abattit plus de dix-sept cents têtes ; c'est à ces rigueurs nécessaires qu'il dut de pouvoir gouverner en paix. Il avait vu que les pachas envoyés par la Porte, quoique ne jouissant d'aucun pouvoir effectif, étaient une cause permanente de troubles, intriguant sans cesse dans l'espérance de voir revenir le passé, ou servant tout au moins de drapeau aux agitateurs ; il se décida à les supprimer. En 1711, il refusa de laisser entrer à Alger Charkan Ibrahim, qui venait d'y être envoyé, et le fit menacer de mort, s'il insistait pour débarquer. Le pacha se retira, et fut jeté à Collo par la tempête ; il y mourut de maladie. En même temps, le Dey envoya une ambassade à Ahmed III, en lui représentant les graves inconvénients de la multiplicité des pouvoirs ; les bonnes raisons qu'il donna, jointes aux présents qu'il n'avait pas ménagés, suffirent à convaincre le Grand-Divan, et les deux dignités furent réunies sur la même tête. A partir de ce moment, les Deys gouvernèrent comme ils voulurent, et l'instrument de pouvoir qu'on avait jadis appelé le Divan d'Alger, n'exista plus que pour la forme. Pendant les trois premières années de son règne, Ali se vit demander la paix par les Hollandais, les Siciliens, les Anglais et l'Empire ; tous firent d'énormes présents pour l'obtenir : elle ne fut accordée qu'à la Hollande. En 1716, on lui déclarait de nouveau la guerre. Les Suédois et les Danois ne furent pas plus heureux, et la Course reçut une grande impulsion ; car le Dey, instruit par l'exemple de ses prédécesseurs, voyait que c'était le seul moyen d'assurer la paie de la Milice. Celle-ci essaya de renouveler les séditions accoutumées ; le 23 juin 1713, quelques Ioldachs se jetèrent sur Ali, au sortir de la mosquée ; mais il se tenait sur ses gardes, et ne fut que légèrement blessé. Les insurgés, vivement poursuivis, se retirèrent dans une maison voisine, et s'y défendirent si désespérément qu'il fallut en faire sauter les murs ; trente des conjurés furent étranglés.

Le 3 février 1716, à deux heures du matin, un terrible tremblement de terre vint bouleverser la ville d'Alger et la campagne voisine ; beaucoup de maisons s'écroulèrent ; toutes les autres furent endommagées. De nombreux incendies éclatèrent ; le vol et le pillage vinrent s'unir à ces horreurs ; le Dey, à la tête de ses chaouchs, parcourait sans cesse les décombres, faisant sabrer sur place tous les coupables pris en flagrant délit. Le 4 et le 5, le tremblement de terre continua, avec des secousses un peu moins violentes, mais répétées toutes les demi-heures ; la population toute entière se réfugia aux champs ; Ali s'installa au Bordj de l'Etoile, où il fut assiégé pendant quelques jours par une troupe de mécontents, commandée par un vieux Janissaire, qui leur racontait, qu'ayant été témoin d'un semblable fléau quarante ans auparavant, le mal n'avait cessé qu'après le massacre du souverain.

Une sortie vigoureuse dégagea le Dey, qui punit les rebelles avec sa sévérité accoutumée. Le 26 février, il y eut une commotion aussi violente que la première ; les mouvements du sol durèrent jusqu'au mois de juin, et recommencèrent l'année suivante pendant neuf mois. Pour réparer leurs pertes, les reïs ravagèrent plus que jamais les côtes de la Méditerranée et celles du Portugal ; ils firent sur les Anglais et les Hollandais des prises si considérables, que les assurances maritimes passèrent du taux de un et demi pour cent à celui de 45 0/0 [1]. Les États ordonnèrent, sous peine d'une forte amende, à tous les navires de commerce, de ne sortir des ports que bien armés de canons, et montés par un équipage capable de se défendre utilement.

M. Clairambault, après des débuts assez tranquilles, s'était vu tourmenter au sujet de la tentative d'évasion de trois chevaliers de Malte, qu'il avait logés au consulat, et, plus tard, à l'occasion de la prise d'un certain capitaine Coig, qui avait refusé de montrer son passeport, et avait poursuivi à coups de canon, jusque sous le fort de Matifou, le reïs qui le lui demandait. Il se tira très habilement de ces mauvais pas ; en avril 1717, il fut remplacé par M. Baume, que le Dey fut très mécontent de voir arriver, ayant demandé la nomination du chancelier Antoine-Gabriel Durand, beau-frère de Clairambault. Ali ne cacha pas au nouveau venu la mauvaise humeur que lui avait causé sa déception ; il repoussa obstinément toutes ses demandes, et eût sans doute traduit sa colère plus énergiquement encore, s'il n'eût été emporté, au mois de janvier 1718, par une fièvre violente, de laquelle il ne voulut jamais se laisser soigner, disant : « Ce qui est écrit est écrit. » Quelques mois avant sa mort, des Janissaires avaient de nouveau voulu l'assassiner, et avaient même cherché à mettre le feu à la Jenina.

Mohammed ben Hassan lui succéda. La Régence se trouvait dans une extrême misère ; aux désastres causés par les tremblements de terre, était venue se joindre une sécheresse de six années consécutives, qui avait amené, comme conséquence naturelle, une formidable invasion de sauterelles. Les récoltes, brûlées ou dévorées sur pied, avaient manqué partout ; il y eut une famine épouvantable ; dans certaines villes, dit-on, on vendit publiquement de la chair humaine au marché. Les Kabyles refusèrent l'impôt, détruisirent le Bordj Menaïel et descendirent dans la plaine, qu'ils rava-

1. Voir la *Gazette de France*, 1716, sept-oct. (Nouvelles de Londres.)

gèrent ; dans la ville, les désordres que la rigueur d'Ali avait apaisés momentanément, reparurent plus violents que jamais ; au dehors, les reïs coururent impunément sur tous les pavillons. Ce fut en vain que M. Baume essaya de faire entendre ses réclamations ; le Dey refusa de l'écouter, se contentant de lui répondre que : « s'il n'était pas content, il partît. » Il était, du reste, difficile à un consul européen d'avoir de bonnes relations avec Mohammed, homme grossier, fanatique, cruel, et complètement illettré ; il avait été bouvier en Égypte, avant de s'engager dans la Milice. Les Juifs, qui connaissaient sa cupidité, achetaient sa faveur à prix d'or ; leur chef, Judas Cohen, homme fort intelligent, servait d'intermédiaire politique à diverses nations, et principalement aux Hollandais. M. Baume n'était pas l'homme qu'il eût fallu dans des circonstances semblables ; il avait un esprit très étroit, entêté, méfiant ; il soupçonnait tout son entourage, et surtout son chancelier Durand, qu'il accusait de trahison, parce qu'il le voyait sympathique à tout le monde. Il ne tarda pas à le renvoyer, et le remplaça par un homme décrié, Natoire, qui fut plus tard pris en flagrant délit de friponnerie. Au lieu de se servir pour le bien public de l'influence acquise par les Juifs, que quelques présents eussent bien disposés en sa faveur, il les exaspéra en se mêlant lui-même de commerce, et en cherchant à leur nuire de toutes façons ; il en vint à demander au Conseil de Régence de châtier les Juifs de France pour punir ceux d'Alger. « J'espère que le Conseil prendra les mesures convenables pour châtier les Juifs qui habitent en France, ceux qui y font commerce, et même ceux qui habitent dans les pays étrangers, où il y a des officiers du Roi, qui les pourront faire repentir des impertinences commises par leurs frères d'Alger. » Il n'était, du reste, pas beaucoup plus aimable pour ses concitoyens : « Les Français font aisément toutes sortes de fraudes, et commettent mille désobéissances en faveur des étrangers pour le moindre profit qu'ils y trouvent, au préjudice des ordres du Roi et du reste de la nation. » Quant aux Turcs, voici le portrait qu'il en faisait : « Vous connaissez depuis longtemps quelle est l'ignorance, la férocité et les manières désagréables de ces gens-ci, qui d'ailleurs ne méritent pas les regards d'un homme de bien[1]. » Il est aisé de comprendre qu'avec de semblables allures, il déplut à tout le monde ; des plaintes nombreuses s'élevèrent contre lui, et son rappel fut sollicité de tous côtés. En outre, il avait été malheureux dans ses spéculations et se trouvait fort endetté ; le Conseil de Régence, justement ému, délégua le vieux Dussault, qui, depuis près de quarante ans, avait été chargé de la plupart des négociations sur les côtes barbaresques ; il arriva à Alger à la fin de 1719, ramenant avec lui quelques captifs turcs ; peu de jours lui suffirent pour tout apaiser, et le renouvellement des traités fut signé le 23 décembre. Ce fut le dernier service que cet homme de bien rendit à son pays ; il mourut au mois de mai 1721 ; l'étude de sa correspondance avec le Département de la Marine prouve d'une façon certaine que, si l'on eût toujours suivi ses sages conseils, on eût évité la plupart des fautes qui furent commises de son temps.

En quittant Alger, il emmena M. Baume, et confia l'intérim à M. Lazare Loup, qui n'exerça la charge que six mois, au bout desquels M. Antoine-Gabriel Durand prit la gestion du consulat, le 1er août 1720. Il y avait longtemps servi comme chancelier, connaissait parfaitement le pays et l'esprit de ses habitants, parmi lesquels il avait su se créer des relations, qui lui permirent de s'occuper très utilement des intérêts de la France ; accueilli favorablement par les Puissances, il n'eut pas à souffrir de l'humeur farouche de Mohammed, et, en peu de temps, regagna sur l'Angleterre tout le terrain que celle-ci avait conquis du temps de son prédécesseur. Les plus grandes difficultés qu'il eut à surmonter lui vinrent de la Chambre de commerce de Marseille, à laquelle un arrêt du Conseil, en date du 2 septembre 1721, attribua la possession des droits consulaires, à charge pour elle de subvenir aux dépenses ordinaires et extraordinaires des consulats. Cette disposition, qui ne faisait que légaliser des errements déjà anciens, fut cependant une cause de mésintelligence ; la Chambre montra un esprit un peu trop parcimonieux, et, plus préoccupée du

---

[1]. Lettres de J. Baume. (Archives de la Chambre de commerce de Marseille, AA. art. 473.)

soin de ses revenus que du maintien de la bonne intelligence avec le Dey, elle ordonna à M. Durand de percevoir les droits, qui avaient déjà été, tant de fois, l'objet des réclamations d'Alger. Celui-ci résista avec raison, citant l'exemple fâcheux de son devancier : « Ayant un exemple si récent, je me garderai bien d'entreprendre un nouvel usage, qui ne ferait qu'un tort considérable, et dont bien certainement je ne pourrais pas venir à bout. Vous savez parfaitement bien, messieurs, que la lésine avec laquelle M. Baume s'est conduit dans ce Consulat lui a attiré mille déboires et mortifications, qui, non seulement lui a fait un tort très considérable, mais encore a été très onéreuse à la Nation[1]. » A force de patience, il parvint à faire prévaloir la vérité et à se faire envoyer quelques présents à distribuer aux Puissances : cela était devenu absolument nécessaire, à cause des libéralités faites par les nations rivales ; encore fallait-il que M. Durand fût bien habile pour suffire avec les quelques fusils, fruits, confitures, et objets de même sorte qu'on lui envoyait, à un droit d'usage qui coûtait plus de 40,000 livres par an à chacun des autres consuls.

Les Hollandais avaient demandé la paix, et, pour l'obtenir, avaient eu recours à l'intervention de la Porte, qui fit accompagner leur ambassadeur par un capidji. Le Dey joua devant cet envoyé une véritable comédie, l'assurant que, personnellement, il était tout disposé à obéir aux ordres du souverain ; il convoqua ensuite l'assemblée générale, qui se déclara prête à faire la paix avec toute l'Europe, si le Sultan voulait se charger de la paie de la milice et du rachat des captifs algériens. Le Turc se sentit bafoué, et fit entendre au Dey qu'il s'exposait à se voir retirer la permission de recruter des janissaires en Asie-Mineure : « Il entre tous les jours dans Alger par la porte Bab-Azoun autant de bons soldats qu'on peut en recruter à Smyrne en un an », répondit Mohammed en parlant des Kabyles.

La Course continuait : l'escadre hollandaise, sous les ordres de l'amiral Sommersdyk, ne parvenait pas à la ralentir ; les

---

1. Lettres d'Antoine-Gabriel Durand. (Archives de la Chambre de commerce de Marseille, AA, art. 475.)

Reïs venaient d'établir une station aux Iles du Cap-Vert, « pour être plus à même, disaient-ils, de profiter du commerce des Indes; » les Anglais y envoyèrent quelques gros vaisseaux, qui délogèrent ces hôtes incommodes.

L'insurrection kabyle, qui durait depuis trois ans, fut apaisée par la vigueur du caïd de la Mitidja, Ali-Khodja; il refoula les insurgés jusque derrière l'Isser, et pacifia le pays.

Le Dey fit augmenter les défenses du port, et construisit le Bordj el Harrach. La peste était venue se joindre à la famine; les esclaves succombaient en grand nombre; ils étaient devenus tellement rares que le prix des rançons avait triplé; on demandait 2,000 écus pour un patron de barque, 1,200 pour un pilote et 1,500 pour un charpentier. Un terrible incendie éclata, dans lequel le quart de la ville fut brûlé. La province de l'Est était le théâtre d'une lutte sanglante entre les Tunisiens et le bey de Constantine d'une part, et la puissante tribu des Hanencha, de l'autre.

Comme l'émeute était toujours à Alger le couronnement nécessaire du désordre et de la misère, la Taïffe s'insurgea et jura la mort du Dey, qui avait fait châtier quelques Reïs coupables de brigandages. Le 18 mars 1724, à dix heures du matin, au moment où Mohammed rentrait en ville, après avoir visité les fortifications du port, un Ioldach, embusqué sur la terrasse de la caserne de la Marine, lui tira un coup de fusil. Il tomba sur place, la balle l'ayant atteint entre les deux épaules. Les conjurés firent alors une décharge générale, qui abattit le chaouch, le khodja et quelques gardes; puis ils se se précipitèrent vers la Jenina. Mais le khasnadar, quoique blessé d'un coup de sabre, les y avait précédés, avait fait fermer les portes et proclamer Cur-Abdi, agha des spahis. Lorsque les assassins arrivèrent, ils furent reçus à coups de fusil; ceux qui ne succombèrent pas furent arrêtés le lendemain, étranglés ou décapités.

Le nouveau Dey était un vieux soldat, d'un bon caractère et d'une grande finesse; mais il avait la funeste habitude de fumer de l'opium, ce qui lui donnait des accès de folie furieuse. Les Hollandais voulurent profiter de son arrivée pour obtenir la paix, et envoyèrent à cet effet l'amiral Godin, avec une escadre de cinq vaisseaux ; il arriva le 3 mai, et fit le salut, qui ne lui fut pas rendu. On répondit à ses offres par des demandes tellement exorbitantes, qu'il dut se retirer le 9, sans avoir rien obtenu que des railleries. Cela fut d'autant plus mortifiant pour lui, qu'il put voir, le 5 mai, les batteries du port saluer M. d'Andrezel, ambassadeur à Constantinople, qui venait demander quelques réparations, et qui fut invité par le Dey et très honorablement reçu, avec de grandes démonstrations d'amitié. L'Empire ne fut pas mieux traité que la Hollande, bien que son ambassadeur se fût fait accompagner par deux capidjis de la Porte, qui, étant chargés d'offrir à Cur-Abdi le caftan de Pacha, se croyaient assurés d'être bien reçus. Il s'agissait de la restitution de quelques bâtiments pris par les reïs à la Compagnie d'Ostende. Les envoyés du Sultan furent accueillis avec de grands honneurs, et s'acquittèrent d'abord de la première partie de leur mission, en offrant le caftan d'investiture et le sabre enrichi de diamants au Dey, devant l'assemblée du Divan. Il fut ensuite donné connaissance du firman du Grand Seigneur, au milieu d'un silence respectueux. Mais tout cela n'était que le prologue de la comédie que jouaient toujours les Algériens en pareil cas ; à peine le chaouch désigné à cet effet eut-il commencé la lecture des réclamations de l'Empereur, que le Dey interrompit l'énumération des titres de ce souverain, en entendant qu'il s'y qualifiait de « Roi d'Alger ». « Comment ! Roi d'Alger, s'écria-t-il, que suis-je donc ? » Il se leva sur le coup en feignant une grande colère, et sortit de la salle, malgré les instances des capidjis, auxquels il répétait : « Ah ! il a tout le reste de la terre, et il lui faut encore Alger ! » La séance fut rompue avec un grand tumulte ; quelques jours plus tard, les envoyés du Sultan en obtinrent une seconde. Cette fois, ils supprimèrent le protocole, et abordèrent le chapitre des réclamations. Quand les Ioldachs entendirent qu'il leur faudrait restituer les vaisseaux capturés, reconnaître la prééminence du consul impérial sur tous les autres, lui accorder certains droits et honneurs spéciaux, ils se mirent à pousser tous ensemble des cris d'indignation, disant qu'ils ne voulaient avoir la paix qu'avec la France et l'Angleterre ; et, comme le capidji les rappelait au respect dû à leur suzerain : « De quoi veut-il que nous vivions ? D'ailleurs, qu'il ne se mêle pas de nos affaires ; il nous a laissé bombarder trois fois sans nous porter secours ! » Pendant que la Milice se livrait aux dernières violences, le Dey faisait semblant de s'employer à calmer cet ouragan, qu'il avait secrètement déchaîné lui-même. Il fallut se séparer sans avoir rien conclu.

L'année suivante, la Porte fit une nouvelle tentative ; son envoyé était en outre chargé de réclamer la tête de Tcherkes Mohammed, ancien bey du Caire, qui avait voulu se déclarer indépendant ; après sa défaite, il s'était réfugié à Alger. Le Divan repoussa hautement ces propositions, et déclara qu'il ne voulait pas entendre parler de traité, avant que Tcherkes Bey n'eût recouvré ses dignités. Ce fut seulement en 1727 que l'Empire obtint, à force de présents, six passeports pour autant de vaisseaux de commerce ; parchemins inutiles, dont es reïs ne tinrent jamais aucun compte. Il est vrai de dire que le capidji, à bout d'arguments, leur avait tenu le discours suivant : « Je vous prie, frères, de me donner satisfaction ; faites le traité ; les prétextes ne vous manqueront pas pour le rompre, et, au moins, vous aurez prouvé votre respect pour les volontés de Sa Hautesse. »

Les Hollandais et les Suédois demandèrent une trêve et l'obtinrent à force de présents ; les derniers firent un don de trente mille piastres. Cependant, les mécontents d'Alger, auquel tout prétexte était bon pour se révolter, avaient choisi celui du refus d'obéissance au Grand Seigneur ; leurs chefs étaient le muphti et l'agha de la Milice. Cur-Abdi les fit étrangler, et eut raison de l'émeute, au bout de trois jours de combat, suivis du supplice des principaux agitateurs. Il fit même torturer les femmes des conjurés, dans l'espoir de découvrir le meurtrier de son fils, qui avait été assassiné à son retour de La Mecque. Le 29 février 1728, Ali Pacha, neveu du bey de Tunis, se révolta contre son oncle, et l'assiégea quelques jours dans le Bardo ; ayant été battu, il prit la fuite et se réfugia quelques jours à Alger ; le bey demanda l'extradition du rebelle et offrit une grosse somme à Cur-Abdi, qui refusa de livrer son hôte, mais consentit à l'interner, moyennant une indemnité annuelle de dix mille sequins. Sauf quelques petits tracas que lui avait valu en 1727 une fuite d'esclaves à bord des vaisseaux de MM. d'O et de Goyon, le consul avait été fort tranquille jusqu'au mois de juin 1729. A cette époque, un vaisseau algérien ayant été pris par les chevaliers de Malte, le bruit se répandit que cette capture avait été faite avec la complicité d'un navire français. Le Dey, par représailles, fit enlever le gouvernail aux vaisseaux qui se trouvaient dans le port, et les Reïs saisirent avidement ce prétexte pour enlever quelques barques sur les côtes de Provence ; M. Durand fut insulté et menacé. Il tomba malade, et mourut le 8 octobre 1730, peut-être de la peste, qui avait recommencé ses ravages. Il se passa alors une de ces scènes bizarres qu'amenait si souvent le capricieux despotisme des Deys. Cur-Abdi exigea d'abord que l'ancien chancelier Natoire prît les sceaux ; celui-ci ayant feint une maladie, il désigna l'agent de la Compagnie d'Afrique, Lavabre, qui n'osait pas accepter, sachant que ses chefs ne voulaient pas qu'il occupât cet emploi. Le Dey, qui, ce jour-là, était ivre d'opium, éclata de fureur : « Quoi ! je te veux et tu ne me veux pas ? criait-il. — Seigneur, cela ne dépend pas de moi, répondait Lavabre. — Je te ferai mourir sous le bâton. — Seigneur, vous êtes le maître. » Les chaouchs accoururent, renversèrent le malheureux, et l'exécution allait commencer. Le vicaire apostolique Duchesne et le chancelier baisaient les mains de Cur-Abdi et demandaient grâce ; le bachaouch, tout en faisant semblant de maintenir le patient, lui disait : « Dis donc : oui ! » et criait : « Il consent ! » Le tumulte était à son comble ; enfin, l'accès se calma, et le Dey leva la séance en grommelant : « Est-ce ici un jeu d'échecs ou de dames, où l'on change les pièces à chaque instant ! »

En 1729, la Porte, lasse du mépris que les Algériens faisaient de ses ordres, et harcelée par les réclamations des puissances européennes, voulut détruire le pouvoir des Deys. Le Grand Divan fit partir Azlan-Mohammed, avec le titre de Pacha de la Régence ; il était escorté d'un capidji et de quarante-cinq personnages, auxquels étaient destinés les principaux emplois. Le 20 juin, lorsque le navire arriva en rade, il reçut l'ordre de mouiller au cap Matifou et de s'abstenir de toute communication avec la terre, s'il ne voulait pas qu'on ouvrît le feu sur lui. En même temps le Divan se réunissait, et décidait, sur la demande de Cur-Abdi, qu'il ne recevrait pas les Pachas envoyés de Constantinople. Cette décision fut communiquée à l'envoyé du Sultan, et on l'invita à se retirer immédiatement. Le temps était fort mauvais, et le vent contraire; il fallut cependant obéir, et, comme le navire, porté par les courants près de la ville, avait été forcé de jeter l'ancre, il fut de nouveau menacé du canon. Mais, quelques heures après, le Dey, voyant que les Turcs se soumettaient, leur envoya des rafraîchissements, et leur fournit pour les rapatrier un vaisseau meilleur que celui sur lequel ils étaient venus. La Porte impuissante sembla ne pas s'apercevoir de cet acte de rébellion.

En 1731, le Conseil Royal remplaça Durand par M. Delane, neveu de Dussault; il fut conduit à Alger par Duguay-Trouin, et y arriva le 11 juin. L'amiral était chargé d'obtenir quelques réparations des dommages causés par les Reïs et de délivrer une dizaine d'esclaves. Il repartit le 20, après avoir accompli sa mission.

M. Delane prenait possession de sa charge avec l'idée arrêtée de changer la ligne de conduite du Consulat; il accusait ses prédécesseurs d'avoir montré trop de complaisance pour les caprices du souverain, et déclarait hautement qu'il ne les imiterait pas. C'était une vaine fanfaronnade; car le Conseil Royal ayant renoncé, quoiqu'il advînt, à tirer satisfaction d'Alger par les armes, il ne restait d'autres ressources pour maintenir la paix que celles d'une diplomatie très conciliante; c'est ce que Dussault, Lemaire et Durand avaient parfaitement compris. La situation n'était ni très agréable, ni très flatteuse; mais elle était imposée par les faits, et, puisque M. Delane ne voulait pas se soumettre aux charges de la fonction, il eût mieux fait de ne pas la briguer. Mais il semble avoir eu une idée un peu exagérée de sa propre personne; ses lettres, qui passent rapidement de la confiance la plus téméraire au découragement le plus profond, en sont la preuve[1] :

---

1. Lettres de Delane. (Archives de la Chambre de commerce de Marseille, AA, art 476.)

« Le chef, qui est despotique, a été gâté par les empressements des Anglais et des Hollandais ; mon prédécesseur l'a pareillement trop ménagé, approuvant et souffrant tout ce qu'il faisait. » — et ; — « le Dey a vu que M. Durand lui a passé des emportements grands et des menaces de le faire embarquer plusieurs fois ; il croit qu'il en sera de même et que je souffrirai ce déboire. »

Il débuta en se présentant à la première audience l'épée au côté, et ne fut pas reçu ; car, de temps immémorial, personne ne pouvait entrer armé au Divan ; toute infraction à cette règle était punie de mort. Il s'obstina, ne sachant pas combien il est inutile de lutter d'entêtement avec un Turc, et n'y gagna que des déboires ; il lui fut impossible de s'occuper des affaires, et les quelques difficultés qui se présentèrent durent être apaisées par le vicaire apostolique Duchesne. Enfin, à la suite d'une scène plus violente que les autres, il se renferma chez lui et n'en sortit plus, jusqu'au jour de son embarquement. Il écrivait à ce sujet à la Chambre de commerce de Marseille sur un ton bien différent de celui qu'il avait adopté lors de son arrivée, alors qu'il croyait que sa seule présence allait mettre les Algériens à la raison : « Les menaces, violences et injures du Dey me forceraient à dépêcher exprès un de nos bâtiments pour en informer la Cour, quand même il ne m'y aurait pas obligé lui aussi. A peine m'a-t-il écouté, criant comme une harengère, et ne me donnant pas le temps de déduire d'autres raisons. — C'est un homme très entêté, qui ne prend conseil de personne et que le grand usage de l'opium rend quasi-furieux. Les autres consuls étaient tous présents, et il semble qu'il ne les ait ainsi convoqués que pour mieux braver notre Nation, me disant toutes sortes d'infamies, accompagnées de menaces et d'imprécations à la face de tout Israël. Je me levai, voulant me retirer ; il me fit arrêter, continuant de vomir mille blasphèmes que je n'ose répéter. » La Cour, avertie de ces fâcheux incidents, fit partir immédiatement M. Benoît Lemaire, qui fut fort mal accueilli par celui auquel il venait apporter le concours de son expérience. Le consul refusa d'écouter ses avis, l'accusa de trahison et demanda son rappel. Mais il avait lassé la patience de tout le monde, et ce fut lui qui reçut l'ordre de rentrer en France ; il partit en juin 1732, n'ayant absolument rien compris aux affaires algériennes, mais restant convaincu qu'il eût réussi, si on lui eût prêté l'appui nécessaire. A son départ, M. Lemaire prit les sceaux. Il fut très bien reçu par Cur-Abdi, qui, ayant remarqué, le jour de sa première audience, qu'il avait déposé son épée entre les mains du chaouch de l'escorte, insista pour qu'il la reprît, et la lui fit rapporter séance tenante, au grand mécontentement des consuls des autres Nations.

Pendant les trois dernières années, l'Espagne avait préparé un armement considérable, destiné à reprendre les places d'Oran et Mers-el-Kébir, à la perte définitive desquelles elle ne s'était jamais résignée. Le 15 juin 1732, une flotte de douze vaisseaux, deux frégates, deux galiotes et cinq cents bâtiments de transport, montés par vingt-huit mille hommes, se trouva réunie dans le port d'Alicante, sous le commandement du comte de Montemar. La mer était mauvaise, et l'armada ne parut devant la côte d'Afrique que le 29 juin. Le débarquement commença le jour même, sur la plage de la *plaine des Andalouses*, et s'effectua sans grandes difficultés. Les premières troupes qui mirent pied à terre refoulèrent les tirailleurs ennemis et les poursuivirent jusqu'à mi-côte. Le camp fut établi pour la nuit sur les positions conquises.

Le bey d'Oran, Bou-Chelaghram, avait sous ses ordres deux ou trois mille Coulourlis et quarante mille auxiliaires indigènes, parmi lesquels on remarquait un corps régulier marocain, commandé par le baron Riperda, aventurier hollandais renégat, général du Chérif ; les places étaient armées de cent trente-huit canons, dont quatre-vingt-sept de bronze, et de sept mortiers. La bataille s'engagea le 30 juin au matin, aux Aiguades ; elle fut longue et sanglante ; Riperda enfonça le centre de l'armée espagnole, et la partie commençait à devenir fort douteuse, lorsque le marquis de Villadarias, qui, dès le matin, avait gravi les hauteurs à la tête des grenadiers de l'aile gauche, revint sur ses pas à la vue du danger, et chargea vigoureusement les indigènes, qu'il culbuta et mit en fuite. Les Coulourlis furent entraînés dans le mouvement, et les vainqueurs, poursuivant leur succès sans s'arrêter un moment, appuyèrent si bien la déroute de l'ennemi, qu'Oran et Mers-el-Kebir, privés de défenseurs, se rendirent à eux le lendemain matin, 1er juillet. M. de Montemar s'occupa immédiatement d'en augmenter les fortifications ; en même temps, il fit plusieurs sorties heureuses et s'approvisionna par des razzias bien conduites : les Beni Amer et quelques autres tribus firent leur soumission entre ses mains. Dès les premiers jours de la conquête, il dirigea le marquis de Villadarias sur Mazagran et Mostaganem ; malheureusement, le Roi fit cesser cette expédition et ordonna au général de se renfermer dans Oran et Mers-el-Kebir. C'était le fatal système de l'occupation restreinte qui prévalait de nouveau, malgré la dure expérience du passé ; il ne tarda pas à produire ses effets naturels et à transformer les vainqueurs en assiégés perpétuels. Alger, qui tremblait déjà, se rassura ; une partie de la milice, sous les ordres du fils du Dey, vint se joindre à Bou-Chelaghram, qui avait rallié ses contingents et tenait Oran étroitement bloqué. Dès le 4 octobre, les Espagnols étaient déjà forcés de livrer un gros combat pour ravitailler le fort Santa-Cruz ; le célèbre Chevalier de Wogan s'y distingua particulièrement. Toute une année se passa en combats autour de la ville ; le 4 novembre, Bou-Chelaghram arriva jusqu'aux portes, qu'il cherchait à pétarder, au moment où une sortie vigoureuse le força à se retirer ; son fils fut tué dans cette affaire. Il le vengea le 21, par la mort du marquis de Santa-Cruz et d'une grande quantité d'Espagnols. Le siège continua jusqu'à l'été de 1735, avec des alternatives de revers et de succès ; le 10 juin 1733, il y eut, sous les murs de la ville, un gros combat dans lequel le marquis de Miromesnil, colonel de jour, fut si grièvement blessé, qu'il mourut trois jours après. Le 2 mars 1734, le Bey dirigea une attaque furieuse sur les Fontaines : la garnison, sous les ordres de M. de Vallejo, la repoussa énergiquement. Au mois de mai, l'armée marocaine, forte de trente mille hommes, parut devant les remparts. Le duc de Cansano, fondit sur elle avant qu'elle n'eût pris position, la battit, la poursuivit et la força de se replier derrière Ouchda. Mais, malgré toute la bravoure de ses défenseurs, Oran resta dans un état de blocus permanent, qui dura jusqu'en 1791. Cependant, le vieux Cur-Abdi n'avait pas pu supporter le chagrin que lui avait causé la prise d'Oran. Il se sentait abaissé devant la Milice et le peuple, se reprochait de n'avoir pas pris les mesures nécessaires, et d'avoir trop attendu pour faire partir les renforts que le Bey de l'Ouest lui avait longtemps demandés en vain. Il se renferma dans un silence absolu, refusant toute nourriture, et se livrant de plus en plus à sa passion pour l'opium. Il mourut le 3 septembre 1732, âgé de quatre-vingt-huit ans. Son beau-frère, le Khaznadar, lui succéda sans rencontrer d'opposition.

CHAPITRE VINGTIÈME

LES DEYS (Suite)

SOMMAIRE. — Ibrahim. — Il se montre mal disposé pour la France. — Intrigues anglaises. — Guerre et prise de Tunis. — Intervention inutile de la Porte. — Famine à Alger. — Peste de trois ans. — M. de Jonville est mis aux fers. — Pillage de Tabarque. — Expédition malheureuse de M. de Saurins. — Destruction de l'établissement du cap Nègre. — Mort du Dey. — Ibrahim Kutchuk. — Guerre de Tunis. — Révolte de Tlemcen. — Mort du Dey. — Mohammed-ben-Beker. — Il rétablit l'ordre dans Alger. — Projets de croisade contre les Barbaresques. — Démarches inutiles de l'amiral Keppel. — Peste de quatre ans. — Famine. — Complots. — Affaire Prépaud. — Meurtre du Dey. — Ouzoun-Ali — Combats et massacres dans la Jenina.

Le nouveau Dey était un homme avare, brutal et capricieux; il se rendit bientôt odieux à tout le monde, et sa vie fut plusieurs fois menacée. Après la perte d'Oran, il avait envoyé des secours à l'armée qui essayait de reprendre la place, et s'irritait en voyant que les efforts du Bey de l'Ouest restaient inutiles; il n'était pas plus heureux sur mer, où les chevaliers de Malte avaient battu l'escadre envoyée pour croiser devant Mers-el-Kebir, pendant qu'une tempête violente causait devant Metelin la perte de six vaisseaux de guerre. La Course, par suite de ces échecs, ne rapportait rien; la pénurie était extrême, et l'humeur d'Ibrahim s'en ressentait. Tout naturellement, les consuls européens eurent à souffrir de cet état de choses; M. Lemaire en fut la première victime. L'armée espagnole comptait dans ses rangs un grand nombre d'officiers français, et quelques-uns d'entre eux avaient été faits prisonniers dans les sorties de la garnison; plusieurs navires provençaux, qui avaient depuis longtemps l'habitude de commercer avec Oran, avaient été capturés par la croisière algérienne, au moment où ils y portaient des vivres, ce que le

Dey voulut considérer comme un acte d'hostilité ; ils furent donc déclarés de bonne prise, et leurs équipages furent mis aux fers. En vain le Consul voulut-il faire entendre ses réclamations. « Ton Roi se dit mon ami, et on vous trouve toujours au premier rang de ceux qui nous combattent, » lui fut-il répondu [1]. Les difficultés étaient encore augmentées par les Juifs, sur lesquels la Chambre de Commerce s'obstinait à vouloir faire percevoir les droits ; leur chef, Ben-Zibet, qui prêtait de l'argent à Ibrahim et qui se chargeait de vendre en Europe les denrées que celui-ci percevait des tributaires, ne cessait de lui représenter que les impôts exigés diminuaient d'autant son revenu, et l'amenait facilement à donner ordre qu'on abandonnât toute exigence de cette nature : « Je souhaiterais, écrivait Lemaire aux Echevins, qu'il fût possible [2] d'exécuter vos ordres avec autant de rigueur qu'ils paraissent le demander ; mais Alger veut être excepté des autres Echelles, où les Pachas, craignant les répréhensions de la Porte, favorisent en tout les Consuls, leur prêtent leurs forces et leur donnent leurs secours lorsqu'ils les réclament, contre les Raïas ou sujets du Grand Seigneur, pour leur faire subir les peines portées par les ordonnances du Roy ; le Dey ici, au contraire, est le seul maître ; il protège les Juifs et les étrangers qui apportent du profit à son royaume par leur commerce, et les défend vivement, si l'on veut user à leur égard des rigueurs auxquelles l'ordonnance du 4 février 1727 les assujettit. » Ailleurs, il annonce à M. de Maurepas qu'il n'a pas osé faire publier le décret dont il vient d'être question plus haut : « Dans la situation où nous sommes avec le Dey, et, joint encore à cela son esprit peu raisonnable, la publication de cette ordonnance peu favorable aux Juifs et aux étrangers les aurait sans doute portés

---

1. Ces réclamations des Algériens contre la présence des chevaliers de Malte français dans les expéditions dirigées contre eux ne cessèrent qu'à la fin du xviiie siècle ; il faut convenir, qu'en se plaçant à leur point de vue, ces plaintes étaient fondées, et qu'il leur était difficile d'admettre qu'un souverain avec lequel ils étaient en paix, tolérât que ses sujets prissent les armes contre eux.
2. Lettres de Benoit Lemaire. (*Archives de la Chambre de Commerce de Marseille*, AA, art. 477.)

à lui faire entendre que c'est un tort qu'on veut faire à ses intérêts, et, pour se venger, ils n'auraient rien oublié de tout ce qui aurait pu l'indisposer encore plus contre nous. » En somme, la situation était pénible, au milieu des intrigues de toute sorte qui agitaient la Jenina. Le Sultan, en envoyant à Alger le caftan d'investiture, avait de nouveau recommandé la paix avec l'Empire; cette solution était vivement poursuivie par un certain Holden, qui se faisait aider par l'ancien chancelier Natoire, dont les friponneries venaient d'être découvertes et punies par un arrêté d'expulsion et une lettre de cachet; rigueurs inutiles, qu'il bravait, s'étant réfugié chez les ennemis de la France, et conservant des intelligences au consulat, par le Drogman, qui servait d'espion; M. Lemaire avait vainement voulu expulser ce traître, que le Dey l'avait obligé à reprendre. D'un autre côté, les Anglais offraient d'envoyer leur flotte bloquer Oran par mer, pendant que les Algériens en ruineraient les défenses de terre; ils demandaient, pour prix de ce service, un établissement à Mers-el-Kébir, et leurs riches présents avaient déjà enlevé le consentement d'Ibrahim; mais la Milice ne voulut pas accepter cette combinaison, grâce au consul français, qui ne cessait de lui représenter que l'Angleterre serait bien plus dangereuse pour la Régence que l'Espagne. Le Dey fut donc forcé de renoncer à ses projets; son dépit s'en accrut, et il refusa toute satisfaction des dommages causés : « Je ne puis obtenir aucune réparation ni les satisfactions que le Roy demande avec juste raison et que je sollicite avec chaleur vainement auprès d'un dey féroce, qui ne veut écouter d'autres raisons que celles que son sordide intérêt lui suggère, et sa haine implacable pour le nom chrétien, qu'il abhorre. »

Le 30 mai 1734, une escadre française, commandée par M. de Court, vint demander des réparations, et ne put rien obtenir : Ibrahim se contenta d'opposer grief à grief, disant que la France approvisionnait ses ennemis d'armes et de munitions, leur fournissait des officiers, des ingénieurs et des soldats; que le consul trompait le Roi; que, du reste, il était fou, avait cherché à tuer ses chaouchs, et qu'il voulait en être débarrassé avant tout. L'escadre repartit le 7 juin, sans avoir reçu d'autre réponse. Voici les détails que donne M. Lemaire à cette occasion : « Ce commandant n'étant venu que par aventure et relâche, comme il l'a fait représenter au Dey par trois officiers qu'il envoya à terre le lendemain de son arrivée, n'a pu obtenir aucun point des satisfactions qu'il lui a fait demander, ce qui fait voir l'obstination de ce Gouverneur à ne rien accorder au Roy sur les infractions commises par ses corsaires aux traités. Ces officiers ont négocié en ma présence et de plusieurs autres des plus considérables du Divan, avec toute la douceur et les ménagements possibles, avec cette Puissance, qui n'a même pas voulu écouter les raisons les plus plausibles qu'on ait pu lui représenter pour le convaincre à faire des réparations, et du besoin qu'a cette République d'entretenir la paix et l'union avec la France, ce qui a été entièrement infructueux. »

A Alger, la misère était très grande ; à la disparition des revenus de la Course était venue se joindre une terrible famine, causée en très grande partie par les Kabyles, qui s'étaient insurgés, coupaient les routes, et empêchaient les arrivages de blé. La Porte, qui avait promis des secours pour la reprise d'Oran, ne les envoyait pas, étant trop occupée elle-même par sa guerre contre les Russes.

Si le Dey sollicitait le rappel de M. Lemaire, celui-ci n'était pas moins impatient de partir ; il fut remplacé le 6 avril 1735, par M. Taitbout, qui fût particulièrement bien accueilli ; il est vrai qu'il apportait des présents pour une valeur de plus de six mille francs. Il était à peine à Alger depuis quelques jours, que la guerre fut déclarée au Bey de Tunis. Son neveu Ali, qui depuis sept ans, était interné à Alger, s'y était créé des partisans ; néanmoins, tant qu'Hassen-ben-Ali paya régulièrement l'annuité de dix mille piastres qu'il avait promise à Cur-Abdi pour le décider à interner son rebelle parent, le prisonnier fut bien gardé. Mais, soit que le Bey crût n'avoir plus rien à craindre de lui, soit qu'il manquât d'argent, la dernière année venait de se passer sans qu'il eût rien envoyé. Ali profita de l'occasion, promit au Dey tout ce qu'il voulut, s'il lui prêtait appui ; celui-ci, toujours obéré, et espérant remplir le trésor par une heureuse campagne, accepta les propositions de son ancien captif ; il fit partir une armée de sept mille Turcs, sous les ordres de son neveu Ibrahim. Le Bey, effrayé, offrit un présent de cinquante mille piastres pour obtenir le paix ; il avait en même temps imploré l'intervention de la Porte, qui dépêcha à Alger un capidji, chargé d'interdire toute entreprise contre Tunis. Lorsqu'il arriva, les opérations étaient déjà commencées ; le Dey, très décidé à ne pas les interrompre, ne trouva d'autre solution que de faire partir l'envoyé du Sultan pour le camp, avec des lettres conçues de telle façon, que le malheureux fut accusé d'avoir faussé le firman dont il était porteur, et décapité comme coupable du crime de lèse-majesté.

Les deux armées se rencontrèrent à la frontière ; Hassen fut battu et s'enfuit avec ses deux fils et ses trésors. Les Algériens arrivèrent devant Tunis le 3 septembre, et les portes leur furent ouvertes dans la nuit par la garnison turque elle-même ; seuls, les Colourlis essayèrent de défendre la place ; il en fut fait un grand massacre. Ali fut proclamé Bey ; il se reconnaissait vassal d'Alger et se soumettait à un tribut annuel de deux cent mille écus et de la quantité de blé nécessaire aux rations de la milice.

Au mois d'octobre, les Tunisiens, écrasés d'impôts pour subvenir à ces charges, se révoltèrent de tous les côtés à la fois, et le nouveau souverain se trouva hors d'état de remplir ses engagements, en sorte que cette expédition fut loin d'être fructueuse pour l'Odjeac.

Jamais le peuple d'Alger n'avait été si misérable ; le nombre des vaisseaux de Course diminuait chaque jour et l'argent manquait au Beylik pour en construire. Les armements que faisait l'Espagne jetaient une grande terreur dans la ville, et des émeutes éclataient chaque jour. Ibrahim affectait de tourner ces craintes en dérision, et déclarait hautement qu'il répondrait au premier coup de canon par le supplice de tous les chrétiens qui se trouvaient dans la ville. Toutefois, il faisait augmenter les fortifications, et reconstruisait le pont de l'Harrach, celui qu'avait édifié jadis Hadj'-Ahmed ayant été emporté par une crue subite. Le Bey de Tunis contribua, dit-on, à la dépense, et procura l'architecte.

Les trois années suivantes, la récolte manqua ; les plus riches trouvaient difficilement à acheter du pain, et les esclaves, auxquels leurs maîtres ne donnaient plus rien à manger, mendiaient de porte en porte. Pour se procurer quelque argent et décider l'Espagne à racheter ses captifs, le Dey les soumit au travail des carrières et les fit enchaîner; il provoqua ainsi une *Rédemption* qui lui rapporta plus de deux cents mille piastres sévillanes; les officiers furent taxés à huit cents piastres par tête; les colonels à quatre mille; M. d'Aregger à dix mille, et M. de Saldecagne à vingt-deux mille. Six mois après, les Trinitaires dépensèrent de nouveau cinquante-cinq mille piastres pour le même motif, et l'année suivante quatre-vingt-six mille. La Suède, la Hollande et l'Angleterre suivirent l'exemple, et firent de riches présents; l'aisance reparut à Alger, et de nouveaux bâtiments se dressèrent sur les chantiers; des secours furent envoyés au Bey de Tunis, que son oncle assiégeait, à l'aide des populations insurgées; ce renfort lui permit de se faire payer les impôts arriérés et de solder lui-même ce qu'il devait à la Régence.

M. Taitbout avait été laissé fort tranquille depuis son arrivée, à part un petit incident, provoqué par quatre Reïs, qui s'étaient introduits chez lui en état d'ivresse, et l'avaient, par leur insolence, forcé de mettre l'épée à la main pour se débarrasser d'eux. L'un d'eux, nommé Mahmet, que l'on verra reparaître tout à l'heure dans une affaire plus grave, porta plainte au Divan, invoquant la loi qui punissait de mutilation tout Chrétien qui avait levé la main contre un Turc; après s'être mis fort en colère, le Dey, mieux informé, fut le premier à calmer cet ouragan. Le consul n'eut donc guère à souffrir que de l'humeur bizarre d'Ibrahim, qui lui imposait des drogmans, dont quelques-uns ne savaient même pas un mot de français, et le faisait mander pour lui demander des explications sur des choses qui ne le concernaient en rien, lui reprochant de ne pas vouloir l'éclairer et de tout lui cacher, lorsque M. Taitbout protestait à juste titre de son ignorance[1]. A ces déboires, s'ajoutaient les épreuves d'une

---

1. Lettres de Taitbout. (*Archives de la Chambre de Commerce de Marseille*, AA, art. 478).

cruelle maladie, la sciatique, qui le força de solliciter son rappel; il partit au mois de Mars 1740, laissant l'intérim à son chancelier, M. de Jonville, emportant l'espoir trompeur de se guérir en France et de venir reprendre ses fonctions. Pendant son séjour, il avait su déjouer avec habileté les intrigues de Natoire, toujours réfugié au consulat anglais, dont son ami Holden venait d'être nommé titulaire; ces ennemis de la France se servaient auprès du Dey d'un riche Juif, nommé Nephtali Busnach, dont le petit-fils devait jouer un si grand rôle soixante ans plus tard.

Au mois de juin 1740, une terrible peste éclata à Alger, où elle fut introduite par un vaisseau venant d'Alexandrie; la première semaine coûta la vie à mille personnes, et, pendant le premier mois, il en mourut de deux à quatre cents par jour. Après cet assaut, le mal diminua un peu de violence; mais il dura trois ans et gagna la Tunisie, où il fit de cruels ravages. Le Bey Ali venait de prendre Kairouan, où son oncle s'était réfugié, et lui avait fait couper la tête. Le fils du malheureux Hassen se sauva d'abord au Caire; quelques mois après, il se rendit à Tripoli, où ses partisans l'assuraient qu'il serait bien reçu, et qu'on l'aiderait dans les tentatives qu'il méditait de faire pour reconquérir ses Etats. En effet, le Bey l'accueillit d'abord fort amicalement; mais, au bout d'un an, intimidé par les menaces d'Ali, il fit égorger son hôte et toute sa suite, s'emparant de tous les bagages et d'une somme de deux cents mille sequins.

Le Roi des Deux-Siciles avait, dès le mois de mai, envoyé à Alger le chevalier Finochietti, accompagné d'un capidji de la Porte, pour demander la paix; le Divan voulut la lui faire acheter si cher, qu'il dut partir sans avoir rien conclu.

Vers la fin de l'été de 1741, survint un incident qui faillit occasionner une rupture avec la France et qui mit en danger la liberté et la vie de l'agent consulaire et des prêtres de la Mission. Deux chebeks algériens, qui croisaient devant les côtes de Provence, dans l'espoir de s'emparer de quelques-uns des navires qu'y attirait la foire de Beaucaire, furent forcés par une tempête de se réfugier dans le port de Toulon, où ils furent bien reçus; ils y séjournèrent pendant une quinzaine de jours. A leur départ, ils s'avisèrent de donner la chasse à une barque génoise, de laquelle ils allaient s'emparer, lorsqu'une galère espagnole de l'escadre du prince Don Philippe, embusquée derrière le cap Sicié, fondit sur eux, et s'empara du bâtiment commandé par Mahmet Reïs, tandis que l'autre, sous les ordres de Soliman, se sauvait à toutes voiles, et rentrait à Alger, où le corsaire accusait les Français d'avoir livré le chebek à l'ennemi. La vérité est que la prise avait été faite sous les yeux de M. de Massiac, commandant la frégate Le Zéphir, qui eût dû s'opposer à cette capture ; car les traités qui interdisaient aux Algériens de courir sus aux bâtiments étrangers à moins de trente milles des côtes, leur assuraient la garantie réciproque. Il est vrai que les deux corsaires avaient donné l'exemple ; mais cela était une affaire à régler entre la France et la Régence ; on n'eût pas dû permettre à l'Espagne d'intervenir et de donner ainsi au Dey une sorte de prétexte pour se livrer à des violences que M. de Jonville nous décrit en ces termes : [1] « Le chebek, voyant qu'il ne pouvait résister, se laissa enlever par la galère auprès du port même sans tirer un coup de fusil, le Reïs présumant bien qu'il serait réclamé par Monsieur l'Intendant, parce qu'il était persuadé que cet acte, contraire au traité qui, défendant aux Algériens de ne faire des prises d'Espagnols ou d'autres de leurs ennemis qu'à trente milles au large, il fallait pour la même raison que les Algériens ne pussent être pris qu'à cette distance des terres de France. »

« Les soldats turcs pris et mis sur la galère d'Espagne, écrivirent au Dey par le second chebek, qui arriva quinze jours après ; la lettre fut lue publiquement et elle contenait, qu'après avoir été détenus à Toulon fort longtemps sous différents prétextes et n'y avoir reçu que toute sorte de mauvais traitements, on les avait forcés de partir pour les livrer à la galère espagnole, qui, ayant eu des avis secrets de Toulon, s'était venue tenir aux aguets sous le cap Sicié ; et, qu'après cette noire trahison, la galère les ayant conduits à Toulon, ils

---

1. Lettres de Jonville (*Archives de la Chambre de Commerce de Marseille*, AA, art. 479).

y avaient été l'opprobre de la populace, qui leur avait craché au visage, jeté des pierres et maudit leur loi; ce traitement, qui fut également confirmé par ceux qui avaient pris terre, et qui sont venus avec ce second chebek, dont le Reïs ne fut pas le moindre à parler contre l'Intendant de Toulon, ce traitement, dis-je, ayant mis le Dey dans une colère extrême, il fit sur le champ ôter le gouvernail à sept de nos bâtiments, qui se sont malheureusement trouvés dans le port; et, le lendemain matin, ayant fait enchaîner les équipages deux à deux, il se fit amener Monsieur le Vicaire apostolique et ses deux confrères, auxquels ayant demandé s'ils étaient Français, et, ces Messieurs répondu que oui, il les envoya enchaînés au bagne des esclaves, ce qui m'obligea à lui aller faire tout de suite des représentations, et à le supplier de changer cette violente disposition, jusqu'à ce que le Ministre eût pu être informé des plaintes qui lui avaient été portées; mais, bien loin de m'écouter, il me fit saisir par des chaoux, qui m'entraînèrent au même bagne, où on me mit au pied d'une façon très ignominieuse une pesante chaîne terminée par un billot du poids de cent livres. »

Cinquante-quatre Français furent traités de la même façon, et conduits enchaînés au travail des carrières. Quelques jours après, ils obtinrent un léger adoucissement à leur sort, moyennant quelques présents distribués aux gardiens du bagne; mais ils ne recouvrèrent leur liberté que dans les premiers jours de janvier 1742. Le consul anglais Stanifford profita de ces événements pour demander à être mis en possession des Concessions de l'Est, que le Dey venait de séquestrer entre les mains du Bey de Constantine; ces démarches n'eurent aucun succès. M. de Salve, gouverneur du Bastion et plusieurs de ses agents, furent détenus à Bône pendant quelques jours, mais sans violences. Quoique M. de Jonville eût été remis en liberté, la situation était toujours très tendue; le Dey réclamait impérieusement le chebek capturé, et, ne voulant pas comprendre qu'il fallait au moins attendre qu'on se le fît rendre par l'Espagne, montrait de nouveau des dispositions hostiles. Enfin, le 18 Mai, M. de Massiac arriva sur l'Aquilon, escortant la prise, et amenant le nouveau consul, M. d'Evans, chevalier de Saint-Lazare, et Cordon-Rouge, qui était chargé de payer la valeur de la cargaison ; Mahmet Reïs suscita de nouvelles difficultés, en réclamant beaucoup plus que ce qui était dû ; mais M. d'Evans démontra très clairement que tout l'objet du litige avait été restitué, et que, bien loin d'avoir été maltraité, le corsaire avait été comblé de présents ; il ajouta que l'Intendant de Toulon avait fait remettre à bord du chebek des présents destinés au Dey et aux Puissances. Ibrahim, qui n'avait rien reçu, procéda à une perquisition, découvrit le larcin, et, furieux d'avoir été joué, condamna à mort le coupable, qui, averti par quelques amis, s'enfuit précipitamment au Maroc et n'osa plus reparaître à Alger.

Les *Concessions*, qui avaient été données en 1719 à la Compagnie des Indes, et qui étaient passées en 1730 à la première Compagnie d'Afrique, se trouvaient affermées, depuis le mois de février 1741, à la Compagnie Royale d'Afrique, représentée par M. de Fougasse. A ce moment, les Lomellini de Gênes désiraient vendre leur établissement de Tabarque, et la nouvelle Compagnie était entrée en négociations avec eux à ce sujet. Le Bey de Tunis, informé de cette combinaison, en écrivit à Alger, et reçut l'ordre de s'y opposer ; il expédia tout aussitôt huit galiotes, qui débarquèrent sur l'île, ravagèrent les magasins et emmenèrent neuf cents prisonniers. L'établissement français du cap Nègre fut traité de la même façon. Cinq cents corailleurs purent se sauver à la Calle et à l'île de Saint-Pierre [1]. A cette nouvelle, M. de Saurins fut envoyé avec deux brigantins et douze cents hommes environ pour s'emparer de Tabarque par un coup de main. Il partit de Toulon le 26 avril 1742 ; deux frégates et quatre galères, sous les ordres de M. de Massiac, le suivirent à quinze jours de distance, pour appuyer l'opération ; malheureusement, les équipages et les chiourmes de ces bâtiments furent tellement éprouvés par une

---

1. S'il faut en croire Desfontaines, la brouille entre la France et Tunis, et les fâcheux événements qui en furent la suite, auraient eu un motif bien futile. Le consul, Gautier, excité par une femme avec laquelle il vivait, n'avait pas craint de braver le Bey, en expulsant une Maltaise de mœurs légères, que protégeait un des favoris du souverain. (Voir les *Voyages de Desfontaines*, Paris, 1838, in-8, p. 243 et suiv.)

violente épidémie, que la petite escadre dut se retirer à Cagliari et abandonner M. de Saurins à ses propres forces. Quelque audacieux que fût ce jeune officier, il hésitait à tenter l'entreprise avec aussi peu de monde ; il finit cependant par s'y décider, sur les instances de Fougasse, qui lui offrit de l'accompagner avec deux ou trois cents corailleurs, et lui affirma que les indigènes se joindraient à eux, mus par le désir de voir subsister des comptoirs qui les enrichissaient. L'attaque fut donc résolue, et on partit de la Calle le 2 juillet au soir. A deux heures et demie du matin, le chef de l'expédition débarqua sans rencontrer d'obstacles et attaqua vivement le poste. Mais on avait été trahi par les espions indigènes qu'on avait employés ; les remparts se couvrirent de Turcs, qui ouvrirent un feu terrible sur les assaillants ; les corailleurs perdirent la tête, se mirent en débandade, et coururent pêle-mêle vers les barques, qu'ils débordèrent, abandonnant au fer de l'ennemi les officiers et quelques braves, qui furent massacrés ou pris, malgré leur résistance désespérée. M. de Saurins fut fait prisonnier, après avoir reçu un coup de fusil dans le cou, un dans le bras droit, et deux coups de sabre sur la tête. MM. de Thieuville et de Gineste furent tués ; MM. de Kalio et de Meyronnet blessés. Enfin, cette défaite coûta cent hommes tués, soixante blessés et cent cinquante prisonniers, parmi lesquels beaucoup de corailleurs ; car leur lâcheté ne les avait pas sauvés, les Turcs ayant fait une sortie, et leur ayant coupé le chemin au moment de leur fuite. Les Français pris furent délivrés l'année suivante, lorsque le Bey, effrayé, demanda et obtint la paix. Après la conclusion du traité, M. de Fougasse s'occupait à rétablir le Cap Nègre, lorsque, en 1744, le Bey, excité par les Anglais, envoya cinq chebeks contre la Compagnie, accusée de relever les anciennes fortifications. Les marchandises, le corail et l'argent furent enlevés ; le personnel, pris ou dispersé, mourut de faim dans les broussailles ou fut massacré par les indigènes. Les Anglais profitèrent de cet incident, et demandèrent à affermer les Etablissements à un prix double de celui qu'en donnait la Compagnie Royale ; une escadre de sept vaisseaux vint appuyer cette demande, qui n'eut aucun succès.

Cependant, M. d'Evans, à peine arrivé, avait été soumis à des exigences qui rendaient sa situation excessivement difficile. Ibrahim s'était laissé persuader de lui imposer la cérémonie du baise-mains, à laquelle les consuls français n'avaient jamais été astreints; il refusa de s'y soumettre et demanda son rappel. Une autre contestation eut lieu, au sujet d'un drogman qu'on voulait lui imposer, et qui était un espion aux gages des Hollandais. Il quitta Alger, remit les sceaux à M. de Jonville, qui les rendit le 16 juillet 1743 à M. Thomas, ancien consul de Salonique. En arrivant, il trouva la ville plongée dans la consternation : la foudre était tombée sur la poudrière du Fort-l'Empereur ; l'explosion avait détruit les trois quarts des fortifications et causé de grands désastres. Le Dey, à court d'esclaves, avait recruté de force une grande quantité d'indigènes, qui travaillaient sous le bâton, ne recevant qu'une nourriture très insuffisante ; les tentatives de fuite étaient punies de mort.

Le commencement de la gestion du nouveau consul fut un peu troublé par la *fuite à bord* de deux esclaves qu'il parvint à faire restituer; mais les lenteurs inévitables dans ces sortes d'affaires le mirent souvent dans de grands embarras; il eut à subir les menaces d'Ibrahim, dont la mauvaise volonté contre la France ne se démentait pas. Au moment du ravage des Concessions, ce fut en vain qu'il essaya d'obtenir justice; il fut à peine écouté, et les réclamations qu'il fit à la Cour ne paraissent pas l'avoir été davantage.

Le vieux Dey, très affaibli de toutes façons, ne se montrait plus en public depuis longtemps; à l'automne de 1745, il fut atteint de dyssenterie, et, prévoyant sa mort prochaine, il désigna pour lui succéder le Khaznadji Ibrahim-Kutchuk, son neveu, qui fut proclamé le 20 octobre; le souverain démissionnaire ne jouit pas longtemps de son repos, et mourut le 17 novembre. Son successeur était un homme de 45 ans; il se montra très bienveillant pour les Français, et son règne fut un véritable soulagement pour eux. A peine installé, il se disposa à châtier l'insolence du Bey de Tunis, qui, non content de se soustraire au tribut qu'il devait, venait d'attaquer son voisin de Tripoli, allié des Algériens, et l'avait réduit à se suicider. L'armée algérienne, forte de quatre mille Turcs, partit le 6 avril 1746, se renforça le long de la route des contingents indigènes et des troupes du Bey de Constantine. Elle remporta d'abord quelques succès; mais elle commit la faute de s'attarder au siège de Kef; les assiégés firent d'heureuses sorties; les maladies décimèrent les Ioldachs, et il fallut repasser la frontière; les escarmouches continuèrent jusqu'à l'automne de 1747, sans grand résultat de part ni d'autre. A ce moment, la paix fut conclue, grâce aux présents de soumission que fit Ali, et au besoin que le Dey avait de ses troupes, pour les porter dans la province de l'Ouest, où les plus grands désordres se commettaient. Dès le mois de janvier 1746, le Bey du Ponant, après avoir pressuré autant que possible les populations, s'était sauvé à Oran avec ses trésors; les Colourlis, las d'être exploités et maltraités par les Turcs, avaient chassé le faible Ioussef, et rêvaient la reconstitution du royaume de Tlemcen; Ibrahim dirigea toutes ses forces contre eux, les battit, reprit la ville, qui fut cruellement pillée et ne se releva jamais de ce coup; les rebelles furent anéantis. Pendant cette répression, on acquit la certitude que les Colourlis de la province d'Oran étaient d'accord avec ceux d'Alger, et qu'ils avaient projeté le renversement de la puissance turque. Le Dey se décida à les exterminer, et avait ordonné leur massacre pour le jour du Beiram, lorsqu'il mourut subitement, le 3 février 1748, très probablement empoisonné. Le Khodjet el-Kheil Mohammed-ben-Beker lui succéda. Il était intelligent et lettré, avait une très grande réputation de justice et d'humanité. Il s'occupa d'abord de rétablir l'ordre, fort troublé par les derniers événements, et exerça une police sévère; au bout de quelques mois, il avait purgé le pays des bandits qui l'infestaient. « Jamais, écrivait le consul Thomas, cette ville n'a été aussi paisible; elle est maintenant aussi bien policée qu'aucune autre d'Europe, ce qui n'avait pas lieu sous ses prédécesseurs, et surtout sous le dernier Dey, qui laissait vivre les soldats avec une licence effrénée [1]. » En même temps,

---

1. Lettres de Thomas. (*Archives de la Chambre de Commerce de Marseille*, AA, art. 481.)

il augmentait les armements, s'occupait activement des fortifications et exigeait très strictement les tributs en nature de la Suède, du Danemark et de la Hollande, afin d'approvisionner ses arsenaux. Depuis quelques années, ces nations avaient fait des dons considérables d'agrès, de poudre et de projectiles.

En 1747, le Danemark avait envoyé quarante canons, quatre mortiers, vingt mille boulets, six mille bombes et une grande quantité de matériaux de construction; on refusa de prendre livraison des mortiers, qui étaient en fonte de fer, et on en exigea d'autres en bronze, sous peine de rupture du traité. Les Hollandais fournirent des agrès, de la poudre, des boulets et du plomb pour plus de trente mille francs. Les Suédois, du goudron, du brai, des mâts, des bordages, des câbles, cinq cents quintaux de poudre et vingt mille boulets. Ils furent néanmoins victimes d'une de ces avanies singulières, où la cupidité algérienne atteignait une sorte de grandeur comique. Les riches présents qu'ils envoyaient au Dey et aux Puissances avaient été chargés sur le navire napolitain *La Conception-Miraculeuse*, qui tomba aux mains des corsaires : bien que les caisses qui contenaient ces dons portassent l'adresse des destinaires, le Dey les déclara de bonne prise, comme ayant navigué sous pavillon ennemi, et fit savoir au consul qu'on eût à en envoyer d'autres, si on voulait conserver les bonnes relations. Cependant il voulut bien consentir à ne pas considérer comme captifs les porteurs des présents.

Depuis quelques années, le pape Benoît XIV s'occupait activement d'organiser une croisade contre les puissances barbaresques. Malte, Venise, Gênes, les Deux-Siciles, avaient promis leur concours. L'armada devait se réunir à Oran, où se dirigeaient déjà les munitions et les approvisionnements; le corps de débarquement était de douze mille hommes, qui s'exerçaient, en attendant le commencement des opérations. Alger tremblait, et avait demandé de l'aide à Constantinople, qui recevait assez mal la pétition, et répondait que la désobéissance des Reïs et l'indiscipline de la Milice méritaient une sévère leçon; toutefois, le Grand Divan envoya quelques renforts, du canon et des artilleurs, dont l'Odjeac manquait. Sur ces entrefaites, M. Thomas fut remplacé par M. André-Alexandre Lemaire, qui arriva à Alger le 21 mai 1749. Il y fut d'abord bien reçu par le Dey, qui ne cessait cependant de lui manifester ses inquiétudes au sujet de l'alliance de la France et de l'Espagne, dont il craignait de voir les efforts se réunir contre lui; les secours qui furent donnés à des Reïs échoués sur les côtes de Provence et du Languedoc amenèrent une détente dans les relations. Au reste, le projet de croisade avorta, par l'avarice des uns et l'incurie des autres. Jamais Alger n'échappa à un si grand danger; au premier signal, toutes les nations de l'Europe eussent fondu sur la Régence; car il n'en était pas une qui n'eût des affronts récents à venger. Trois vaisseaux anglais, qui avaient été accusés d'avoir vendu de la poudre aux Kabyles, étaient détenus par le Beylik, qui avait confisqué les marchandises et les équipages; les réclamations du consul Stanifford ne lui rapportaient que des menaces; à Londres, l'irritation fut très grande, et l'on envoya une escadre de sept navires de guerre, sous les ordres de l'amiral Keppel. Il arriva le 9 août et exposa ses griefs le 10, au Divan assemblé; mais il n'obtint que des réponses dilatoires, et la promesse de l'envoi de deux ambassadeurs, qui partirent en effet le 19 septembre, emportant avec eux quelques présents de peu de valeur. Le 10 juillet de l'année suivante, Keppel revint avec quatre vaisseaux; le Dey refusa de conférer, jusqu'au retour de son ambassadeur, et feignit de s'offenser de ce que Stanifford était entré à l'audience l'épée au côté. Le 16 septembre, la flotte anglaise reparut devant Alger; l'assemblée eut lieu le 18, et l'amiral y fut victime de la froide raillerie familière aux Turcs. Il avait débuté en insistant pour ne pas rendre l'hommage du baise-mains et pour conserver son épée au Divan; le Dey y consentit en souriant. Mais lorsqu'il arriva à la véritable question, demandant comme compensation des dommages causés, que l'Angleterre eût les mêmes droits que la France, Mohammed lui répondit narquoisement qu'il venait déjà de lui accorder deux grandes faveurs, et qu'il craindrait d'exciter la jalousie des autres nations en lui en octroyant une troisième. L'affaire se termina par la restitution d'une vingtaine de captifs, le châtiment de deux Reïs et l'abolition des passe-ports ; quant aux cargaisons, le Divan répondit « qu'elles avaient été mangées. » Keppel se rendit à Tunis, et demanda au Bey l'île de Tabarque et le comptoir du Cap-Nègre ; celui-ci se laissa faire des présents, et finit par déclarer qu'il n'osait rien conclure ; car le Dey, qui prétendait que ces deux points appartenaient à l'Odjeac, lui avait interdit d'en disposer. Les Anglais furent fort mécontents ; mais ils se souvinrent que la dernière rupture leur avait coûté deux cent cinquante-six bâtiments de commerce, et l'affaire en resta là, après une nouvelle tentative, aussi infructueuse que les précédentes, qui fût faite le 17 mai 1751.

Dans la nuit du 7 au 8 septembre 1750, la poudrière de l'Étoile avait sauté avec quinze cents quintaux de poudre ; le bordj Muley-Mohammed fut rasé, et beaucoup de maisons du voisinage détruites. Le Danemark et la Suède furent invités à remplacer les munitions qui venaient d'être perdues. Hambourg et la Toscane demandèrent la paix et l'obtinrent à force de présents ; elle ne dura pas un an, et la Course recommença, mais sans rapporter grand'chose ; aussi le mécontement devint général, et le Dey dut réprimer quelques émeutes. Son caractère s'en aigrit ; il devint soupçonneux, cruel, et commença à donner quelques signes de cette démence, qui semble avoir atteint tous les souverains d'Alger les uns après les autres. Une peste terrible, qui enleva jusqu'à dix-sept cents personnes par mois, éclata en 1752 et dura quatre ans. Comme de coutume, la famine vint y joindre ses horreurs. Plus menacés que tous les autres par ces deux fléaux, les esclaves se révoltèrent, brisant les portes du grand bagne, et se répandirent en armes dans les rues, sous les ordres d'un horloger de Genève, chef du complot ; les portes de la ville furent fermées, et la sédition fut apaisée, après une lutte longue et sanglante.

M. Lemaire, qui apportait dans ses fonctions une longue expérience des consulats, une très grande prudence et beaucoup de savoir-faire, parvint à traverser en paix toute la période critique, qui dura jusqu'en 1753. Il savait cependant que Mohammed, à bout d'expédients, ne pouvait plus arrêter les déprédations, et il prévoyait que le moment était prochain où on serait forcé de faire appel à la force. Au moment où il écrivait au Ministre cette phrase prophétique[1] : « Je sens approcher le terme où il sera nécessaire d'avoir une explication formelle avec la Régence et de la faire convenir de ses droits, afin qu'elle cesse de les porter plus loin qu'ils ne doivent aller, » l'orage éclatait. Dans le courant du mois de septembre 1752, un capitaine marchand, nommé Prépaud, fit rencontre d'un Reïs algérien, qui se dirigea sur lui sans arborer de pavillon et sans faire de signaux. Craignant d'avoir affaire à un corsaire de Salé, le navire français commença le feu, et ne reconnut son erreur que lorsque le combat fut complètement engagé ; une trentaine de Turcs avaient été tués, quand le capitaine succomba sous le nombre. A son arrivée à Alger, il fut traîné à la Jenina par les parents et les amis des victimes, qui poussaient des cris de vengeance et ameutaient la population. Le Dey, affolé, n'écouta même pas la défense de Prépaud et le condamna à la bastonnade. Les bourreaux exécutèrent l'ordre avec une telle rage, que le malheureux capitaine mourut le lendemain ; son équipage fut conduit au bagne. Les réclamations du consul restèrent inutiles ; Mohammed prétendait être dans son droit, disant que le sang des morts demandait vengeance, et qu'il traiterait de même tous ceux qui attaqueraient ses navires, quoiqu'il pût en résulter. Cependant, il donna la liberté aux matelots, et M. Lemaire, appelé à la Cour pour donner des explications orales, les emmena avec lui au mois d'avril 1754.

La première fureur passée, l'émotion fut très grande à Alger, où on ne douta pas que la France ne se vengeât prochainement de l'affront reçu. Le départ du Consul vint augmenter la terreur des habitants, et des complots se nouèrent ; on résolut enfin de sacrifier Mohammed comme victime expiatoire. Le 11 décembre 1754, au moment où il faisait la solde, un soldat albanais, nommé Ouzoun Ali, s'avança comme pour lui baiser la main, et le frappa de son sabre au défaut de l'épaule ; quoique grièvement blessé, il se mit en

---

1. Lettres d'André-Alexandre Lemaire. (*Archives de la Chambre de Commerce de Marseille*, AA, art. 482.)

défense ; mais l'assassin redoubla et l'abattit d'un coup de pistolet. Au même moment, le reste des conjurés égorgeait le Khaznadar et quelques autres dignitaires. Ouzoun était monté sur l'estrade du trône, et criait : « C'est moi qui suis Dey ! Je double la solde ! » A ce moment, le Khodjet el-Kheïl entra dans la salle à la tête des noubadjis, et se précipita sur les rebelles. Leur chef essaya de gagner la rue ; mais, trouvant les portes fermées, il revint audacieusement s'asseoir sur la peau de panthère qui couvrait le siège royal, et y attendit tranquillement la mort. Il y eut quelques heures d'une horrible boucherie ; la légende veut que cinq Deys aient été successivement élus et massacrés ; enfin, les voix se réunirent sur l'Agha des spahis Ali-Melmouli, qu'on était allé chercher à sa maison de campagne, et il fut immédiatement proclamé.

CHAPITRE VINGT-UNIÈME

LES DEYS (Suite)

SOMMAIRE. — Ali-Melmouli. — Ses bizarreries. — Complots et exécutions. — Révolte kabyle. — Tremblement de terre. — Guerre de Tunis. — Intrigues anglaises. — M. Lemaire est mis aux fers. — Nouveaux complots. — Les Kabyles prennent Bordj-Boghni. — Peste à Alger. — Révolte d'esclaves. — M. Vallière est mis aux fers. — La France exige et obtient une éclatante réparation. — Mort du Dey. — Mohammed-ben-Osman. — Vaine attaque de l'amiral de Kaas. — Les Kabyles s'insurgent et viennent aux portes d'Alger. — Sécheresse. — Sauterelles. — Tremblement de terre, famine et complots. — Le Consul anglais est expulsé.

La Milice avait fait un singulier choix en acclamant Baba Ali, qui fut le plus méprisable de tous les Deys. C'était un ancien ânier, ignorant, brutal, fanatique, exposé à tomber dans des accès de folie furieuse ou d'imbécillité, donnant des ordres au hasard, et les révoquant au bout de quelques minutes, d'après l'avis d'un esclave ou d'un matelot, qu'il consultait sur les affaires de l'État, en lui disant : « Je suis un âne; tu as plus « d'esprit que moi; décide! » Il ne cachait pas son origine, et, montrant sa main gauche, à laquelle manquait le pouce, il racontait volontiers qu'il avait été ainsi mutilé par un des animaux qu'il gardait autrefois. Le lendemain, il lui prenait des fantaisies orgueilleuses, et il inventait un cérémonial auquel tout le monde devait se soumettre; il ne répondait aux réclamations qui lui étaient faites que par ces paroles : « Je suis le chef d'une bande de voleurs, et, par conséquent, mon métier est de prendre et non de rendre. » Il était, en outre, très méfiant, et le commencement de son règne fut le signal de nombreuses exécutions. Dès le premier jour, il donna l'ordre d'arrêter le reste des conjurés du 11 décembre, en fit empaler six et étrangler quatre; d'autres furent bâtonnés jusqu'à la mort. En avril 1755, il apaisa de la même façon une nouvelle insurrection de la Milice, qui se révolta encore au mois de septembre, et fut de nouveau durement châtiée; pendant ce temps, il assurait la France et l'Angleterre de ses bonnes intentions, mais il déclarait la guerre à l'Empire, la Hollande et la Toscane, pour alimenter la Course. Le Danemark et la Suède conjuraient momentanément l'orage à force de présents.

À l'intérieur, la situation était mauvaise; les Kabyles, insurgés depuis l'année précédente, avaient battu et tué le Bey de Titteri; le pays de Tenes, ému par les prédications d'un marabout, s'était déclaré indépendant, après avoir massacré la garnison turque; les habitants luttèrent longtemps et bravement avant de se soumettre.

Le 1er novembre, le tremblement de terre qui causa tant de désastres célèbres en Portugal et en Espagne, se fit sentir à Alger avec la même violence; les secousses durèrent plus de deux mois; un témoin oculaire rapporte qu'il ne resta pas une maison intacte à Alger. Comme de coutume, les incendies et le pillage vinrent escorter ce fléau. En même temps, le Bey de Tunis Mahmed déclarait la guerre, marchait contre le Bey de Constantine, et lui infligeait deux défaites consécutives, se vengeant ainsi de l'appui que le vaincu prêtait à son compétiteur Ali Metzan, fils de l'ancien souverain. Au printemps de 1756, Baba-Ali fit partir pour la Tunisie une armée de cinq mille hommes, qui s'empara du Kef et de Bejà, en passa les garnisons au fil de l'épée, et força Mahmed à se réfugier sous le canon de sa capitale; il y fut vivement poursuivi. Le 31 août, les Algériens prirent Tunis après un siège de deux mois, et s'y livrèrent à tous les excès; le pillage dura vingt jours; les chrétiens et leurs consuls ne furent pas épargnés, à l'exception des Anglais. Le Bey, le jour même de l'assaut, s'était sauvé à la Goulette avec ses trésors; il y avait trouvé cinq vaisseaux de Malte, qu'il avait appelés depuis quelque temps déjà à son secours, et s'était réfugié à bord; le Bailli de Fleury, chef de cette petite escadre, ne voulut pas s'en aller sans avoir combattu, et enleva les navires d'Alger sous le feu même des forts; il prit ensuite la route de Naples, où le souverain dépossédé se fit chrétien. La conquête de Tunis, en excitant l'orgueil du Dey, lui fit perdre le peu de raison qui lui restait; il donna l'ordre d'incarcérer le consul de Hollande, parce que cette nation avait approvisionné l'ennemi de poudre et de projectiles; M. Levet eut beau représenter que, depuis plus de cent ans, les États faisaient ce même présent à toutes les puissances barbaresques, il fut forcé de racheter sa liberté et sa vie à prix d'or. En même temps, le consul d'Angleterre, qui avait promis à Baba-Ali l'aide de la Grande-Bretagne pour reprendre Oran, l'irrita contre la France, et lui persuada facilement que les vaisseaux maltais qui avaient dérobé à sa vengeance et à sa cupidité son ennemi et ses trésors, avaient été envoyés par la Cour de Versailles; il lui faisait craindre un débarquement des vainqueurs de Mahon, et, par de semblables discours, affolait cette cervelle faible. M. Lemaire fut la victime de ces intrigues. Depuis son retour, qui avait eu lieu le 21 juin 1755, il se tenait le plus possible à l'écart, après avoir vainement essayé d'obtenir satisfaction du meurtre de Prépaud; le Dey lui avait répondu « que ce qui ne s'était pas passé sous son règne ne le regardait pas », et, se plaignant très aigrement de n'avoir pas reçu de cadeaux, avait menacé le consul de le renvoyer en France, ce qui était la chose au monde que celui-ci désirait le plus. Au commencement du mois d'octobre, il le fit mander, et le somma de faire rendre immédiatement les vaisseaux capturés par le Bailli de Fleury. M. Lemaire répondit que le Roi de France n'avait rien de commun avec l'Ordre de Malte; on lui réclama alors une indemnité exorbitante pour une barque abandonnée, qui, après avoir été capturée et pillée par les Reïs, avait été recueillie par un navire français; la discussion s'envenima, et, le 11 octobre, le consul fut chargé de chaînes et conduit au bagne. Voici en quels termes le chancelier Benezet raconte cet événement[1] : « Après cela, on nous fit retirer et nous fûmes nous asseoir sur des bancs sous une galerie qui règne autour de la cour du palais. Nous y restâmes environ une heure; après,

---

1. Lettres de Benezet. (*Archives de la Chambre de Commerce de Marseille*, AA, art. 494.)

nous vîmes arriver une chaîne et des anneaux qu'un esclave portait; il jeta le tout devant nous; aussitôt le Caznadar, qui est la seconde personne du gouvernement, s'approcha; des Chaoux saisirent M. Lemaire; on le fit asseoir par terre; on lui serra l'anneau à la jambe droite et on y fixa cette chaîne... J'appris à la nation les détails de ce spectacle. Jugez de l'effet que cela fit sur les esprits; revenus du premier coup, nous avons trouvé parmi nous toute la force nécessaire. M. le consul, de son côté, n'en manque pas. » En effet, il avait supporté cet indigne traitement avec un grand courage; et l'on ne peut lire sans émotion les nobles lettres qu'il adressait aux Echevins de Marseille, le lendemain même de son incarcération, au moment où, déjà affaibli par la maladie, sa vie ne dépendait que du caprice d'un fou[1] : « J'ai été traité comme vous l'apprendrez par la voix publique; je rends grâces à Dieu de n'avoir perdu ni le courage ni la présence d'esprit, et, depuis ma détention, je ne me suis occupé qu'à remédier au passé et à parer aux nouveaux inconvénients qui pourraient survenir. J'espère, avec l'aide du Seigneur, qu'il n'arrivera rien de pire, et c'est bien assez, quand on réfléchit de sang-froid sur le fait et ses conséquences. »

« Si je dois m'en fier aux apparences, vous n'avez rien à craindre pour le pavillon français, ni pour la sûreté de la navigation. Le fort de l'orage n'est tombé que sur moi. Il aurait été à souhaiter que l'éclat eut été moindre; mais, dans mon malheur, je rends grâces à la Providence d'avoir épargné les intérêts généraux de la Nation. Le fardeau aurait été trop grand, si j'avais eu ma peine et celle des autres à supporter. » Le 9 novembre, il écrivait au ministre : « Une altération dans ma santé me fait douter si je pourrais résister jusqu'au terme qu'on a fixé. Cela ne peut guère être autrement, malgré le courage dont je me sens animé, vu l'énorme poids de mes chaînes, qui ne me permettent pas de changer de place, de me déshabiller, ni le plus souvent de me coucher. » Cependant, les Français d'Alger étaient fort inquiets, Baba-Ali ayant juré

---

1. Lettres d'André-Alexandre Lemaire. (*Archives de la Chambre de Commerce de Marseille*, AA, art. 482.)

qu'il les ferait tous attacher à la bouche du canon, si le Roi tirait vengeance de l'outrage reçu; le Vicaire Apostolique, M. Bossu, qui avait pris les sceaux le 11 octobre, informait la Cour de la situation, et lui indiquait les mesures de préservation à prendre dans le cas de l'arrivée d'une flotte. En même temps, il prodiguait les démarches et les présents pour délivrer le consul, qui rentra en France à la fin de 1756.

La Milice, craignant des représailles, et fatiguée du mauvais gouvernement du Dey, avait résolu de s'en débarrasser; le chef du complot était ce même Khodjet el-Kheil qui avait fait nommer Baba-Ali; mais celui-ci, instruit de tout par ses espions, fit étrangler les principaux conjurés le matin même du jour où l'explosion devait avoir lieu. Il eût voulu conserver comme consul M. Bossu, qui s'excusa sur ses autres attributions, et M. Pérou, nommé dès le mois de juillet 1757, arriva à Alger le 11 novembre.

Les Kabyles étaient toujours soulevés; le 16 juillet, ils s'étaient emparés du Bordj-Boghni, et le détruisaient, après un combat où périt le Caïd du Sebâou Ahmed; au mois d'août, ils attaquèrent Bordj-Bouira; leurs ravages continuèrent jusqu'au milieu de l'année suivante. Le pillage des consulats de Tunis, et les exactions qu'y commettaient les Algériens, avaient appelé l'attention de la Porte, qui envoya un Capidji, chargé de demander des réparations et d'obtenir la paix pour l'Autriche et la Hollande; il réussit dans sa mission; mais ce fut la Tunisie, déjà si éprouvée, qui dut payer les frais de la guerre; le nouveau Bey s'engagea pour cinquante mille sequins et un tribut annuel.

Les deux années qui suivirent n'amenèrent rien de remarquable; la peste et les tremblements de terre semblaient être devenus endémiques à Alger; les Reïs, sûrs de l'impunité, fondaient indistinctement sur tous les pavillons, et les plaintes étaient inutiles, le Dey se contentant de répondre « qu'il n'y pouvait rien ». M. Pérou lui était particulièrement antipathique, parce qu'il le fatiguait de ses réclamations, et ne lui faisait pas autant de présents qu'il en eût voulu recevoir; en mai 1760, la mauvaise volonté d'Ali éclata au sujet d'un passeport qui avait été délivré à un sieur de la Pierre, sujet français embarqué sur un navire espagnol. Comme ce marin s'était fait faussement inscrire sur le rôle d'équipage comme Biscayen, le consul fut accusé de distribuer des passe-ports aux ennemis de la Régence, et fut renvoyé du Divan avec des menaces ; la vérité est que le Dey ne voyait dans les mutations qu'une occasion de recevoir de nouveaux présents. Le vicaire apostolique Groiselle prit les sceaux en attendant la décision de la Cour. Mais on semblait s'être désintéressé des affaires d'Alger, et ce ne fut qu'au mois d'août 1762 que MM. de Rochemore et de Cabanous parurent dans le port, avec les vaisseaux l'*Altier* et la *Fantasque* ; ils parlèrent énergiquement et Baba-Ali fit des excuses, en alléguant qu'il avait été trompé, et qu'il avait châtié sévèrement son infidèle conseiller. Il venait en effet de faire étrangler le Khaznadji, mais pour des motifs tout différents ; comme la Cour était décidée d'avance à ne pas pousser les choses à l'extrême, on feignit de croire le Dey, et on se contenta de cette prétendue réparation. Lord Cleveland était venu renouveler les traités de l'Angleterre, en fournissant un riche matériel de guerre. Venise avait acheté la paix, moyennant quarante mille sequins, et un tribut annuel de dix mille.

La peste continuait à sévir ; de plus, la ville manquait d'eau, les derniers tremblements de terre ayant tari les canaux souterrains et les aqueducs. Baba-Ali fit rétablir les fontaines, et frappa à cet effet un nouvel impôt. Les esclaves employés à ces travaux, fort maltraités et privés de l'espoir d'être rachetés, par suite de l'énorme prix qu'avaient atteint les rançons, se révoltèrent en masse le 13 janvier 1763 ; il en fut fait un grand massacre. La Hollande essaya de substituer un tribut en numéraire à celui qu'elle avait jusque-là fourni en munitions de guerre ; cette prétention ne fut pas admise. L'humeur inquiète et soupçonneuse du Dey multipliait les exécutions ; Sidi-Younes, fils de l'ancien Bey de Tunis, fut égorgé avec toute sa famille, au mépris des droits de l'hospitalité ; l'Oukil-el-Hardj de la Marine fut destitué, ainsi que l'Agha des Spahis ; une terrible disette régnait à Alger, où la population menaçait de s'insurger. Le nouveau consul, M. Vallière, qui était arrivé le 21 mai, fut la première victime de tout ce désordre. Les présents qu'il avait apportés lui valurent d'abord une bonne réception et les assurances d'une tranquillité qui ne dura pas longtemps. Il y avait à peine cinq mois qu'il se trouvait à Alger, lorsqu'on y apprit qu'un bâtiment français, commandé par le capitaine Aubin, avait ouvert le feu sur un navire algérien qu'il avait pris pour un pirate de Salé. Le fait arrivait souvent ; car les Reïs ne se faisaient aucun scrupule de déguiser leur nationalité sous un faux pavillon. Cette fois le corsaire fut vainqueur, et rentra dans le port le 14 septembre, remorquant sa prise, dont l'équipage fut mis aux fers. Le lendemain, le consul se présenta à l'audience, et demanda que les prisonniers lui fussent remis, s'engageant à faire punir le capitaine, si sa culpabilité était démontrée ; il fut très mal reçu par le Dey, qui, encouragé par l'impunité dont il avait joui jusque-là, déclara que ces choses là n'arrivaient jamais qu'avec les Français, et qu'il n'avait pas de pires ennemis qu'eux. Après cette violente sortie, enivré de sa propre colère, il fit arrêter M. Vallière, et le pro-vicaire apostolique Lapie de Savigny, qui furent accouplés à la chaîne ; les équipages de quatre vaisseaux marchands qui se trouvaient dans le port, les missionnaires, le chancelier et le secrétaire du consulat subirent le même sort ; ils furent conduits au bagne du Beylik, et, le lendemain, on les mena aux carrières, attelés à des charrettes, en butte aux injures et aux mauvais traitements de la populace. Le jour suivant, les principaux d'entre les captifs furent dispensés du travail ; mais on leur laissa les chaînes, qui pesaient quatre-vingts livres. Leur captivité dura quarante-six jours[1]. Pendant ces événements, sur les ordres venus d'Alger, le Bey de Constantine séquestrait les Etablissements et empêchait la sortie des bateaux coralleurs et le départ du personnel. A ce sujet, M. Vallière envoya au Ministre un mémoire dans lequel il remontrait : que le Bastion et la Calle n'étaient que des otages aux mains de l'ennemi, aussi bien que les personnes des Consuls et des Résidents ; que le meilleur parti à prendre serait

---

1. Lettres de Jean-Antoine Vallière. (*Archives de la Chambre de Commerce de Marseille*, AA, art. 486.)

de rappeler tous les Français, et d'infliger ensuite à la Régence un châtiment assez sévère pour la forcer au respect des traités. Telle était aussi l'opinion de M. Groiselle, qui écrivait en mars 1763 : « Un troisième moyen serait de châtier les Algériens de la bonne façon jusqu'à ce qu'ils crient miséricorde, les laisser languir longtemps pour l'obtenir, et, après que le traité aurait été renouvelé, en soutenir avec vigueur l'exécution, en demandant satisfaction de la plus petite infraction, les faisant visiter une fois ou deux par an par des frégates, etc.[1] »

Lorsque la Cour fut instruite de cette nouvelle violation du droit des gens, elle fit partir M. de Fabry, qui arriva le 11 novembre devant Alger, avec deux vaisseaux et une frégate ; il avait reçu l'ordre de commencer par le rembarquement du consul et de tous les Français, afin de ne pas laisser aux Algériens, dans le cas où il faudrait sévir, la faculté de recommencer les massacres de 1683 et de 1688 ; mais le Dey ne voulut pas consentir au départ de ceux qu'il considérait comme sa sauvegarde, et répondit aux plaintes du chef d'escadre par d'autres griefs ; celui-ci n'osa pas pousser les choses plus loin, et revint en France prendre de nouveaux ordres. Cependant, son attitude très-ferme avait donné des inquiétudes à Baba-Ali, et, quand l'officier français reparut devant lui, le 8 janvier 1764, il le trouva tout disposé à faire les réparations nécessaires. Le Khaznadji fut étranglé, pour avoir conseillé l'arrestation du Consul ; celui-ci fut conduit à bord des vaisseaux, et salué exceptionnellement de cinq coups de canon ; deux jours après, il débarqua, et fut salué de nouveau, et reçu avec des égards tout particuliers ; les dommages causés aux Concessions avaient déjà été l'objet d'une indemnité. Trois Reïs, contre lesquels il y avait d'anciennes plaintes, furent bâtonnés et cassés de leur grade ; quelques-uns de leurs amis, qui insultèrent M. Vallière à ce sujet, furent arrêtés et reçurent également la bastonnade devant la porte du Consulat ; le pavillon blanc fut parfaitement respecté

---

1. Lettres du vicaire apostolique Groiselle. (*Archives de la Chambre de Commerce de Marseille*, AA, art. 485.)

depuis jusqu'à la mort du Dey, dont la colère s'était changée en terreur : car il avait appris d'une façon certaine que le premier coup de canon des Français fut devenu le signal d'une révolution, dans laquelle il eût certainement perdu la vie. L'Angleterre, qui vit avec peine avorter le résultat des manœuvres des agents, fit faire des plaintes par le capitaine Harisson, qu'elle envoya avec une petite escadre ; il n'obtint que des promesses. La Toscane se vit déclarer la guerre, sous prétexte qu'elle prêtait aux Napolitains les passe-ports qui lui étaient délivrés.

A peine un complot était-il apaisé, qu'il en renaissait un autre; au commencement de 1765, le frère de Baba-Ali, Agha des Spahis, l'Oukil-el-Hardj de la Marine, et quarante Turcs furent arrêtés et exilés à Smyrne; tous leurs biens furent confisqués. Le Dey vécut encore près d'un an, ne sortant plus de chez lui; le 2 février 1766, il mourut à la suite d'une longue maladie, pendant laquelle la Milice chercha plusieurs fois à s'ameuter; elle fut maintenue en respect par la fermeté de Mohammed-ben-Osman, qui se vit proclamé d'un consentement unanime, aussitôt que le trône fut vacant. C'était un homme sage, travailleur, d'un esprit juste et très ferme; on ne pouvait guère lui reprocher qu'une avarice extrême; il fit savoir aux Reïs que tous ceux qui donneraient lieu à des plaintes justifiées seraient rigoureusement punis; défendit aux janissaires, sous peine de mort, de sortir en armes dans la ville, et tint la main avec rigueur à l'exécution de ces ordres. Son élévation avait été due à un des caprices bizarres de son prédécesseur. Étant simple Ioldach, un chaouch était venu le chercher dans sa caserne, le confondant avec un autre Mohammed, que le Dey voulait charger d'une mission ; lorsqu'il parut à la Jenina, Baba-Ali l'accabla d'abord d'injures, et le fit chasser de sa présence; mais tout à coup, avec son habituelle mobilité d'esprit, il s'imagina que ce n'était pas sans un dessein particulier que Dieu avait permis l'erreur commise, et, faisant rappeler à la hâte celui qu'il venait d'expulser, il le nomma immédiatement « Khodja d'audience » et, quelque temps après, Khaznadji. Ce choix, dicté par le hasard, fut des plus heureux; car le nouveau Dey fut certainement le meilleur de tous ceux qui se succédèrent sur le trône d'Alger, qu'il occupa pendant vingt-cinq ans, en dépit des nombreuses conspirations que sa juste sévérité fit éclore. Deux mois à peine après son élection, le 11 avril, une première révolte coûta la vie à sept des conjurés : trente autres se sauvèrent en Kabylie. Au mois de juin, à la suite d'une tentative d'assassinat commise devant la Mosquée, treize coupables furent étranglés ; le 12 août, l'Oukil-el-Hardj de la Marine, très compromis, fut destitué et exilé avec ses partisans ; au mois d'octobre, quatre janissaires furent sabrés sur place, au moment où ils appelaient aux armes ; mais la Milice était depuis trop longtemps grangrénée d'indiscipline pour pouvoir être guérie par cette dure répression, et chaque année, jusqu'en 1783, elle s'exposa de la même manière à un châtiment qui ne lui manqua jamais.

Pour arriver à équilibrer son budget, tout en respectant les pavillons français et anglais, Mohammed augmenta les tributs du Danemark, de la Suède, de la Hollande et de Venise ; ce fut par cette dernière qu'il commença. Il en chassa le consul, sous prétexte qu'il ne lui avait pas fait le don de joyeux avènement, et déchira le traité de 1764, n'accordant qu'avec peine une trêve de quatre mois, et demandant pour prix du maintien de la paix un présent de cinquante mille sequins, et douze mille sequins par an au lieu de dix mille. La République envoya le 13 juillet 1767 l'amiral Angelo Emo avec une escadre ; il ne put rien obtenir, revint le 8 juin 1768, et eut cette fois-là un meilleur succès, grâce à un présent de vingt-deux mille sequins, et au consentement de majorer le tribut annuel. La Hollande dut se résigner à fournir des munitions comme par le passé, après avoir vu refuser l'entrée du port aux bâtiments qui apportaient d'autres présents que des armes ou de la poudre. Le 22 février 1769, le capitaine Binkes vint renouveler les conventions anciennes, escortant, avec le vaisseau le *Zéphir*, trois navires chargés des dons exigés, qui furent débarqués le 3 mars. La Suède avait obéi à la première réquisition ; son tribut en munitions ou agrès fut porté à trois cent mille livres, sans compter les *donatives* accoutumées. Les Anglais, qui, sous l'ancien Dey, avaient acquis beaucoup d'influence, se virent éconduits par Mohammed, et leur nouveau consul, ayant manifesté l'intention de se présenter à l'audience l'épée au côté, fut prévenu qu'elle lui serait arrachée et cassée sur la tête ; il se le tint pour dit, et renonça à pousser plus loin ses prétentions. Le Danemark, après une première querelle, survenue en 1767, et apaisée l'année suivante à prix d'or, reçut une déclaration de guerre, le 14 août 1769, malgré les instances de la Porte. Le Dey lui reprochait un retard dans l'envoi des *donatives,* et l'abus qu'aurait commis sa marine, en couvrant de son pavillon les navires de Hambourg. Le 1ᵉʳ juillet 1770, une escadre danoise, composée de quatre vaisseaux de ligne de soixante-dix canons, deux frégates de quarante, deux galiotes à bombes, et quatre transports, mouilla dans la baie d'Alger. Son commandant, le contre-amiral comte de Kaäs, fit arborer le pavillon blanc. Le Dey envoya en parlementaire le capitaine du port, et pria M. Vallière de l'assister à titre officieux, faisant dire à l'Amiral que, s'il venait en ennemi, on était prêt à le recevoir et qu'il pouvait attaquer immédiatement ; et que, s'il venait pour traiter, il avait tort de se présenter avec des galiotes à bombes. M. de Kaäs répondit en réclamant les prises faites sous pavillon danois, et déclara le port d'Alger en état de blocus. Les forts ouvrirent le feu, le 5 juillet, aussitôt que cette lettre eût été communiquée au Divan ; dès le 4, M. Vallière avait fait éloigner les bâtiments français qui se trouvaient dans le port. Dans la nuit du 6, les canonnières firent une sortie vigoureuse, et cherchèrent à s'emparer des galiotes ; le combat fut très-vif. Du 5 au 10, la canonnade et le bombardement ne discontinuèrent pas, mais sans produire grand effet, la flotte se tenant trop au large ; Mohammed raillait les Danois, « les accusant de faire la guerre au poisson. » Le temps devint mauvais à partir du 11, et l'escadre s'éloigna le 14, après un nouvel et inutile envoi de parlementaire. Cette expédition mal conduite enfla l'orgueil des Algériens, et coûta fort cher au Danemark, lorsqu'il envoya l'amiral Hoogland traiter en 1772. La Régence ne rendit rien, et exigea cinquante mille sequins, quatre mortiers de bronze, quatre cents bombes, quarante canons de fer, quatre mille boulets, cinq cents quintaux de poudre, cinquante grands mâts, autant de câbles à ancre, beaucoup d'autres agrès et bois de construction, et, de plus, le rappel des présents annuels et *régales* consulaires non payés depuis la rupture.

A l'intérieur, les Kabyles s'étaient insurgés au commencement de 1767 ; la révolte avait commencé par les Flissas, qui avaient refusé l'impôt ; une troupe de janissaires fut envoyée contre eux, et se vit infliger une sanglante défaite. Trois cents Turcs restèrent sur le terrain, et les survivants furent mis en déroute. Le Dey accusa l'Agha de lâcheté, le fit étrangler, et le remplaça par le Khodjet-el-Kheïl El-Ouali, qu'il envoya à l'ennemi l'année suivante, avec quatre mille Ioldachs et douze mille hommes des contingents de Titeri et d'Oran. Le Bey de Constantine appuya le mouvement en marchant sur Sétif ; car toute la montagne était en feu, et plus de quarante mille Kabyles marchaient sous les ordres du marabout Si-Ahmed-ou-Saadi. Le combat s'engagea, près de Amnouch ; l'armée algérienne fut écrasée, perdit mille deux cents Turcs, trois mille hommes des goums, son général et ses bagages. Elle fut poursuivie jusque sous les murs de la ville ; les vainqueurs se répandirent dans le Sahel et dans la Mitidja, qu'ils dévastèrent, coupant les routes, et enlevant les convois de blé, ce qui amena une terrible disette. Celle-ci entraîna à sa suite de nouveaux complots, et le mécontentement fut tel, que, dans l'espace de trois mois, on essaya six fois d'assassiner Mohammed, qui se renferma dans la Jenina, d'où il n'osait plus sortir. En 1769, il fit partir une nouvelle expédition, dont le chef reçut l'ordre de ne pas trop s'engager et de se borner à occuper des positions solides ; cette habile combinaison produisit de bons résultats ; les montagnards, bloqués à leur tour, se virent en proie à la famine, et la discorde se mit parmi eux ; les Flissas et les Maaktas se ruèrent les uns contre les autres, et cette guerre civile dura environ sept ans. Au mois de juillet 1772, les tribus de la montagne de Blidah et celles de l'Isser demandèrent la paix ; en octobre 1773, le Bey de Constantine apaisa les troubles du Hodna, et envoya à Alger soixante têtes, quatre cents paires d'oreilles et cinquante prisonniers. Telle fut la fin de cette longue insurrection, pendant laquelle Alger avait eu à subir une année de sécheresse, une invasion formidable de sauterelles, trois tremblements de terre, et les dévastations commises par les Turcs rentrés de captivité. En 1768, l'Espagne, ayant fait un grand rachat de captifs dont il sera parlé tout à l'heure, donna la liberté aux Turcs de ses galères. C'était la première fois qu'une chose semblable arrivait depuis plus de deux cent cinquante ans; car jamais le Conseil Royal n'avait voulu consentir à un rachat ni à un échange de captifs, retenu qu'il était par un scrupule religieux, qui lui interdisait d'accroître, par quelque moyen que ce fût, les forces de l'Islam. Il en résultait que, lorsqu'un Algérien tombait entre les mains des Espagnols, il était considéré par les siens comme un homme mort ou tout au moins perdu à jamais, et sa succession s'ouvrait immédiatement. Lorsque la convention de 1768 brisa les fers de douze cents de ces malheureux, ils se trouvèrent donc dans le plus profond dénûment, et, rentrant dans leur patrie au moment où la famine y régnait, ils furent accablés par une cruelle misère. Indignés de voir que personne ne s'occupait de leur faire rendre leurs biens, ils se livrèrent à toutes sortes de violences, et il fallut les expulser par la force. Ils se répandirent dans les campagnes, alors occupées par les Kabyles, et pillèrent de concurrence avec eux; la rencontre de ces deux éléments rivaux de dévastation amena une série de petits combats, dans lesquels presque tous les nouveaux venus disparurent peu à peu; les survivants rentrèrent lors de la paix de 1773 et ne furent pas inquiétés pour le passé. Le cartel d'échange dont ils avaient été l'objet datait du mois d'octobre 1768; cinq cent soixante-six Espagnols furent troqués à cette époque contre onze cent six Turcs ou Mores; sept cent douze autres chrétiens coûtèrent plus de sept millions; les Portugais dépensèrent de leur côté, et pour le même effet, environ deux millions, et l'Autriche cinq cent mille livres. Encore le Dey ne voulut-il relâcher à aucun prix les charpentiers, calfats et autres ouvriers utiles à la construction et à la réparation des navires. Les esclaves des particuliers furent vendus au prix exorbitant de douze cents piastres, sans compter les droits, qui doublaient presque cette somme.

Pendant tout ce temps, M. Vallière, fort bien vu par Mohammed, avait rempli très tranquillement les devoirs de sa charge. Au commencement de 1771, survint un incident, qui, sous les derniers Deys, eût certainement amené une rupture et qui fut calmé fort aisément à l'amiable. Il s'agissait d'une polacre française, transportant des pèlerins algériens à la Mecque, qui avait été prise par un vaisseau russe, avec le gouvernement duquel la Régence se trouvait en guerre, depuis qu'elle avait envoyé ses vaisseaux rejoindre les flottes ottomanes à Tchesmé. La Cour de France ayant avisé celle de Saint-Pétersbourg des embarras que pouvait lui susciter cette prise, l'amiral Orloff montra un très grand esprit de conciliation, en offrant sa capture au Roi par l'intermédiaire du Grand-Maître de Malte; elle fut renvoyée à Alger, avec son équipage. En même temps, le Consul, pour complaire au Dey, qui voulait perfectionner l'instruction des deux cents canonniers récemment envoyés par le sultan, faisait venir de Paris, avec l'autorisation du Conseil, des stadias, des manuels d'artillerie (*Le Bombardier français*), et le maître-fondeur Dupont, dont le fils coula les belles pièces qui se trouvent à l'hôtel des Invalides depuis la conquête de 1830.

Les relations de la France et de la Régence étaient donc excellentes; il n'en était pas de même de l'Angleterre, dont le Consul, M. Fraser, exaspérait le Dey, en l'obsédant afin d'obtenir la permission d'ouvrir un comptoir pour l'exportation des grains, ce qui, dans l'état de disette où se trouvait la ville, eût inévitablement amené une révolte. Enfin, à la suite d'une altercation relative au port de l'épée à l'audience, Mohammed le fit chasser du palais.

Le 18 septembre et le 27 octobre 1772, le capitaine Wilkinson vint présenter ses réclamations; il lui fut répondu que le consul ne serait plus jamais reçu à la Jenina, et il ne put pas obtenir d'autre solution. De plus, comme il avait annoncé que les captifs qui se réfugieraient à son bord seraient libres de plein droit, on les fit charger de chaînes, et on les lui offrit en spectacle le jour de son audience. Le 14 octobre de l'année suivante, le capitaine Stoff arriva sur la frégate l'*Alarme;* le Dey lui déclara que « le consul était un brouillon, et que, si on voulait la paix, il fallait le remplacer. » M. Fraser fut embarqué le 22. Il revint le 22 avril 1774, avec deux vaisseaux et une frégate, commandés par le commodore Denis, et il ne lui fut pas permis de débarquer. Le 16 février 1775, la frégate l'*Alarme* reparut devant Alger pour le même motif, portant une lettre conciliatrice du Sultan, qui engageait Mohammed « à recevoir de nouveau M. Fraser, ne fût-ce que pour quinze jours, afin de donner satisfaction à l'Angleterre. » Mais tout fut inutile, et l'intervention de la Porte irrita le Dey, qui persista plus que jamais dans son refus ; le capitaine Stoff ne put lui arracher, à force d'instances, qu'une lettre adressée au roi Georges, dans laquelle, après force plaintes contre l'ancien consul, il en demandait un nouveau. Lorsque celui-ci arriva en 1776, il rencontra les mêmes difficultés que son prédécesseur au sujet du port de l'épée. Il résultait de cette brouille, qu'en 1774, la Régence avait à craindre les attaques de l'Angleterre, la Russie, la Suède, dont le consul venait d'être insulté, et de l'Espagne dont les plaintes n'étaient pas écoutées, et dont les côtes étaient soumises à des ravages continuels.

CHAPITRE VINGT-DEUXIÈME

LES DEYS (Suite)

SOMMAIRE. — Mohammed fortifie Alger. — Expédition d'O'Reilly. — Prise du Septimane. — L'Espagne cherche en vain à conclure la paix. — Invasion de sauterelles et famine. — Révolte des captifs français déserteurs d'Oran. — Le Consul anglais est renvoyé. — Exploit de M. de Flotte. — Les bombardements de Don A. Barcelo. — Traité onéreux de l'Espagne. — Peste, famine et complots. — Rachat des déserteurs d'Oran. — Révolte Kabyle. — Mort de Mohammed.

Prévoyant l'orage qui menaçait de fondre sur lui, Mohammed montrait la plus grande activité ; il donnait tous ses soins aux fortifications d'Alger, dirigeant lui-même les travaux, et distribuant en un seul jour mille cinq cent vingt-cinq livres aux esclaves qui réparaient les batteries du môle ; il envoyait des ordres très précis aux Beys de l'intérieur, dont les contingents devaient être tenus sous les armes et prêts à marcher au premier signal ; en même temps, il faisait prêcher « le Djehad » en Kabylie par des Marabouts qu'il avait soudoyés à cet effet. Pendant ce temps, l'Espagne armait, comprenant enfin que la situation qui lui était faite à Oran était humiliante et ruineuse de toutes façons, et qu'elle ne pouvait y avoir de paix que par la soumission ou la destruction d'Alger. Charles III avait donc fait assembler à Carthagène une armada de six grands vaisseaux, quatorze frégates, vingt-quatre corvettes ou galiotes à bombes, et 344 bâtiments de transport, chargés de vingt-deux mille six cents combattants et de cent pièces de siège ou de campagne. La flotte était sous les ordres de Don Pedro Castejon ; le Lieutenant-Général O'Reilly commandait l'armée. L'expédition, qui devait partir au milieu du mois de mai, fut retardée par le mauvais temps jusqu'au 23 juin. Le 1er juillet, les navires étaient en vue d'Alger ; on reconnut la côte, et on la trouva partout formidablement armée de batteries. Après quelques hésitations, le Général choisit pour le débarquement la plage qui s'étend à l'ouest de l'embouchure de l'Harrach ; cette opération, contrariée par un fort coup de vent d'est, ne put s'effectuer que le 8. En quatre heures, sept mille sept cents hommes et douze pièces de canon furent mis à terre, sans rencontrer d'abord une très grande résistance ; mais les troupes ne tardèrent pas à se trouver fort incommodées par la mousqueterie de l'ennemi, qui, abrité derrière les dunes, bravait le feu des vaisseaux. Fatigués de se laisser tuer sans combattre, les Espagnols donnèrent de l'avant, et cherchèrent à prendre position sur une hauteur qui s'élève à six cents pas du rivage ; mais les jardins, les maisons et les broussailles donnaient abri à des milliers de tirailleurs, qui ne permirent pas aux assaillants de dépasser le pied des collines. En même temps, les cavaliers des goums et les Kabyles se déployaient à droite et à gauche ; les trois batteries de l'Harrach et du Hamma empêchaient le ralliement des fuyards, et les officiers s'efforçaient en vain d'abriter les soldats derrière un retranchement improvisé, que l'extrême ténuité des seuls matériaux qu'on trouva rendit inefficace. Tous les points favorables se garnirent en peu d'instants des canons qu'Alger envoyait sans relâche, et les pertes des assaillants devinrent énormes. En moins de cinq heures, cent quatre-vingt-onze officiers et deux mille quatre-vingt-huit hommes furent tués ou mis hors de combat. L'armée était entièrement entourée, et avait affaire à des forces tellement considérables, qu'il devenait très difficile de chercher à prolonger la lutte dans de semblables conditions ; car le nombre des défenseurs d'Alger s'accroissait de minute en minute, tous les postes du Sahel et de la Ville se ruant à la curée.

Le général en chef, qui assistait au commencement de ce triste spectacle du haut de la dunette du *Velasco*, descendit précipitamment à terre à la vue du premier désordre et chercha en vain à rallier son monde ; malgré les efforts héroïques des volontaires, des gardes wallones et espagnoles, et du régiment de Savoie, il ne put parvenir à rétablir le combat, et retira ses troupes derrière les fascines et les chevaux de frise qu'on venait de poser à la hâte. Là, il fut constaté que les soldats, privés de sommeil depuis quarante-huit heures, accablés par la chaleur et la fatigue, ne pouvaient plus résister; les cartouches étaient épuisées, et il était impossible de répondre au feu de l'ennemi, qui devenait de plus en plus violent. Le rembarquement fut donc résolu, de l'avis unanime d'un conseil de guerre qui fut assemblé séance tenante; l'opération réussit bien, eu égard aux difficultés qu'elle avait à surmonter, et se termina dans la nuit du 8 au 9, à trois heures du matin; on fut cependant forcé d'abandonner une douzaine de canons et les outils de terrassement. La flotte resta dans la rade jusqu'au 14; le général eut un instant l'intention de bombarder la ville avant de partir; le conseil de guerre ne fut pas de cet avis, et l'armada reprit la route de l'Espagne. Cette expédition, qui avait été bien préparée, fut assez mal conduite; dans les nombreux rapports et mémoires qui parurent successivement [1], les chefs de l'armée et de la marine se rejetèrent la faute les uns sur les autres; la vérité est qu'il y eut plus d'un coupable. Malgré les arguments des amiraux Mazarredo et Castejon, il est difficile de comprendre comment trois petites batteries aient pu ravager impunément les rangs des troupes de débarquement pendant cinq heures, en présence de quarante-quatre bâtiments de guerre, dont le feu eût dû les anéantir en quelques minutes; on ne voit pas non plus que les trincadours et les chebeks aient fait leur devoir, eux qui avaient pour mission de s'approcher du rivage et de le nettoyer en mitraillant les tirailleurs des dunes et des collines. Un pareil secours, donné avec ensemble, au moment où le régiment de Savoie et les gardes espagnoles et wallones firent un beau retour offensif, leur eût sans aucun doute permis de conquérir une autre position, en tous cas préférable à une plage sur laquelle ils étaient fusillés de tous les côtés. Il est à craindre que les dissentiments, qui, dès les premiers jours, avaient éclaté entre les chefs, et qui se continuèrent

---

1. La *Revue africaine* a publié la plupart des documents relatifs à cette expédition. (Année 1864, p. 72, 255, 318, 408, et année 1865, p. 9, 39, 303.)

pendant toute l'expédition, n'aient été pour quelque chose dans une inaction qui paraît presque inexplicable. De son côté, O'Reilly semble avoir manqué de quelques-unes des qualités indispensables à un Général en chef; on doit lui reprocher les fatales hésitations du début, qui, en lui faisant perdre sept jours avant de se décider sur le lieu favorable à l'attaque, donnèrent aux contingents de l'intérieur le temps d'arriver, et de se masser sur un point que les préparatifs désignèrent beaucoup trop longtemps d'avance; on se demande encore comment, après s'être illusionné sur la faiblesse de l'ennemi au point de ne débarquer d'abord que le tiers de l'effectif, il ne se servit pas en temps utile des quinze mille hommes qui lui restaient intacts, et n'employa pas sa formidable artillerie pour reprendre l'offensive, soit sur la rive droite de l'Harrach, soit à l'ouest de l'oued K'nis. En somme, il manqua de sang-froid et d'énergie; mais il est permis de croire qu'il ne fut pas aussi bien secondé qu'il eût dû l'être; en sa qualité d'étranger, de favori du roi et du premier ministre, bien des haines jalouses l'entouraient, accrues encore par la raideur de son caractère, et par la dureté avec laquelle il avait réprimé une émeute à Madrid, le 24 mars 1766.

A Alger et dans toute l'Afrique du nord, l'effet produit fut très grand; les poètes célébrèrent à l'envi la gloire des combattants du Djehad [1], et il se forma autour de leurs noms des légendes miraculeuses, que l'on raconte encore aujourd'hui. Le Dey, comblé d'hommages, reçut ainsi le prix de la sage prévoyance qu'il avait montrée, et put s'applaudir de n'avoir rien laissé au hasard; ses préparatifs de défense avaient été aussi complets que la puissance de l'Odjeac le permettait.

D'après le capitaine Domergue[2], commandant le *Postillon d'Alger*, qui partit le 26 juin, emmenant les femmes et les enfants des consuls de France, de Suède, de Danemark et de Hollande, plus de cent cinquante mille hommes avaient été rassemblés sur divers points; quarante mille au cap Matifou, sous le commandement du Bey de Constantine, quarante mille

---

[1]. En particulier dans le Zohrat el Nayerat (la Fleur brillante.)
[2]. Cette lettre a été insérée dans la *Gazette de France*, 1775, p. 263.

cavaliers dans la Mitidja, sous les ordres du Bey de Titeri, vingt mille hommes à Coléa, avec le khalifat du Bey de Mascara ; celui-ci occupait Arzeu avec des forces égales ; l'Agha des Spahis campait devant Bab-Azoun avec six mille Turcs ; le Khaznadji à Bab-el-Oued avec deux mille colourlis ; l'Oukil-el-Hardj de la Marine au Môle avec trois mille marins ; les bataillons des Zouaoua et deux mille Turcs au cap Caxines. Dès l'apparition de la flotte chrétienne, les esclaves avaient été conduits à Médéah, sous bonne escorte, pour prévenir toute tentative de rébellion. Les consuls et les résidents chrétiens ne furent pas inquiétés, et Mohammed se montra très humain pour les blessés et les prisonniers ; en même temps, ayant appris que l'Espagne reformait son armada à Cadix, il fit construire et armer de nouvelles batteries sur les points faibles de la côte ; les petits États du Nord de l'Europe furent invités à fournir les canons et les munitions nécessaires. Les contingents indigènes furent licenciés et renvoyés chez eux avec de riches présents ; tous ne furent pas satisfaits de la part qui leur échut ; les Beni-Kouffi et leurs alliés, au nombre de dix mille, refusèrent pendant quelque temps de quitter Alger, dont ils effrayaient la population par leur sauvagerie, leur taille gigantesque et leur nudité à peine dissimulée par un petit tablier de cuir. On éloigna ces auxiliaires incommodes par des gratifications et des promesses, et ils reprirent la route de leurs montagnes, que bien peu d'entre eux atteignirent ; car des embuscades leur avaient été préparées le long des chemins, et les Turcs s'étaient lancés à leur poursuite, le jour même de leur départ.

M. Vallière, dont la santé était depuis longtemps très chancelante, avait obtenu son rappel en 1773, et avait été remplacé le 3 septembre par M. Langoisseur de la Vallée, qui fut fort bien reçu par le Dey et les Puissances. Pendant l'expédition d'O'Reilly, le consulat français ne fut pas l'objet de la moindre insulte, et servit même de refuge aux missionnaires espagnols. Toutefois, le triomphe des Algériens devint la cause incidente d'un événement qui faillit compromettre la sûreté des relations de la France avec la Régence. Aussitôt après sa victoire, le Dey avait envoyé à Constantinople son neveu et fils adoptif Hassan, Oukil-El-Hardj de la marine, chargé d'offrir au sultan Abd-el-Hamid son hommage et de riches présents. Cet ambassadeur fut accueilli avec de grands honneurs, et emporta avec lui, à son départ, une certaine quantité d'agrès, de mâts, de voiles, le caftan d'investiture, une aigrette de diamants, et un magnifique sabre, que Sa Hautesse offrait à Mohammed. Pour éviter les périls qu'il eût couru en naviguant sous pavillon ottoman, il avait frété pour son retour un navire français, *Le Septimane*, qui fut arrêté à peu de distance d'Alger, par la croisière espagnole, déclaré de bonne prise, comme porteur de contrebande de guerre, et emmené à Carthagène, où le conseil d'amirauté se désista de ses prétentions sur le vaisseau et l'équipage, mais ordonna la saisie de la cargaison, qui se composait de cinq mille quintaux de fer en barres, quatre-vingt-deux mâts, 500 quintaux de filin et quatre mille deux cents pièces de cotonine. Le capitaine du *Septimane* n'accepta pas cette solution, refusa de partir avant qu'on ne lui eût rendu ses passagers et son chargement, et en appela à l'ambassadeur français, duquel il ne reçut que peu d'appui. Cependant, l'émotion avait été grande à Alger; le Dey avait fait mander M. de la Vallée et lui avait déclaré qu'il le rendait responsable de la capture qui venait d'être faite, attendu que, d'après les traités, le pavillon devait couvrir la marchandise; il l'invitait donc à se hâter de faire restituer les dons du Grand Seigneur et les Algériens détenus en Espagne. Au reste, il se conduisit avec sa bienveillance accoutumée, et résista très énergiquement aux prétentions violentes de la Milice, qui voulait que le consul fut mis à la chaîne, et qui s'ameuta plusieurs fois à ce sujet. La Cour de Madrid se conduisit en cette occasion d'une façon peu correcte à l'égard de la France, dont elle utilisait en ce moment même les services diplomatiques; sans tenir compte des embarras qu'elle allait créer à son alliée, elle ne vit dans la capture d'Hassan qu'un moyen de hâter la conclusion du traité qu'elle désirait faire avec la Régence, et le renvoya à Alger, après l'avoir circonvenu à force de présents, et en lui abandonnant la prise à titre de don gracieux, au lieu de la lui restituer comme de droit. Il résulta de là que le neveu de Mohammed, de retour à la Jenina, y fit l'éloge de ses libérateurs, et jeta par contre un certain discrédit sur le gouvernement français, qui passa pour n'avoir pas voulu ou n'avoir pas pu obtenir justice. Bien que l'affaire n'eût pas eu d'autres suites, M. de la Vallée supporta avec peine cet amoindrissement de son influence, et se plaignit à M. de Sartines de la mollesse qu'avaient montrée le consul de Carthagène et l'ambassadeur[1] : « Sidi Hassan, dit-il, a reçu un présent de Sa Majesté Catholique, à laquelle il en renvoie lui-même un assez beau; en général les Espagnols ont eu de bons procédés pour lui. Le pays est dans l'allégresse; je réserve les détails pour des circonstances plus heureuses; car la joie n'est pas pour tout le monde; elle n'est pas pour les Français; elle n'est assurément pas pour moi...... Sidi Hassan se plaint beaucoup de la froideur et du peu d'attention de notre consul. Nous sommes amis des Algériens, dit-on, mais à Alger. Tout retombe sur moi, et il semble que tout le monde, ambassadeurs et consuls, soient ou Espagnols ou Napolitains, ou du moins que les uns et les autres n'osent avouer nos relations avec la Barbarie. »

Le gouvernement de Charles III ne tira pas grand profit des concessions qu'il avait cru devoir faire à la Régence; ses propositions de paix furent repoussées, et ce fut en vain qu'il chercha à les faire appuyer par la Porte; car le Dey était parfaitement instruit des négociations que la Cour de Madrid entretenait à ce même moment avec Gênes, Naples, Malte et Livourne, pour les exciter à entrer dans la croisade contre Alger, que prêchait le Pape Pie VI, et qui eut eu lieu en 1780, sans la défaite que les Anglais infligèrent devant Cadix aux flottes espagnoles. En présence de la coalition des puissances méditerranéennes, Mohammed, loin de se laisser abattre, se montra plus actif et plus audacieux que jamais; il lança douze nouveaux navires de guerre, déclara la guerre à l'Empire, en dépit des instances de la Porte; il fit construire cent chaloupes canonnières pour la défense de la rade, en exerça quotidiennement les équipages, s'imposant cette fatigue malgré son

---

1. Lettres de Langoisseur de la Vallée. (*Archives de la Chambre de commerce de Marseille*, AA, art. 487.)

grand âge et son état maladif presque perpétuel. Tout cela se passait au milieu d'une terrible famine, causée par une invasion de sauterelles, qui dévasta entièrement le territoire en 1778 et 1779 ; depuis le mois de juillet de la première de ces deux années, il ne resta plus rien à manger que les sauterelles elles-mêmes.

M. de la Vallée, après avoir apaisé quelques différends occasionnés par la capture du Reïs Cadoussi, qui était tombé entre les mains des Génois dans les eaux de la France, vit troubler la tranquillité dont il eût pu jouir par les captifs français. Ceux-ci, qui se trouvaient au bagne du Beylik au nombre de plus de quatre cents, étaient tous des déserteurs d'Oran, qui formaient un ramassis d'aventuriers de la pire espèce ; la plupart d'entre eux avaient abandonné le drapeau de leur pays, séduits par les promesses décevantes des raccoleurs, qui, après avoir fait miroiter à leurs yeux les trésors du Mexique et du Pérou, les dirigeaient sur Barcelone, où ils étaient embarqués sans espoir de retour pour les Présides d'Afrique. On a déjà pu voir quel sort le fatal système de l'occupation restreinte assurait aux malheureuses garnisons de ces places fortes. Confinées dans leurs murailles par un blocus perpétuel, décimées par les épidémies et la nostalgie, peu payées, manquant souvent du nécessaire, traitées avec une extrême dureté, elles arrivaient rapidement au comble de la misère morale et physique. Aussi, la plupart des hommes dont elles se composaient n'avaient bientôt plus qu'une idée, celle de fuir cet enfer. Ils savaient bien, qu'après cette deuxième désertion, il n'existerait plus de patrie pour eux ; mais tout leur paraissait préférable aux maux qu'ils supportaient ; d'ailleurs ils étaient parfaitement décidés à se faire renégats, et leurs cervelles pleines de chimères rêvaient d'avance les richesses du Soudan ou les hasards de la piraterie. Ils s'enfuyaient donc, aussitôt qu'ils pouvaient se dérober à la surveillance dont ils étaient l'objet ; à peine avaient-ils fait quelques pas en dehors des remparts, qu'ils tombaient aux mains des Musulmans. Les uns étaient pris par les indigènes et emmenés dans l'intérieur des terres ; on ne les revit jamais, et nul ne sait ce qu'ils devinrent ; les autres, capturés par les troupes régulières, étaient envoyés à Alger, où ils grossissaient le nombre des esclaves du Beylik. En vain cherchaient-ils à se soustraire à la servitude en offrant d'embrasser le mahométisme ; cette subite vocation trouvait le Dey fort incrédule, et l'on ne répondait à leurs professions de foi que par la bastonnade [1]. Enchaînés nuit et jour, soumis au dur travail des carrières, presque nus, à peine nourris, cruellement frappés pour la moindre faute, ne pouvant conserver aucun espoir de recouvrer leur liberté, ils ne tardèrent pas à tomber dans une sorte de folie furieuse. Ils s'imaginèrent que les Algériens ne refusaient de les laisser apostasier que sur les instances des Missionnaires et du consul, dont l'assassinat fut aussitôt résolu. Le 29 octobre 1781, un d'entre eux, nommé Picard, se présenta devant M. Cosson, Vicaire Apostolique, lui demanda de l'entendre en confession, et le frappa de plusieurs coups de couteau ; le même jour, le consul et le chancelier devaient subir un sort semblable ; mis sur leurs gardes par la première tentative, ils purent faire échouer les projets des meurtriers. Quelques-uns des plus coupables furent pendus à la porte du bagne, les autres furent privés du peu de liberté dont ils jouissaient après les heures de travail ; mais que faisaient les châtiments les plus durs à des gens qui ne pouvaient même pas entrevoir le terme de leurs malheurs ? Leur exaspération ne fit que s'accroître, et M. de la Vallée fut forcé de démontrer à la Cour toute la gravité de la situation : « Je ne répéterai, dit-il, ni leurs blasphèmes ni leurs imprécations. Ils s'en prennent au commerce, qui, selon eux, se nourrit de leur sang ; ils s'en prennent au consul, qui, sans doute, les trahit et les vend, en laissant ignorer leur sort et leur misère à la Cour ; ils s'en prennent au Vicaire, qui est d'accord avec le consul pour les laisser languir dans les fers ; enfin, quand ils paraissent bien persuadés que le consul n'y peut rien, ils s'en prennent au Ministre, et c'est alors qu'ils se livrent à tous les écarts du désespoir le plus aveugle et le plus effréné. Puisqu'il n'y a rien à espérer, tuons, massacrons, exterminons ? Nous mourrons ! Eh bien, nous ne souffrirons plus ! — Tel est

---

1. *Gazette de France*, 1775, page 57.

leur langage de tous les jours, de tous les moments..... [1]

« J'avoue que je ne reconnais aucun moyen de pourvoir efficacement à la sûreté des missionnaires, tant qu'il y aura ici des esclaves français. Quant à moi, je déclare avec franchise que ma position est intolérable, et que je n'écris pas de sang-froid sur une pareille matière. » Le Ministre ne pouvait pas laisser plus longtemps le consul exposé aux coups de ces frénétiques ; il le remplaça au mois de septembre 1782 par M. de Kercy, qui prit possession de son poste le 21 novembre de la même année ; il était autorisé à procéder à quelques rachats des sujets les plus intéressants, afin de produire une certaine détente dans les esprits, en attendant que le Roi eût pris une décision définitive. Il fut fort bien accueilli, et les premières années de son consulat furent très tranquilles. Au moment de son arrivée, la Régence était en hostilité avec toutes les puissances de l'Europe, la France exceptée. Elle venait de refuser la paix à la Russie ; le consul anglais ne pouvait pas même parvenir à avoir audience du Dey, qui le fit embarquer de force en janvier 1783, malgré des menaces qui furent tournées en dérision ; car le pavillon britannique était à ce moment fort discrédité à Alger par la victoire des Espagnols à Minorque, et par la guerre d'indépendance des Etats-Unis. Aux yeux de la Régence, les Français étaient devenus les maîtres de la mer, et le récent exploit de M. de Flotte venait de les confirmer dans cette opinion. Cet officier, qui commandait la frégate l'*Aurore*, mouillée en rade à trois milles de la place, sortait de son audience de congé lorsqu'on lui signala au large quatre corsaires anglais ; il sauta aussitôt dans son canot, en dépit d'une mer tellement mauvaise qu'il lui fallut cinq heures pour rejoindre le bord ; il se mit à la poursuite de l'ennemi, et, après un rude combat, ramena dans le port d'Alger ses quatre prises, que le consul anglais Wolf réclama vainement aux Algériens émerveillés de cette audace.

L'Espagne avait espéré que le succès qu'elle venait de remporter aux Baléares rendrait le Dey plus accommodant ; après avoir conclu un traité avec la Porte, elle avait obtenu l'envoi

---

1. V. note 1, p. 330.

d'un Capidji chargé de négocier pour elle avec Alger; Mohammed ne voulut rien entendre, disant « qu'il savait que le roi Charles III préparait une armada contre lui, et qu'il ne voulait pas paraître en avoir peur. » Il ne restait plus qu'à recourir aux armes. Le 13 juillet 1783, Don Antonio Barcelo partit de Carthagène avec une flotte de quatre vaisseaux de ligne, six frégates, douze chebeks, trois cutters, dix barques et quarante chaloupes canonnières ou bombardières; éprouvé par les vents contraires, il n'arriva en rade que le 29. Le 1er août, à trois heures de l'après-midi, il commença le feu, et lança trois cent quatre-vingts bombes; il continua ainsi jusqu'au 9, jour où il se retira, ayant épuisé toutes ses munitions, trois mille sept cent cinquante-deux bombes et trois mille huit cent trente-trois boulets; le 4, le 6 et le 7 août, les Reïs sortirent du port, et engagèrent bravement la lutte, sous une grêle de projectiles; ils parvinrent ainsi à tenir l'ennemi à distance, et à rendre presque inutiles les trois dernières attaques. La note suivante que M. de Kercy envoya à la Cour, donne des détails fort exacts sur ce bombardement : « La flotte espagnole a mouillé dans la rade d'Alger le 29 juillet; elle était composée de quatre vaisseaux de ligne, six frégates dont deux maltaises, douze chebeks, trois cutters, dix ou onze petits bâtiments et quarante chaloupes canonnières ou bombardières. Les Algériens y ont opposé tous leurs canons, qui sont en grand nombre, quelques mortiers, quelques bombardes et une vingtaine de galiotes et chaloupes. Le feu des Espagnols a commencé le 1er août à trois heures après-midi. Cette première attaque ainsi que les autres n'a duré qu'environ cinq quarts d'heure, quoique les Algériens aient toujours tiré plus longtemps, commençant les premiers et finissant les derniers. Le Dey avait d'abord obligé les habitants, hommes, femmes et enfants, de rester en ville; mais, lorsqu'on a vu l'effet des bombes, il a été permis à tout le monde de se retirer. Plusieurs bombes étant tombées sur le palais du Dey et aux environs, il a lui-même trouvé convenable de se retirer au château de l'Alcassava, qui est au sommet de la ville, et où les bombes tombaient comme ailleurs. Sa vie était surtout précieuse dans ce moment pour maintenir le bon ordre, qui, en effet, a toujours été le même que dans tout autre temps.

« Le 2 août, la seconde attaque a commencé à midi. Le 4, la troisième a eu lieu à six heures du matin, et l'autre le soir ; il n'y a eu aucun combat pendant la nuit. Le second, le troisième et surtout le cinquième ont été terribles pour la place. Les quatre derniers ne semblaient qu'un jeu, et toutes les bombes tombaient à la mer. La flotte a remis à la voile le 9 août.

« On compte plus de quatre cents maisons, boutiques, mosquées, marabouts et autres édifices plus ou moins endommagés ; de douze maisons occupées par des Francs, huit ont été atteintes ; celle du consul de Suède a été incendiée, celle du consul de France et une autre ont été extrêmement maltraitées ; mais, ce qui flatte le Gouvernement, qui s'inquiète fort peu des habitations des particuliers, c'est que les fortifications de la Marine ont été peu endommagées ; quelques bâtiments dans le port ont été fracassés, une galiote du pays a été coulée bas en rade ; les Algériens, qui déguisent peut-être le nombre des morts, ne font pas monter à cent celui des hommes tués à la Marine ; quelques personnes ont aussi péri dans la ville ; trois cents esclaves étaient employés aux travaux, mais aucun n'a été tué ni blessé, quoique beaucoup de Turcs aient été emportés à leurs côtés. Les Algériens, qui ont toujours fait un feu très vif, ont tiré douze à quinze mille coups de canon dans les neuf attaques et un certain nombre de bombes, mais on ne présume pas que les quarante chaloupes canonnières et les cinq ou six chebeks et cutters qui les accompagnaient au combat aient reçu quelque dommage d'importance. Un cutter a cependant affronté à la portée du fusil, toutes les batteries de la Marine, une chaloupe espagnole a pris feu dans le septième combat, mais il paraît que cela a été par quelque accident.

« Les Algériens n'ont pas perdu courage et ils vont redoubler d'efforts, pour tâcher que les effets du second bombardement, s'il doit avoir lieu, ne soient pas aussi considérables ; si le bombardement eût fini après la cinquième attaque, il eût fait sur les esprits une impression plus forte [1] ».

Cette coûteuse expédition ne produisit aucun effet utile; dès l'apparition de la flotte ennemie, le Dey avait fait partir pour Médéah mille cinq cent quarante-huit esclaves; depuis plus d'un mois, vingt-cinq mille hommes des contingents de Constantine, vingt mille de Mascara et cinq mille de Titeri étaient campés aux environs d'Alger. Aussitôt après le départ de l'armada, les réparations furent commencées et poussées avec la plus grande activité; une nouvelle batterie blindée à l'épreuve de la bombe fut construite à l'extrémité de l'écueil dit de « La Petite Voûte »; les matériaux nécessaires furent tirés des ruines de Rusgunia. L'entrée du port fut commandée par des radeaux armés de mortiers; la Suède, la Hollande et la Porte envoyèrent des munitions, et, lorsque Don Antonio Barcelo revint l'année suivante, il n'existait plus aucune trace visible de sa première attaque.

L'amiral espagnol partit de Carthagène le 28 juin, et parut devant Alger le 9 juillet, à la tête de cent trente bâtiments gros et petits, parmi lesquels on remarquait onze navires de Naples et huit de Malte. La flotte de guerre se composait de vingt-six vaisseaux, trente bombardes, vingt-quatre canonnières et vingt-une galiotes. C'était une véritable croisade : par bref du 18 juin, le Pape avait accordé les indulgences plénières et la bénédiction « in articulo mortis » à tous les combattants de l'armada.

Le temps resta mauvais jusqu'au 12, jour où le feu commença à huit heures du matin; les canonnières algériennes sortirent hardiment, vinrent engager la lutte à demi-portée de canon, et forcèrent l'ennemi à se retirer. La division portugaise arriva le soir et prit son poste de combat; mais les hostilités furent interrompues le 13 et le 14 par l'état de la mer. Le 15, les Reïs attaquèrent les premiers, à six heures du matin, et restèrent encore maîtres du champ de bataille. Le 16, le 17 et le 18, il y eut une série de petits combats; dans la dernière de ces trois journées, les chevaliers de Malte se signalèrent par leur brillant courage, en descendant sur le môle

---

1. V. *Revue africaine* (Documents Barcelo, année 1876, p. 20, 300).

au milieu d'une épouvantable canonnade pour incendier les radeaux à bombes. Le 19, on ne se battit qu'une heure; le 21, soixante-sept chaloupes d'Alger sortirent du port à huit heures, engagèrent une action qui dura jusqu'à midi et se termina à leur avantage; elle fut rude et sanglante; deux mille projectiles furent échangés de chaque côté. Le soir venu, l'amiral réunit le conseil de guerre et proposa de conduire une attaque générale sur le port et sur la ville; il rencontra une opposition presque unanime, et l'ordre du départ fut donné le 22. Le 23 au soir, la flotte entière était partie, après avoir inutilement dépensé trois mille trois cent soixante-dix-neuf bombes, dix mille six cent quatre-vingt boulets, deux mille cent quarante-cinq grenades et quatre cent une boîtes à mitraille.

Telle fut la fin peu glorieuse de la dernière tentative que fit l'Espagne contre la Régence. C'est un fait digne de remarque, que cette nation, à laquelle n'ont certes pas manqué les vertus militaires, et qui a souvent fait de grandes choses avec peu de moyens, ait fatalement échoué dans toutes ses expéditions contre Alger, avec des forces plus que suffisantes pour vaincre. Cette fois, le désastre doit être attribué à l'incurie qui présida aux préparatifs. Les officiers étrangers, qui assistaient comme volontaires à cette entreprise, remarquèrent avec étonnement le peu de vivacité des opérations, et l'oubli inexplicable des choses les plus nécessaires[1]. La poudre elle-même était de si mauvaise qualité, que le feu en devint presque complètement inefficace, si bien que les seize mille six cent cinq gros projectiles qui furent envoyés aux Algériens ne leur tuèrent que trente hommes; l'excédant de leurs pertes fut dû à l'ardeur imprudente de leurs canonniers, qui rechargeaient les pièces non refroidies et en firent ainsi éclater un certain nombre. Du reste, ils se battirent très bravement, et l'on constata que leurs chaloupes, dans tous les combats qui furent livrés, conservèrent la ligne de bataille une heure après la fin de l'action, comme pour

---

1. Voir, entre autres, la lettre du chevalier d'Estournelles. (*Revue africaine*, 1882, p. 219.)

affirmer que la victoire leur appartenait ; la ville ne fut pas atteinte par les bombes ; en résumé, ce gros armement ne produisit aucun résultat. Pendant toute la durée des hostilités, le Dey maintint rigoureusement le bon ordre ; il avait, comme d'habitude, fait sortir les esclaves de la ville ; les résidents étrangers ne furent pas inquiétés, non plus que les consuls, auxquels Mohammed donna une garde, pour prévenir les tentatives qu'eussent pu faire quelques fanatiques [1]. Ce succès exalta l'orgueil de la population, et lorsque, l'année suivante, l'Espagne se décida à traiter, elle dut accepter de fort dures conditions. Le 5 juin 1785, le comte d'Expilly, suivi de près par l'amiral Mazarredo, se présenta à la Jenina pour poser les bases d'un arrangement, que M. de Kercy avait été prié de préparer à titre officieux. La conclusion fut des plus difficiles ; personne n'en voulait à Alger, ni le Dey, ni les Puissances, ni le peuple ; l'amiral espagnol montrait une hauteur maladroite ; « M. d'Expilly, dit un témoin oculaire, ne connaissait pas du tout l'état des affaires et, sans les efforts du consul de France, c'en était fait ». Enfin, après un an de pénibles négociations, les signatures furent échangées le 14 juin 1786 ; la ratification arriva à Alger le 10 juillet ; cette paix coûtait une vingtaine de millions, et elle ne servit pas à grand'chose ; car l'Espagne n'en resta pas moins pour l'Odjeac l'ennemi héréditaire ; les haines étaient trop anciennes pour être apaisées en un jour. La France ne fit qu'y perdre de toutes façons ; son intervention généreuse ne fut payée que d'ingratitude ; elle se vit frappée dans ses intérêts commerciaux par ceux-là mêmes qu'elle venait d'aider de son influence ; en même temps, et pour le même motif, elle vit se refroidir l'amitié que le Dey lui avait portée jusqu'alors. Les Puissances, en voyant le consul français embrasser si chaudement la cause de l'Espagne, crurent à une alliance beaucoup plus intime qu'elle ne l'était en réalité, et en conçurent une méfiance qui devait bientôt se traduire par des faits. Au contraire, l'Angleterre et le Danemark, qui avaient entravé la

---

[1]. Lettres de M. de Kercy. (*Archives de la chambre de commerce de Marseille*, AA, art. 490.)

réconciliation par tous les moyens possibles, devinrent les favoris du Divan, et regagnèrent en un seul jour tout le terrain perdu depuis vingt ans. Les petits États de l'Italie, Naples, la Sicile et Venise furent les premières victimes du nouvel ordre de choses et subirent les ravages des Reïs, que le traité venait d'éloigner des côtes d'Espagne et du Portugal. Les États-Unis, Hambourg et la Prusse offrirent en vain de grosses sommes pour obtenir des passeports. Bien que les prises faites par les corsaires dans les huit premiers mois de 1786 atteignissent le chiffre de douze millions, la population était fort misérable, les récoltes ayant manqué depuis deux ans; au printemps de 1787, la peste éclata; du 27 avril au 14 juin, elle enleva huit mille soixante-cinq personnes (deux cent vingt-quatre chrétiens, six mille sept cent quarante-huit musulmans et mille quatre-vingt-treize juifs); elle cessa à la fin de juillet, après avoir fait dix-sept mille quarante-huit victimes; la province d'Oran ne fut pas épargnée par le fléau; on n'eut pas assez de bras pour faire les moissons.

A Alger, les malheurs publics engendraient toujours la rébellion; le 26 mars 1788, le Dey assembla le Divan, et lui annonça qu'il venait de découvrir une conspiration ourdie par le fils du Bey de Constantine, allié au Khaznadji, qui fut immédiatement condamné à mort et exécuté; on trouva chez lui des richesses immenses. Pendant cette année et la suivante, les Reïs se joignirent aux flottes ottomanes dans la lutte qu'elles soutenaient contre les Russes; leur courage y fut très remarqué.

Depuis la tentative d'assassinat dont le Vicaire Apostolique Cosson avait failli être victime, les esclaves déserteurs d'Oran, bien que surveillés de très près, ne cessaient de démontrer par de nouvelles violences à quelles extrémités pouvait les pousser le désespoir. Justement ému de cet état de choses, et pressé par les instances des missionnaires et des consuls, Louis XVI ordonna une quête générale, et fit en même temps négocier par M. de Kercy le rachat de ces malheureux, auxquels il accorda le pardon de leurs crimes.

En juin 1785, les trois cent quinze captifs de cette catégorie virent tomber leurs fers, moyennant une rançon de six cent trente-neuf mille cinquante-trois livres. Naples et l'Espagne suivirent cet exemple ; deux cent trente Napolitains et Siciliens furent délivrés le 17 février 1787, au prix de un million quatre cent soixante-treize mille vingt livres ; deux mois après, trois cent quatre-vingt-neuf Espagnols coûtèrent trois millions trois mille six cent vingt-cinq livres ; après ces rachats, il ne resta plus à Alger qu'un millier d'esclaves, dont la moitié mourut de la peste cette année même.

Affaibli par l'âge et par une dysenterie chronique, Mohammed abandonnait de plus en plus le gouvernement à son fils adoptif Hassan, auquel il avait donné la charge de Khaznadji ; celui-ci, qui depuis l'affaire du Septimane, témoignait aux Français une grande mauvaise volonté, la manifesta hautement en 1788, à l'occasion de la destruction d'un corsaire algérien par le vaisseau le *Parthénope ;* il ne voulut pas accepter l'indemnité pécuniaire que M. de Kercy était chargé de lui offrir, et exigea le remplacement en nature du navire coulé ; après quelques tergiversations, la Cour préféra faire droit à cette demande que d'ajouter un nouvel élément de discussion à ceux qui commençaient à apparaître ; on savait que les intrigues anglaises avaient excité le Dey à s'allier au Maroc et à dénoncer le traité de cent ans conclu avec la France. Cet acte, dont le premier monument datait, à la vérité, de 1689, avait été renouvelé dans les mêmes termes en 1719, et c'était avec raison que le Consul soutenait qu'il devait durer jusqu'en 1819 ; mais le parti opposé n'admettait pas cette interprétation, et chicanait sur le texte ; la vérité est que les uns eussent voulu la guerre pour accroître les revenus de la Course, et que les autres espéraient se faire combler de présents au moment des nouvelles négociations. Grâce à l'intervention amicale de la Porte et à l'habileté de M. de Senneville, qui sut déjouer les machinations des ennemis de son pays, tant à Alger qu'à Constantinople, les anciens traités furent confirmés et les Concessions d'Afrique restèrent à leurs possesseurs actuels. Néanmoins, la redevance qu'ils avaient à payer fut augmentée de soixante mille livres ; mais l'extrême besoin de blé qu'on ressentait à cette époque fit passer aisément sur ces exigences.

En janvier 1790, les Kabyles, révoltés depuis quelques mois déjà, furent battus par l'Agha des Spahis ; la rébellion continua pendant toute l'année, et on craignit un instant une conflagration générale.

Le 12 juillet 1791, Mohammed, dont la faiblesse était devenue extrême, mourut de la dysenterie. Son successeur désigné, Hassan, avait pris ses précautions en prévision de cet événement et se fit proclamer immédiatement, en même temps qu'il faisait arrêter, emprisonner et priver de ses biens l'Agha des Spahis, son compétiteur.

CHAPITRE VINGT-TROISIÈME

LES DEYS (Suite)

SOMMAIRE. — Baba-Hassan. — Tremblement de terre et destruction d'Oran. — Les Espagnols évacuent la Régence. — Ruine des Concessions. — Destitution du Bey de Titeri et révolte de celui de Constantine. — Intrigues anglaises, déjouées par Vallière. — Pouvoir de Busnach et Bakri. — Emprunt de la France et fournitures de blé. — Affaire Meïfrun. — Troubles intérieurs. — Mort du Dey. — Mustapha. — Guerre avec la France. — Complots. — Bonaparte exige et obtient une réparation. — Révolte contre les Juifs. — Meurtre de Busnach et massacre des Juifs. — Meurtre du Dey.

Dans le traité qui avait été conclu en 1785 entre la Régence et l'Espagne, l'abandon d'Oran et de Mers-el-Kébir avait été convenu, et la reddition de ces deux places était retardée seulement parce que la cour de Madrid voulait en tirer quelques conditions commerciales avantageuses. Le gouvernement de l'Odjeac ne lui accordait rien, sachant très bien qu'elle avait hâte de se débarrasser de possessions inutiles, qui lui étaient devenues un lourd fardeau, et lui coûtaient chaque année plus de quatre millions et un millier d'hommes. Depuis l'insuccès de l'expédition d'O'Reilly, les tribus soumises s'étaient refusées à payer le tribut aux Chrétiens et à approvisionner leurs garnisons, que les Beys de l'Ouest attaquaient incessamment. Ibrahim avait mis le siège devant Oran, dès la fin de 1775; son successeur Hadj'-Khrelil avait continué le blocus; le 24 octobre 1777, il s'était avancé jusque sur les glacis avec quatre cents cavaliers, insultant les assiégés et les provoquant au combat en rase campagne; le 14 septembre 1780, Mohammed ben Osman en avait fait autant, et avait rompu les conduites d'eau de la ville; le 26 septembre 1784, il avait failli enlever les défenses par un vigoureux coup de main, que fit échouer juste à temps la bravoure de Don Pedro Guelfi ; mais malgré les efforts de ce chef énergique, qui répondait à l'ennemi par des razzias souvent heureuses, l'investissement ne cessa que le jour où le drapeau de l'Odjeac fut arboré sur le Château-Rouge. Au cours des négociations, survint un cataclysme qui hâta la solution désirée de part et d'autre. Dans la nuit du 8 au 9 octobre 1790, à une heure du matin, un terrible tremblement de terre renversa en trois minutes presque toutes les maisons d'Oran, les fortifications, les églises et les monuments publics ; plus de trois mille personnes furent écrasées sous les décombres. Le Gouverneur intérimaire, Don Nicolas Garcia, colonel du régiment des Asturies, fut enseveli sous les ruines de l'Alcazar avec sa famille et presque tout son régiment. En même temps, le feu prit au *Brillant*, vaisseau de soixante-quatorze canons ; on le carénait aux flambeaux pendant la nuit du désastre ; l'incendie s'alluma et se répandit avec rapidité dans la ville, peut-être à l'aide des malfaiteurs, qui profitèrent du désordre à un tel point que le Commandant Général put dire avec vérité dans son rapport : « les gens de mauvaise vie pillèrent les maisons les plus riches, en sorte que, si l'ennemi eut saccagé la ville, les malheureux colons n'eussent pas été plus complètement ruinés. La prompte répression de ces excès et l'exemple réitéré des châtiments, la vigilance et la sévérité déployée contre les malfaiteurs, rien ne put les arrêter. » Les secousses durèrent jusqu'au 22 novembre, et recommencèrent le 6 janvier suivant [1]. Dès le premier jour, les contingents de Mohammed avaient attaqué Oran par toutes les brèches des murailles ; M. de Cumbre-Hermosa, qui avait pris le commandement, ne put réunir que mille cinq cent vingt-six hommes valides ; il s'en servit avec courage et intelligence, livrant jusqu'au 17 une multitude de petits combats, dans l'intervalle desquels il réparait les fortifications le mieux possible, construisait de nouvelles batteries, si bien qu'il put opposer une vigoureuse défense à Mohammed ben Osman

---

1. Pour les détails du tremblement de terre d'Oran, voir la *Gazette de France*, 1790, p. 451, et, pour les conséquences, 1791, p. 150, 194, 210, 304, 353, et 1792, p. 4.

qui lui donna l'assaut pendant douze jours, à la tête de dix-huit mille hommes ; le 26, il était arrivé d'Espagne un renfort de sept mille soldats, des tentes et des provisions. Le Bey, vivement repoussé le 29, reprit ses campements dans le voisinage de la place, et demanda à Alger des renforts qui ne lui furent pas envoyés ; car on s'y méfiait de son ambition, et on ne tenait pas à accroître sa popularité en l'aidant à prendre de vive force une ville qui devait fatalement être acquise à l'Odjeac. Réduit à ses propres troupes, il escarmoucha dans la plaine et sous les remparts pendant le printemps et l'été de 1791 ; les affaires les plus chaudes furent celles des 3 et 9 mai, du 25 juillet, du 17 et du 18 septembre, jour d'un assaut général bravement repoussé. Le chevalier de Torcy, des gardes wallones, s'y distingua tout particulièrement par son courage.

Pendant cette longue lutte, le Conseil Royal, effrayé à l'idée des dépenses qu'entraînerait la reconstruction des forts et des remparts d'Oran, avait décidé Charles IV à faire offrir au vieux Dey Mohammed de lui abandonner cette ville et Mers-el-Kebir en échange d'un comptoir à Oran ; l'ambassade arriva à Alger en avril 1791, et ne réussit pas dans sa mission, le Divan ayant refusé de rien concéder. Elle revint le 12 septembre, et, cette fois, eut affaire à Hassan, qui lui accorda la création d'un établissement près de Djemma-R'azaouât, la permission d'acheter trois mille charges de blé par an et de pêcher le corail sur les côtes de l'ouest ; la signature du Roi fut donnée le 16 décembre, et l'évacuation commença le 17 ; elle ne se termina qu'en mars 1792. Ce traité coûta cher à l'Espagne, qui s'engagea à payer cent vingt mille livres par an, dépensa en présents des sommes énormes, fut forcée de faire revenir de Carthagène les canons, projectiles et munitions qu'on avait emportés des Présides, et enfin dut se soumettre à la dure condition de transporter elle-même à Constantinople deux clefs d'or, représentant celles d'Oran, et deux jarres d'eau prises aux fontaines de la ville; ces objets étaient offerts au Sultan par le Dey, qui reçut en échange le caftan d'investiture. Le commerce français fut gravement atteint par l'établissement que M. Campana fonda à Oran, et les événements justifièrent les prophéties du nouveau consul Vallière, qui avait succédé à M. de Kercy le 15 janvier 1791, et qui écrivait à la date du 15 septembre de la même année [1] : « Le traité qui cède Oran et Mers-el-Kebir aux Algériens a été signé le 12 de ce mois. Ces places doivent être rendues démantelées, évacuées, etc.; il est à croire que la politesse espagnole n'exécutera pas à toute rigueur cette condition. Il y a quatre mois pour la remplir et pour le déménagement. L'Espagne a obtenu en retour l'établissement à Oran d'une Compagnie à l'instar de la Compagnie Royale d'Afrique, paye ce privilège un peu plus de cent vingt mille livres par an, et pour ce tribut aura annuellement environ trois mille charges de blé, au prix du marché, et la pêche du corail dans les parages de la province de Mascara ; de plus, la traite des blés, orge, fèves, cuirs, laines, cire lui est accordée préférablement à tous autres, à prix égal. Cette faveur doit être regardée comme exclusive (quoique l'exclusion ne soit pas prononcée), attendu que personne ne sera en position de donner des prix aussi élevés que la nouvelle Compagnie, et que, le cas même arrivant, celle-ci ferait des sacrifices plutôt que de laisser entrer quelques étrangers en concurrence avec elle.

« Nul prix n'est arrêté pour les marchandises ci-dessus. La Compagnie devra le négocier tous les ans, avec le Bey de Mascara directement, sans pouvoir rien recevoir des mains des particuliers. — Ainsi elle doit s'attendre à bien payer. — Elle aura un agent à Mascara.

« Le succès de cette négociation a été acheté par un présent considérable au Dey et par des promesses brillantes à ses Ministres, qu'il faudra tenir. La somme à donner à la Régence est un article secret. Les Espagnols, depuis leur établissement à Alger, y versent à tonnes les piastres fortes; au reste, quoi qu'il puisse leur en coûter en cette occasion, ils ont conclu une très bonne affaire. Oran leur coûtait annuellement quatre millions, occupait et rendait malheureuse une garnison

---

1. Lettres de Césaire-Philippe Vallière. (*Archives de la Chambre de Commerce de Marseille*, AA, art. 481.)

de cinq à six mille hommes et fournissait une centaine d'esclaves à Alger, première source de sa force. Si le nouvel ordre prend consistance et durée, l'Espagne gagne infiniment des côtés politique, commerce et humanité, et la Régence y trouvera peut-être un jour la première cause de sa décadence.

« La France est aussi menacée d'y perdre beaucoup. Son commerce ressentira immanquablement une diminution sensible. Le contre-coup parviendra même jusqu'à la Compagnie d'Afrique. Il n'est rien que les Espagnols n'aient tenté, ne tentent aujourd'hui et dans l'avenir encore pour la supplanter. Leurs efforts et leur or seront impuissants, tant que les conditions du traité de la Compagnie avec la Régence suffiront à son existence et qu'elle n'en exigera pas de plus favorables. Mais tout fait craindre qu'elle ne puisse plus faire avec avantage les traites de blé considérables et si utiles à Marseille, que la Compagnie faisait annuellement à Bône en dehors de son traité.

« Cette triste narration rend indispensable une réflexion aussi fâcheuse qu'elle. C'est aux Français plus qu'à leur or encore, que les Espagnols doivent leur établissement à Alger, et c'est par les Espagnols que les Français sont desservis, trahis, supplantés à Alger. Cet injuste triomphe sera-t-il de durée ? »

Ces prévisions ne se justifièrent que trop. La concurrence fit monter les denrées à un prix exorbitant, qu'augmenta de jour en jour la cupidité des Beys ; les Établissements de la Calle et de Bône ne purent plus acheter de blé à un prix rémunérateur, au moment même où la France en avait le plus pressant besoin ; il fut même un instant question d'abandonner ce négoce devenu infructueux, qui traversa une crise terrible lors de la révolte du Bey de Constantine.

Bien que le nouveau Dey Hassan eût un caractère naturellement doux et bienveillant, au point d'avoir aboli la peine de mort pour la plupart des crimes, et d'avoir sensiblement adouci le sort des esclaves, l'exercice du pouvoir ne tarda pas à le rendre méfiant et soupçonneux, comme la plupart de ses prédécesseurs.

L'Agha des spahis Ali, son ancien compétiteur, était mort dans sa prison ; le bruit courut qu'il s'était suicidé. Les Beys des provinces de Titeri et de Constantine passaient pour avoir été ses partisans ; le premier, Mustapha el Ouznadji, étant venu à Alger pour le versement du tribut, fut averti, le 29 avril 1792, que les chaouchs le cherchaient ; craignant pour sa tête, il se réfugia dans le sanctuaire de Sidi-Abd-el-Kader-el-Djilani, et fut remplacé dans son commandement par Mohammed-el-Debbah. Il ne fut pas aussi facile de se débarrasser du Bey de Constantine Salah, qui, occupant sa charge depuis vingt et un ans, était fortement établi dans le pays ; d'ailleurs, il avait fait ses preuves comme chef de guerre et comme homme de gouvernement, et s'était particulièrement distingué pendant la campagne de 1775. Le Dey fut averti qu'il cherchait à se rendre indépendant, et que c'était à cet effet qu'il avait augmenté les fortifications de Constantine. En réalité, Salah n'obéissait pas volontiers, tyrannisait et rançonnait les Concessions, et, avec l'âge, perdant, comme tous les despotes, ce qu'il avait eu de bonnes qualités, il augmentait chaque jour le nombre de ses ennemis. Le 8 août 1792, Hassan lui donna pour successeur Ibrahim Chergui, caïd du Sebaou, qui partit le jour même avec soixante cavaliers. Lorsque le Bey disgracié apprit son arrivée, il conçut d'abord le dessein de s'enfuir et d'aller s'embarquer à Bône avec ses trésors ; il en fut empêché par ses Turcs et par ses gardes kabyles, qui égorgèrent le nouveau venu avec toute son escorte, le quatrième jour de leur installation au palais ; ce massacre fut suivi d'autres meurtres et du pillage d'une partie de la ville. La nouvelle de la révolte parvint à Alger le 23 août, et, le même jour, Hussein ben bou-Hanak, remplaçant d'Ibrahim, partit avec une petite armée mise sous les ordres de l'Oukil-el-Hardj de la Marine et du nouvel Agha des Spahis, qui sommèrent le camp de l'est de marcher sur les rebelles. Les Janissaires obéirent immédiatement, pénétrèrent de vive force dans la place, et s'emparèrent de Salah, qui fut étranglé le 1ᵉʳ septembre. Ses ministres périrent dans d'horribles tortures, et les vainqueurs rapportèrent à Alger douze millions d'or et une grande quantité d'autres dépouilles précieuses ;

l'amulette de diamants qui fut trouvée sur le corps du Bey valait à elle seule deux cent soixante-quinze mille dinars. Cette victoire n'apaisa pas complètement les craintes du Dey, qui changea deux fois encore le Bey de Titeri en moins de deux ans, et fit surveiller Mohammed-ben-Osman, de la puissance et de l'influence duquel il était jaloux, sans oser le manifester hautement.

Pendant ce temps, Venise, la Hollande et la Suède se voyaient successivement l'objet de menaces de guerre, qu'elles n'écartaient qu'à prix d'or. Le Danemark subissait les mêmes exigences quelque temps après, et le Portugal, qui n'avait pu obtenir la paix, luttait avec courage et empêchait les Reïs de sortir du détroit de Gibraltar. La France, qui voyait à ce moment presque toute l'Europe se dresser contre elle, était tenue de ménager la Régence, de laquelle dépendait l'approvisionnement des céréales, devenu de plus en plus nécessaire. M. Vallière s'y employait de son mieux. Elevé à Alger, où son père avait été consul de 1763 à 1773, il y connaissait tous les personnages influents, avait le grand avantage de pouvoir se passer de drogman, et rendit ainsi d'immenses services dans un temps très difficile. Après avoir essuyé quelques bourrasques dues à l'humeur inconstante du Dey, il était arrivé à acquérir sur lui une véritable influence, dont il se servit habilement dans l'intérêt de son pays, obtenant la permission d'exporter d'énormes fournitures de grains, de viande salée, de cuirs, et d'autres denrées destinées à l'alimentation du Midi et à la subsistance des armées, déjouant ainsi les intrigues des Anglais, qui eussent voulu augmenter la détresse dans laquelle se trouvait à cette époque leur ennemie.

Hassan résista à leurs instances : « J'apprends avec indignation par le Dey lui-même, écrivait Vallière, que les anglais ont osé lui demander de nous refuser tout secours, afin de nous laisser périr par la famine ; le Dey a répondu en homme maître de son pays et en ami des Français. Le consul Anglais a fait une seconde tentative tout aussi infructueuse que la première... Je te laisse le soin d'apprendre à la République et à ses enfants la conduite du Dey envers eux en cette occasion ; la circonstance en décuple le prix. » En effet, non content de donner des ordres pour que les marchés de l'est et de l'ouest fussent largement ouverts aux navires de Marseille, il accordait la paix à Gênes, à la sollicitation du consul, qui se servait de la marine de ce port pour les envois de grains, et poussait la bienveillance jusqu'à avancer l'argent nécessaire aux marchés conclus avec les Indigènes. Plus tard, il prêta même cinq millions au Directoire, sans vouloir en recevoir d'intérêts ; car ce prince n'était pas avare, ne recherchant l'argent que pour satisfaire ses goûts fastueux et pour obéir aux exigences de son entourage. Il était d'une nature chevaleresque, et lorsqu'on crut pouvoir l'exciter à s'unir aux ennemis de la France en lui représentant qu'elle allait être écrasée par la coalition, on obtint un résultat tout contraire, et il déclara très hautement qu'il n'abandonnerait jamais son ancienne alliée. Malheureusement pour lui, il était atteint au plus haut degré de la maladie mentale commune à tous les Deys, un manque complet d'équilibre cérébral, qui le faisait agir sous l'influence du moment, sans réflexion, et qui, le plus souvent, le livrait à des colères immotivées. C'est ainsi, qu'en 1792, deux jours après avoir ordonné à Vallière de partir et de faire sortir de France les sujets algériens, il fit étrangler ou bâtonner les Reïs dont la plainte avait causé ce commencement de rupture. Il s'agissait de deux chebeks qui avaient été coulés, l'un par les Napolitains, l'autre par les Gênois, dans les eaux de la Provence. Bien que les équipages, poursuivis sur le rivage par les vainqueurs, eussent été sauvés par les milices accourues à la hâte et rapatriés par la frégate la *Vestale*, les ennemis du consul avaient cru pouvoir profiter de cet incident pour le brouiller avec Hassan. Ils se servirent à cet effet de l'intermédiaire des Juifs, auxquels ce prince avait confié tous ses intérêts, et qui avaient acquis une énorme influence dans le conseil privé.

On a vu précédemment que, dès le commencement du pouvoir des Deys, les Juifs livournais qui étaient venus s'établir à Alger avaient habilement profité des embarras financiers des souverains pour monopoliser le commerce à leur profit ; ils avaient acquis par ce moyen de très grandes richesses, dont ils consacraient une partie à acheter la faveur des principaux de l'Etat. Peu à peu, ils étaient devenus occultement les véritables maîtres, démêlant, avec la finesse naturelle à leur race, le véritable fond du caractère turc, fait d'insouciance et de vénalité, insoucieux par paresse, vénal par nécessité et par besoin de paraître. Jusque-là, ils n'avaient pas trouvé prudent de se mêler de la politique intérieure, et se contentaient de vendre leurs services à celle des nations européennes qui les payait le mieux ; mais le moment arrivait où ils se trouvaient entraînés à désirer faire montre de leur pouvoir, et à l'exercer en plein soleil; entreprise audacieuse, qui ne réussit un moment que pour amener le massacre et la ruine de la communauté israélite. Celle-ci reconnaissait alors pour chefs Nephtali Busnach et Joseph Bacri ; ces deux hommes, fort intelligents, spéculateurs habiles, généreux à l'occasion, courageux et infatigables, jouèrent pendant vingt ans un rôle qui ne manqua pas d'une certaine grandeur, et arrivèrent à accaparer toutes les forces vives de la Régence. Très bien renseignés par une police secrète, qu'ils composèrent, à l'extérieur, de leurs correspondants, et à l'intérieur, de cette foule de petits marchands qui vont offrir leurs services de maison en maison, ils se trouvaient possesseurs des projets les plus secrets, et prirent ainsi un grand empire sur l'esprit d'Hassan, auquel ils donnaient des avertissements indispensables à sa sécurité. Mis au courant des intrigues et des exactions des Beys, ils tinrent entre leurs mains leur nomination, leur destitution et même leur vie ; disposant de si riches emplois, ils en tirèrent une nouvelle source de fortune et bouleversèrent l'administration au gré de leurs intérêts. En 1792, au moment où Mustapha-el-Ouznadji, tremblant pour sa vie, s'était réfugié dans une chapelle où ses amis n'osaient pas le secourir : « Busnach, écrivait le consul, va lui tenir compagnie, lui fournit des vivres, le console, le rassure, intercède pour lui, accommode ses affaires, concourt à obtenir son pardon, et lui prête une grosse somme d'argent, dans un moment de détresse et de disgrâce où il avait peu d'espoir de remboursement. » Aussi, lorsqu'il fut nommé, en 1794, Bey de Constantine, le commerce entier de cette province échut aux Busnach et l'on ne put plus en tirer de blé sans leur consentement.

Les Anglais, ne pouvant obtenir du Dey qu'il affamât la France, s'adressèrent aux Juifs devenus tout-puissants, et cherchèrent à les séduire, en leur assurant la fourniture de Gibraltar, et en leur remontrant que la coalition ne pouvait manquer d'être victorieuse. Ils réussirent d'abord assez bien ; mais les éclatantes victoires des armées françaises vinrent bientôt leur infliger un cruel démenti. A partir de ce moment, Busnach et Bacri louvoyèrent entre les deux nations ennemies, favorisant tantôt l'une, tantôt l'autre, selon les chances apparentes du succès ; lorsqu'ils apprirent que la République prenait l'offensive contre ses ennemis, ils sollicitèrent et obtinrent les célèbres *fournitures* dont le règlement devait un jour entraîner la chute de l'Odjeac. Cherchant alors une autre combinaison, les ministres de Georges III envoyèrent l'ordre à leur consul de négocier à quelque prix que ce fût la paix de la Régence avec le Portugal, afin de rouvrir le détroit aux Reïs, qui eussent contrarié la navigation des Américains, et les eussent ainsi empêché de continuer à porter leurs grains dans les ports de la Manche et de la Bretagne. M. Ch. Logie réussit dans sa mission ; mais Vallière rendit cette manœuvre inutile, en faisant conclure au même instant un traité entre Alger et les États-Unis, malgré l'opposition des Puissances ; le mécontentement de l'Oukil-el-Hardj-Ali et du Khaznadar Kara-Mohammed se traduisit par des paroles séditieuses, dont le châtiment ne se fit pas attendre ; leurs biens furent confisqués, et Hassan les fit embarquer pour Constantinople. L'Agha Mustapha, qui avait été nommé caïd du Sebaou, supportait avec peine l'esprit d'indépendance des Kabyles ; il se servit du prétexte d'une querelle futile pour faire étrangler le chef des Flissas, El-Haoussin-ben-Djamoun, au moment où il passait à Alger, revenant du pèlerinage de la Mecque ; cet acte odieux fit soulever les Flissas et leurs alliés ; la guerre dura quatre ans et se termina à l'avantage des montagnards.

En 1793, survint l'incident fatal qui allait réduire à néant les efforts constamment heureux du Consul, et changer en des sentiments hostiles l'amitié qu'Hassan avait témoignée jusqu'alors à la France. Le beau-frère de Vallière, Meïfrun, avait émigré à Carthagène, ayant été voué à la mort pour avoir conservé des fonctions municipales à Toulon pendant l'occupation anglaise. Au temps où il exerçait les fonctions de chancelier du Consulat, il s'était lié d'amitié avec le Dey, qui, à la première nouvelle, envoya un de ses chebeks le chercher en Espagne, et l'installa à Alger, où il assura généreusement sa subsistance et celle de toute sa famille. En même temps, il pressa le Consul de demander en son nom la grâce du condamné, disant que c'était la seule récompense qu'il attendait des services rendus, et offrant en échange de la faveur qu'il réclamait des chevaux de guerre, des grains et des armes. Vallière, dont le père, la mère et la sœur avaient partagé le sort de Meïfrun, fit tout ce qu'il put pour réussir ; il n'y parvint pas, et n'aboutit qu'à se rendre lui-même suspect d'incivisme. Le comité de salut public ne le crut pas quand il représentait les dangers qu'un refus ferait courir aux bonnes relations ; on s'imagina que c'était lui-même qui poussait le Dey à exiger le pardon du coupable, et on résolut de le remplacer. Blessé dans son affection et dans son orgueil, Hassan donna l'ordre au Bey de Constantine de cesser toutes relations commerciales avec l'Agence d'Afrique, qui venait de remplacer l'ancienne Compagnie du même nom, et renvoya les présents qui lui avaient été offerts : « J'ai présenté moi-même au Dey le magnifique et rare solitaire, le superbe fusil et la paire de pistolets que vous m'enjoignez de lui donner. Son premier mot fut : — Tous les présents du monde me touchent peu, si tu ne viens pas m'annoncer la grâce de Meïfrun. — Et il insista longtemps sur ce point. L'extrême beauté du solitaire l'a frappé, a excité son admiration et a paru flatter son amour-propre....... Le lendemain, il m'a renvoyé le solitaire, le fusil et les pistolets en disant que le jour où je les lui avais offerts, il avait voulu les refuser, à cause du peu de déférence de la République à ses demandes en faveur de Meïfrun, et qu'il les renvoyait par le ressentiment de cette seule mortification. J'ai été voir ce souverain pour le désabuser..... il a été sourd; il ne m'a parlé que de Meïfrun, et l'idée que sa parole ne passait pas en France, et que nous le trompions à ce sujet, excitait en lui une grande colère ; c'était le lion irrité. »

Ce fut un fâcheux événement ; d'un côté, il est évident qu'il n'y avait pas lieu de gracier un homme qui avait pactisé avec les plus cruels ennemis de son pays ; les débris des flottes et des arsenaux de Toulon, incendiés par eux, étaient encore trop brûlants pour que des idées de miséricorde entrassent dans les cœurs. On eût cependant dû voir que, dans l'intérêt même du pays, il valait mieux accorder au Dey ce qu'il demandait que de priver la France d'une de ses ressources les plus précieuses. Mais le ministre des relations extérieures, Buchot, était trop ignorant et trop inintelligent pour apprécier sainement la situation ; son entourage ne sut pas ou n'osa pas le désabuser. Le Comité de salut public envoya donc successivement à Alger deux agents pour procéder à une enquête ; le premier, M. Ducher, fit un rapport très modéré, et donna tort au Directeur de la Calle, qui avait faussement accusé le consul de ne pas lui prêter son appui, et d'entraver ainsi l'exportation ; le second envoyé, M. Herculais, arriva le 7 avril 1796 et destitua aussitôt Vallière, qui fut remplacé le 3 juin par Jean Bon Saint-André. Il s'embarqua pour l'Espagne, n'osant pas rentrer dans son pays natal, où le séquestre avait été mis sur ses biens ; plus tard, il y revint et finit ses jours à Solins. Hassan, qui s'était longtemps fait prier pour consentir à son remplacement, continua à exiger le pardon de Meïfrun ; Herculais fut forcé de transiger, et d'accorder à l'émigré, qui se retira à Carthagène, une indemnité de cent mille francs en échange de ses biens confisqués ; cette solution ambiguë ne satisfit personne, et, sans les victoires de Bonaparte, qui inspirèrent aux Algériens une terreur salutaire, la France eût porté la peine de la maladresse de Buchot ; mais elle ne retrouva pas l'ancienne amitié, et ne tira plus rien de la Régence, sinon par l'intermédiaire des Bacri et des Busnach, qui firent chèrement payer leurs services, d'autant plus que l'argent comptant manquait, et qu'on n'avait à leur offrir que des traites. Ils alimentèrent le trésor privé d'Hassan par les confiscations qu'amenait nécessairement chaque changement de Bey ; aussi ces mutations devenaient de plus en plus fréquentes. A Titeri, Mohammed-ed-Debbah avait été emprisonné après deux ans de gouvernement et remplacé en août 1794 par Ibrahim Boursali, qui avait été lui-même interné à Cherchel en juillet 1797 ; le Beylik fut donné à Sidi Hassen. A Constantine, le successeur de Salah, Hussein-ben-bou-Hanak fut emprisonné en novembre 1794 au profit de Mohammed-el-Ousnadji, qui, en décembre 1797, fut étranglé au moment où il revenait de la Tunisie, qu'il avait envahie à la tête de six mille hommes ; Ingliz-bey prit sa place. Le seul auquel on n'avait jamais osé toucher, le vieux Mohammed-ben-Osman, qui avait reçu le glorieux surnom d'El-Kebir, mourut subitement chez les Sbeah, en revenant d'Alger ; tout le monde crut qu'il avait été empoisonné.

Les Portugais ayant rompu la paix, le Dey s'en prit aux Anglais, par l'intermédiaire desquels le traité avait été fait ; il leur déclara la guerre, refusa d'entendre leur consul, qui s'était embarqué à la première alerte ; il fallut faire agir Bakri, qui se jeta aux pieds du Dey pour le fléchir. Un an après, ce même consul fut forcé d'offrir à la Régence un brik de vingt-quatre canons, pour apaiser une nouvelle querelle survenue à la suite de la capture d'un navire français dans les eaux algériennes.

Le 6 mai 1798, Jean Bon Saint-André remit les sceaux à M. Moltedo, auquel il adressa, dit-on, cette phrase, un peu empreinte de l'emphase de l'époque : « J'avais trouvé ici la France à genoux ; je vous la laisse debout. »

Cette parole est plus pompeuse que vraie ; car la nation française était la plus favorisée de toutes, lors de l'arrivée du successeur de Vallière ; il avait toutefois le droit de se vanter de l'habileté avec laquelle il avait su faire valoir les victoires de Bonaparte, le châtiment de Venise, et la libération des esclaves musulmans de Gênes et de Livourne ; enfin, c'était grâce à ses sages combinaisons que son pays avait pû transporter aux Bakri la dette contractée auprès du Dey, que la pénurie des finances ne permettait pas d'acquitter en ce moment.

Hassan Dey, mal soigné d'un abcès au pied, fut attaqué de la gangrène et mourut le 14 mai. Pendant sa courte maladie, une émeute avait éclaté, et une cinquantaine de janissaires avaient envahi et pillé la Jenina et la chambre même du moribond. L'Oukil-el-Hardj, accouru au bruit, chargea les mutins, en tua quelques-uns et fit étrangler ou bâtonner les autres. Le Khaznadji Mustapha, neveu du défunt, fut proclamé à sa place, et se trouva ainsi appelé à une dignité qu'il ne désirait pas, et qu'il offrit vainement à l'Agha des Spahis. Peut-être le nouvel élu se rendait-il compte de son insuffisance ; peut-être obéissait-il simplement à la crainte. Il était peureux, ignorant, brutal, et passait pour avoir des accès de véritable folie. Il avait été autrefois charbonnier, puis balayeur de la porte de l'Oukil-el-Hardj. Il devait son élévation à Busnach, qui l'avait fait nommer Khaznadji, afin d'être lui-même le maître de la trésorerie, et qui gouverna à sa place pendant tout son règne. A ses nombreux défauts, Mustapha joignait une cupidité excessive ; il débuta par s'emparer des trésors de son oncle, dont il rançonna la famille, et dont il fit emprisonner la femme et le beau-frère, jusqu'à ce qu'ils eussent indiqué l'endroit où Hassan avait caché quelques richesses ; il fit mourir sous le bâton quelques-uns de ses parents, disant à l'un d'eux, qui l'avait jadis injurié : « Tu vois ce que le fou fait de toi. » En même temps, il extorquait de l'argent aux consuls de toutes les nations par mille avanies, et continuait le système de confiscations de son prédécesseur. Les Beys de Titeri et de Constantine furent destitués, incarcérés, l'un en 1801, l'autre en 1803 ; le fils de Mohammed-el-Kebir, Osman, fut dépouillé de ses biens en 1800. L'Angleterre, l'Espagne et le Danemark furent maltraités ; le consul de Suède reçut du Dey, en pleine audience, un coup de sabre, qu'il eut le bonheur d'esquiver ; l'indignation était générale ; mais toutes les nations européennes avaient trop à faire à cette époque pour pouvoir se créer de nouveaux embarras de l'autre côté de la Méditerranée.

M. Moltedo, qui n'avait pas fait de présents au Dey en prenant possession de ses fonctions, était assez mal vu par ce souverain, qui s'obstinait à lui refuser la liberté des esclaves italiens réclamés par le Directoire.

Il n'était consul que depuis quelques jours, lorsqu'on apprit qu'une flotte française, portant une armée considérable, venait de prendre la mer. Les Algériens crurent que cet armement était dirigé contre eux, et l'effroi fut général ; ce sentiment se changea bientôt en une explosion de reconnaissance, lorsque les habitants virent arriver ceux de leurs compatriotes dont Bonaparte venait de briser les fers à Malte ; aussi le Divan resta sourd aux premiers ordres que la Porte lui donna après le débarquement des Français en Égypte. Le 16 octobre, arriva le premier firman de Selim III, accompagné du caftan d'investiture, de l'aigrette et du sabre ; il commandait à Mustapha de déclarer la guerre à la République ; une deuxième injonction fut envoyée le 22 novembre, et, sachant qu'il n'en avait été tenu aucun compte, poussé par les Anglais, qui prodiguèrent l'or à Constantinople et à Alger, le Grand Seigneur envoya le 19 décembre un Capidji Bachi, chargé de signifier ses volontés et de les faire mettre à exécution. A la suite d'une discussion orageuse, le Dey se décida à obéir, et fit emprisonner M. Moltedo, le Vicaire apostolique, le personnel du Consulat et une douzaine de résidents. Leur captivité fut, du reste, fort bénigne, et cessa quelques jours après le départ de l'ambassade turque ; elle fut adoucie par les soins des consuls d'Espagne, de Suède, de Danemark et de Hollande ; Bakri et Busnach, qui s'étaient opposés autant que possible à tout ce qui venait de se passer, ne cessèrent de solliciter le Dey en faveur des prisonniers ; leurs démarches ne furent peut-être pas uniquement guidées par la bienveillance ; car ils avaient fondé à Marseille d'importantes maisons de commerce, et le Directoire venait de donner l'ordre de séquestrer tous les biens des Turcs et sujets Barbaresques sur le territoire de la République, et d'incarcérer les Algériens ; lorsqu'on reçut à Paris les lettres dans lesquelles M. Moltedo rendait compte des bons traitements dont il avait été l'objet, ce décret fut rapporté. Dubois-Thainville fut nommé consul général à Alger, avec mission de traiter de la paix ; il y débarqua le 13 mai 1800, présenta au Dey une lettre du premier Consul, et conclut un armistice, qui fut transformé le 30 septembre 1800 en un traité définitif, malgré les Anglais, qui menacèrent la Régence d'une rupture ; Mustapha reçut un présent d'un million. Cette paix ne dura que quatre mois ; car l'Angleterre, plus écoutée à Constantinople qu'à Alger, arracha au Grand Divan de nouveaux ordres impératifs pour l'Odjeac, qui déclara de rechef la guerre le 25 janvier 1801. Néanmoins, on put voir combien il lui en coûtait d'obéir ; les Puissances ne dissimulèrent pas leur affliction ; Dubois-Thainville fut appelé à la Jenina, où il ne reçut que de bonnes paroles ; on lui donna le temps nécessaire pour que tous ses nationaux pussent s'embarquer commodément avec leurs biens ; la sécurité des navires français fut assurée ; enfin, le jour de son départ pour Alicante, il fut comblé de présents, de protestations d'amitié, et de vœux pour un prochain retour. Peu de jours après, Mustapha écrivit au premier Consul pour s'excuser, lui représentant qu'il avait eu la main forcée, et l'engageant « à armer beaucoup de vaisseaux pour intercepter et brûler ceux que le Sultan dirigerait du côté de l'occident » ; il terminait sa lettre en demandant le secret. Cette bonne volonté pour la République faillit lui coûter cher ; le Khodjet el-Kheïl, excité par l'amiral Keith et par le consul anglais Falcon, se mit à la tête d'une nouvelle conjuration. Le 18 septembre 1801, pendant que le Dey était à la mosquée, une partie des rebelles s'introduisit dans la Jenina et y proclama Ouali-Khodja ; au signal donné, Mustapha devait être massacré par leurs complices. Mais, soit que le cœur leur eut manqué, soit qu'ils se fussent trouvés tout de suite dans l'impossibilité de nuire, ils ne bougèrent pas, et les rebelles, assiégés dans le palais dont on perça les murailles, succombèrent sous le nombre. Peu de jours après, la France ayant fait la paix avec la Porte, Dubois-Thainville apprit qu'il pouvait rentrer à Alger ; pendant tout le temps de son absence, il avait été tenu au courant de ce qui se passait par Busnach. Il reprit possession du Consulat au commencement de novembre 1801, et fit proclamer le traité le 18 du même mois ; peu de jours après, il eut à apaiser de nouvelles querelles. Le Dey, qui s'était flatté à tort que la signature de la paix lui vaudrait de riches présents, manifesta sa mauvaise humeur, en refusant de châtier des Reïs qui venaient de commettre quelques infractions sur les côtes de la Provence ; il se livra à ce sujet aux inconséquences d'esprit qui lui étaient familières, menaçant de rompre sous les prétextes les plus futiles.

En moins de six mois, il se conduisit de la même façon avec toutes les nations européennes et avec les États-Unis ; la plupart des consuls achetèrent la tranquillité à prix d'or. En apprenant ce qui se passait, le premier Consul fut indigné, et dicta à Talleyrand l'ordre suivant : « Écrivez au citoyen Dubois-Thainville que mon intention est qu'il demande impérieusement la tête du Reïs qui a bâtonné un capitaine français dans la rade de Tunis, qu'il fasse restituer le bâtiment français qui est parti de Corfou, et qu'il réclame celui pris dans les îles d'Hyères ; qu'il doit faire connaître au Dey que, s'il continue à suivre les conseils de l'Oukil-Hardji, qui est ennemi de la France, il se perdra ; que personne ne m'a jamais insulté en vain, et que, s'il ne se comporte pas comme il doit, je suis dans le cas de le punir comme j'ai puni les Mameluks. Enfin, il prendra un ton très haut et très impérieux, parce que, effectivement, je préfère avoir une rupture avec Alger, et lui donner une bonne leçon, s'il en a besoin, que de souffrir que ces brigands n'aient pas pour le pavillon français le profond respect que je suis à même de les obliger d'avoir ; ... à la moindre chose qu'ils me feront, je les punirai comme j'ai puni les Beys d'Égypte. » Le 7 août 1802, une division navale paraissait devant Alger, sous les ordres du contre-amiral Leyssègues, qui avait à son bord l'Adjudant du palais, Hulin, chargé de remettre au Dey une lettre de Bonaparte, dans laquelle se trouvent les passages suivants : « Si Dieu ne vous a pas aveuglé pour vous conduire à votre perte, sachez ce que je suis et ce que je peux... Si vous refusez de me donner satisfaction, et si vous ne réprimez pas la licence de vos ministres qui osent insulter mes agents et de vos bâtiments qui osent insulter mon pavillon, je débarquerai quatre-vingt mille hommes sur vos côtes et je détruirai votre régence... Que vous et votre conseil réfléchissiez donc bien sur le contenu de cette lettre ; car ma résolution est immuable. » Cette attitude produisit l'effet voulu ; Mustapha terrifié passa soudain de l'insolence à une déférence absolue ; il reçut les officiers de l'escadre avec des honneurs inaccoutumés et les combla de prévenances, accorda toutes les satisfactions qui lui étaient demandées, et répondit à Bonaparte une lettre aussi humble que celle qu'il avait reçue était hautaine. Ali-Tatar, le Reis coupable, fut conduit devant le Consulat de France pour y être décapité, et il avait déjà la tête sur le billot lorsque Dubois-Thainville lui fit grâce au nom de la République ; les navires pris et leurs équipages furent rendus ; la pêche du corail fut rétablie, et le Bey de Constantine reçut des ordres sévères pour que la Compagnie d'Afrique ne fût plus molestée. L'orage se détourna sur l'Angleterre, le consul de cette nation, M. Falcon, ayant commis l'imprudence de recevoir chez lui, en plein jour, des femmes turques, vit violer son domicile par les chaouchs du Mechouar, qui châtièrent les femmes à coups de bâton ; le consul fut chassé et embarqué de force. Quelques jours après, l'amiral Nelson arriva avec sa flotte, et demanda satisfaction de l'outrage commis ; le Dey ne voulut rien accorder, et déclara qu'il était prêt à se défendre si on l'attaquait ; personne dans Alger ne doutait d'un bombardement ; les consuls se retiraient déjà dans leurs maisons de campagne, et chacun prenait les précautions d'usage, lorsque la flotte anglaise, à la grande surprise de tous, leva l'ancre et prit le large. Elle revint au mois de juin 1804 ; l'amiral avait à son bord un nouveau consul, M. Macdonell, qu'il était chargé d'installer en remplacement de M. Falcon, dont les torts étaient reconnus, mais pour le renvoi duquel on demandait quelques excuses. Mustapha s'entêta à ne pas en faire, et Nelson, qui avait reçu l'ordre formel de ne pas pousser les choses à l'extrême, s'éloigna de nouveau. Le gouvernement de la Grande-Bretagne ne tenait pas à se brouiller en ce moment avec la Régence, et les Algériens ne l'ignoraient pas ; telle fut la véritable raison de l'obstination du Dey. Les Anglais se vengèrent en lui suscitant des embarras ; ils favorisèrent l'insurrection kabyle de 1804, et plus d'un vit leurs mains dans les complots qui éclatèrent à cette époque.

Le 21 mars, comme le Dey était allé inspecter les travaux des carrières, il fut brusquement assailli par quatre Ioldachs, qui firent feu sur lui ; deux balles l'atteignirent, mais peu grièvement ; il mit le sabre à la main et se défendit, à l'aide de ses deux chaouchs, contre les assassins, qui le chargeaient à coups de yatagan ; les ouvriers, accourus au bruit, mirent fin à la lutte, qui se termina par le châtiment des conjurés ; Mustapha avait reçu plusieurs blessures aux bras et à la tête. Dans les premiers jours de mai 1805, il tomba dans une nouvelle embuscade, où il perdit deux doigts de la main droite, après avoir essuyé trois coups de feu, dont un tiré presqu'à bout portant, qui l'eût infailliblement tué, si la balle ne se fût amortie sur l'or contenu dans sa bourse ; le Khaznadji fut frappé de plusieurs coups de sabre. Tels furent les préludes de la révolution qui allait ensanglanter les rues d'Alger.

Depuis de longues années, les Algériens supportaient avec impatience la faveur dont les Juifs jouissaient auprès des Deys ; tant qu'ils étaient restés dans l'obscurité, se contentant d'accroître secrètement leurs richesses, et ne jouant aucun rôle politique apparent, ils avaient pu assurer leur sécurité au moyen de quelques présents distribués en temps utile. Mais lorsqu'ils voulurent joindre à la fortune les honneurs du commandement, et que, peu satisfaits de l'influence occulte qu'ils possédaient, ils voulurent l'étaler au grand jour, ils purent s'apercevoir qu'ils s'étaient trompés sur le caractère de ceux qu'ils cherchaient à dominer, et apprirent à leurs dépens que l'orgueil du Turc est plus fort encore que sa vénalité. Tout le monde se dressa contre eux, aussi bien la Milice et les Baldis, que les Berranis et les plus misérables artisans. Toutes les proscriptions et toutes les exactions du prince leur furent attribuées ; tous les puissants que renversait un caprice du Dey s'en prirent à eux ; le peuple les accusa d'affamer le pays par leur commerce de grains, et de monopoliser les denrées les plus nécessaires. Il régnait justement, à cette époque, une terrible famine, qui éprouvait surtout l'intérieur du pays, mais dont le contre-coup se faisait cruellement sentir à Alger. Loin de fuir devant l'orage qui le menaçait, Nephtali Busnach redoublait d'audace et d'arrogance ; les avertissements ne lui avaient pas manqué ; deux fois déjà, il avait été frappé en pleine rue à coups de poignard ; le consul de France l'avait informé du nouveau complot qui s'ourdissait contre lui ; il savait que les Beys de Constantine et d'Oran avaient engagé le Dey à se défaire de lui, l'accusant de ruiner et de pousser ainsi à la révolte les indigènes qu'ils commandaient. Tout fut inutile ; il persévéra dans la voie qu'il s'était tracée, espérant peut-être intimider ses ennemis à force de hardiesse et d'insolence.

Le 28 juin 1805, à sept heures du matin, comme il sortait de la Jenina, un janissaire nommé Yahia lui tira un coup de pistolet à bout portant en criant : « Salut au roi d'Alger ! » Les Noubadjis du palais accoururent, le sabre à la main : « J'ai tué le Juif, dit-il, êtes-vous donc les chiens du Juif ? » On le laissa passer, et il rentra dans sa caserne, où les Ioldachs le portèrent en triomphe ; on vint de tous côtés « baiser cette main qui avait délivré le pays du tyran ; » Mustapha, tremblant devant le danger, lui envoya son chapelet en gage de pardon.

Aussitôt que cette nouvelle se répandit dans la ville, l'émeute éclata furieusement ; tous, soldats, citadins, Maures, Kabyles, Biskris et Mozabites se ruèrent sur les Juifs, massacrèrent tout ce qui ne trouva pas son salut dans la fuite, et envahirent les maisons, où ils commirent toutes les violences imaginables, excités encore par les cris joyeux des femmes, qui applaudissaient à ce spectacle du haut des terrasses. Les magasins et la maison de Busnach furent les premiers dévastés ; Bakri parvint à s'échapper ; le nombre des victimes fut de plus de cinquante. M. Dubois-Thainville sauva deux cents personnes, qu'abrita le pavillon français.

Le Dey s'inclina devant la rébellion, et répandit l'or à profusion pour sauver sa propre tête ; il exila un très grand nombre des survivants, qu'il fit embarquer immédiatement pour Tunis, et promit à la Milice de ne plus admettre aucun Juif à la Jenina. Toutes ces lâchetés ne le sauvèrent pas ; le 30 août, à sept heures du matin, les janissaires proclamèrent l'ancien Khodjet el-Kheïl Ahmed, que Busnach avait jadis fait destituer. Mustapha, après avoir en vain offert aux soldats l'autorisation de piller la ville, demanda qu'il lui fût permis de s'embarquer pour le Levant ; cette faveur lui ayant été refusée, il chercha à fuir avec son Khaznadji, et à gagner un lieu d'asile, dont la porte se ferma devant lui ; c'est là qu'il fut égorgé ; son corps fut traîné dans les rues par la populace, et jeté devant la porte Bab-Azoun.

CHAPITRE VINGT-QUATRIÈME

LES DEYS (suite)

SOMMAIRE. — Ahmed. — Conspirations. — Révolte de Mohammed ben el Harche. — Révolte de Ben-Chérif. — Mekalech-Bey.— Sa mort. — Révolte de Bou-Terfas. — Protestation collective des consuls européens. — Cession des Etablissements à l'Angleterre. — Abdallah-Bey. — Sa mort. — Guerre de Tunis. — Révolte d'Ahmed-Chaouch. — Meurtre du Dey. — Ali-er-R'assal. — Désordres et supplices. — Meurtre du Dey. — Hadj'-Ali. — Sa cruauté. — Supplice des Beys d'Oran et de Constantine. — Altercations avec la France. — Napoléon fait reconnaître le littoral. — Révolte des Kabyles. — Guerre de Tunis. — Réclamations de Bakri. — Meurtre du Dey. — Mohammed-Khaznadji. — Il est étranglé.

Les émeutes d'Alger ne s'apaisaient pas en un jour ; celle qui suivit le meurtre de Mustapha dura tout un mois, pendant lequel les crimes les plus odieux furent impunément commis, sous l'inspiration de l'Agha de la Milice, qui, mécontent de n'avoir pas été élu, entretenait soigneusement un désordre dont il espérait profiter ; il cherchait à séduire les janissaires et le peuple en leur promettant un nouveau massacre des Juifs, lorsque le Dey, las de ses intrigues, le fit saisir inopinément et lui fit trancher la tête. Après cette exécution, le calme se rétablit peu à peu.

Ahmed formait un heureux contraste avec son prédécesseur; il était instruit, de manières affables, d'un caractère calme et résolu. On s'aperçut rapidement qu'il aimait à gouverner lui-même ; les consuls européens traitèrent désormais directement avec lui. Ses premiers soins furent donnés aux affaires de l'intérieur, qui les réclamaient impérieusement ; car, depuis plus de deux ans, la province de l'Est était en proie aux agitations. Après la révolte des Hanencha, réprimée par Ingliz-Bey, et celle des Nemencha, qu'Osman-Bey avait sévèrement châtiée, presque toute la Kabylie avait pris les armes en 1804, sous la conduite d'un Derkaoui fanatique du nom de Mohammed-ben-Abdallah-ben-el-Harche [1]. C'était un marabout marocain, qui, à son retour du pèlerinage de la Mecque, avait séjourné quelque temps en Egypte pour faire la guerre sainte aux Français ; de là, ramené à Bône sur un navire anglais, où il avait reçu des présents et avait été excité à créer des embarras au gouvernement de la Régence, il s'était établi, d'abord à Constantine, puis dans les environs de Djigelli. Tout en agitant le pays par ses prédications, il s'était mis à pirater, et, pour son coup d'essai, avait enlevé quelques barques de corailleurs. Son influence, appuyée de celles d'autres marabouts derkaouis, grandit si rapidement qu'il put appeler les montagnards aux armes dès l'été de 1804, et les entraîner à l'assaut de Constantine, au nombre de plus de soixante mille ; mais cette attaque désordonnée n'eut aucun succès ; le feu de la place fit de larges trouées dans la masse des assaillants, sur lesquels fondit le caïd Hadj'-Ahmed-ben-Labiad, qui les mit en déroute et leur tua un millier d'hommes. Osman-Bey, qui, au moment de cette alerte imprévue, se trouvait dans les environs de Sétif, où il faisait rentrer l'impôt, revenait à marches forcées au chef-lieu de son commandement ; il rencontra les fugitifs et leur infligea de nouvelles pertes.

L'émotion avait été grande à Alger, où les ennemis de la France faisaient courir le bruit que les rebelles étaient commandés par Jérome Napoléon ; cette absurde allégation trouva quelques crédules, bien que le prince sortît à peine de la ville, où il était venu réclamer les captifs français et italiens. Le Dey envoya l'ordre à Osman d'éteindre la révolte et de faire tomber la tête du Chérif. Tel était le titre dont s'était paré El-Harche, qui avait été blessé sous les murs de Constantine, et qui ralliait dans le Hodna ses contingents débandés. Le Bey marcha contre lui, l'atteignit chez les Beni Ferguen, et engagea le combat sur l'Oued-Zhour,

---

1. Voir les documents relatifs à la révolte des Ben-el-Harche dans la *Revue Africaine*, an. 1859, p. 209; an. 1862, p. 120; an. 1869, p. 211; an. 1870, p. 249.

aussitôt qu'il aperçut l'ennemi, sans même se donner le temps de rassembler ses forces. Celttc imprudente audace lui coûta cher ; il fut cerné dans un vallon marécageux, et succomba avec cinq cents Turcs et tout son goum. Son successeur Abdallah, plus prudent, battit le Chérif à Mila et dispersa ses bandes, pendant que le Reïs Hamidou châtiait les gens de Djigelli. El-Harche s'enfuit dans la montagne ; l'année suivante, aidé par le Marabout Ben-Barkat, il souleva les Kabyles voisins de la ville de Bougie, qu'il assiégea sans succès. Les désordres qu'il commettait dans le pays amenèrent une réaction contre lui ; les Oulad-Mokran, appuyés par quelques compagnies de Ioldachs, le battirent d'abord dans les environs de Sétif, puis en 1807 à Rabta ; il trouva la mort dans ce dernier combat. Peu de temps après, un autre Chérif, Mohammed-ben-Abdallah, qui se disait le neveu du précédent, chercha à raviver l'insurrection mal éteinte ; Mustapha-Bey le poursuivit avec vigueur, et finit par le priver de toutes ses ressources. Au bout de quatre ans de luttes, il succomba dans une embuscade qui avait été préparée par Si-Amokran.

La province d'Oran n'était pas plus tranquille que celle de l'Est ; depuis le jour où la cupidité de l'ancien Dey l'avait poussé à révoquer Osman pour s'emparer de ses richesses, et à le remplacer par le peureux et incapable Mustapha-el-Manzali, le pays s'était entièrement insurgé, sous l'inspiration du Derkaoui Ben-Cherif[1]. Toutes les villes de l'intérieur lui avaient ouvert leurs portes, en massacrant les garnisons turques ; de Miliana à Ouchda, toutes les tribus marchaient contre la bannière de l'Odjeac, qui ne flottait plus qu'à Mostaganem, Oran et Mers-el-Kébir. Le Dey remplaça l'impuissant Manzali par Mekalech, le digne frère du vaillant Osman ; il fut forcé de se rendre à Oran par mer, tous les chemins étant coupés, se mit à l'œuvre avec énergie, et apaisa la révolte au bout d'une lutte de quatre ans, pendant laquelle il dut reconquérir son Beylik pied à pied ; Ben-Cherif fut tué à la reprise de Mascara ; des milliers de têtes furent envoyées à

1. Voir, au sujet de la révolte des Derkaoua, la *Revue Africaine*, 1874, p. 38.

Alger, après la reddition de Tlemcen, qui fut mise à sac, et la province pacifiée reconnut l'autorité des Turcs. Le vainqueur devint l'objet de l'admiration du peuple et de la vénération de la Milice; ce fut la cause de sa perte. On excita contre lui les soupçons d'Ahmed, devant lequel il fut accusé de concussions et de férocité ; l'Agha Omar-el-Djeljii fut envoyé à Oran pour procéder à une enquête, dont le résultat était prévu d'avance; le fils de Mohammed-el-Kebir fut étranglé, après avoir subi d'horribles tortures sans vouloir révéler le lieu où il avait caché ses trésors. Les troubles recommencèrent aussitôt, fomentés par Bou-Terfas, beau-père de Ben-Cherif.

Dès son arrivée au pouvoir, le nouveau Dey avait imposé à Bakri une amende de cinq cent mille piastres fortes. Il en demanda deux millions au Portugal pour traiter, et refusa l'offre que lui fit cette puissance de se soumettre pour vingt ans à un tribut annuel de cinquante mille piastres. En 1807, il en obtint douze mille de l'Espagne ; de l'Angleterre, dix mille ; des Etats-Unis, cent mille ; de la Hollande, quarante mille ; de l'Autriche, cinquante mille. La complaisance de ces nations excita son orgueil, et il voulut mettre la France à contribution. Dubois-Thainville, qui savait comment Napoléon eut accueilli une semblable proposition, se montra très ferme, et ses refus ne lui attirèrent que quelques obsessions, bien que, à la suite du refus qu'avait fait la Régence de respecter les pavillons de Gênes et de Naples, on eût détenu les Algériens habitant Marseille, et mis l'embargo sur leurs vaisseaux et leurs marchandises. Les autres consuls ne furent pas aussi heureux ; l'exercice du pouvoir rendait peu à peu Ahmed violent et tyrannique comme ses prédécesseurs ; il voulut faire étrangler un capidji de la Porte, qui était venu en mission auprès de lui ; au mois de juin 1806, une division navale portugaise s'étant présentée devant Alger pour obtenir un traité, le consul anglais, qui avait eu des communications avec elle, fut insulté en plein Divan par le Dey, qui le traita d'espion et de Juif, et le menaça de mort. M. Frayssinet, consul de Hollande, fut mis à la chaîne à cause d'un léger retard dans l'envoi des présents ; M. Ulrich, consul de Danemark, reçut le même traitement pour un motif semblable. Cette fois, les consuls européens se conduisirent comme ils auraient dû le faire depuis longtemps. Émus par les souffrances de M. Frayssinet, auquel son grand âge rendait mortel le séjour du bagne, ils s'assemblèrent et rédigèrent une protestation collective, dans laquelle ils affirmaient leur solidarité, et réclamaient formellement l'inviolabilité diplomatique ; malgré les efforts que fit le Dey pour se dérober à une réponse formelle, il dut finir par céder devant la puissance d'une action commune, et de la menace d'un départ général, qui eût tari la source de ses revenus ; les captifs furent relâchés.

Au moment où Napoléon avait fait détenir les sujets et les vaisseaux de la Régence, le Dey, pour se venger, avait donné aux Anglais ce qu'ils convoitaient inutilement depuis si longtemps, les Établissements et les pêcheries de corail. Ces concessions tant désirées ne leur servirent pas à grand'chose ; ils furent mal reçus par les populations, et les tentatives de négoce qu'ils firent échouèrent complètement. Le Bey de Constantine, Abdallah, fut victime de cet incident ; ayant constaté que l'interruption du commerce des indigènes avec les Français causait un grand mécontentement dans le pays, et entravait la rentrée de l'impôt, il écrivit dans ce sens à Ahmed, qui, voyant dans cette démarche un acte d'insubordination, le fit étrangler, l'accusant d'ailleurs de favoriser les entreprises du Bey de Tunis Hamouda, auquel il venait de déclarer la guerre. Il lui reprochait d'avoir donné asile à l'ancien Bey de Constantine Ingliz avec la complicité duquel les troubles de l'Est avaient été fomentés par Hamouda, pendant les dernières années du règne de l'incapable Mustapha ; il exigeait le paiement du tribut de vassalité, auquel ce prince s'était soustrait depuis quelque temps, et le renoncement formel à toute prétention de souveraineté sur Tabarka. Après quelques tentatives d'accommodement, rendues inutiles par les exigences pécuniaires du Dey, la guerre éclata. Le Kiahia Soliman marcha sur Constantine à la tête de cinquante mille Tunisiens, et battit le nouveau Bey, Hossein-ben-Salah, qui s'enfuit à Djemila pour se rallier. Le vainqueur établit ses batteries sur le Mansoura, et canonna la ville pendant trente jours de suite ; les habitants se défendirent énergiquement.

Les secours d'Alger étaient arrêtés par les Flissas insurgés ; il fallut parlementer avec eux et acheter leurs chefs ; une fois l'accord conclu, ils se réunirent aux Turcs, espérant avoir leur part du pillage de Tunis, et marchèrent sous le commandement de l'Agha des Spahis, qui avait pris la route de terre avec la cavalerie et les goums, tandis que les Janissaires et l'artillerie avaient été embarqués pour Bône. A la nouvelle de l'arrivée de ces troupes, qui avaient fait jonction avec celles du Bey, Soliman leva le siège et prit position sur le Bou-Merzoug ; après un combat de trois jours, il fut battu et mis en déroute ; les Algériens firent un énorme butin et envoyèrent au Dey quarante mules chargées d'oreilles. Leur marche fut arrêtée au Kef par le caïd Youssef, qui, à la tête de dix-huit mille hommes, avait rallié les fuyards ; Hossein-ben-Salah eut le tort de s'entêter au siège de la ville, bien pourvue d'artillerie, et dont les fortifications avaient été récemment réparées ; le désordre se mit dans l'armée ; les Kabyles rentrèrent chez eux pour faire leurs récoltes ; les goums de la province, les Ferdjioua en tête, se laissèrent gagner par l'or d'Hamouda, et lorsque, le 10 juillet 1807, la bataille s'engagea sur l'Oued Serrat, elle fut fatale aux Turcs, qui se débandèrent après avoir subi de grosses pertes. Les uns s'engagèrent au service de Tunis ; d'autres restèrent à Constantine ; ceux qui revinrent isolément à Alger furent victimes de la colère d'Ahmed, qui les fit pendre aux créneaux de Bab-Azoun. Le Bey vaincu fut étranglé par ses ordres, et son successeur Ali, appelé à venger sa défaite, partit avec une nouvelle armée ; mais il était à peine arrivé au camp de l'Oued-Rummel, qu'il fut assassiné avec le Bach-Agha Hossein, dans une émeute militaire suscitée par l'aventurier Ahmed-Chaouch, qui se proclama de sa propre autorité Bey de Constantine. Cette ville, pendant les quinze jours que dura le règne du rebelle, fut mise à sac d'une façon continue ; les caisses du Trésor furent brisées, et chaque soldat reçut cent soltanis d'or ; les supplices se succédèrent sans interruption, au caprice de l'usurpateur. La population terrifiée n'osait pas bouger, et ne reprit un peu de vigueur qu'à l'apparition d'Ahmed-Tobbal, qui, venu d'Alger à marches forcées, la délivra de ce fou sanguinaire et châtia ses complices avec une extrême rigueur. Mais il n'y avait plus d'armée à envoyer contre Tunis, dont le Bey obtint la paix, à la seule condition de payer le tribut accoutumé.

Pendant le cours de ces événements, Napoléon avait envoyé à Alger le brik le *Requin*, dont le commandant était chargé de réclamer cent six captifs italiens, que le Dey s'obstinait à garder; cette fois, il dût céder à la fermeté de l'envoyé de l'Empereur, qui le somma de donner sa réponse avant deux jours. Il fut même sur le point de se réfugier avec ses trésors à bord du navire français; malheureusement pour lui, il reçut à ce moment même la nouvelle des succès d'Ahmed-Tobbal, et renonça au projet qui lui eût sauvé la vie.

L'orage s'amassait sur sa tête ; les soldats indisciplinés lui reprochaient leurs défaites, suivies des exécutions des fuyards et des rebelles. Mais le plus grand des griefs qu'on invoquât contre lui était la violation des vieilles coutumes, et les Baldis s'indignaient de la présence de sa femme dans le palais de la Jenina. Le 7 novembre 1808, une bande de cinq cents Turcs en força l'entrée, et envahit les cours et la salle d'audience, en proférant des cris de mort. Ahmed essaya en vain de s'échapper par les terrasses ; il fut renversé d'un coup de feu, et décapité ensuite; son corps fut traîné dans les rues.

Les assassins élurent immédiatement un d'entre eux, Ali er R'assal, qui avait été, comme ce surnom l'indique, laveur de cadavres, avant d'être Oukil d'une petite chapelle, et, plus tard, Khodja d'audience. Il était faible d'esprit, fanatique et cruel ; son premier soin fut de faire mettre à mort tous les ministres de son prédécesseur, et son court règne ne fut qu'une émeute perpétuelle. Le désordre était arrivé à son apogée, et la Milice elle-même se divisait en deux parties ; dès les premiers jours de l'installation du nouveau Dey, les mécontents, que les dons de joyeux avènement n'avaient pas satisfaits, étaient venus tumultueusement demander le partage du Trésor public; Ali s'était contenté de leur répondre qu'ils en étaient les maîtres, mais qu'il faudrait ensuite arriver à leur licenciement, faute d'argent pour faire la solde.

Les Ioldachs s'assemblèrent alors en un Divan, dans lequel on mit en délibération le pillage de la ville, et cette solution eût prévalu, sans l'opposition des Janissaires mariés, dont la plupart étaient propriétaires ; ils déclarèrent qu'ils allaient se mettre à la tête des Maures et des Colourlis, et organiser la défense. Comme ils eussent ainsi réuni une force décuple de celle des assaillants, ceux-ci reculèrent devant un combat dont ils pouvaient d'avance prévoir le résultat ; mais l'assemblée fut des plus orageuses ; on se sépara au milieu des injures et des menaces de mort, et, dès ce moment, la ville se trouva divisée en deux camps ; chacun des deux, s'attendant sans cesse à être attaqué par l'autre, ne dormait que la main sur ses armes. Quelques jours après cette singulière séance, les agitateurs envoyèrent une députation au Dey, pour le prier de donner l'ordre du pillage ; celui-ci trouvait leur désir tout naturel, mais les engageait avant tout à s'accorder entre eux, pour éviter une lutte fratricide, et leur conseillait de procéder régulièrement, maison par maison, et de verser le butin à une masse commune, qui eût été ensuite équitablement partagée. Sur ces entrefaites, eut lieu le retour du camp d'Oran ; ce contingent vint grossir le nombre des défenseurs de l'ordre, qui s'étaient retranchés dans la Caserne Verte, dont ils avaient fait leur quartier général, sous les ordres d'Omer-Agha. Ils y tinrent un conciliabule dans lequel la mort d'Ali fut décidée ; le 7 février 1809, les conjurés envahirent son palais et voulurent le forcer à s'empoisonner; il s'y refusa, en alléguant des scrupules religieux, et fut étranglé.

Omer-Agha ayant refusé d'accepter la dignité qui lui fut offerte, le Khodjet el-Kheil Hadj'-Ali, fut proclamé dey ; il était ignorant et fanatique comme son prédécesseur ; sombre, atrabilaire, soupçonneux, il se gorgeait d'opium, restant dans une apathie voisine de l'imbécillité tant qu'il n'avait pas pris sa dose accoutumée, et tombant dans des accès de démence furieuse quand il la dépassait; en sorte que ceux qui avaient à lui parler d'affaires n'avaient qu'un très court moment de la journée à choisir. La plupart des Deys avaient été sanguinaires ; celui-ci les dépassa tous. Il avait un goût particulier pour les supplices atroces, la roue, le pal et les ganches. Il faisait emmurer devant lui pour les fautes les plus légères, et la porte Bab-Azoun était toujours couronnée de têtes coupées. Dès les premiers jours de son règne, il fit mettre à mort Bakri, accusé de servir d'espion au Sultan, puis son dénonciateur Ben Taleb, et Ben Duran, qui dirigeait les affaires des héritiers de Bakri ; il donna l'ordre d'étrangler Ahmed Tobbal, le Bey de Constantine, pour avoir vendu du blé aux Juifs ; cet acte aussi barbare qu'injuste raviva les troubles dans la province de l'Est. Celle d'Oran était en pleine conflagration ; le Bey, Bou-Kabous, qui avait refusé d'envoyer des contingents pour la dernière guerre de Tunisie, ne voulant pas, disait-il, désobéir au Sultan, s'était allié au Maroc, avait chassé les garnisons turques, et occupait le pays jusqu'à Miliana. Il fallut faire marcher contre lui une armée de huit mille hommes, à laquelle il eût facilement résisté, si ses partisans ne l'eussent abandonné. Battu sur la Mina, et poursuivi jusqu'à Oran, il fut pris et périt dans d'horribles tortures ; sa peau, bourrée de paille, fut envoyée à Alger.

M. Dubois-Thainville, qui avait eu quelques difficultés avec le Dey, à cause du refus des présents d'avènement, était parti pour la France le 17 juin 1809, laissant l'intérim à son vice-consul Raguesseau de la Chesnaye. Celui-ci fut embarqué de force sur un navire américain le 1er avril 1810, à la suite d'une violente altercation qu'il avait eu avec l'Oukil el-Hardj de la marine ; les consuls protestèrent, et la chancellerie française s'abstint de tout acte public jusqu'au dénouement de l'incident et au retour de Thainville, qui eut lieu au mois de septembre. L'empereur Napoléon n'exigea aucune réparation ; car il était parfaitement décidé à en finir une fois pour toutes avec les puissances barbaresques, et l'annexion de l'Afrique du Nord formait le sujet d'un des articles du traité secret conclu avec la Russie. Le commandant du génie Boutin avait été envoyé au printemps de 1808 pour lever le plan d'Alger et de ses environs ; les cartes et le rapport qu'il adressa au ministre de la guerre furent plus tard d'une grande utilité. Mais, à cette époque, Alger fut sauvée une fois encore par les dissensions des nations européennes. Hadj'Ali, dans ses moments lucides, manifestait souvent sa crainte de voir débarquer le *Diable Français*; il comblait alors le consul de bons procédés; le lendemain, excité par les héritiers Bakri, il le sommait de payer la dette contractée par la République, et se répandait en menaces.

Malgré les flots de sang versés, le désordre continuait à être fort grand à Alger et dans tout le pays. Les Kabyles, de nouveau révoltés, battaient en 1810 le camp de l'Est; le Bey de Tunis, auquel on voulait imposer la démolition du Kef et l'abaissement de sa bannière devant celle d'Alger, refusait de souscrire à ces humiliantes conditions et continuait la guerre ; la flotte algérienne bloquait la Goulette, sous les ordres du reïs Hamidou, qui enlevait à l'ennemi une frégate de 38 canons, seul trophée des Algériens pendant cette longue lutte. Ce reïs, qui était devenu célèbre pour avoir pris un navire de guerre aux Portugais, avait donné à la Course une sorte d'élan ; les vaisseaux espagnols et portugais étaient ses principales victimes ; le Consul de la première de ces deux nations fut frappé au visage par l'Oukil-el-Hardj de la marine, au moment où il exposait ses griefs; cette injure resta impunie.

La guerre fut déclarée aux États-Unis, dont le chargé d'affaires fut expulsé. Au mois de juillet 1813, l'Agha Omer et Naman, bey de Constantine, mirent le siège devant le Kef; ils furent battus et poursuivis l'épée dans les reins, jusqu'au Hodna ; il est probable que leur défaite fut due en partie à la trahison des contingents kabyles ; car, à son arrivée à Alger, Omer fit décapiter plusieurs de leurs chefs et deux cent soixante goumiers. Depuis longtemps, la Porte avait vainement cherché à rétablir la paix entre les deux Régences voisines; les Capidjis-Bachis qu'elle avait envoyés n'avaient essuyé que des refus et parfois des injures : « Nous sommes les maîtres chez nous, leur était-il répondu, et nous n'avons d'ordres à recevoir de personne ». Mais le sultan Mahmoud n'était pas d'un caractère à se laisser traiter impunément de la sorte ; il mit l'embargo sur les navires et les sujets de la Régence et fit dire à Hadj' Ali, que, s'il n'obéissait pas immédiatement, il allait faire partir ses flottes et son Capitan-Pacha, en le chargeant de rapporter la tête du vassal désobéissant ; cette fois, le Dey s'inclina et la paix fut conclue.

Les embarras augmentaient; les tribus du Sud, insurgées, venaient de battre le Bey de Titeri ; en 1814, les Flissas pillaient le pays jusqu'à la Mitidja, et le caïd du Sebaou, tout en leur coupant soixante têtes, ne pouvait apaiser complètement la révolte ; dans la province de Constantine, le barbare Mohammed Tchakeur, qui remplaçait Naman, soulevait tout le pays contre les Turcs par ses cruautés et le dévastait par des razzias continuelles ; il attirait les Oulad-Mokran dans une embûche et les faisait égorger traîtreusement ; un seul d'entre eux échappait à ce massacre. Sur ces entrefaites, on apprit à Alger les événements qui venaient d'amener la Restauration de la maison de Bourbon, et, le 6 juillet 1814, le brick le Faune vint demander au Dey la ratification des traités. Les héritiers Bakri profitèrent de cette occasion pour renouveler leurs réclamations ; ils avaient eu l'adresse d'intéresser Hadj Ali au recouvrement de ce qui leur était dû, et celui-ci somma le consul de payer à bref délai. M. Dubois-Thainville, qui n'avait pas d'ordres précis à ce sujet, ne pouvait rien faire, et s'embarqua pour la France le 19 octobre, laissant les sceaux à son chancelier. La paix n'avait pas été de longue durée entre Alger et Tunis, dont le Bey, se sentant soutenu par l'insurrection permanente des tribus de l'Est, refusait de souscrire à la démolition des remparts du Kef, qu'on exigeait de lui. La guerre avait donc recommencé, et elle était très impopulaire dans la Milice. La décomposition de l'Odjeac s'accentuait de plus en plus ; les Janissaires, qui, autrefois, malgré la turbulence de leur esprit, observaient dans les camps une rigoureuse discipline, s'y révoltaient maintenant sous le moindre prétexte ; ils avaient perdu jusqu'à leur antique courage, et cette troupe qui, jadis, ne craignait pas de se battre un contre cent, prenait aujourd'hui la fuite devant quelques indigènes mal armés. Depuis longtemps, elle avait formé le projet de se débarrasser du souverain, qui ne se maintenait que par la terreur ; Omer-Agha, auquel les conjurés avaient offert le trône, ne voulait pas l'accepter ; des contes étranges, précurseurs habituels d'une révolution algérienne, couraient par la ville :

on affirmait qu'un marabout vénéré à Coléah était sorti de son tombeau pour maudire le tyran et prédire l'arrivée des Infidèles ; malgré la dureté avec laquelle le Dey châtiait les colporteurs de ces bruits, ils prenaient de jour en jour plus de consistance, et chacun s'attendait à quelque chose d'extraordinaire.

Hadj' Ali se livrait aux débauches les plus honteuses, et le bain du Palais en était le théâtre préféré. C'est là qu'il fut étranglé le 22 mars 1815, par un jeune nègre, son favori, qui avait été soudoyé pour le faire disparaître secrètement, et qui fut lui-même mis à mort sur place. La foule acclama le Khaznadji Mohammed, dont le pouvoir dura exactement quinze jours, au bout desquels il fut emprisonné, pour avoir ordonné le recensement de la Milice ; l'on sait que cette opération cause toujours aux Orientaux une sorte de terreur superstitieuse ; de plus, l'acte était impolitique, en ce qu'il dévoilait l'état de faiblesse auquel était tombé un corps jadis si puissant ; en effet, on n'avait pu compter que quatre mille hommes, parmi lesquels plus de sept cents étaient incapables de tout service. Le malheureux Dey fut étranglé dans sa prison, le 7 avril, au point du jour, et remplacé par Omer-Agha, qui, après avoir si longtemps refusé de régner, se vit cette fois forcé d'accepter ces redoutables fonctions.

CHAPITRE VINGT-CINQUIÈME

LES DEYS (Suite)

SOMMAIRE. — Omer. — Guerre avec les Etats-Unis d'Amérique. — Expédition de Lord Exmouth. — Troubles, peste, meurtre d'Omer. — Ali-Khodja. — Abaissement de la Milice. — Hussein-Khodja. — Troubles dans l'intérieur. — Expédition de Sir Harry Neal. — Insulte faite au consul de France. — Blocus d'Alger. — Mission de M. de La Bretonnière.

Quelques jours après l'élévation d'Omer, Alger apprit que Napoléon, quittant l'île d'Élbe, était remonté sur le trône. Le 30 mai, la gabarre l'Egérie venait en apporter l'avis officiel au Gouvernement de la Régence ; elle avait à son bord M. Dubois-Thainville, nommé pour la deuxième fois Consul Général ; mais, tout en recevant avec les honneurs accoutumés le navire français, le Dey se refusa à admettre le nouveau fonctionnaire, jusqu'à ce qu'il lui eût donné une réponse catégorique au sujet de la créance Bakri. Il fallut demander en France de nouveaux ordres, qui n'arrivèrent jamais ; car l'abdication de l'Empereur entraîna le remplacement de Dubois-Thainville par Deval, qui, n'ayant aucun engagement antérieur, ne fut pas tourmenté à ce sujet, quand il prit possession de sa charge. Les événements qui venaient de procurer la paix à l'Europe devaient fatalement amener la chute de l'Odjeac, qui n'avait dû sa longue existence qu'à l'appui qu'il avait trouvé, tantôt chez l'une, tantôt chez l'autre des nations rivales. Au congrès de Vienne, les puissances s'accordèrent en principe sur la destruction de la piraterie et sur le châtiment à infliger aux Etats Barbaresques. Déjà, pour venger les offenses reçues en 1812, les Etats-Unis venaient d'envoyer dans la Méditerranée une division navale, sous les ordres du commodore Decatur ; il devait exiger des excuses, la restitution des prisonniers, et l'abolition du tribut annuel et du droit de visite. Le 17 juin 1815, en vue du cap de Gate, il rencontra le Reïs Hamidou, monté sur une frégate de 46 canons, qui fut prise après un combat assez vif, dans lequel l'amiral d'Alger trouva la mort. Le 19, les Américains s'emparèrent d'un brick de 22 canons, et vinrent mouiller dans la rade avec leurs deux captures, le 24 juin ; l'effroi et la douleur régnèrent dans la ville, où on s'était habitué à considérer Hamidou comme invincible. Après quelques jours de discussion, le traité fut signé le 7 juillet. En même temps, une division de six frégates hollandaises, chargée d'obtenir de semblables conditions, mettait le blocus devant Alger, et la flotte anglaise y paraissait sous le commandement de l'amiral Lord Exmouth ; un traité en faveur de la Sardaigne et de la Sicile fut conclu par les soins de ce dernier, qui fit encore reconnaître à la Régence le protectorat de la Grande-Bretagne sur les îles Ioniennes. Le 15 mai 1816, il revint, déclara, au nom de toutes les puissances de l'Europe, l'abolition de l'esclavage, et somma le Dey de se conformer à cette décision. Cette notification fut accueillie avec un extrême étonnement, et irrita tout le monde ; les Algériens se demandaient de quel droit les Chrétiens voulaient les forcer à détruire une institution consacrée chez eux par la coutume et par la religion elle-même ; Omer refusa d'entendre plus longtemps Lord Exmouth, répondant qu'il trouvait très extraordinaire qu'aucun des consuls ne lui eût encore transmis cette proposition, s'il était vrai qu'il y eût consentement unanime des nations. La populace s'ameuta et insulta l'amiral à la sortie du Divan ; deux capitaines anglais furent arrêtés, ainsi que le consul Mac-Donell, dont la maison fut pillée et la famille maltraitée. Personne ne doutait qu'il ne fût tiré une vengeance immédiate de ces outrages, et les consuls s'occupaient déjà de mettre leurs femmes et leurs enfants à l'abri des bombes, lorsque, à la grande stupéfaction de tous, la flotte appareilla le 22 ; le Dey avait mis toutes les batteries en bon état de défense, et envoyé l'ordre au Bey de Constantine de détruire les Concessions et de s'emparer de leur personnel. Le féroce Tchakeur pilla et brûla les Établissements ; deux cents personnes furent tuées ou blessées ; huit cents autres furent emmenées en esclavage. Comme d'habitude, une révolte des tribus suivit cette exécution ; les Oulad bou Rennan et les Beni-Adjab infligèrent au Bey une sanglante défaite.

En Angleterre, l'opinion publique s'était émue, et reprochait à l'amiral de n'avoir pas montré assez de vigueur. De nouveaux ordres lui furent envoyés, et, après avoir fait sa jonction avec la division hollandaise commandée par M. Van Capellen, qui, dès le 3 juin, était venu lancer quelque boulets snr Alger, il parut dans la rade le 27 août, avec trente-deux vaisseaux de guerre [1].

Toutes les dispositions avaient été prises pour le recevoir énergiquement ; les Beys de l'intérieur étaient accourus à la tête de leurs contingents, et le Dey avait établi son quartier général dans la batterie du phare. Le consul de France, auquel il témoignait beaucoup d'amitié, avait cherché à lui persuader de faire la paix, représentant que les temps étaient changés, et que l'Europe unie ne tolèrerait plus que l'Odjeac rançonnât les petites puissances : « Alors, que veux-tu que je fasse de ma Milice ? répondit Omer. Avec quoi la nourrirai-je ? Comment faire pour la contenir ? » En fait, il subissait, comme tous ses prédécesseurs, l'inexorable fatalité qui le contraignait, bon gré, mal gré, à un état de guerre permanent.

Vers neuf heures du matin, Lord Exmouth détacha un canot qui arborait le drapeau blanc, et le fit remorquer par le Severn. L'officier qui montait cette embarcation portait une missive, dans laquelle une solution immédiate était exigée ; comme il était facile de s'y attendre, le Dey ne put pas donner une réponse catégorique, et, à deux heures et demie, le parlementaire sortait du port, en signalant l'insuccès de sa démarche. Pendant ce temps, la flotte, profitant d'un léger vent du nord, s'était approchée à moins d'un mille de la ville et avait mis en panne, en sorte qu'au premier avertissement donné par le canot, chaque navire fut mouillé en quelques

---

[1]. Voir la *Revue Africaine* 1875, p. 194, et l'*Histoire d'Alger* et du bombardement de cette ville en 1816. (Paris, 1830, in-8), p. 354.

instants à sa place de bataille. L'Amiral, qui faisait flotter son pavillon sur le vaisseau à trois ponts *The Queen Charlotte*, avait pris son poste de combat à l'entrée même du port, en sorte qu'il enfilait le môle dans toute sa longueur. Devant cette attitude hostile, la batterie de l'îlot tira trois coups de canon à courts intervalles ; au premier, Lord Exmouth fit le signal : Etes vous parés ? et au second, celui : « Feu partout ! » Le troisième coup se confondit avec la bordée de la flotte entière. Envoyée à un quart de portée, elle jeta dès la première minute un terrible désordre dans les batteries supérieures du Fanal et dans celles du môle. Sur quarante-deux canonnières, qui se trouvaient groupées dans le port, trente-trois furent coulées en quelques instants par le *Leander*, avant d'avoir pu prendre leurs dispositions pour la défense ; car personne à Alger ne croyait à une attaque de ce genre ; ce sentiment était tellement général, qu'une grande partie de la population était descendue sur la jetée pour voir les vaisseaux anglais ; les premières bordées de l'amiral tuèrent un grand nombre de ces curieux inoffensifs. Les forts et le front de mer de la place étaient armés d'environ cinq cents bouches à feu de tout modèle et de tout calibre ; mais beaucoup de ces pièces se trouvaient depuis longtemps hors d'usage, et l'on en voyait quelques-unes qui dataient du temps de Kheïr-ed-Din. Aussitôt remis de la première surprise, les Turcs ripostèrent bravement, et la canonnade devint épouvantable de part et d'autre ; mais le premier feu avait assuré le succès aux assaillants, dont la mitraille avait balayé les batteries hautes et le môle, qui durent se taire au bout d'une demi-heure. A cinq heures, il y eut une légère interruption, et le combat recommença ensuite jusqu'à minuit environ. Deux frégates algériennes, incendiées par l'ennemi, vinrent à la dérive, et forcèrent les assaillants à s'éloigner, en faisant office de brûlots ; quelques canonnières flambaient dans le port, ainsi que plusieurs maisons dans la ville ; un orage, qui venait d'éclater, ajoutait à l'horreur du spectacle. Les Turcs avaient perdu cinq cents hommes, et la plupart des ouvrages de défense étaient bouleversés ; presque toutes les habitations avaient été plus ou moins atteintes ; beaucoup d'habitants étaient tués ou blessés. L'escadre alliée comptait huit cent quatre-vingt-trois hommes morts ou hors de combat, une bombarde coulée et de graves avaries. Elle avait tiré plus de cinquante mille boulets et neuf cent soixante obus. Les deux chefs avaient montré un égal courage ; Omer était resté dans la Tour du Fanal jusqu'à son écrasement complet, et Lord Exmouth, qui avait choisi le poste le plus dangereux, avait été atteint trois fois. Mais les vaincus se plaignirent, longtemps encore après, d'avoir été abusés par de fausses démonstrations, et ils accusèrent leurs ennemis de mauvaise foi. Ils soutenaient qu'il n'était pas permis de se servir du pavillon parlementaire pour venir prendre des positions de combat, effectuant ainsi à l'abri de tout danger une des parties les plus périlleuses de l'opération. Sans cette manœuvre, qu'ils qualifiaient de perfide, jamais l'amiral, disaient-ils, n'eut pu arriver à la place d'où il lui avait été permis d'annihiler en peu de minutes leurs plus redoutables défenses, et de détruire la flottille dont il aurait eu à craindre les attaques. Le fait est que, si les Turcs ne furent pas induits en erreur, on comprend difficilement qu'ils aient laissé les Anglais mouiller à un quart de portée de canon sans essayer de les en empêcher, et il est certain, qu'à la vue du pavillon blanc, la population montra une confiance qui lui coûta cher.

Quoiqu'il en soit, les forts étaient démantelés, les pièces bousculées sur leurs affûts brisés ; la poudre manquait, et les artilleurs étaient presque tous tués ou blessés ; il ne restait plus qu'à se soumettre ; car on ignorait à Alger que l'amiral, ayant épuisé tous ses projectiles, était hors d'état de renouveler le combat. Le 29, Omer envoya au vainqueur le consul de Suède, qui revint, accompagné du capitaine Brisbane et de Sir Charles Penrose. L'entente se fit sur les conditions suivantes : 1° l'abolition de l'esclavage ; 2° la libération de tous les esclaves chrétiens, au nombre de 1200, presque tous Italiens et Espagnols ; 3° une réparation pécuniaire d'environ 500,000 francs. Mais, contrairement aux vœux émis à Vienne et à Aix-la-Chapelle, le Dey resta libre de faire la Course sur les petites puissances, à la seule condition de traiter les captifs comme prisonniers de guerre, et non comme esclaves. Il se prévalut de cet oubli pour réclamer immédiatement le tribut de la Toscane, de la Suède et du Danemark. Les Reïs reçurent l'ordre de courir sur les marchands de Hambourg, Brême, Lubeck et sur les navires Prussiens. Les Etats-Unis profitèrent habilement de la faiblesse de la Régence pour obtenir de bonnes conditions ; leur escadre se présenta dans la baie quelques jours après le départ des Anglais, et renouvela le traité conclu par le commodore Decatur.

Après la défaite, l'émeute ; telle était la coutume d'Alger. La Milice se révolta donc ; elle voulut piller la ville, et surtout les habitations des Juifs, victimes désignées d'avance dans les émotions populaires. Omer parvint encore cette fois à apaiser le tumulte, grâce à son sang-froid, et à l'argent qu'il fit distribuer ; mais son autorité avait reçu le coup fatal ; une croyance superstitieuse s'était répandue parmi les habitants, et on disait autour de lui « qu'il portait malheur. » Le jour du bombardement, les janissaires lui en avaient fait le reproche, et il avait très noblement répondu que, « si le sacrifice de sa vie pouvait assurer le bonheur de l'Odjeac, il était prêt à le faire. » Il y eut quelques mois d'accalmie ; la Porte avait envoyé en présent une frégate, deux corvettes, des canons, des munitions et des artilleurs ; on travailla à la réfection des remparts, et, comme les esclaves chrétiens faisaient défaut, on abolit la peine de mort pour les criminels arabes qui furent dès lors condamnés aux travaux-forcés.

La peste éclata au milieu de l'hiver et fit de grands ravages dans la ville et les environs. Cette épidémie fut mise sur le compte de la mauvaise étoile d'Omer, dont la mort parut être décidée par Dieu lui-même. Le 8 octobre, quelques jours après la rentrée du camp de l'Ouest, une bande d'assassins envahit la Jenina, et étrangla le Dey, qui ne fit aucune résistance. N'ayant pas brigué le pouvoir, qu'il n'avait accepté qu'avec répugnance, il mourut sans faiblesse, laissant le souvenir d'un des meilleurs princes qui aient jamais gouverné Alger.

Ali-Khodja lui succéda. Il montait sur le trône avec l'intention bien arrêtée de se soustraire au joug de la Milice et de se débarrasser de cette troupe indisciplinable ; dès le premier jour de son règne, il mit ses projets à exécution. Tout d'abord, il quitta la Jenina, et vint s'enfermer dans la Casbah, qu'il avait soigneusement armée ; il y transporta inopinément le Trésor public[1], et se fit garder par une troupe de deux mille Kabyles. En même temps, il faisait emprisonner et exécuter les principaux agitateurs, excitait les Colourlis à s'armer et à se réunir autour de lui, lançait une proclamation par laquelle il apprenait aux Turcs, qu'il voulait être le maître, qu'il traiterait bien ceux qui consentiraient à obéir ; il laissait les autres libres de retourner dans le Levant, d'où il ne voulait plus, disait-il, tirer de recrues. Il fit chasser des casernes les concubines des Ioldachs, et ferma les tavernes où l'on vendait du vin contrairement aux prescriptions du Coran. Ce fut une véritable révolution. Les mécontents qui essayèrent de se soulever furent sabrés par la garde d'Ali ; d'autres s'enfuirent et trouvèrent un asile au camp de l'Est, qui s'insurgea et s'avança sur Alger à marches forcées. A cette nouvelle, Ali dépêcha des émissaires en Kabylie pour exciter les indigènes à fermer le passage des Bibans à la troupe turque ; mais celle-ci avait déjà franchi les points les plus dangereux, et ne perdit en route que quelques traînards. Elle arriva exaspérée sous les murs d'Alger le 29 novembre, et réclama à grands cris la tête du Dey ; celui-ci avait pris ses précautions ; une petite armée de six mille colourlis, bien commandée par des officiers turcs partisans d'Ali, occupait les abords de la place. Les rebelles cherchèrent un instant à négocier ; Yahia-Agha, qui avait été envoyé à leur rencontre, ne voulut rien entendre, et les somma de se rendre à merci. Le combat s'engagea ; le fort l'Empereur et le fort Bab-Azoun ouvrirent un feu terrible sur les flancs de la masse compacte

---

1. C'est ce déplacement de la Khazna qui a enfanté la légende bizarre du trésor transporté à la Casbah en une seule nuit, et à l'insu de tout Alger. On a peine à comprendre qu'il y ait eu des gens assez crédules pour accepter une telle invraisemblance ; ils eussent dû se souvenir que ce transfèrement nécessita mille six cent cinquante voyages de mulet. (Documents fournis à la commission d'enquête de 1830). Sans doute, ils eussent alors vu clairement qu'il n'est pas possible de dissimuler un semblable cortège aux yeux de toute une population, la plus curieuse qui soit au monde, et cela, à travers des rues tellement étroites que les bêtes de somme ne pouvaient y cheminer qu'une à une, sous les regards de tous.

des assaillants, que la garde kabyle et les colourlis chargeaient en tête. Les janissaires furent écrasés ; ils perdirent douze cents soldats et cent cinquante chefs ; les prisonniers furent empalés ou torturés ; on dit que le vainqueur en tua deux de se propre main. Le 2 décembre, les survivants implorèrent l'*aman*, qui leur fut donné ; beaucoup d'entre eux demandèrent à être rapatriés à Smyrne et à Constantinople, ce qui leur fut accordé sans difficultés.

A l'intérieur, la province de Constantine était en feu. Le Bey Tchakeur s'était laissé cerner par les Ouled Derradj, avait été forcé par eux de souscrire à d'humiliantes conditions, et voyait tout le monde se révolter contre lui. Soupçonné par les Puissances de connivence avec la Tunisie, il fut remplacé par Kara Mustapha, et s'efforça un moment de résister ; mais, abandonné de tous les côtés, il tomba entre les mains de son successeur, qui le fit étrangler.

Cependant Ali, qui avait célébré sa victoire par trois jours de réjouissances publiques, pendant lesquels il avait reçu les félicitations du corps consulaire, n'avait pas tardé à se laisser gagner par cette sorte de folie despotique qui fut l'apanage de presque tous les Deys. Il lançait les décrets les plus bizarres ; par crainte de la famine, il taxait le blé à un prix arbitraire, et défendait, sous peine de mort, d'en acheter au-dessus du tarif ; cette mesure amenait naturellement la disparition de la marchandise, et les ordonnances les plus contradictoires se succédaient en vain pour la rappeler. Un autre jour, il donna l'ordre de jeter à la mer toutes les filles de joie ; toutefois, il se laissa persuader de commuer ce châtiment draconien en un exil perpétuel à Cherchel.

Le premier mars 1818, il fut frappé de la peste, qui n'avait pas quitté Alger, et mourut, en désignant pour son successeur le Khodjet el Kheil Hussein, qui fut aussitôt proclamé sans opposition. Il ne désirait pas monter sur le trône, et ce fut son entourage qui l'y contraignit. Son premier acte fut la proclamation d'une amnistie générale, et l'annulation de la plupart des décrets de son prédécesseur. Mais, aussitôt délivrés de la crainte salutaire que leur avait inspirée Ali, les Ioldachs recommencèrent à conspirer, et le nouveau Dey n'occupait le pouvoir que depuis peu de jours, quand il fut l'objet de deux tentatives d'assassinat. A partir de ce moment, il se tint renfermé dans la Casbah, s'y faisant garder par les Zouaoua.

L'intérieur du pays était livré à l'anarchie la plus complète; à l'Est, les Nemencha, l'Aurès, le Souf étaient en pleine révolte ; le Bey de Constantine Ahmed les soumit après une guerre de trois ans; mais leur docilité ne fut pas de longue durée; en 1823, il fallut y retourner avec un succès incertain.

L'aîné des fils de Sidi Ahmed Tedjani, Mohammed-el-Kebir, appuyé sur de nombreux serviteurs religieux, avait déclaré son indépendance, et résistait dans Aïn-Madhi ; Yahia-Agha, chargé de lui imposer l'obéissance, voulut joindre à son armée les goums des Ameraoua ; ceux-ci déclarèrent ne devoir le service militaire qu'en Kabylie seulement ; il y eut à ce sujet un conflit qui embrasa tout le pays. Les Guetchoula prirent les armes et détruisirent Bordj-Boghni. Mohammed-ou-Kassi battit Yahia devant Makouda, et se disposait à agrandir le terrain de la lutte, quand il fut traîtreusement assassiné, en 1820, à Bordj-Sebaou. Ce meurtre n'était pas fait pour apaiser les troubles ; en 1823, les tribus voisines de Bougie attaquèrent les Turcs; les Beni Abbes occupèrent les Bibans, que Ben-Kanoun eut beaucoup de peine à leur faire abandonner ; il leur brûla douze villages, en août 1824. Yahia fondit sur eux avec mille janissaires et huit mille goumiers, et leur brûla trente villages ; cette fois, ils demandèrent l'*aman*, ainsi que les Beni-Djennad, que l'Agha venait de razzer à fond. Mais la révolte continuait sur l'Oued Sahel, et, le 28 octobre, les insurgés massacraient le Caïd turc. L'année suivante, Yahia se présentait devant Kalaa avec une forte colonne, battait de nouveau les Beni Abbes, et incendiait tout sur son passage ; cette dure leçon ne les empêchait pas de recommencer en 1826 ; l'Agha les traita encore cette fois avec sa rigueur accoutumée, apaisa les troubles du Bellezma, et installa dans son commandement le nouveau Bey de Constantine.

Dans l'Ouest, les complots religieux n'avaient pas cessé, et les marabouts, se répandant de tous côtés, prêchaient ouvertement la rébellion et annonçaient hautement le prochain anéantissement des Turcs. En 1817, le bey Ali-Kara-Bargli, gendre de Mohammed el Kebir, avait été étranglé par les ordres du Dey, qui le soupçonnait de vouloir se rendre indépendant ; cet acte impolitique avait augmenté le nombre des révoltés. Le nouveau Bey Hassan lança des contingents étrangers à la province dans tous les centres importants, et fit sabrer tous les marabouts qu'il put surprendre. Beaucoup d'entre eux se sauvèrent au Maroc ; quelques-uns furent amenés à Oran et décapités publiquement ; le père d'Abd-el-Kader, Hadj' Mahi-ed-Din, échappa presque seul à la mort, grâce aux prières de la femme du Bey, et fut interné à Oran. Croyant avoir assuré le calme par ces sanglantes exécutions, Hassan marcha en 1820 sur Aïn-Madhi, où les deux fils de Tedjani avaient proclamé la guerre sainte contre les Turcs. Après quelques escarmouches, le Bey fut forcé de lever le siège, et cet échec engendra une insurrection générale dans le sud de la province. En 1827, les Hachem prirent la tête du mouvement, et offrirent le commandement à l'aîné des Tedjani, Sidi Mohammed-el-Kebir, qui vint assiéger Mascara, comptant sur une levée en masse des tribus ; mais celles de l'Ouest ne furent pas prêtes en temps utile. Hassan rassembla à la hâte toutes ses forces, marcha sur l'ennemi, et l'atteignit à Aïn-Beida, avant que les contingents rebelles fussent entièrement réunis. Mohammed fut tué dans le combat, et ses troupes se dispersèrent. Cependant, toute la région voisine de Tlemcen resta fort agitée jusqu'à l'année suivante, où le Bey écrasa les Mahia et les Angad au combat de Sidi-Medjehed. A partir de ce moment, le Beylik de l'Ouest jouit d'une tranquillité inconnue depuis bien des années, et l'ordre n'y fut plus troublé qu'une seule fois, en 1828, par les tribus du plateau de Ziddour, qui furent rapidement et sévèrement châtiées.

Près d'une année après l'avènement d'Hussein, le 5 septembre 1819, une division navale anglo-française, sous les ordres des amiraux Jurien et Freemantle était venue lui signifier les décisions du congrès d'Aix-la-Chapelle, par lesquelles l'Europe interdisait aux États barbaresques l'exercice de la piraterie et le commerce des esclaves. Le Dey refusa obstinément de signer la formule d'adhésion qui lui était présentée, il finit même, après quelques tergiversations, par affirmer son droit à courir sur tout pavillon non reconnu par lui ; quant à la question de l'esclavage, il ne s'expliqua pas aussi clairement, disant néanmoins qu'il lui était impossible d'en reconnaître l'usage comme coupable, puisqu'il était consacré et régi par le Coran lui-même. Cette déclaration, qui, en fait, représente l'opinion passée, présente et future de tous les souverains musulmans, quelles que soient les concessions apparentes qu'ils croient devoir faire, embarrassa les amiraux français et anglais, et l'on se sépara sans avoir pris de résolution. Jusqu'en 1823, aucun nouvel événement ne vint altérer les bonnes relations de la Régence avec les grandes puissances européennes. Sur ces entrefaites, à la suite de la prise d'armes des Kabyles voisins de Bougie, le Divan, conformément à un vieil usage, décréta l'arrestation des Indigènes appartenant aux tribus révoltées. Presque tous les consuls ayant à leur service quelques-uns de ces futurs otages, la situation était embarrassante ; en droit, les consulats et leur personnel jouissaient de l'inviolabilité ; en fait, le Dey était le maître, et prétendait qu'il n'était pas permis à des représentants de nations amies de donner asile à des rebelles. M. Deval éluda la difficulté en faisant évader ses domestiques, qui gagnèrent bien vite la montagne ; le consul de Hollande en fit autant, après leur avoir toutefois déclaré qu'ils étaient libres de rester, à leurs risques et périls ; ceux du Danemark, de la Suède et de la Bavière furent contraints par la force de livrer les leurs ; M. Mac Donell opposa une résistance énergique, qui ne servit qu'à faire envahir le consulat, duquel les Kabyles furent enlevés pour être conduits aux carrières. Hussein se montra fort mécontent, et rompit toutes relations avec le consul anglais, qui fut forcé de s'embarquer à la fin de janvier 1824, à la suite d'une discussion très violente, dans laquelle le Dey refusa catégoriquement de délivrer les esclaves, et dénonça le traité fait avec lord Exmouth, disant « qu'il n'avait été conclu que pour trois ans. »

A Londres, l'émotion avait été fort vive, et l'amiral Sir Harry Neal parut devant Alger, le 23 février, demandant des réparations, la réinstallation du consul, la reconnaissance de sa prééminence sur ceux des autres nations, le droit d'arborer le pavillon britannique à Alger, et une indemnité pécuniaire. Cette dernière prétention fut seule admise par le Dey, qui déclara que Mac Donell ne rentrerait pas à Alger, et que, du reste, il avait tellement indisposé la population contre lui, qu'il était impossible de répondre de sa sécurité. La discussion s'envenima, et le souverain, dont l'obstination naturelle supportait mal la contradiction, répondit à l'officier qui le menaçait de la guerre et lui remontrait la puissance de la Grande-Bretagne : « Nemrod, le plus fort et le plus puissant des hommes, est mort de la piqûre d'une mouche. »

Le 28 mars, Sir Harry Neal revint ; il avait fait quelques prises, ce qui donna lieu à des récriminations ; il lui fut objecté qu'on ne savait pas s'il avait qualité pour traiter, et, qu'en tout cas, il était nécessaire d'attendre la réponse à la missive récemment envoyée au roi Georges IV ; l'escadre anglaise repartit cette fois encore sans avoir rien conclu [1]. Le 12 juin, ayant reçu des ordres formels, l'amiral se présenta dans la rade et disposa en bataille les seize navires qu'il commandait ; les Algériens sortirent fort bravement à leur rencontre, et ouvrirent le feu ; il n'y eut de résultat acquis ni d'un côté ni de l'autre. Du 12 au 22, les assaillants furent renforcés par l'arrivée de six nouveaux bâtiments, et, le 24, à une heure et demie après midi, le bombardement commença. Mais le feu, dirigé de trop loin, n'eut aucun effet sur la ville, et la flotte partit définitivement le 29, après que son chef eut dépensé six jours en vaines négociations. Les Algériens se flattèrent d'avoir remporté une victoire signalée et se crurent dorénavant invulnérables ; en même temps, ils éprouvaient une recrudescence de fanatisme à l'occasion de la guerre de l'indépendance grecque, pendant laquelle ils envoyèrent quelques navires se joindre aux flottes ottomanes, de 1823 à 1827. Les récits emphatiques des Reïs qui revenaient de l'Ar-

---

1. Voir la *Revue Africaine* 1864, p. 202.

chipel, où ils jouèrent un rôle assez honorable, ravivèrent un instant l'ancien esprit guerrier et la haine du Chrétien. Cette excitation ne laissa pas Hussein indifférent, et le conduisit par degrés à l'attitude hautaine qu'il crut devoir prendre dans les réclamations faites à la France par son Gouvernement.

En droit, ces revendications étaient bien fondées, et personne ne songeait à les contester. Il s'agissait des créances Bakri et Busnach, qui avaient déjà donné lieu à tant de démarches inutiles, desquelles il a été parlé à diverses reprises dans le cours de cette histoire. Elle se composaient, pour la plus grande partie, de ce qui restait dû sur les fournitures de blé faites à la France de 1793 à 1798. Bien que le traité de 1801 eût consacré le droit acquis, et promis l'apurement rapide des comptes, rien n'avait été payé, et ces lenteurs irritaient les Deys, auxquels appartenait une part assez importante des marchandises livrées. Cet argent leur manquait d'autant plus que le déficit augmentait chaque jour, et qu'il était arrivé, dans chacune des dernières années, à dépasser deux millions de francs, (deux millions vingt-un mille) que le trésor ne savait où trouver, la Course ne rapportant presque plus rien. Dans cette occasion, le gouvernement de la Restauration s'était conduit de la façon la plus loyale ; il avait tout d'abord reconnu la dette, et, le 28 octobre 1819, une convention, acceptée par les parties intéressées, avait fixé le solde à un chiffre de sept millions, dont le paiement avait été voté par la Chambre des Députés, le 24 juillet 1820. Mais les fournisseurs israélites et le Dey lui-même avaient des créanciers, et les lois françaises exigeaient que les sommes frappées d'opposition par ces derniers fussent versées à la caisse des Dépôts et Consignations, jusqu'aux jugements à intervenir. En vertu de cette procédure, quatre millions cinq cent mille francs seulement furent remis entre les mains de Bakri et de Busnach, et les deux millions cinq cent mille francs restants furent séquestrés. Le consul avait été chargé de notifier à Hussein ces dernières décisions et de lui expliquer les causes qui retardaient le paiement ; c'était une ingrate mission. Comment faire comprendre à un souverain absolu le mécanisme compliqué de la protection des intérêts privés, et surtout, comment lui faire croire que de semblables lois puissent s'adresser à lui ? M. Deval n'y réussit pas, et tout autre eût échoué à sa place. Pour comble de malheur, les deux Juifs associés, prévoyant le sort qui eût attendu leurs quatre millions et demi et peut-être leurs têtes elles-mêmes, s'étaient bien gardés de retourner à Alger; le Dey demandait impérieusement leur extradition, qu'il était impossible de lui accorder ; il accusait alors le consul de s'être vendu à eux pour le dépouiller [1] ; et, en dépit d'un esprit de conciliation qui allait quelquefois jusqu'à un excès de souplesse, ce dernier ne pouvait parvenir à apaiser la colère du prince entêté auquel il avait affaire. La méfiance dont il était l'objet devint de jour en jour plus grande, et Hussein se décida à écrire directement au Roi. Dans cette lettre, rédigée, paraît-il, en termes peu convenables, il accusait Deval de concussion, et demandait son rappel ; il réclamait l'arrestation des deux Juifs, exigeait qu'ils fussent livrés à sa justice, et que les sept millions lui fussent payés directement et intégralement, sauf aux créanciers à se pourvoir devant lui. La forme de cette missive était trop blessante pour qu'il lui fût fait réponse : le fond eût peut-être mérité d'être examiné avec plus de soin [2]. Quoiqu'il en soit, M. de Damas, ministre des affaires étrangères, écrivit au consul d'apprendre au Dey que le Roi n'avait pas cru devoir donner suite à des prétentions contraires à la

---

1. Les journaux de l'opposition libérale se faisaient l'écho de ces bruits, et semaient à l'envi la calomnie sur le malheureux Deval, auquel on n'eût jamais à reprocher que la mollesse de son caractère; il avait, disait-on, reçu deux millions ; quand il mourut, peu d'années après, ayant toujours eu un train des plus modestes, il ne laissa absolument aucune fortune.

2. Il faut bien remarquer qu'il ne s'agissait pas d'une dette ordinaire, et que le Dey avait le droit de trouver étrange la procédure qu'on employait à son égard; car l'argent prêté jadis à la France provenait de la Khazna, et l'emprunt était un contrat entre deux Etats, qui échappait aux lois édictées postérieurement à cette négociation ; régulièrement, l'apurement eut dû se faire à Alger même, et sans intermédiaire; toute cette affaire fut très mal conduite, et on eut le tort de se laisser guider par les Bakri et les Busnach, très intéressés à faire prévaloir la solution qui les dispensait de régler leurs comptes avec le Dey. Il est vrai que, en ce qui les concernait, ils étaient en état de légitime défense ; mais le Gouvernement français n'avait pas à s'occuper de la sauvegarde de leurs droits, d'autant qu'il lui était impossible d'apprécier leurs réclamations.

convention du 28 octobre 1819, devenue la loi des parties. A partir de ce moment, les événements se précipitèrent.

Le 30 avril 1827, M. Deval s'était rendu à la Casbah pour offrir, suivant l'usage, ses hommages au Dey, à l'occasion des fêtes qui suivent le jeûne de Ramadan. Tous ceux qui connaissent le monde mahométan savent que cette époque amène invariablement un renouveau de fanatisme ; en l'an de l'hégire 1242, ce sentiment était encore accru par l'aide que prêtait l'Europe à la Grèce révoltée contre la Porte. Hussein était particulièrement de fort méchante humeur ; il venait de recevoir les plus tristes nouvelles de ses navires, dont les équipages, bloqués à la Canée, mouraient littéralement de faim. Il reçut donc de très mauvaise grâce les compliments du consul ; celui-ci, accoutumé depuis quelque temps à de froides réceptions, ne s'en émut pas, et crut au contraire pouvoir profiter de l'audience pour réclamer la restitution d'un petit navire des Etats Pontificaux, qui avait été capturé, naviguant sous pavillon français. Le Dey laissa alors éclater sa colère ; il accusa M. Deval d'avoir fait fortifier et armer La Calle, au mépris de ses ordres, et de favoriser les intrigues des Juifs, en détenant frauduleusement les lettres que le Roi de France, disait-il, avait envoyées en réponse aux siennes. Les deux interlocuteurs se parlaient en turc, sans l'intermédiaire du drogman ; le dialogue devint assez animé, et, à la suite d'une riposte un peu vive du consul, Hussein le poussa avec l'extrémité du chasse-mouches qu'il tenait à la main, et le menaça de la prison. Deval se leva et se retira, en protestant contre le traitement dont il venait d'être l'objet. Une division navale, sous les ordres du brave capitaine Collet, fut aussitôt dirigée vers Alger, et arriva dans la rade le 11 juin. Tous les Français qui se trouvaient à Alger furent embarqués le 12 par les soins du consul, qui partit sur la goëlette *La Torche*. Quelques jours après, le personnel de la Calle était, par une mesure semblable, mis à l'abri de la vengeance des Turcs, qui ravagèrent les Établissements, où ils ne purent que détruire les murailles, et enlever six vieux pierriers hors d'usage. Cette dévastation avait été confiée aux soins d'Ahmed Bey, par Hussein, qui avait refusé toute satisfaction au capitaine Collet ; on lui demandait de faire des excuses, d'arborer le pavillon français sur tous les forts, et de le saluer de cent coups de canon. Il qualifia ces exigences de *ridicules*, et ne fit aucune réponse ; le 15, le blocus fut déclaré ; il devait durer trois ans.

Ce fut une longue et pénible campagne ; Collet acheva d'y user ce qui lui restait de forces et mourut le 20 octobre 1828 ; M. de la Bretonnière lui succéda dans le commandement. La monotonie inséparable d'une opération de ce genre fut quelquefois rompue par d'heureux exploits ; le 4 octobre 1827, la flotte algérienne, composée d'une frégate, quatre corvettes et six bricks, essaya de forcer le blocus ; Collet fondit sur elle avec deux frégates, deux bricks et une canonnière ; après trois heures d'un combat assez vif, les Reïs furent forcés de rentrer dans le port ; Hussein les reçut fort mal et faillit leur faire couper la tête. Le 22 mai 1828, l'*Adonis* et l'*Alerte*, par un coup de merveilleuse audace, enlevèrent une prise marseillaise au pied même du fort de Mers-el-Kébir ; le 25 octobre de la même année, quatre corsaires furent anéantis sous les batteries du Cap Caxine, dont nos marins réduisirent le feu au silence. D'un autre côté, l'escadre éprouva quelques revers ; le 18 juin 1829, l'*Iphigénie* et la *Duchesse de Berry* perdirent trois canots et vingt-cinq hommes dans une attaque fort brillante, mais pour laquelle on avait négligé de prendre toutes les précautions nécessaires. Un peu moins d'un an après, le *Silène* et l'*Aventure* vinrent, par une brume épaisse, s'échouer près du cap Bengut. Plus de la moitié des équipages fut traîtreusement égorgée par les indigènes, qui avaient, pendant deux jours, donné l'hospitalité aux naufragés, et qui vendirent ensuite leurs têtes au Dey. Celui-ci, non content d'avoir provoqué ce lâche assassinat, fit exposer aux insultes de la populace ces tristes débris, qu'il avait payée cinquante-cinq mille francs aux meurtriers. La mesure était comble, et l'heure du châtiment approchait ; elle eût sonné depuis longtemps sans la résistance néfaste que le Conseil Royal avait été forcé de combattre en France même, depuis le commencement des hostilités. L'opposition parlementaire avait choisi pour terrain la *question d'Alger* ; avec la mauvaise foi et le manque de patriotisme dont nous avons eu depuis de si misérables et si nombreux exemples, elle créait au Gouvernement de sérieux embarras, en même temps qu'elle encourageait Hussein à résister, en lui faisant espérer l'impunité de son insolence, à un tel point qu'il eut la naïveté de demander au capitaine Bruat, alors prisonnier ; « Si, en cas de guerre déclarée, les soldats français consentiraient à marcher contre lui. » Cette infatuation n'était que risible ; mais le désarroi que les discours des Bignon, des Salverte, et de tant d'autres, inconnus aujourd'hui, mettaient dans l'opinion publique et dans le Conseil lui-même, devenait une chose des plus funestes. On en arriva à une reculade, sous les yeux de l'Europe attentive, et à la joie de l'Angleterre jalouse. M. de la Bretonnière reçut, au mois de juin 1829, l'ordre de faire de nouvelles tentatives de conciliation ; la France allait à l'extrême limite des concessions possibles, ne demandant plus que la mise en liberté des captifs, l'envoi d'un ambassadeur à Paris, et une déclaration d'armistice. Le 30 juillet, le vaisseau la *Provence* et le brick l'*Alerte* mouillèrent en rade à trois heures de l'après-midi ; le 31, le commandant de l'escadre eut une entrevue avec le Dey, et il y fut arrêté que l'audience définitive serait donnée le 2 août. Elle commença à midi et dura deux heures ; l'envoyé du Roi épuisa en vain tous les moyens de conciliation, obéissant à regret aux instructions qu'il avait reçues ; Hussein montra la plus mauvaise volonté. Il se croyait assuré, quoiqu'il arrivât, que l'Angleterre ne permettrait pas à la France de s'emparer d'Alger ; de plus, comme tous ses prédécesseurs, il tombait en proie à la manie orgueilleuse : « J'ai de la poudre et des canons! » dit-il en se levant pour mettre fin à la discussion. M. de la Bretonnière se retira sans ajouter un mot ; aux portes de la Casbah, il fut arrêté par le consul de Sardaigne et par le drogman, qui le supplièrent d'attendre encore un jour ; après quelques hésitations, il promit de le faire ; la mer était tellement mauvaise, que son canot mit trois heures à franchir les quinze cents mètres qui le séparaient du bord.

Le 3, à midi, n'ayant pas reçu la soumission qu'on lui avait laissé espérer, il donna l'ordre d'appareiller, et de sortir de la baie sous pavillon parlementaire ; le brick l'*Alerte* ouvrit la marche ; le vent forçait les deux navires à passer sous les batteries de la ville. Vers deux heures, la batterie du Fanal donna le signal du feu, et une centaine de projectiles furent lancés en moins d'une demi-heure sur la *Provence*, qui fut atteinte onze fois, et continua majestueusement sa route, afin de bien faire constater à tous l'odieuse violation du droit des gens. M. de la Bretonnière fit preuve en cette périlleuse occasion d'une très grande dignité et d'un remarquable sang-froid. Sa conduite fut admirée par tous ceux qui furent témoins de cet attentat [1] ; cependant un pair de France, M. l'amiral Verhuel, plus célèbre comme courtisan que comme marin, chercha à l'incriminer de n'avoir pas mis en panne, manœuvre qui eût infailliblement jeté son navire sur les rochers de Bab-el-Oued. Cet orateur, qui se faisait le champion des Algériens, eût peut-être été plus juste en invoquant pour leur défense l'abus du pavillon parlementaire qui avait été fait en 1816 par lord Exmouth.

Le Dey ne fit aucune démarche officielle pour exprimer un regret de cet attentat. On dit qu'il blâma les chefs de batterie, et que l'Oukil-el-Hardj de la marine fut destitué ; rien ne vient confirmer cette assertion, dont l'auteur est le drogman du Dey et qui n'a aucune valeur historique. Au moment où le rapport du commandant de l'escadre arrivait en France, le ministère Polignac était au pouvoir ; l'expédition d'Alger fut résolue.

---

1. Voir la *Revue Africaine* 1877, p. 409.

CHAPITRE VINGT-SIXIÈME

LA CONQUÊTE D'ALGER

SOMMAIRE. — L'expédition d'Alger est résolue. — Préparatifs de guerre. — Négociations avec les puissances européennes. — Opposition de l'Angleterre. — État intérieur d'Alger. — Embarquement des troupes, et navigation. — Occupation de la presqu'île de Sidi-Ferruch. — Prise du plateau de Staouëli. — Combats dans le Sahel et le Fhâs. — Siège du Fort l'Empereur. — Capitulation du Dey. — Conquête d'Alger.

La politique de conciliation qu'avait adoptée le ministère de M. de Martignac à l'égard d'Alger ne pouvait plus être continuée ; d'un côté elle encourageait le Dey dans son obstination et sa résistance ; de l'autre, elle était onéreuse pour le pays, auquel le blocus coûtait plus de sept millions par an, et qui perdait par surcroît les bénéfices du commerce avec les Etats Barbaresques, ce qui excitait les doléances des ports du Midi. Enfin, il était impossible de laisser impuni l'outrage fait au pavillon français. La guerre fut donc résolue en principe dès les premiers jours du ministère Polignac (8 août 1829); cependant le gouvernement du Roi, désireux d'affirmer sa modération devant l'Europe, jusqu'à la limite du possible, ordonna au général Guilleminot, ambassadeur à Constantinople, d'inviter le Sultan à contraindre son feudataire aux réparations exigibles. Cette solution diplomatique n'ayant pas réussi, non plus qu'une autre combinaison, qui consistait à se servir du pacha d'Egypte, Méhémed-Ali, pour châtier la Régence, il fut déclaré, dans le Conseil tenu le 31 janvier 1830, que l'expédition d'Alger était décidée, et les préparatifs furent aussitôt commencés. Les ministres de la marine et de la guerre, MM. d'Haussez et de Bourmont, furent chargés d'y apporter tous leurs soins. Depuis les premières délibérations, qui avaient eu lieu en 1827, il avait été arrêté que l'attaque se ferait par terre ; le mémoire fourni à Napoléon 1er par le commandant Boutin, le rapport du capitaine Collet, les déclarations de MM. Dupetit-Thouars et de Taradel, et les leçons elles-mêmes de l'histoire ne laissaient aucune incertitude à ce sujet ; il était enfin devenu évident à tous que les canonnades et les bombardements ne seraient jamais que des demi-mesures, inutiles la plupart du temps, et, en tous cas, plus onéreuses pour l'assaillant que pour celui qu'il s'agissait de punir. En vertu de ces considérations, le Conseil prit la décision de débarquer les forces nécessaires pour s'emparer de la ville et s'y maintenir au besoin ; sur l'avis de M. Dupetit-Thouars, on choisit pour cette opération la presqu'île de Sidi-Ferruch, déjà désignée dans le rapport du commandant Boutin, qu'on avait retrouvé aux archives de la Guerre. Le 2 mars 1830, le Roi annonça sa résolution aux Chambres ; le commandement de l'armée fut confié à M. de Bourmont ; celui de la flotte au vice-amiral Duperré ; chacun d'eux s'occupa de la besogne qui lui incombait avec la plus grande activité ; mais, dès les premiers jours, on put remarquer chez le commandant de la marine un esprit de pessimisme qui ne l'abandonna plus, et qui eût peut-être compromis le succès, sans la fermeté de M. d'Haussez et le sang-froid du Général en chef. Il y avait, du reste, dans presque toute l'armée navale, peu de confiance dans la réussite de cette campagne ; il est juste d'ajouter que, lorsque la détermination eut été prise, l'ardeur et la bonne volonté ne manquèrent pas plus aux marins que le courage ; il est facile d'en juger par les faits. Moins de vingt jours après l'envoi des ordres, les ports de l'Océan avaient fait partir tous les bâtiments qui leur avaient été demandés, sauf deux vaisseaux et trois frégates, qui arrivèrent un peu plus tard, mais en temps utile. A la fin d'avril, toute l'armée était réunie en Provence ; elle se composait de trois divisions, sous les ordres des généraux Berthezène, de Loverdo et Des Cars ; M. de Lahitte commandait l'artillerie et M. Valazé le génie ; le service de l'intendance était dirigé par le baron Denniée ; l'effectif dépassait les chiffres de trente mille hommes et quatre mille chevaux ;

le parc d'artillerie de siège se composait de quatre-vingt-deux pièces de gros calibre et de neuf mortiers ; l'artillerie de campagne comptait quatre batteries montées et dix batteries à pied. Le 25 avril, six cent soixante-quinze navires, dont cent trois bâtiments de guerre, étaient réunis à Marseille et à Toulon ; sur cet immense armement, on embarquait avec le plus grand ordre les ambulances, les équipages, les tentes, les outils, les munitions, et des vivres pour deux mois ; ces derniers formaient soixante-dix-huit mille six cent quarante-cinq colis, qu'on avait eu le soin de revêtir d'une double enveloppe imperméable, précaution qui devint, comme on le verra, des plus utiles.

L'embarquement des troupes, commencé le 11 mai, fut contrarié par le mauvais temps, et ne put être complètement terminé que le 18. Ce fut seulement le 25 que le vent permit à l'amiral de donner l'ordre d'appareiller. Tous les récits contemporains nous traduisent l'impression de l'imposant spectacle qu'offrit le départ de cette superbe flotte, emportant vers des destins inconnus l'élite de l'armée française. Ces belles troupes avaient été choisies avec soin parmi l'affluence des demandes ; celles-ci se trouvèrent si nombreuses qu'il fallut écarter des officiers qui demandaient à servir sans grade ni solde, et des sous-officiers qui s'offraient à partir comme soldats. Les États-Majors avaient été composés de façon à y faire entrer en nombre égal des officiers de l'ancienne et de la nouvelle armée ; c'était une sage mesure militaire, qui étayait l'audace juvénile des uns par la vieille expérience des autres ; c'était en même temps une excellente idée politique, de nature à effacer les dernières traces des douloureuses dissensions qui divisaient l'armée depuis 1815. De nombreux volontaires, appartenant à toutes les nations, avaient brigué la faveur de se joindre au corps expéditionnaire.

Pendant qu'on faisait les préparatifs qui précédèrent le départ, le Gouvernement royal avait ouvert des négociations avec les puissances européennes et les avait officiellement informées de l'objet de ce grand rassemblement de forces maritimes et terrestres. Le terrain avait, du reste, été préparé longtemps d'avance avec une très grande habileté ; la Russie se montrait une amie dévouée; la Prusse et l'Autriche voyaient avec plaisir la France dépenser hors de l'Europe l'exubérance de son activité ; les États secondaires désiraient avec ardeur le succès d'une campagne qui détruirait la piraterie, et qui les soustrairait à des tributs onéreux et humiliants ; les seules résistances qu'on eût à craindre devaient donc venir de la Turquie et de l'Angleterre.

Bien que la Porte n'eût plus depuis longtemps de domination effective sur Alger, la Régence n'avait jamais hautement proclamé son indépendance, et, au contraire, reconnaissait volontiers la suzeraineté du Sultan, tout en ne tenant aucun compte de ses ordres, quand ceux-ci lui déplaisaient. Il n'en est pas moins vrai que, nominativement, elle faisait partie de l'Empire Ottoman, et cette fiction suffisait pour permettre à une puissance jalouse d'entraver l'action commencée. Ce premier obstacle fut très ingénieusement écarté par le général Guilleminot, qui ne cessa pas d'insister auprès du Divan pour qu'il fît obtenir à la France les réparations qui lui étaient dues ; le Turc, trop orgueilleux pour avouer son manque d'autorité sur ceux qu'on feignait de considérer comme ses vassaux obéissants, louvoyait pour gagner du temps, ce qui agréait fort au Conseil Royal, harcelé en ce moment à l'intérieur par l'opposition libérale ; enfin, lorsque l'action fut décidée, et que l'ambassadeur reçut l'ordre de parler haut, et de rappeler que les anciens traités, appuyés de maints précédents, autorisaient le Roi à se faire justice par lui-même, le Divan crut à une vaine menace ; Alger avait été si souvent et si inutilement attaqué, qu'à Constantinople, on croyait la Régence invincible.

L'Angleterre ne partageait pas ces illusions ; le succès de l'opération lui apparaissait comme très possible ; peu accoutumée au désintéressement, elle ne croyait pas à celui d'autrui, et la pensée que la France pût prendre pied entre Gibraltar et Malte lui semblait intolérable. Ses hommes d'État (la haine envieuse est perspicace !) voyaient peut-être dans l'avenir, une Afrique du Nord soumise à la France et peuplée par elle, barrière difficile à franchir le jour où on voudrait satisfaire les éternelles convoitises. La longue lutte d'intrigues, que la Grande-Bretagne soutenait depuis le commencement du xviie siècle pour assurer sa prédominance sur l'Odjeac, toutes les sombres manœuvres qui lui avaient tant coûté d'or et provoqué l'effusion de tant de sang innocent, tout cela allait donc aboutir à faire flotter le drapeau fleurdelisé sur les murs de la Casbah ! La seule idée d'une semblable éventualité la remplissait d'indignation ; tout d'abord, enhardie par la faiblesse du ministère Martignac, elle avait encouragé le Dey dans sa résistance « en l'assurant que la France céderait, parce qu'elle n'était nullement dans l'intention de lui faire la guerre » ; lorsqu'elle reconnut son erreur, elle essaya de prendre un ton comminatoire ; cela ne lui réussit qu'auprès du Pacha d'Égypte, à la grande satisfaction de Charles X, qui, préférant de beaucoup l'action directe de ses armes, adressa le 12 mars à toutes les puissances une nouvelle note, par laquelle il leur offrait de se concerter en commun avec elles après la victoire « à l'effet de déterminer le nouvel ordre de choses qui, pour le plus grand avantage de la chrétienté, devrait remplacer le régime détruit. » Mais cette ouverture ne donnait aucune satisfaction au cabinet de Saint-James, qui se voyait d'avance isolé dans un congrès futur, où tout le monde, excepté lui, eût voté en faveur des vainqueurs de la barbarie. Il ne cessa donc d'insister pour que le Gouvernement de la Restauration s'engageât à ne pas conserver sa conquête, et ne parvint qu'à lasser par ces exigences la longanimité du Roi, qui finit par répondre : « Nous ne nous mêlons pas des affaires des Anglais ; qu'ils ne se mêlent pas des nôtres. » Cette phrase résolue devint le mot d'ordre du Conseil, qui refusa catégoriquement de rien ajouter aux termes de la note du 12 mars. Le ministère anglais, dont l'irritation grandissait chaque jour, se crut permis de traduire ce sentiment avec une arrogance hautaine, procédé familier à des gens qui ont toujours voulu faire prendre leurs menaces pour des actes ; cela ne lui servit qu'à s'attirer de dures ripostes, qui, toutes, sous une forme diplomatique, furent l'exacte traduction du mot qu'une colère patriotique avait arraché à M. d'Haussez, lors d'une discussion récente survenue entre lui et Lord Stuart : « La France se moque de l'Angleterre. » Comme de coutume, quand elle fut bien convaincue qu'on ne céderait pas, elle se tut, et chercha à ourdir de nouvelles trames.

Pendant tout ce temps, la population d'Alger était en grand désarroi. Hussein cherchait en vain à y exciter le fanatisme religieux par de mensongers bulletins de victoire et par des prédications chèrement payées ; la misère était à son comble ; car la rigueur impitoyable du blocus n'avait pas laissé entrer une seule prise depuis plus de trois ans, et le peu de commerce que faisait autrefois la ville était complètement arrêté. Les nouvelles du formidable armement des chrétiens circulaient dans la foule, se grossissant des exagérations populaires, et l'on se rappelait avec terreur les vieilles prophéties. La Milice, peu nombreuse et très affaiblie, se méfiait des Deys depuis le massacre du 29 novembre 1817 ; les Colourlis, qui se souvenaient de l'avoir vaincue ce jour-là, redressaient la tête, et l'on avait su, chose jusqu'alors inouïe, qu'un Maure avait pu frapper publiquement un janissaire sans que cet attentat fût châtié ; aussi le recrutement du corps devenait de jour en jour plus difficile ; personne n'ignorait que la solde se faisait en puisant dans la Khazna, et cela seul imprimait à tous une sorte de terreur superstitieuse. Les conspirations recommencèrent, et Hussein, jusque-là d'une humeur assez débonnaire, devint méfiant et cruel ; les exécutions se succédèrent sans rien apaiser. La première et la plus illustre des victimes fut le vieil Agha Yahia, sacrifié à d'injustes soupçons dès le mois de février 1828 ; le Dey dut amèrement regretter ce soldat éprouvé, lorsqu'au jour du danger, il fallut remettre le commandement à l'incapable Ibrahim. Au reste, dans les deux dernières années de son règne, il se montra tout à fait affolé, tantôt rempli de jactance, tantôt dévoré de soucis, et se promenant seul, pendant des nuits entières, sur les terrasses de son palais ; il menaçait le Bey de Tunis de l'exterminer, s'il ne joignait pas ses armes aux siennes, et s'en faisait ainsi un ennemi mortel ; il répondait insolemment aux sages avis de Méhémet-Ali, qui l'engageait à faire quelques concessions : « Continue à vendre tes fèves aux infidèles, au lieu de donner des conseils à ceux qui ne l'en demandent pas ! » Cependant il se préparait à opposer une vigoureuse résistance ; le front de mer avait été fortement armé et approvisionné de munitions, aussi bien que les batteries de côtes ; l'entrée du port avait été fermée par des chaînes, et le peu de navires qui s'y trouvaient mis en état de combattre ; les canonnières avaient été blindées et transformées en bombardes. Hussein ne craignait pas une attaque par terre ; il ne croyait ni à la possibilité d'un débarquement sous le feu de ses canons, ni au succès d'une marche dans le Sahel d'Alger. Il avait donc négligé les fortifications de la ville, dont il croyait les défenses extérieures plus que suffisantes, et s'était contenté de convoquer les contingents des provinces.

Le 25 mai, à cinq heures du soir, la flotte française, sortie de Toulon, cinglait vers les Baléares. Le 26 au matin, les vigies signalèrent deux frégates ; l'une d'elles était la *Duchesse-de-Berry*, l'autre un navire turc, battant pavillon amiral, et portant à son bord un envoyé ottoman, Tahir-Pacha, qui venait, disait-il, « concilier les différends existant entre la France et les Algériens ». Il fut invité à continuer sa route, et à présenter au Conseil Royal les propositions, que des chefs d'armée n'avaient pas même à écouter. Ce personnage venait de se voir refuser l'entrée du port d'Alger par M. de Clairval, qui, commandant le blocus, avait reçu de M. d'Haussez l'ordre formel de s'opposer au débarquement de l'émissaire turc, dont la prétendue mission pacifique cachait un piège dangereux, que venait de tendre l'Angleterre aux abois. Si Tahir eût pu pénétrer dans Alger, y exhiber le firman qui lui ordonnait de prendre le pouvoir et de faire tomber la tête d'Hussein ; s'il eût, après cette exécution, offert à la France, au nom du Sultan, les réparations jadis demandées et une indemnité de guerre, que restait-il à exiger en présence de ce dur châtiment du coupable ? Et cependant, quelle déception, et quelles funestes conséquences politiques n'eût-elle pas pu avoir ? Heureusement, le ministre de la marine veillait, et il a eu le droit d'écrire plus tard avec un légitime orgueil : « L'exécution ponctuelle de cet ordre a écarté une des plus grandes difficultés que l'expédition pouvait rencontrer. »

Le 31 mai, à la pointe du jour, par une brise d'est et un temps brumeux, le cap Caxine était signalé ; la flotte de débarquement n'avait pas encore paru. L'amiral Duperré fit virer de bord, et on gouverna vers le nord, pour rallier la flotte tout entière dans la baie de Palma. Ce fut un grand tort ; car la flottille arriva en vue du cap le même jour, et nul temps n'était plus propice à un débarquement que celui qu'il faisait. Mais le Commandant de la marine montra, en cette occasion, aussi bien que pendant presque toute l'expédition, une timidité regrettable, justifiant ainsi le principe qui veut : « Que celui qui se méfie du succès ne soit jamais chargé du commandement de l'opération. » Certes, la responsabilité qui lui incombait était grande ; mais il n'eût pas dû oublier que tout retard pouvait devenir fatal et qu'un chef de guerre doit savoir affronter certains hasards, sous peine d'en risquer de pires. En fait, le jour où le mouvement rétrograde fut exécuté, l'état de la mer était le plus favorable possible pour débarquer dans la baie de Sidi-Ferruch, et il se maintint tel pendant cinq jours encore. L'armée, impatiente de la vie du bord, et ardente au combat, s'éloignait à regret de cette terre un instant aperçue ; le mécontentement général était à peine contenu par la discipline. Le 9 juin, on sortit enfin de la baie de Palma, et, dans la matinée du 12, on apercevait Alger à une distance moindre de douze milles. La mer était grosse, le vent variable ; des grains fréquents s'élevaient dans l'ouest ; les éclairs sillonnaient le ciel du sud-ouest au sud-est ; l'amiral, toujours en proie aux appréhensions accoutumées, donna l'ordre de prendre le bord du nord. Cette fois, M. de Bourmont n'hésita plus ; il avait reçu avant son départ les pleins pouvoirs, dont il ne devait cependant se servir qu'en cas de nécessité absolue ; il jugea que le moment était venu de les utiliser, et il fit bien. Ses troupes, embarquées depuis près d'un mois, commençaient à souffrir, et, quoique l'état général de la santé fût satisfaisant, on pouvait prévoir qu'il n'en serait pas longtemps de même ; mais ce que redoutait surtout, et avec raison, le Chef de l'armée, c'était l'ébranlement moral qu'amène infailliblement parmi les combattants des retards qu'ils ne s'expliquent pas, et qui substituent à l'ardeur du début de vagues terreurs desquelles on peut avoir tout à craindre. « Monsieur l'Amiral, dit-il, vous savez que « j'ai le droit de vouloir, et je veux que nous débarquions. » Le 13 juin, à huit heures du matin, la flotte défilait devant les batteries de la ville ; à sept heures du soir, elle occupait la baie de Sidi-Ferruch, n'ayant eu à supporter que quelques coups de canon et quelques bombes. Le lendemain, à la pointe du jour, la première division débarquait sans rencontrer de résistance ; à sept heures du matin, elle marchait vers les batteries ennemies, élevées sur un mamelon distant d'environ douze cents mètres, sous un feu assez vif, mais qui ne devint meurtrier qu'au dernier moment ; les redoutes furent enlevées par une charge brillante, que ne parvint pas à troubler un seul instant l'attaque désordonnée de cinq ou six cents cavaliers ; les Turcs s'enfuirent, abandonnant treize canons et deux mortiers. Pendant ce temps, le mouvement continuait, et le génie traçait déjà la ligne bastionnée qui allait fermer la presqu'île et la transformer en un camp retranché, facile à défendre. Elle fut occupée par la troisième division, les ambulances, les magasins de vivres et les parcs d'artillerie et du génie.

Les quatre jours suivants furent employés à se consolider dans les positions acquises, et à organiser le camp ; l'ennemi ne troubla le repos de l'armée que par quelques tirailleries, qui commençaient invariablement au petit jour et se terminaient à huit ou neuf heures du matin. Dans la matinée du 16, un violent ouragan se déclara vers neuf heures, et bouleversa la mer en quelques minutes, de telle façon que les bâtiments de transport ne purent pas tenir à l'ancre et souffrirent beaucoup. « Si ce temps s'était prolongé deux heures de plus, dit l'amiral Duperré dans son rapport, la flotte était menacée d'une destruction peut-être totale. » M. de Bourmont eut un terrible moment d'anxiété ; l'artillerie de campagne était seule à terre, approvisionnée seulement de deux cent vingt coups par pièce ; l'armée n'avait que quinze jours de vivres ; tout le reste, gros matériel, chevaux de trait, munitions de réserve, était encore à bord. Grâce à l'heureuse précaution qu'avait eue M. Denniée de faire envelopper chaque ballot d'une double enveloppe inperméable, on put parer à l'éventualité la plus pressante, et lancer à la mer les sacs de grains, les caisses de vivres et les barils, qui venaient un instant après s'échouer à la côte, où on les recueillait au fur et à mesure. A midi, le vent sauta à l'est, et la tempête, comme cela arrive souvent dans ces parages, se calma aussi vite qu'elle s'était déchaînée.

Cependant l'Agha Ibrahim était venu asseoir son camp sur le plateau de Staouëli, et y massait les contingents qui arrivaient chaque jour de l'intérieur. Il avait choisi cette position pour fermer la route d'Alger à l'armée française, qu'il s'attendait à voir marcher en avant; il ne tarda pas à attribuer l'immobilité de son ennemi à la crainte qu'il croyait lui inspirer, et se décida à prendre l'offensive ; il avait sous ses ordres une soixantaine de mille hommes.

M. de Bourmont avait disposé ses troupes suivant un arc convexe, dont la gauche était voisine de la mer à l'est de la presqu'île, et dont la droite s'appuyait à l'Oued Bridja ; un coude fortement accentué de ce ruisseau très encaissé protégeait les bivouacs, en leur servant de fossé. Le centre était couvert par des retranchements, deux batteries et une redoute ; tous ces ouvrages étaient solidement armés. La troisième division restait en « grande réserve » dans le camp, dont elle assurait la garde.

Le 19, au petit jour, les Algériens attaquèrent, formés en croissant, refusant leur centre, et cherchant à déborder la gauche des Français pour les isoler de la presqu'île et les couper de la réserve. C'était une habile manœuvre ; car l'aile gauche était « en l'air », ayant été forcée, par la disposition du terrain, de laisser entre elle et la mer une trouée de cinq cents mètres environ ; pour obvier à cet inconvénient, la brigade d'Arcine avait pris position un peu en arrière, prête à porter secours en cas de besoin ; on s'aperçut rapidement que cette précaution n'avait pas été inutile ; car les janissaires et le contingent de Titery firent à cette place une charge furieuse, rompirent les rangs ennemis, mirent le 28ᵉ de ligne en déroute et cédèrent avec peine aux efforts de la réserve, qui rétablit le combat, et qui, attaquant à son tour, s'empara du mamelon boisé que l'ennemi occupait le matin. Pendant ce temps, la droite, qui avait été très impétueusement assaillie par le Bey de Constantine, l'avait victorieusement repoussé et le poursuivait au delà de l'Oued Bridja. Le centre avait eu affaire aux contingents d'Oran, dont il n'avait pas eu grand'-peine à se débarrasser, grâce à l'excellence de sa position et à la puissance de son artillerie. A six heures du matin, les brigades Clouet et Achard ayant gagné une distance de quatre mille mètres, le général Berthezène avait dû porter sa division en avant pour ne pas briser les lignes, tandis que la droite poussait ses tirailleurs jusqu'à l'Haouch-Bridja. L'armée présentait donc maintenant un front de bataille oblique aux troupes algériennes, que l'Agha ralliait sur le plateau de Staouëli, en avant de son camp.

Le Général en chef arrivait à ce moment sur le champ de bataille ; bien que son intention première eût été de rester dans le voisinage extrême de sa base d'opérations, lorsqu'il vit quelle était l'ardeur de ses troupes, combien la partie était engagée, et que l'ennemi fuyait de tous côtés, jugeant avec raison qu'une reculade produirait les pires effets, il prit rapidement ses dispositions et commanda l'attaque des batteries qui couvraient le bord du plateau. L'ordre fut accueilli par une explosion d'enthousiasme ; les ouvrages furent enlevés au pas de course ; les contingents indigènes prirent la fuite et furent poursuivis jusqu'aux premiers ravins du Bou-Zaréa. Les canons, les drapeaux, les tentes, des troupeaux, une quantité considérable de vivres et de munitions, furent les trophées de la victoire. Pendant la bataille, et derrière les combattants, le génie traçait une route qui fut terminée le jour même de l'action ; l'intendant général y avait lancé ses fourgons, qui arrivèrent à temps pour la distribution du soir ; les indigènes étaient émerveillés du spectacle de cette activité. Ces éclatants succès coûtaient aux vainqueurs cinquante-sept morts et quatre cent soixante-treize blessés ; les Algériens avaient perdu dix fois plus de monde.

Après un premier moment de fureur, dans lequel il menaça son gendre de lui faire couper la tête, le Dey, ne voyant pas arriver l'armée française, reprit quelque sang-froid, et parvint à rallier une vingtaine de mille hommes ; en même temps, il mit le Fort l'Empereur en bon état de défense, et envoya des courriers dans toutes les directions pour appeler les croyants au Djehad. Ibrahim fut remplacé par le Bey de Titery, Mustapha, qui couvrit le Fhas de tirailleurs et d'embuscades.

M. de Bourmont se rendait très bien compte des dangers de l'immobilité ; mais il était forcément arrêté par le retard du convoi, qui portait tout ce qui était indispensable au siége d'Alger. Ces navires, que l'Amiral s'était entêté à ne pas mettre en route avec le reste de la flotte, avaient été retenus dans la baie de Palma jusqu'au 18 par le vent de sud-ouest ; depuis leur départ, le calme avait été presque constant, et ils n'arrivèrent que le 24. Ce jour-là même, Mustapha, enhardi par une inaction dont il ne comprenait pas les motifs, vint offrir la bataille, et assaillit les avant-postes. Il fut durement accueilli par le général Berthezène, qui, à la tête de sa division, renforcée de la brigade Damrémont, le poussa, l'épée dans les reins, jusqu'à Sidi-Khalef ; il y eut une série de petits engagements assez vifs, dans l'un desquels un des fils du général en chef, Amédée de Bourmont, fut mortellement blessé. Les journées des 25, 26, 27 et 28 juin se passèrent en combats défensifs, sur la ligne qui s'étend de Sidi-Khalef à Dely-Ibrahim ; ils furent très opiniâtres et très meurtriers ; le Bey de Titery se servait avec une grande habileté de tous les mouvements de terrain, et fournit souvent au Duc Des Cars, dont la division venait d'entrer en ligne, l'occasion de montrer ses grandes qualités militaires.

Pendant que l'armée s'affermissait sur les positions conquises, le débarquement des outils du génie, de l'artillerie de siége et des chevaux de trait s'opérait avec autant de rapidité que le permettaient les circonstances. Lorsque le général en chef eût enfin reçu la nouvelle tant désirée, et qu'il eut appris que son matériel serait prêt le 28, il se porta en avant des lignes, et donna l'ordre de marche pour le 29. A la pointe du jour, la troisième division s'ébranlait, attaquait vivement les Turcs, qui, surpris, s'enfuyaient en désordre ; à cinq heures, le Duc Des Cars avait planté son guidon sur la crête la plus élevée du Bou-Zarea. A peu près à la même heure, la division Loverdo couronnait les hauteurs qui dominent le Frais-Vallon, et la division Berthezène poussait son avant-garde sur El-Biar. La journée était gagnée, et on n'avait plus qu'à s'établir, lorsqu'une erreur du Chef d'Etat-Major Général Desprez vint tout remettre en question. Trompé par la vue du brouillard qui couvrait la plaine de la Mitidja, et croyant reconnaître la mer en face de lui, il accusa d'erreur la carte de Boutin, dont on s'était servi jusque-là, et jugea l'armée engagée sur la route de Constantine, et beaucoup trop à droite; car son appréciation nouvelle plaçait en ce moment Alger, là où se trouve aujourd'hui le village de Saint-Eugène. Il ordonna donc immédiatement un mouvement de retraite, malgré les protestations du Général d'Arcine, qui, voyant de ses yeux le Fort-l'Empereur, savait qu'on était dans la bonne voie, et suppliait qu'on vînt s'en assurer; il se fit répéter quatre fois l'ordre de départ. Le Chef d'Etat-Major commit ce jour-là une faute qui faillit avoir les plus graves conséquences; car un désordre affreux se mit dans la ligne de bataille, qui, interrompue dans sa retraite quand l'erreur eut été reconnue par le Général en chef, fut forcée de pivoter sur son centre, et de manœuvrer de façon à se présenter dans l'ordre inverse, en franchissant, dans un pays inconnu, des ravins profonds et boisés, où les colonnes s'égarèrent plus d'une fois, et vinrent se heurter dans une terrible confusion; elle fut telle, que la deuxième et la troisième division se trouvèrent complètement enchevêtrées l'une dans l'autre, et que les régiments qui les composaient conservèrent à peine quelques hommes au drapeau; le reste, mourant de soif, tourbillonnait sans direction dans les broussailles. Si l'ennemi eut attaqué en ce moment, c'en était fait de l'armée. Enfin, au prix des fatigues excessives d'une marche de seize heures, sous un sirocco intense, on parvint à réoccuper le soir les positions sur lesquelles on se trouvait à six heures du matin; une assez grande quantité de soldats ne rejoignirent leurs corps qu'au milieu de la nuit, et la fatigue de tous était si grande, qu'il fallut renoncer à ouvrir la tranchée, et qu'on put à peine entamer quelques travaux à deux heures du matin. Il eut suffi au général Desprez de faire son devoir, en vérifiant par lui-même les assertions de M. d'Arcine, pour éviter tout cela. Malgré ce fâcheux retard, l'armée était placée, et l'attaque du fort fut dirigée contre la face sud-ouest. Six batteries furent élevées, sous une grêle de projectiles, et en dépit de fréquentes sorties des tirailleurs ennemis. Le 4 juillet, à trois heures et demie du matin, le feu s'ouvrit sur toute la ligne; les Turcs qui défendaient le Bordj montrèrent la plus grande énergie ; à neuf heures, il ne leur restait plus que cinq à six pièces en état de tirer. A dix heures, le Khaznadji, qui avait commandé la défense, et donné à tous l'exemple du courage, vit qu'il lui était impossible de résister plus longtemps, et mit le feu aux poudres. Mais les énormes murs résistèrent, et l'explosion ne renversa que la tour ronde du centre, et une partie de la face nord-ouest ; un demi-bataillon du 35e s'élança sur les débris fumants et y arbora le drapeau. Alger se trouvait maintenant sous le canon français, et sa chute n'était plus douteuse; le Dey le comprit, et fit des offres de soumission. A deux heures de l'après-midi, le Khodja Mustapha se présenta au Fort, chargé d'offrir les réparations jadis exigées et les frais de la guerre. Presque à la même heure, Bou-Derba et Hassan-ben-Othman-Khodja venaient au nom d'un parti insurgé demander au Général s'il se contenterait de la tête du Dey ; ils parurent surpris, en constatant que leur proposition n'avait aucun succès, et que M. de Bourmont exigeait avant tout la reddition de la Casbah, des forts et du port. Ces singuliers ambassadeurs se retirèrent, et, une heure après, Mustapha-Khodja reparut; Hussein était résigné à capituler et ne discutait plus que quelques points de détail. Le lendemain matin, il apposa son cachet sur la convention suivante :

1º Le fort de la Casaubah et tous les autres forts qui dépendent d'Alger, et le port de cette ville, seront remis aux troupes françaises le 5 juillet, à midi.

2º Le Général en chef de l'armée française s'engage envers S. A. le Dey d'Alger à lui laisser sa liberté et la possession de toutes ses richesses personnelles.

3° Le Dey sera libre de se retirer avec sa famille et ses richesses dans le lieu qu'il aura fixé. Tant qu'il restera à Alger, il y sera, lui et sa famille, sous la protection du Général en chef de l'armée française. Une garde garantira la sûreté de sa personne et celle de sa famille.

4° Le Général en chef assure à tous les soldats de la Milice les mêmes avantages et la même protection.

5° L'exercice de la religion mahométane reste libre. La liberté des habitants de toutes les classes, leur religion, leurs propriétés, leur industrie, ne recevront aucune atteinte. Leurs femmes seront respectées ; le Général en chef en prend l'engagement sur l'honneur.

6° L'échange de cette convention sera fait, le 5, avant midi. Les troupes françaises entreront aussitôt après dans la Casaubah et dans tous les forts de la ville et de la Marine.

A l'heure dite, l'armée fit son entrée, au milieu d'une population silencieuse, qui ne tenta pas la moindre résistance, quoique, pendant la nuit, le parti religieux se fût réuni, et eût cherché à provoquer un mouvement dirigé par le Muphti. Mais tout ce qui ne pouvait pas supporter la vue du Chrétien avait quitté la ville dès la première nouvelle de la capitulation, et les Janissaires, se méfiant bien plus des Algériens que des Français, s'étaient enfermés dans leurs casernes. La prise de possession se fit avec le plus grand ordre ; s'il y eut quelques petites tentatives de pillage, très rapidement réprimées, l'armée y resta étrangère ; seules, les riches villas des environs eurent à souffrir de la visite des contingents indigènes, qui s'étaient débandés après l'explosion du Fort l'Empereur, et qui emportèrent chez eux tout ce qui leur tomba sous la main. Le trésor de la Régence contenait une somme de plus de quarante-huit millions et demi ; le matériel de guerre, les approvisionnements et les biens domaniaux valaient à peu près autant ; les dépenses de l'expédition se trouvèrent donc couvertes et au delà.

Nous n'avons pas à relater ici les immondes accusations dont furent victimes ceux qui venaient d'exposer leur vie pour le pays ; l'enquête qui fut ordonnée en fit bonne justice ; notre tâche s'arrête au moment où le drapeau français remplace le pavillon vert sur les murs d'Alger la Guerrière.

Il y flottait maintenant, en dépit des tempêtes et des ouragans, de la fanatique bravoure des derniers Janissaires, et de la pertinacité jalouse d'une rivale irritée. A l'heure de l'agonie, lorsque le Dey, ayant perdu toute espérance, s'inclinait devant la force des armes, le consul anglais Saint-John avait cherché à ranimer son courage, et, voyant ses efforts inutiles, avait accompagné le parlementaire Mustapha, en offrant sa médiation. Rôle éternel de l'Angleterre, semblable à celui de l'aigle marin, qui intervient sans cesse entre l'oiseau pêcheur et le poisson capturé, sauf à dévorer ce dernier! Mais M. de Bourmont n'était pas homme à se laisser ravir le moindre fruit de sa conquête, et il se refusa très nettement à toute compromission, invitant le diplomate officieux à ne pas chercher plus longtemps à s'interposer entre lui et le vaincu.

Et désormais, la piraterie, dont la place d'armes venait de tomber aux mains de la civilisation, était à jamais détruite sur la Méditerranée; la France, fidèle à ses traditions séculaires, venait encore de verser quelques gouttes de son sang pour affranchir les autres nations du joug humiliant qui pesait sur elles.

CONSIDÉRATIONS GÉNÉRALES

LA POLITIQUE TURQUE EN ALGÉRIE

Depuis les premiers jours de la création de l'Odjeac jusqu'à celui de l'anéantissement de sa puissance, le mode d'action des Turcs sur les Indigènes varia très peu ; on peut dire qu'il est commun aux trois grandes époques de la Régence, et son immuabilité nous a engagé à en reporter l'étude à la fin de cet ouvrage.

Lorsque les Barberousses et les Beglierbeys d'Afrique, leurs premiers successeurs, accomplirent la conquête de l'Algérie, ils y établirent le pouvoir et y fondèrent leur domination par les procédés qu'employèrent de tout temps les Turcs dans de semblables occasions ; les tribus furent astreintes à la soumission, à l'impôt et au service militaire. La soumission se traduisait par le présent d'hommage ; l'impôt était perçu par le chef indigène, qui le versait entre les mains du Gouverneur de la province, et le service militaire, qui n'était exigé qu'en temps de guerre, s'acquittait par l'envoi de contingents plus ou moins nombreux, suivant la gravité des cas ou l'importance des groupes. A l'origine, le commandement fut très fractionné, et toutes les villes de quelque importance reçurent un Caïd, investi de l'autorité sur le pays limitrophe ; plus tard, la plupart de ces Caïdats furent supprimés et remplacés par les Beyliks de l'Est, du Sud et de l'Ouest. Les Beys exercèrent un pouvoir presque absolu ; leur devoir était de maintenir la paix intérieure et d'assurer le recouvrement de l'impôt ; à cet effet, ils entretenaient des garnisons dans tous les points fortifiés, et prenaient à leur service quelques tribus belliqueuses, qui contractaient, en échange de certains avantages, l'obligation de prendre les armes au premier signal. Ces tribus constituaient le Makhezen ; elles étaient exemptes de toute contribution, sauf la Zeccat, à laquelle nul Musulman ne peut se soustraire. Le nombre des Mokhazni fut très variable, aussi bien que celui des Noubas qui gardaient les villes et les bordjs.

Tous les ans, à la fin du printemps, trois petites armées sortaient d'Alger, pour prêter main forte aux Beys, qui commençaient à cette saison l'opération toujours difficile du recouvrement de l'impôt ; les tribus Makhezen apportaient leur concours, et l'on profitait de ce rassemblement pour châtier les infractions qui avaient pu être commises, ou pour réprimer les velléités d'indépendance. Chaque Caïd était tenu de réunir à l'avance les contributions dues par le groupe qu'il commandait ; l'expédition, qui prenait le nom de Mahalla, durait environ quatre mois ; elle occasionnait de nombreuses exactions, tant de la part des chefs que de celle des simples soldats ; on arrivait ainsi à exaspérer les populations, et des révoltes éclataient fréquemment. Du reste, quelques tribus se faisaient un point d'honneur de ne jamais payer avant d'avoir fait *parler la poudre.*

Les redevances exigées se divisaient en deux classes distinctes ; l'Achour (dixième), auquel tout le monde était soumis, et la Moûna, qui ne frappait que les Raïas ; tous deux se percevaient en proportion directe de la production ; mais la Moûna revêtait un caractère des plus vexatoires, en raison de la variété et de la multiplicité des taxes individuelles, qui devaient se solder, partie en argent, partie en nature. La fiscalité turque n'avait laissé échapper aucune matière imposable ; toute chose se trouvait frappée d'un droit, les récoltes, les silos qui les conservaient, le marché où elles étaient vendues, les bêtes de somme qui les transportaient, la quittance même qui constatait le paiement ; le tout, sans parler des Aouaïd, ou impôts de coutume, variant d'un groupe à un autre. Il est aisé de comprendre que ces charges, déjà si lourdes, se multipliaient par le mode de perception, en passant entre les mains des agents du Caïd, puis entre celles de ce chef lui-même, avant d'être remises au trésorier du Bey, sorte de fermier général, auquel il n'était demandé aucun compte des moyens employés, pourvu qu'il accomplît le versement annuel aux époques désignées.

Les Indigènes étaient donc extrêmement pressurés, plus encore par les vices du système employé, et par la rapacité des collecteurs de taxes, que par les exigences du Trésor public ; cependant, ces exigences augmentaient chaque jour, en même temps que celles de la Milice et que l'abaissement des grands revenus dont la Régence avait jadis été enrichie par la Course ou les tributs prélevés sur les petits États européens. Le mal devint de plus en plus grand ; des villes que Léon l'Africain et Marmol avaient vues commerçantes et prospères se dépeuplèrent ; plus d'une disparut entièrement ; des régions jadis fertiles revinrent à l'état de déserts ; des peuplades fixées au sol redevinrent nomades, pour échapper plus facilement à l'oppression du vainqueur ; toutes se tenaient armées et prêtes à une révolte générale, à laquelle il manqua seulement un chef assez habile pour donner un peu d'homogénéité aux éléments de lutte ; les Turcs ne durent la conservation de leur pouvoir qu'aux divisions incessantes de leurs sujets, complètement rebelles par nature à tout sentiment d'union ou de nationalité.

Au début, la conquête avait été facile ; la bravoure des Janissaires, leur discipline, la supériorité de leur armement, et les aptitudes guerrières de leurs chefs leur avaient procuré les rapides succès qu'obtinrent au Nouveau-Monde les Cortez et les Pizarre. D'ailleurs, les neuf dixièmes des Indigènes, c'est-à-dire les Raïas, assistaient avec une indifférence absolue à ces événements ; ils ne faisaient que changer de maîtres, et pouvaient espérer que les nouveaux seraient moins durs pour eux que l'aristocratie guerrière sous l'autorité de laquelle ils étaient courbés. La résistance fut donc très disséminée, dura peu de temps, et la suprématie turque fut établie tout d'abord assez solidement pour se maintenir ensuite pendant plus de trois siècles, en dépit de l'incurie apathique des Pachas et des Deys, et de l'insubordination toujours croissante des vaincus. Ceux-ci, après avoir été assujettis par la force, avaient accepté le joug par crainte des Chrétiens, qui semblaient alors vouloir s'établir à demeure sur le sol africain ; mais, lorsque les Espagnols, chassés successivement de toutes les positions qu'ils avaient occupées, furent refoulés et cernés dans les murs d'Oran et de Mers-el-Kebir, les idées d'autonomie se réveillèrent, et il fallut, pour les combattre avec avantage, s'appuyer sur les divisions intestines et sur l'influence des Marabouts.

Les Turcs ne semèrent pas la discorde dans le pays conquis ; elle y existait avant eux, et elle y a régné de tout temps ; l'esprit de *çof* ou de faction est une des marques caractéristiques de la race ; il se fait sentir de tribu à tribu, dans la tribu même et dans la moindre fraction de tribu ; les conquérants n'eurent donc qu'à l'utiliser à leur profit, en favorisant tour à tour les partis opposés, et en prenant fait et cause pour l'un ou pour l'autre d'entre eux, sous prétexte de pacification ; sur ce terrain, ils rencontrèrent les Marabouts, dont il est nécessaire de dire quelques mots.

Depuis l'abaissement de la puissance des Sultans de l'Est et de l'Ouest, les peuplades qui habitaient le territoire compris entre la Medjerda et la Moulouïa, s'étaient presque unanimement soustraites à toute domination, et vivaient dans un état permanent de guerre et de désordre. Elles retournaient à grands pas à l'état barbare, lorsqu'elles furent, dans de certaines limites, arrêtées dans cette chute, par l'arrivée des Marabouts, qui vinrent s'installer au milieu d'elles vers le commencement du xive siècle. Le caractère religieux des nouveaux venus ne tarda pas à leur valoir une autorité morale, dont ils se servirent pour apaiser les haines, pour répandre quelque instruction et pour substituer le régime de la légalité à celui de la violence ; enfin, ils remplirent, toutes proportions gardées d'ailleurs, le rôle civilisateur que jouèrent, à une certaine époque, les moines d'Occident. Ils se montrèrent hostiles aux premiers progrès des Turcs, et les légendes affirment qu'Aroudj fit massacrer quelques-uns d'entre eux ; plus tard, la haine du Chrétien devint un lien commun, et ils acceptèrent les faits accomplis, servant d'intermédiaires entre les vaincus et les vainqueurs, et le plus souvent, doublement récompensés de leur mission pacificatrice. La politique des conquérants fut très adroite en ce qui concerne les relations qu'ils entretinrent avec les Marabouts ; ils n'essayèrent pas de se les attacher par un lien officiel, craignant de leur faire ainsi perdre la confiance des Indigènes ; mais ils les entourèrent de témoignages de respect, les grandissant ainsi aux yeux des populations, et ne négligeant, en outre, ni de rémunérer généreusement les services rendus, ni de châtier implacablement les démonstrations hostiles ; ils s'acquirent ainsi un concours secret qui leur fut maintes fois des plus utiles, et qui leur permit d'exercer le pouvoir avec des forces relativement minimes.

Mais il est nécessaire de redire encore une fois que ce pouvoir se bornait à l'hommage et à la perception du tribut ; de plus, il faut constater que les montagnards se soustrayaient à toute obligation. Pour ne citer que les exemples les plus connus, souvenons-nous que la Grande Kabylie vécut dans un état d'insurrection presque permanent ; que les tribus du Dahra, loin de payer l'impôt, harcelaient tous les ans l'escorte du Denouch d'Oran ; que, dans l'Aurès, la garnison de Biskra ne s'aventurait pas au delà de la vallée de l'Oued Abdi ; qu'aux portes d'Alger, à El Afroun, la Mahalla était régulièrement attaquée par les Soumata et leurs voisins. Rappelons-nous encore les appréciations de témoins oculaires tels que Peyssonnel et Desfontaines, et concluons en disant que les Turcs occupèrent la Régence, mais qu'ils ne la gouvernèrent pas.

Cependant cette occupation valut mieux pour les populations que le régime anarchique qui l'avait précédée. Les guerres de *çof* devinrent moins fréquentes ; les raïas gagnèrent à cet apaisement une sécurité relative. Guidés par des sentiments d'intérêt personnel, les vainqueurs les contraignirent à créer et à entretenir des routes, à ensiler leurs récoltes, à construire des konaks où caravansérails ; des mesures furent prises pour réprimer le brigandage. Malgré tout, l'épuisement du pays était inévitable et s'accrut chaque jour, fatalement amené par la constitution même de l'Odjeac. En effet, en dépensant tout le revenu pour payer la Milice et pour enrichir des Pachas qui retournaient le plus tôt possible à Constantinople, on appauvrissait continuellement les classes laborieuses, sans jamais rien leur rendre. Les premiers Beglierbeys et les derniers Deys eurent une perception très nette des vices de ce système, et cherchèrent à y remédier en substituant aux Janissaires une troupe recrutée dans l'intérieur du pays; ils échouèrent dans leurs tentatives, et, dès lors, ne furent plus armés que pour le mal. La préoccupation de leur sûreté personnelle absorba toutes leurs facultés, et ils se désintéressèrent de plus en plus du gouvernement des peuples, auxquels ils ne demandaient que l'argent nécessaire à calmer les appétits de la horde turbulente qui était devenue maîtresse de leur destinée.

FIN

TABLE DES MATIÈRES

Pages.
Introduction. . . . . (I-XVI)

Chapitre premier. — *Les Espagnols en Afrique.*

La persécution des Mores. — Leur établissement sur le littoral africain. — Leurs pirateries. — Prise de Mers-el-Kebir. — Déroute de Misserghin. — Prise d'Oran, de Bougie et de Tripoli. — Soumission de Tlemcen, d'Alger, Mostaganem, Tenes, Cherchell et Dellys. — Organisation et administration. — Tentatives infructueuses d'Aroudj contre Bougie. 1

Chapitre II. — *Les Barberousses et la fondation de l'Odjeac.*

Origine des Barberousses. — Leurs débuts. — Établissement en Kabylie. — Les Algériens appellent Aroudj à leur aide. — Meurtre de Selim-et-Teumi. — Mécontentement des Algériens. — Attaque de Don Diego de Vera. — Lutte contre les Reïs indépendants et les petits souverains indigènes. — Aroudj est appelé à Tlemcen. — Bataille d'Arbal et conquête du royaume de Tlemcen. — Les Espagnols prennent parti pour Bou-Hamou. — Prise de Kalaa et mort d'Isaac. — Siège de Tlemcen. — Mort d'Aroudj. 20

Chapitre III. — *Les Barberousses et la fondation de l'Odjeac.* (Suite.)

Kheïr-ed-Din succède à son frère. — Il se déclare vassal de la Porte. — Attaque de D. Hugo de Moncade. — Guerre de Tunis et trahison d'Ahmed-ben-el-Kadi. — Kheïr-ed-Din se réfugie à Djigelli. — Les Kabyles se rendent maîtres d'Alger. — Kheïr-ed-Din s'empare de Collo et Constantine, bat les Kabyles et reprend Alger. — Prise du Peñon. — Doria échoue devant Cherchel. — Conquête de Tunis. — Intervention de Charles Quint. — Ravage des Baléares. — Kheïr-ed-Din Capitan Pacha. — Sa mort. 29

Chapitre IV. — *Alger sous les Beglierbeys.*

Alger avant les Turcs. — Sa population. — Gouvernement des Barberousses. — Mœurs et coutumes des Janissaires. — Les Beglierbeys,

Pages.

leur politique et leurs revenus. — Les Arabes et les Kabyles. — La Marine. — Premières relations avec les puissances Européennes. — Les Consulats et les pêcheries de corail. 42

CHAPITRE V. — *Les Beglierbeys et leurs Khalifats.*

Hassan-Aga. — Son origine. — Expédition de Charles-Quint contre Alger. — Hassan châtie les Kabyles de Kouko. — Son entreprise contre Tlemcen. — Le comte d'Alcaudete. — Succès et revers des Espagnols. — Mort d'Hassan. — Hadj-Becher-ben-Ateladja. — Révolte des Rir'as 56

CHAPITRE VI. — *Les Beglierbeys et leurs Khalifats.* (Suite.)

Hassan-Pacha. — Guerre dans le royaume de Tlemcen. — Départ d'Hassan. — Le Caïd Saffa. — Sala-Reïs. — Soumission de Tuggurt et de Ouargla. — Révolte des Beni-Abbes. — Soumission du Maroc. — Prise de Bougie. — Mort de Sala. — Hassan-Corso. — Siège d'Oran. — Tekelerli-Pacha. — Révolte de la Milice. — Meurtre de Tekelerki. Youssouf. — Yahia. 73

CHAPITRE VII. — *Les Beglierbeys et leurs Khalifats.* (Suite.)

Retour d'Hassan-Pacha. — Guerre du Maroc. — Bataille de Fez. — Déroute de Mostaganem et mort du comte d'Alcaudete. — Révolte des Beni-Abbes. — Mort d'Abd-el-Azis. — Désastre des Gelves. — Insurrection de la Milice. — Siège d'Oran et de Mers-el-Kébir 86

CHAPITRE VIII. — *Les Beglierbeys et leurs Khalifats.* (Suite.)

Siège de Malte. — Hassan est nommé Capitan-Pacha. — Mohammed-ben-Sala-Reïs. — Tentative de Juan Gascon contre Alger. — Euldj-Ali. Secours aux Mores d'Espagne. — Prise de Tunis. — Extension de la Course. — Bataille de Lépante. — Euldj-Ali est nommé Capitan-Pacha. — Tentative d'insurrection de la Milice. — Restauration des flottes ottomanes 99

CHAPITRE IX. — *Les Beglierbeys et leurs Khalifats.* (Suite.)

Arab-Ahmed. — Les Algériens demandent un prince français. — Désordres à Alger. — Prise et reprise de Tunis. — Ramdan. — Guerre du Maroc. — Hassan Veneziano. — Mécontentement de la Milice. — Djafer-Pacha. — Retour de Ramdan. — Révolte des Reïs. — Mami-Arnaute. — Retour d'Hassan Veneziano. — Mort d'Euldj-Ali. . . . 112

CHAPITRE X. — *Alger sous les Pachas triennaux.*

Gouvernement des Pachas triennaux. — Usurpation du pouvoir par la Milice. — Le Divan. — La Taïffe des Reïs. — La Course. — Les Renégats. — La population. — Les Coulourlis. — Les Indigènes. — Les

Esclaves. — Les Bagnes et les Hôpitaux. — Relations de la Régence avec la Porte et les puissances européennes. 124

Chapitre XI. — *Les Pachas triennaux.*

Dely-Ahmed. — Kheder. — Révolte des Kabyles. — Chaban. — Mustapha. — Kheder. — Révolte des Colourlis. — Mustapha. — Anarchie complète. — Dali Hassan. — Consulat de M. de Vias. — Soliman-Vénitien. — Relations de l'Espagne et des Kabyles. — Entreprise de Doria. — Tentative sur Mers-el-Fhâm. — Kheder. — Ses exactions. — Il est remplacé et châtié par Mohammed-Kouça. — Pillage du Bastion. — Ambassades de MM. de Castellane et de Brèves. — La Milice s'insurge contre la Porte. — Bekerli-Redouan. — Prise de Bone. — Les canons de Simon Dansa. — Mustapha Kouça. — Destruction de Bresk. — Hussein-el-Chick. — Mustapha-Kouça. — Soliman-Katanieh. — Nouveau pillage du Bastion. — Vice-consulat de M. Chaix. — Hussein-el-Chick 138

Chapitre XII. — *Les Pachas triennaux.* (Suite.)

Émeutes à Alger. — Massacre des otages kabyles. — Ambassade en France. — Traité de 1619. — Massacre des Turcs à Marseille. — Saref-Pacha. — Expéditions de M. de Gondy, de l'amiral Mansel et du capitaine Lambert. — Mustapha-Koussor. — Mourad. — Khosrew. — Révolte de Tlemcen. — Guerre de Tunis. — La mission de Sanson Napollon. — Hussein-ben-Elias-Bey. — Traité de 1628. — Younès. — Retour d'Hussein. — Le Bastion. — Mort de Sanson Napollon. . . . 153

Chapitre XIII. — *Les Pachas triennaux.* (Suite.)

Accroissement de la Course. — Révolte des Colourlis. — La Taïffe et Ali-Bitchnin. — Mission de Sanson Le Page. — Ioussouf. — Les croisières permanentes. — MM. de Sourdis et d'Harcourt. — Ali. — L'amiral de Mantin. — Destruction du Bastion et emprisonnement du vice-consul Piou. — Insurrection des Kabyles et du Cheik El-Arab. — Bataille de Guedjal. — Combat naval de la Velone. — Révolte des reïs contre la Porte. — Cheik-Hussein. — Ioussef-abou-Djemal. — Mohammed-Boursali. — Ali-Bitchnin usurpe le pouvoir. — Sa fuite, son retour et sa mort. — Ahmed. — Rétablissement du Bastion. . . 176

Chapitre XIV. — *Les Pachas triennaux.* (Suite.)

Saint Vincent de Paul et les Consuls Lazaristes. — Ioussouf. — Ravages des pirates. — Répression. — Emprisonnement de M. Barreau. — Peste de trois ans. — Mohammed. — Ahmed. — Sévices sur M. Barreau. — Ibrahim. — Faillite Rappiot, et fuite du Gouverneur du Bastion. — Nouveaux embarras du Consul. — Révolte de la milice. — Ali. 195

Chapitre XV. — *Les Aghas.*

Avènement des Aghas. — Khalil. — Ramdan. — Révolte kabyle. — Chaban. — Extension de la Course. — Croisières de Ruyter et du duc de Beaufort. — Expédition de Djigelli. — Ali. — Croisières chrétiennes. — Mission de Trubert et rétablissement du Bastion. — Nouvelle révolution. — Avènement des Deys. — Hadj'Mohammed-Treki. — M. d'Alméras devant Alger 209

Chapitre XVI. — *Alger sous les Deys.*

Origine du gouvernement des Deys. — Son organisation primitive et ses modifications. — Abaissement de la Milice. — Les Puissances. — Relations avec l'Europe, la Porte, le Maroc et Tunis. — Les consuls et les présents. — Les Beys de l'intérieur et les indigènes. — Les Baldis, les Colourlis, les Juifs. — Le commerce. — L'armée et la marine. — Abaissement progressif des revenus. — Décadence de l'Odjeac 226

Chapitre XVII. — *Les Deys.*

Consulats de M. d'Arvieux et du P. Le Vacher. — Réclamation des Turcs détenus en France. — Mission de M. de Tourville. — Traités avec l'Angleterre et la Hollande. — Déclaration de guerre à la France. — Fuite de Hadj'-Mohammed-Treki. — Baba-Hassan. — Les deux bombardements de Duquesne. — Mezzomorto. — Mission de Tourville et traité de paix. — Consulat de Piole. — Intrigues anglaises et hollandaises. — Ibrahim Khodja. — La guerre recommence. — Bombardement du maréchal d'Estrées. — Renouvellement des traités. — Émeutes, et fuite de Mezzomorto 242

Chapitre XVIII. — *Les Deys.* (Suite.)

La nouvelle politique de la France. — Chaban. — Guerre de Tunis. — Guerre du Maroc. — Victoire de la Moulouïa. — Révolte des Baldis. — Les Juifs et les droits consulaires. — Meurtre de Chaban. — Hadj'-Ahmed. — Hassan-Chaouch. — Hadj'-Mustapha. — Défaite des Tunisiens et des Marocains. — Hassan-Khodja. — Mohammed-Bagdach. — Prise d'Oran et de Mers-el-Kébir. — Dely-Ibrahim . . . 260

Chapitre XIX. — *Les Deys.* (Suite.)

Ali-Chaouch. — Il refuse de recevoir le pacha envoyé par la Porte. — Conspirations. — Tremblement de terre. — Mohammed-ben-Hassan. — Révolte kabyle, famine et peste. — Cur-Abdi. — Refus d'obéissance à la Porte. — Conspirations. — Reprise d'Oran et de Mers-el-Kébir par les Espagnols. — Luttes devant Oran 276

TABLE DES MATIÈRES

Pages.

Chapitre XX. — *Les Deys.* (Suite.)

Ibrahim. — Il se montre mal disposé pour la France. — Intrigues anglaises. — Guerre et prise de Tunis. — Intervention inutile de la Porte. — Famine et peste de trois ans. — M. de Jonville est mis aux fers. — Pillage de Tabarque. — Expédition malheureuse de M. de Saurins. — Ibrahim-Kutchuk. — Guerre de Tunis. — Révolte de Tlemcen. — Mohammed-ben-Beker. — Il rétablit l'ordre à Alger. — Projets de croisade. — Démarches inutiles de l'amiral Keppel. — Famine et peste de quatre ans. — Affaire Prépaud. — Ouzoun-Ali. — Combats et massacres dans la Jenina 291

Chapitre XXI. — *Les Deys.* (Suite.)

Ali-Melmouli. — Ses bizarreries. — Complots et exécutions. — Révolte kabyle. — Tremblement de terre. — Guerre de Tunis. — Intrigues anglaises. — M. Lemaire est mis aux fers. — Peste, révolte d'esclaves. — M. Vallière est mis aux fers. — La France exige et obtient une éclatante réparation. — Mohammed-ben-Osman. — Vaine attaque de l'amiral de Kaas. — Insurrection kabyle, sécheresse, sauterelles, tremblement de terre, famine et complots. — Le Consul anglais est expulsé. 309

Chapitre XXII. — *Les Deys.* (Suite.)

Mohammed fortifie Alger. — Expédition d'O'Reilly. — Prise du Septimane. — L'Espagne cherche en vain à conclure la paix. — Famine, sauterelles, révolte des captifs déserteurs d'Oran. — Renvoi du Consul anglais. — Exploit de M. de Flotte. — Bombardements de Don Angelo Barcelo. — Traité onéreux de l'Espagne. — Peste, famine, complots. — Rachat des déserteurs d'Oran. — Révolte kabyle. . . . 324

Chapitre XXIII. — *Les Deys.* (Suite.)

Baba-Hassan. — Tremblement de terre d'Oran. — Départ des Espagnols. Désordres dans l'intérieur. — Intrigues anglaises. — Emprunt français; fourniture de blé. — Bakri et Busnach. — Affaire Meyfrun. — Mustapha. — Guerre avec la France. — Bonaparte exige et obtient des réparations. — Révolte contre les Juifs ; meurtre de Busnach . . . 342

Chapitre XXIV. — *Les Deys.* (Suite.)

Ahmed. — Complots et exécutions. — Révoltes de Mohammed-ben-el-Harche et de Ben-Chérif. — Mekalech-Bey. — Révolte de Bou-Terfas. — Protestation collective des Consuls. — Cession des Établissements à l'Angleterre. — Guerre de Tunis. — Révolte d'Ahmed-Chaouch. — Ali-el-Rassal. — Désordres. — Hadj'Ali. — Exécutions. — Altercations avec la France. — Révolte des kabyles. — Guerre de Tunis. — Réclamations de Bakri. — Mohammed-Khaznadji. 363

Chapitre XXV. — *Les Deys.* (Suite.)

Omer. — Guerre avec les États-Unis d'Amérique. — Expédition de Lord Exmouth. — Troubles, peste, révolte. — Ali-Khodja. — Ses luttes contre la Milice. — Hussein-Khodja. — Troubles dans l'intérieur. — Expédition de Sir Harry Neal. — Le Consul français est insulté. — Blocus d'Alger. — Mission de M. de la Bretonnière   375

Chapitre XXVI. — *La Conquête d'Alger.*

L'expédition d'Alger est résolue. — Préparatifs de guerre. — Négociations avec les puissances européennes. — Opposition de l'Angleterre. — État intérieur d'Alger. — Embarquement et navigation. — Occupation de la presqu'île de Sidi-Ferruch. — Prise du plateau de Staouëli. — Combats dans le Sahel et dans le Fhâs. — Siège du Fort l'Empereur. — Capitulation du Dey et conquête d'Alger   393
Considérations générales.   399
Table des matières.   415

ANGERS. — IMPRIMERIE BURDIN ET Cⁱᵉ, RUE GARNIER, 4.

PUBLICATIONS
DE
L'ŒUVRE BÉNÉDICTINE DES MILICES APOSTOLIQUES
POUR L'ÉDUCATION DES CLERCS
(Scolasticats et Orphelinats monastiques).

Le Véritable Paroissien de l'Église romaine, ou le Bréviaire et le Missel des laïques, contenant, avec tous les Offices de l'Année ecclésiastique, la Somme théologique et liturgique du fidèle. — 4 vol. in-32, brochés. — Prix : 3 fr. 50 le volume.

POUR PARAITRE DANS LE COURS DE L'ANNÉE :

LA SAINTE MESSE

Liturgiquement servie et pieusement entendue, ou la sanctification des jeunes Clercs (texte, cérémonies, instructions). — 1 petit vol. in-32, broché. — Prix : 75 centimes.

LE RITUEL DES LAÏQUES

Ou Guide liturgique pratique (instructions, historique, texte et cérémonies) pour assister à la célébration des sept sacrements et pour les recevoir avec piété et profit spirituel. — 1 vol. in-32, broché : 3 fr.

OUVRAGES HAGIOLOGIQUES ET HISTORIQUES

Pouvant être donnés en prix dans les Écoles, Pensionnats et Collèges :

SAINTE VÉRONIQUE DE JÉRUSALEM
APOTRE DE L'AQUITAINE

Son apostolat, sa mort, son tombeau et son culte à Soulac, ou Notre-Dame de Fin-des-Terres (archidiocèse de Bordeaux); 2ᵉ édition. — Un fort volume grand in-8° raisin. — Prix : 5 francs.

LES LÉGENDES SACRÉES DE L'ANNÉE ECCLÉSIASTIQUE

Avec la vie des principaux Saints de France pour chaque jour de l'année. Ouvrage destiné soit à la lecture quotidienne en famille, soit à la lecture pour le Dimanche, où l'on pourra lire avec fruit la vie des Saints de la semaine. — Un fort vol. in-8° raisin. — Prix : 5 francs.

LA VIE DE SAINT MARTIAL
APOTRE
ET UN DES FONDATEURS APOSTOLIQUES DES ÉGLISES D'AQUITAINE

Un fort vol. in-8° raisin. — Prix : 5 francs.

SAINTE MADELEINE
PÉCHERESSE, PÉNITENTE, APOTRE

D'après l'histoire et la mystique chrétiennes, dédiée aux femmes du monde. — Un vol in-8° de 500 pages. — Prix : 5 francs.

www.ingramcontent.com/pod-product-compliance
Lightning Source LLC
Chambersburg PA
CBHW070220240426
43671CB00007B/716